やわらかアカデミズム・〈わかる〉シリーズ

# よくわかる
# メディア法

第2版

鈴木秀美・山田健太 編著

ミネルヴァ書房

# はじめに

■よくわかるメディア法［第2版］

　いまの世の中，情報と無縁に生きることは不可能だろう。それとほぼ同義で，メディアに接することなく生活することも難しい。しかし，そうした情報やメディアのルールについて，どのくらいきちんと理解しているかとなると，案外と心もとないことに気づくはずだ。そう，誰でもが知っていそうだけれども，実はみんなそれほどわかっていないことの1つといえるかもしれない。

　それは法律を学ぶ人や，情報・メディア産業で働く人にとっても当てはまることが多い。もし皆さんが法律を専門に学ぶ立場にあるとすれば，憲法に始まり，刑法や民法といった分野は誰でも学ぶ機会があるし，一度は多かれ少なかれ一定の学習を必要とする科目である。それに比べて，大学の正規科目として，情報法やメディア法が必ず設置されているとは限らないし，ましてやその専門の先生が皆さんのそばにいることはそう多くないかもしれない。

　同じことはメディア系の学部や大学院で学ぶ皆さんにもいえる。メディアを学習するには，その拠って立つ社会制度を知ることは必須であるが，それらを体系的に学ぶ講座，例えばメディア法制度とかメディア倫理と呼ばれるものは，必ずしもカリキュラム上，必須の学習科目ではないだろう。

　それでもいま，多くの教育機関で，これらの講座を開設する傾向にあるのは，基本的な人権のさらに中核的な存在である表現の自由を学ぶことが，民主主義社会の維持・発展にとって大切であるということにとどまらず，「情報化社会」を理解し，その中で生き抜くことが，いまを生きる私たちにとって不可避であることを多くの人たちが感じているからに他ならない。

　その証拠に，小・中・高校の新学習指導要領でも，新聞活用や情報モラル教育がうたわれ，いかに必要な情報を集め，それをもとに考え，そして自分の意見を発表し，他人の意見との違いを認識し，そして一定の合意を築いていくかといった，一連のコミュニケーション教育の重要性が説かれている。そしてこれはまさに，根源的な表現の自由の問題，すなわちメディア法の学びの原点に他ならないのである。

　そうした思いをもって，本書は編まれ，皆さんのお手元に届けられることになる。私たちは，この本が，法律を学ぶ人だけではなく，メディアを学ぶ人とともに，こうした情報やメディアに関連する教育を担当される小・中・高校の先生方，そしてメディアを取り扱う教科を担当される大学の先生方にとっても役立つものであることを願っている。同時にまた，情報やメディアに関連する

産業に従事する人にも，読み物として活用していただきたいと期待している。

　本書は1つのテーマにつき見開き2ページの中で完結した説明をする形式をとっている。これは「よくわかる」シリーズの統一した特徴でもあるが，同時に，メディア法に関わるより多くの事項を，わかりやすく解説するためにも大きな効果をあげている。それゆえに，先に読み物と評したが，体系書でありながら，どこからでも自分の興味をもった項目から気軽に読んでもらうこともできる。

　したがって，本書を読みはじめるにあたっては，電車で立ったままでも気軽に，好きなところから読むことができるが，いざもう少し詳しく勉強しようと思った際には，出てくる条文や判例，そして側注を活用して，本書に満足することなく次の一歩を踏み出してほしい。その際には，本文や側注に⇨で示したクロス・リファレンス（関係項目参照）も参考になるはずだ。本書を手がかりとして，より専門の勉強をしてもらえることがあれば，それは執筆者一同の大きな喜びでもある。

　本書の初版は，2011年に刊行され，幸いにも多くの読者に恵まれた。しかし，この8年間に，重要な法改正が行われ，裁判所が新たな判断を示し，これまでにはなかった論点に注目が集まるようになった。そこで，旧版を改訂し，旧版で取り上げた項目のテーマや内容を最新のものとしただけでなく，若干ではあるが新しい項目やコラムを追加した。

　本書がきっかけになり，日本の社会において表現の自由に関する理解がさらに深まり，メディア法や情報法で扱われるような事項が，多くの機会に議論され，市民一人ひとりにとってよりよき選択がなされることを，強く願う次第である。

　最後になるが，本書がこうして皆さんの手に届くのは，ひとえに，ミネルヴァ書房の梶谷修氏をはじめ，編集部の皆さんのおかげである。この場をお借りして執筆者を代表し厚く御礼申しあげたい。


2019年　春

編 著 者

# もくじ

■よくわかるメディア法［第2版］

はじめに

## I　メディア法・序説

1　メディア法とは何か ……………… *2*

2　メディア法の歴史(1)：世界 ……… *4*

3　メディア法の歴史(2)：日本 ……… *6*

## II　表現の自由：総論

1　表現の自由の内容 ……………… *8*

2　表現の自由の意義 ……………… *10*

3　取材・報道の自由 ……………… *12*

4　知る権利 …………………………… *14*

5　集会の自由 ……………………… *16*

6　表現の自由の限界(1)：公共の
　福祉論 ……………………………… *18*

7　表現の自由の限界(2)：二重の
　基準論 ……………………………… *20*

8　表現の内容規制・内容中立規制 ‥ *22*

　コラム1：ビラの配布 ………… *24*

9　検閲・事前抑制の禁止 ………… *26*

## III　表現の自由：各論

1　わいせつ表現 ………………… *28*

2　子どもポルノ ………………… *30*

3　有害表現 ……………………… *32*

4　青少年保護 …………………… *34*

5　税関検査 ……………………… *36*

6　教科書検定 …………………… *38*

7　広告表現 ……………………… *40*

8　パブリック・フォーラム ……… *42*

9　政府言論 ……………………… *44*

10　図書館・博物館の自由 ………… *46*

11　公務員の表現の自由 ………… *48*

12　被収容者の表現の自由………… *50*

　コラム2：「日の丸」・「君が代」……… *52*

## IV　取材・報道の自由とメディア特権

1　国家秘密の保護 ……………… *54*

2　取材協力者と報道の自由 ……… *56*

3　法廷における取材 …………… *58*

iii

| | | |
|---|---|---|
| 4 | 裁判員裁判 …………………… *60* | |
| 5 | 公職選挙法・国民投票法の報道制限 …………………………… *62* | |
| 6 | 人権擁護法案 ………………… *64* | |
| 7 | 指定公共機関 ………………… *66* | |
| 8 | 集団的過熱取材 ……………… *68* | |
| 9 | 編集権と内部的自由 ………… *70* | |
| 10 | 取材源の秘匿 ………………… *72* | |
| 11 | 取材ビデオテープの目的外使用禁止 ………………………… *74* | |
| 12 | メディア適用除外・メディア優遇策 …………………………… *76* | |

**コラム 3**：メディア不信とフェイク
ニュース ……………………… *78*

## Ⅴ　名誉毀損・プライバシー侵害

| | |
|---|---|
| 1 | 表現の自由と名誉 …………… *80* |
| 2 | 免責要件(1)：公共性・公益性 …… *82* |
| 3 | 免責要件(2)：真実性・真実相当性 ……………………………… *84* |
| 4 | 公正な論評の法理 …………… *86* |
| 5 | 現実的悪意の法理 …………… *88* |

**コラム 4**：ロス疑惑報道事件 ………… *90*

| | |
|---|---|
| 6 | 差別的表現・ヘイトスピーチ … *92* |
| 7 | 表現の自由とプライバシー …… *94* |
| 8 | 犯罪報道 ……………………… *96* |
| 9 | 少年の実名報道 ……………… *98* |
| 10 | 肖像権・パブリシティ権 ……… *100* |

## Ⅵ　救済・予防（教育）手段

| | |
|---|---|
| 1 | 損害賠償 ……………………… *102* |
| 2 | 謝罪広告 ……………………… *104* |
| 3 | アクセス権と反論文の掲載 …… *106* |
| 4 | 事前差止め …………………… *108* |
| 5 | プレス評議会とプレスオンブズマン ……………………………… *110* |
| 6 | メディア・リテラシー ………… *112* |
| 7 | ジャーナリズム教育 ………… *114* |

## Ⅶ　情報公開法・個人情報保護法

| | |
|---|---|
| 1 | 知る権利と情報公開法 ………… *116* |
| 2 | 情報公開法の概要 …………… *118* |
| 3 | 情報公開法の例外(1)：個人情報・法人情報 …………………… *120* |
| 4 | 情報公開法の例外(2)：国家秘密・意思形成過程情報など ……… *122* |
| 5 | 公文書管理 …………………… *124* |
| 6 | 刑事訴訟記録の閲覧 ………… *126* |
| 7 | 自己情報コントロール権と忘れられる権利 ……………… *128* |
| 8 | 個人情報保護法の概要 ……… *130* |
| 9 | 行政機関個人情報保護法の概要・ *132* |
| 10 | 審査会と裁判所による救済 …… *134* |

11 情報公開法と個人情報保護法の
   関係 ················136

12 マイナンバーと個人情報保護 ····138

13 監視カメラと個人情報保護 ······140

14 IC タグと個人情報保護 ·········142

15 監視社会とプライバシー ········144

   コラム5：特定秘密保護法 ····146

## VIII 放 送 法

1 放送制度の歴史 ················148

2 放送免許制と規制機関 ··········150

3 放送制度の概要(1)：地上放送を
  中心として ················152

4 放送制度の概要(2)：ケーブルテレ
  ビ，衛星放送など ················154

   コラム6：情報通信法構想 ··········156

5 放送の自由 ················158

6 公共放送 ················160

   コラム7：受信料 ················162

7 民間放送 ················164

8 放送による報道の正確さ ······166

9 訂正・取消放送 ················168

10 番組基準・番組審議機関 ········170

11 BPO ················172

   コラム8：オンブズ・カンテレ委員会···174

## IX 通信法・インターネット法

1 通信の秘密 ················176

2 電気通信事業法 ················178

3 インターネット上の表現の自由
   ················180

4 インターネット上の表現規制 ····182

5 インターネット上の名誉毀損 ····184

6 プロバイダ責任制限法 ··········186

7 インターネットと青少年保護 ····188

8 サイバー犯罪条約 ················190

   コラム9：グーグルの光と影 ·········192

## X 著作権法

1 著作権法の概観 ················194

2 新聞と著作権 ················196

3 出版と著作権 ················198

4 放送と著作権 ················200

5 インターネットと著作権 ········202

6 著作隣接権 ················204

   コラム10：ウィニー事件 ··············206

## XI 外国のメディア法

1 アメリカのメディア法 ··········208

2 イギリスのメディア法 ··········210

| | | |
|---|---|---|
| 3 | ドイツのメディア法 …………212 | |
| 4 | フランスのメディア法………214 | |
| 5 | 韓国のメディア法 …………216 | |

## XII マス・メディアの現状とジャーナリズム

1 日本のマス・メディア…………218

2 記者クラブ …………………220

3 テレビの視聴率…………………222

4 出版の流通・販売 …………224

**コラム11**：新聞再販制度・軽減税率…226

5 メディア・コングロマリット…228

6 広告の現状 …………………230

7 広告の考査 …………………232

8 広告代理店 …………………234

9 戦争とジャーナリズム…………236

10 スポーツ・ジャーナリズム ……238

11 グローバル・ジャーナリズム…240

12 オンライン・ジャーナリズム…242

さくいん……………………………244

---

── 凡　例 ──

| | | | | |
|---|---|---|---|---|
| 最大判 | 最高裁判所大法廷判決 | | 刑集 | 最高裁判所刑事判例集 |
| 最判 | 最高裁判所（小法廷）判決 | | 民集 | 最高裁判所民事判例集 |
| 最大決 | 最高裁判所大法廷決定 | | 集民 | 最高裁判所裁判集（民事） |
| 最決 | 最高裁判所（小法廷）決定 | | 高民集 | 高等裁判所民事判例集 |
| 高判 | 高等裁判所判決 | | 下刑集 | 下級裁判所刑事裁判例集 |
| 高決 | 高等裁判所決定 | | 下民集 | 下級裁判所民事裁判例集 |
| 地判 | 地方裁判所判決 | | 行集 | 行政事件裁判例集 |
| 地決 | 地方裁判所決定 | | 判時 | 判例時報 |
| | | | 判タ | 判例タイムズ |
| | | | 裁時 | 裁判所時報 |
| | | | 刑月 | 刑事裁判月報 |
| | | | 家月 | 家庭裁判月報 |

やわらかアカデミズム・〈わかる〉シリーズ

よくわかる
メディア法
第 2 版

# I　メディア法・序説

 **メディア法とは何か**

### 1 メディア法とは何か

「メディア法」とは，情報媒体としてのメディアに関する法の総称である。メディア法の代わりに，「言論法」「マス・メディア法」「マスコミ法」「ジャーナリズム法」などの名称が用いられることもある。「法」とは，簡単にいえば，裁判所によってそれが最終的に守られることが保障されたルール（規範）のことである。「法」には，主権者が作る「憲法」，国会が定める「法律」，都道府県・市町村が定める「条例」，行政部が定める「命令」などが含まれる。

メディアという場合，例えば電話もパーソナル・コミュニケーションのための情報媒体であるため，電話に関する法も，広い意味ではメディア法に含まれる。ただし，メディア法の関心は，主としてマス・コミュニケーションに向けられてきた。なぜなら，20世紀末にインターネットが登場するまで，社会で流通する大量の情報のほとんどは，マス・メディアによって生産され，社会に送り出されていたからである。このため，その活動を制限したり，特別扱いを認めて保護するための法のあり方が，表現の自由の観点から問題にされてきた。

15世紀中頃のドイツで，グーテンベルクが活版印刷の技術を発明したのをきっかけに，17世紀初頭には週刊誌が発行され，17世紀中頃には郵便制度の発達に伴い日刊紙も登場するなど，印刷メディアが社会の中で重要な役割を果たすようになると，それを取り締まるための新聞法・出版法（欧米ではプレス法という）が制定された。19世紀末には電話が，20世紀はじめにはラジオがそれぞれ実用化された。第二次世界大戦後にはテレビが広く普及し，放送によって，世界中の人々が，オリンピックをはじめとするスポーツの国際的な大会を，同時に聴いたり，視たりすることも可能になった。電気通信事業や放送事業のあり方は通信法・放送法によって定められている。

### 2 メディア法と情報法

20世紀後半，「情報」の社会における意義が飛躍的に高まると，資本主義の高度化，社会の複雑化などを背景に，情報の偏在という問題が意識されるようになった。マス・メディアから大量の情報が一方的に流されるのに対し，一般国民はマス・メディアによって流される情報を受け取るだけの存在になっていた。このような状況を打破するために登場したのが，「知る権利」論である。

▷メディア
手段・媒体などを意味する英語 medium の複数形 media のカタカナ表記。

▷1　ドイツやフランスには現在でもプレス法があるが，日本では，第二次世界大戦後，それまでの言論弾圧への歴史的反省から，新聞紙法や出版法などの個々の媒体名を付した法律は廃止された。なお，「プレス」という言葉は，広い意味では書籍，ビラ，ポスターなどあらゆる種類の印刷物をはじめ，言論報道機関を意味する場合もあるが，狭い意味で定期刊行物としての新聞・雑誌を意味することもある。

▷2　日本の通信法・放送法として，電気通信事業法，電波法，有線電気通信法，放送法等がある。

知る権利には，国民の知る権利に奉仕するマス・メディアの取材・報道の自由を強化するという作用があるが，それに加えて，知る権利には，国民自身が**政府**に対して政府が保有している情報の開示を請求する権利としての性格も認められている。知る権利との関係では，アメリカの1966年の**情報公開法**が，情報公開制度の発達において決定的な役割を果たした。その後，情報公開の流れはアメリカから各国へと広がっていった。

これと並行して，政府や大企業がコンピュータを導入し，大量の個人情報を取り扱うようになると，自分に関する様々な情報が，知らないうちに政府や大企業によって収集され，マッチングされることによるプライバシー侵害に対する懸念が広がった。そこで，プライバシーの権利は，「ひとりで放っておいてもらう権利」としてだけでなく，より積極的に「自己に関する情報をコントロールする権利」（自己情報コントロール権）としても理解されるようになった。ただし，本人が，政府や民間企業によって保有された自己情報を確認するための閲覧請求，確認によって判明した不正確な自己情報に対する訂正請求，自己情報が不必要に保有されている場合の抹消請求をするためには，その根拠となる個人情報保護法が必要になる。そこで，欧米各国では，1970年代に個人情報保護のための法整備が始まり，それが世界に広がっていった。

こうした動きを背景として，社会の様々なレベルにおける情報の流通に関係する法が「情報法」という１つのまとまりとして捉えられるようになった。情報法は，「情報の生産・流通・消費に関する法」だと説明されている。メディア法が，マス・メディアを中心に情報媒体に着目して法的問題を取り扱うのに対し，情報法は，社会において流通する情報自体に着目して，表現の自由だけでなく，プライバシーの権利，通信の秘密，財産権など様々な観点から法的問題を取り扱う点に特徴がある。なお，1990年代後半，インターネットの急速な普及に伴い生成したインターネット法も情報法の１つの分野である。

### ③ 本書のあらまし

『よくわかるメディア法』はメディア法・情報法に関する12の章からなる。Ⅰ章では，メディア法の意味と歴史について学ぶ。Ⅱ章とⅢ章では，メディア法の基礎となる表現の自由（総論・各論）の様々な論点について，Ⅳ章では，取材・報道の自由とメディア特権に関連する論点について検討する。Ⅴ章の名誉毀損・プライバシー侵害では，表現の自由と名誉権・プライバシー権が衝突したときの調整のあり方について，Ⅵ章では救済手段について学ぶ。Ⅶ章は情報公開法・個人情報保護法，Ⅷ章は放送法，Ⅸ章は通信法・インターネット法，Ⅹ章は著作権法をそれぞれ解説している。Ⅺ章では，外国との比較によってメディア法についての理解を深め，最後に，Ⅻ章で，メディア法の問題を，マス・メディアの現状とジャーナリズムの観点からも考察する。　　　（鈴木秀美）

▷**政府**
「政府」という言葉は，「国家」と同じ意味に用いられる場合と，「内閣を頂点とする行政部」を指す場合がある。表現の自由を制限する「政府」または「国家」には，立法部，行政部，司法部が含まれる（場合によっては地方公共団体を含むこともある）。この他，「公権力」という言葉が，「政府」や「国家」と同じ意味で用いられることもある。

▷**情報公開法**
正式には，「情報自由法」（Freedom of Information Act: FOIA）という。

▷3　日本では，1999年に情報公開法（正式には，「行政機関が保有する情報の公開に関する法律」）が制定された。

▷4　日本では，2003年に政府だけでなく民間部門も対象とする個人情報保護法（正式には，「個人情報の保護に関する法律」）が制定された。

▷5　「サイバー法」という呼び方もある。なお，メディア法としての側面も併せもつ。

# I メディア法・序説

 ## メディア法の歴史(1)：世界

### 1 印刷技術の発明と言論の抑圧：検閲の始まり

近代的なマス・メディアの出現は、15世紀中葉の**グーテンベルク**の印刷技術の発明に遡る。しかし、その本格的な発達は、パンフレット・新聞などの印刷物が大量に出回る16・17世紀まで、待たねばならなかった。16世紀以降、欧州では、各地の出来事を記述するパンフレットなどの印刷物が流通し始め、また、17世紀初頭には、近代的な新聞が刊行された。

これらの印刷物の発行に対しては、当初から、教会や世俗権力によって、強力な統制が加えられた。イギリスでは、1529年、ヘンリー8世の時代に最初の禁書目録が公布され、1531年には、聖職者によって許可が行われる「出版許可制度」が設けられた。制度としての検閲は、1538年の**星室裁判所**の布令によって確立したとされる。メアリー1世の治世下、1557年には、書籍商組合に特許状を与え、出版の独占と統制が行われるようになる。

フランスの国王アンリ2世は、公式の許可なき印刷は死刑をもって処罰するとした。しかし、このような検閲制度も、イギリスにおいては、1641年に星室裁判所が廃止され、また、1695年には出版許可法が廃止されたことにより、終わりを迎える。出版物に対する規制は、以降、印紙税等による新たな規制など、事後的なものとなり、国・政府の関心は、政府誹謗や反国教的なものから、名誉毀損・わいせつ表現規制等へと拡大した。

### 2 表現の自由の保障とメディア規制の展開

ドイツにおける検閲は、1806年の神聖ローマ帝国の終焉まで続いた。検閲が廃止されたイギリスにおいても、まだ**瀆神法**により告発され、また、私人に対する名誉毀損も、**煽動的ライベル罪**に該当するとして、処罰された。一方、イギリスは他国より先に市民革命を迎え、そこでは、言論抑圧に対し、抵抗する新たな動きが生まれた。18世紀末には、フランス、アメリカにおいても、憲法上「表現の自由」が保障されるようになった。

1689年のイギリスの権利章典（Bill of Rights）は、「国会における言論の自由および討議手続は、国会以外のいかなる裁判所、またはその他の場所においても、これを非難したり問題としてはならない」と定め、「表現の自由」保障の先鞭をきった。また、1789年のフランス人権宣言11条は、「思想および意見の

---

▷ グーテンベルク（Johannes Gutenberg：1397頃-1468）
ヨーロッパにおける活版印刷術の祖。グーテンベルクが成功したのは、何度でも使用可能な鉛合金の活字の鋳造と、それを用いた書物の大量生産といわれる。

▷ 1　最初の近代的な新聞は、1609年にドイツで刊行された週刊誌『アビソ』とされる。日刊紙は、1660年にドイツで発行された『ライプチガー・ツァイトゥング』といわれる（齋藤嘉博『メディアの技術史：洞窟画からインターネットへ』東京電機大学出版局、1999年、80頁）。

▷ 星室裁判所
ウェストミンスター宮殿の「星の間」で開かれた、主として刑事裁判を担当する国王直属の特別裁判所。

▷ 2　イギリスのこの当時の状況については、清水英夫『出版学と出版の自由』日本エディタースクール出版部、1995年、124頁以下を参照。

▷ 瀆神法
神あるいは宗教に対して悪意のある言動を行った者を処罰する法。

▷ 煽動的ライベル罪
煽動罪を構成する政府顛覆等の主張を文書により行った者に科せられるもの。

自由な伝達は，人の最も貴重な権利である。したがってすべての市民は，自由に発言し，記述し，印刷することができる」と定める。さらに，1791年のアメリカ合衆国憲法修正１条は，「連邦議会は，言論および出版の自由を制限するいかなる法律も制定してはならない」と規定する。

フランスでは，1881年に出版法が制定され，いわゆる自由主義的出版法として，事前許可なしの新聞，定期刊行物の発行の自由が保障された。また，ドイツにおいても，1874年にライヒの出版法が制定されている。19・20世紀になると，新聞は政治的議論を廃し，一部にはセンセーショナルな記事を売り物にするイエロー・ジャーナルが現れ，さらに，読者の多様なニーズに応える，「大衆総合新聞」が登場するようになった。また，1920年にはラジオ放送が，1936年にはテレビ放送が始まり，電波の希少性・社会的影響力等を根拠に，新たなメディア規制が始まることになる。

## ③ 現代メディアの自由とメディア法の近未来

ドイツ連邦共和国基本法（憲法）5条1項は，表現の自由について，「何人も，言語，文書および図画をもって，その意見を自由に発表し，および流布し，ならびに一般に入手できる情報源から妨げられることなく知る権利を有する。プレスの自由ならびに放送および映画による報道の自由は，保障する。検閲は，行わない」と定め，2項で，「これらの権利は，一般的法律の規定，少年保護のための法律上の規定および個人的名誉権によって，制限される」と規定する。これらの条項は，①映画・放送などマス・メディアによる「報道の自由」を定め，②受け手の情報源への接近を保障する「知る権利」を保障し，③検閲禁止の他に，「一般的法律，少年保護のための法律，個人的名誉権」によって制限しうること，などを特徴とし，現代における表現の自由保障の新たな射程と，他の権利とのバランシングを意識したものとなっている。

また，第二次世界大戦後の「表現の自由」の特徴は，国際的な宣言や条約によって直接保障されるようになったことである。1948年の世界人権宣言19条は，「すべて人は，意見及び表現の自由に対する権利を有する。この権利は，干渉を受けることなく自己の意見をもつ自由並びにあらゆる手段により，また，国境を越えると否とにかかわりなく，情報及び思想を求め，受け，及び伝える自由を含む」と定める。この規定は，1966年の「市民的及び政治的権利に関する国際規約」においても，継承されている。

1960年代に始まる社会の情報化は，プライバシーに関する **OECD 8原則** をはじめ，各国における情報・データ保護への取組みを促し，また，最近のインターネットの普及・利用は，国境を越えた情報流通をもたらし，新たな問題を提起している。これらに対処するため，ドイツではマルチメディア法が，EUでは **一般データ保護規則（GDPR）** などが制定・採択されている。　　　（松井修視）

▷ 3　この「出版に関するライヒ法律」は，「憲法上の出版の自由の保障が目的とされたのではなく，出版の濫用を防止する警察法的性格」を有していた。石村善治『言論法研究Ⅰ（総論・歴史）』信山社，1992年，216頁以下を参照。

▷ 4　1920年に欧米で始まったラジオの実験放送は，すぐに本放送へ移行し，同年に KDKA 局（米），1922年にマルコーニ社とイギリス放送会社（英，BBC の前身），国営ラジオ局（仏）等が設立された。テレビについては，1936年に BBC が本放送を開始した。

▷ OECD 8 原則
「1980年ガイドライン」は2013年7月に30年ぶりに改正されたが，この8原則の内容はそのまま維持されている。⇨ Ⅶ-7 「自己情報コントロール権と忘れられる権利」
▷ 一般データ保護規則（GDPR）
⇨ Ⅶ-7 「自己情報コントロール権と忘れられる権利」

# I メディア法・序説

# 3 メディア法の歴史(2)：日本

## 1 近代新聞の出現と明治憲法下の言論の自由

　日本における近代的な新聞の出現は，幕末に幕府蕃書調所が海外情報の普及を目的として発行した『官板バタビア新聞』に始まる。最初の日刊紙は，1871（旧暦明治3）年に創刊された『横浜毎日新聞』といわれる。維新期から明治初期にかけて，新聞は雑誌とともに政治的なメディアとして一定の役割を果たすが，自由民権運動が衰退するようになると，その政治的・政論的性格は薄れ，「大衆商業新聞」（「小新聞」）が中心を占めるようになっていく。東京では『読売新聞』（1874〔明治7〕年），大阪では『朝日新聞』（1879〔明治12〕年）が創刊された。1869年の新聞紙印行条例に始まり，その後は1875（明治8）年の**新聞紙条例**と**讒謗律**によって規制され，政府による言論の抑圧は次第に強まっていく。

　1889（明治22）年に公布された大日本帝国憲法は，29条で，「日本臣民ハ法律ノ範囲内ニ於テ言論著作印行集会及結社ノ自由ヲ有ス」と定め，言論・表現の自由を保障した。しかし，この規定は，言論・表現の自由を法律の範囲内でしか認めず，法律をもってすればいかようにも制限することが可能であった。また，刑法は，不敬罪規定を置き，天皇・皇族等に対する攻撃を処罰の対象とした。1893（明治26）年には**出版法**が，1909（明治42）年には**新聞紙法**が制定され，以後，マス・メディアは広汎な規制を受けるようになる。

　大正デモクラシーの時期になると，言論・表現の自由は一時的に高揚するが，昭和時代に入り，軍国主義の台頭とともに，改正治安維持法などによって，集会・結社の自由が著しく制限されるようになる。1938（昭和13）年には，**国家総動員法**が制定され，新聞社・出版社は国策遂行機関として，国の一元的な統制を受けることとなった。

## 2 日本国憲法下の表現の自由とメディア規制

　日本のメディアは，敗戦によって，自由を取り戻した。表現の自由に関する連合国総司令部の占領政策は，戦前の出版法・新聞紙法や国家総動員法の廃止，**特高警察**の解体，政治犯の即時釈放などを求めるものであったが，一方，連合国占領軍に対する虚偽，破壊的批評等については，1945年9月に**日本新聞規則ニ関スル覚書**，**日本ラジオ規則ニ関スル覚書**が発され，事前検閲が行われた。しかし，それでも戦前の状況に比べ，はるかに自由であった。

▷**新聞紙条例・讒謗律**
新聞紙条例は，自由民権運動が高まる中，反政府的な言論を規制する目的で制定され，適用範囲を雑誌・雑報にまで広げ，出版内容の取締り，責任者の明確化，刑罰規定の導入を図るものであった。制裁規定としてさらに，発行禁止，停止処分を新設した。讒謗律は，日本で最初の名誉毀損法で，全文8条からなり，事実の有無に関係なく，著作物によって他者の名誉を毀損することに対し，刑罰を科したものである。特に，天皇・皇族・官吏，その他の者に対する讒毀・誹謗について定め，刑罰の重さも異なる。

▷**出版法・新聞紙法**
出版法は，発行届出制をとり，「政体変壊・国憲紊乱」「風俗壊乱」等の内容を有する文書図画を禁止した。新聞紙法は，新聞・雑誌について，基本的には出版法と同様の規制を課し，納本制度，保証金制度，予審記事の制限等について定めていた。

▷**特高警察**
戦前・戦中の特別高等警察のことで，天皇制に反対する思想や言論・行動を取り締まった。

6

I-3 メディア法の歴史(2)：日本

1946年3月，連合国総司令部は，政策声明を発表して，新聞および出版社の編集内容につき，経営者が単一にして完全なる責任を有することを承認した。1948年，日本新聞協会は，総司令部のこの声明を背景に，「編集権の確保に関する声明」を発表し，以後，編集権は「経営，編集管理者」にあるとする考え方の大枠がこれによって定まった。

1952年のサンフランシスコ講和条約の発効により，連合国による占領は終わった。以後，日本のマス・メディアは，日本国憲法21条によって保障された表現の自由を享受するようになる。同21条は，①集会，結社および言論，出版その他一切の表現の自由を保障し，②検閲の禁止，③通信の秘密，について定める。特に，検閲については，戦前の経験を基に，明確な禁止規定を置くこととなった。現在，放送法を除けば，新聞・出版等のメディアを包括的に規制する法律は存在しない。わいせつ表現や名誉毀損に対する刑事規制など，いくつかの個別法が存するのみである。

日本の放送については，1925（大正14）年にラジオ放送が始まり，テレビ放送の開始は，1953年である。放送に対する規制は，1950年制定の**電波三法**によって行われるようになるが，1952年には，電波監理委員会設置法に基づく電波監理委員会が廃止されるという苦い経験をもつ。放送については，番組編集準則や訂正放送など，放送の内容に対する規制がある。

## ③ メディア法の新たな展開

メディアをめぐる法の問題は，憲法21条の表現の自由（報道の自由，取材の自由，内部的自由，広告の自由なども含む）に関わる問題を中心に，表現の自由と他の権利が衝突する領域，すなわち，名誉毀損やプライバシー侵害・個人情報の保護，著作権や青少年の保護，さらには，政府情報の公開など情報の自由に関するものを含み，極めて多岐に及んでいる。

メディアの表現の自由については，被疑者とともに犯罪被害者に対する人権侵害やメディアスクラム（集団的過熱取材）の問題がクローズアップされるようになった。また，2000年代になるとテレビ局による番組改編・データ捏造事件や，ジャーナリストによる取材源の秘匿が改めて問題になるなど，ジャーナリズム倫理がますます問われる時代となっている。こうした問題に関しては，法的な対応による他，メディアの自主規制にも期待が寄せられてきた。現在設置されている**放送倫理・番組向上機構（BPO）**の活躍は，この意味で，大いに歓迎されるべきものである。

また，インターネットの急速な発達と利用は，通信と放送が融合する中，通信・放送関連9法を一本化する「**情報通信法**」の検討を促したが，結果は，放送関連4法のみを放送法に統合する**2010年の放送法大改正**となり，2014年には放送局の経済基盤を強化する改正等が行われている。　　　　（松井修視）

▷**日本新聞規則ニ関スル覚書・日本ラジオ規則ニ関スル覚書**
日本新聞規則ニ関スル覚書（プレス・コード）は，真実の報道を求め，公安を害するおそれのある事項の印刷を禁止し，「連合国ニ対スル虚偽又ハ破壊的批評ヲ行ハザルベシ」とするものであった。日本ラジオ規則ニ関スル覚書（ラジオ・コード）も同様の内容。

▷**電波三法**
電波法，放送法，電波監理委員会設置法のことをいう。

▷1　メディア規制三法と呼ばれる，個人情報保護法（2003年成立），人権擁護法（案）（廃案），青少年有害社会環境対策基本法（案）（国会未提出）が，言論・表現の自由を制限する内容を含むものとして問題となった。

▷放送倫理・番組向上機構
⇨Ⅷ-11「BPO」

▷「情報通信法」
⇨コラム6「情報通信法構想」

▷2010年の放送法大改正
⇨Ⅷ-1「放送制度の歴史」

## Ⅱ　表現の自由：総論

# 1　表現の自由の内容

## 1　憲法21条の条文構造

　憲法21条は，「①集会，結社及び言論，出版その他一切の表現の自由は，これを保障する。②検閲は，これをしてはならない。通信の秘密は，これを侵してはならない。」と定める。本節では，この3つの文の内容について簡単に検討した上で，表現の自由の射程についても触れることにする。

　まず，第1文において「集会，結社」の自由は表現の自由の一内容として規定されているのかどうかが問題となる。これは，文面上は「及び」という語の解釈問題であるが，実質的にはむろん，集会・結社の自由を表現の自由の一環として理解すべきかどうかという人権体系論上の問題である。比較憲法的には，集会の自由や結社の自由は表現の自由とは別のカテゴリーとして規定する方が通常であり，また表現は古典的類型としては個人が行うことが想定されるのに対し，集会や結社は多数人の行為であるという点で，かなり異なる現象形態であるともいえる。これらのことを重視すると，「集会，結社」の自由は，当然表現の自由と関連するから21条に規定されたのだとはいえ，一応これとは別の行為類型に対する保障だと考えることになる。

　これに対し，集会や結社と表現活動との共通性を重視するなら，「集会，結社」の自由も表現の自由の一環として保障されているという理解も可能である。集会や結社においては多数人の間での表現活動が不可欠であり，また多くの集会や結社は表現活動をより効率的かつ大規模に行うために組織される。逆に，個人の行う表現活動も，他者への精神的働きかけを内容としており，それにより他者とのつながりを得ようとする行為であるといえる。実際にも，ある内容の表現活動に説得力を見出す人々が集えば，それは集会や結社となる。だとすると，それらは人々の連帯を求め発現する行為としてひとくくりにすることができ，憲法はまさにこの点に着目してそれらの活動を広義の「表現」と性格づけたのではないかと考えることができる。

　この条文解釈の相違は，通常の株式会社など表現活動を目的としない結社を21条の保障の範囲に含めるべきかどうかといった問題において異なる帰結を導きうる。ただし，仮に結社一般が保障されるとしても，本条が与える保障の程度は，表現活動目的の結社とそうでない結社で大きく変わってくると考えるべきであろう。

▷1　「及び」が「集会，結社」と「言論，出版その他一切の表現の自由」とを結んでいるのだとすると，「集会，結社」の自由は表現の自由とは独立に保障されていることになる。「及び」が「集会，結社」と「言論，出版」を結んでおり，「その他一切」とはそれら双方以外という意味だとすると，「集会，結社」の自由は表現の自由の一環として保障されていることになる。

▷2　ドイツ基本法，イタリア憲法，スペイン憲法など。アメリカ合衆国憲法は，修正1条で言論・出版の自由と並べて平穏に集会する権利を保障している。フランスで現行憲法の一部とみなされている1789年人権宣言には集会・結社の自由規定がないが，これは旧秩序の諸団体に対する敵視によるものであった。ただし同国でも，1971年の憲法院判決によって，結社の自由が憲法上保障されるとの解釈が定着している。

第2文は**検閲の禁止**を定める。第3文は**通信の秘密**を保障する。表現はある事柄を公に表明する行為であるから，その保障と通信が公にされないことの保障とがどのような関係にあるのか，が問題となる。通信の秘密はむしろ一種のプライバシー保障であると理解する立場もあるところである。しかし，表現の自由は何を人々の前で公表し，何を公表しないかについての決定権も含むものだと解すべきであろう。公表されないかたちで特定人とコミュニケーションをとることの保障は，個々人の人格形成にとって非常に重要である。公表を望まないならば沈黙せよと要求することは，個人に対して過度な負担を課すことになる。したがって，公表されないコミュニケーション形態を保障することは，表現しない自由の保障とそれを通じた表現の自由の実質的確保のために不可欠といえる。

## ② 表現の自由の射程

表現とは，事実認識や意見を外部に表明する活動である。典型的にはこの伝達は言語をもって行われるが，それだけでなく絵画や写真，映像，音楽など様々な手段が使用され，それらも保障の対象となる。表現といえるかどうかが問題となる限界事例として，これらの媒介手段を用いない行為によって何らかのメッセージを伝えようとする，象徴的言論といわれるものがある。アメリカで問題となった有名な事例では，徴兵カードや国旗を公衆の面前で焼却する行為が表現の自由によって保護されるかが争われた。表現の媒介手段を限定すべきではないから，この場合も，行為者が何らかの主張を伝えるためにその行為を行っており，周囲の多くの人々にそのことが伝わっている限り，表現の自由で保護される行為の範疇に入ると考えるべきであろう。

表現は行為としては情報のアウトプットであるが，それは当然インプットする受け手の存在を前提にしている。情報が公表されていれば，通常特にそれを受領するための自由を主張する必要はない。しかし，刑事施設に収容されている人のように情報へのアクセスが国家権力によって限定されている場合には，情報摂取の自由を独自に主張する必要が生ずる。最高裁は，**よど号ハイジャック記事抹消事件**において，21条などから，情報摂取の自由の一環としての「新聞紙，図書等の閲読の自由」への憲法上の保障を導いている。

また，情報をアウトプットするためには，アウトプットされるべき情報を収集することが必要になる。特に民主政治にとっての表現の自由の必要性から考えると，国家権力などによって一方的に発表される情報だけが情報源となるのでは，その機能を果たせない。そこで，取材の自由を表現の自由の一環として保障すべきだとの考えが強くなっている。こうして，今日では憲法21条は情報収集→伝達→受領という情報流通のすべての段階での自由を保障するものだという理解が広まっている。

（毛利　透）

---

▷**検閲の禁止**
⇒ Ⅱ-9 「検閲・事前抑制の禁止」
▷**通信の秘密**
⇒ Ⅸ-1 「通信の秘密」

▷3　アメリカ連邦最高裁は，ベトナム反戦運動の一環としての徴兵カード焼却を表現行為と認めたが，徴兵制度維持のための付随的制約は許されるとし，行為者の処罰を認めた（U. S. v. O'Brien, 391 U. S. 367, 1968）。他方，政権批判の一環として行われた国旗焼却への有罪判決は，それが伝えようとするメッセージをまさに抑圧する内容規制だとされ，違憲と判断された（Texas v. Johnson, 491 U. S. 397, 1989）。

▷**よど号ハイジャック記事抹消事件**
⇒ Ⅲ-12 「被収容者の表現の自由」
▷4　⇒ Ⅱ-2 「表現の自由の意義」
▷5　⇒ Ⅱ-3 「取材・報道の自由」

## II　表現の自由：総論

## 表現の自由の意義

### 1　「表現の自由の意義」を論ずる意義

　憲法学において，表現の自由への制約立法に対してはその合憲性を特に厳格に審査すべきであるという，二重の基準論あるいは表現の自由の優越的地位と呼ばれる考え方が定着している。これはアメリカ連邦最高裁の同様の立場に強い影響を受けたものであるが，アメリカでも日本でも，ではなぜ表現の自由はそのような手厚い保護に値するのかが憲法解釈学の重要なテーマとなってきた。表現の自由の意義を論ずることは，その優越的な保障の根拠を明確にし，かつそのような保障の及ぶ範囲を画するために必要な作業となる。

▷1　⇨ II-7「表現の自由の限界(2)」

### 2　自己実現と自己統治

　表現の自由の意義として，多くの場合，自己実現と自己統治という2つの価値が挙げられる。ただし，両概念における「自己」の意味は異なっていることに注意が必要である。自己実現とは，個人が独立の人格を有する自律的存在として自己を発展させていくことであり，その過程では，自ら思考し，その結果を外部に表明することの自由が不可欠である。これに対し自己統治とは，民主政において国家権力は国民の意思に沿って行使されなければならないということであり，表現の自由は諸個人が政治過程に参加し，人々の間で強制によらない共同意思が形成されるために必須の要件とされる。

　この2つの価値が重なって表現の自由を根拠づけると考えるのが通説的見解であるが，特に自己実現と表現の自由との関係については，有力な批判がある。個人の自己発展にとって表現の自由が他の自由，特に経済的自由よりも重要だという判断には根拠がないというものである。実際，多くの人々の人生設計においては，どの職業に就くかやどのような財産を獲得・処分するかの方が表現の自由よりもよほど重要であろう。これに対しては，現実の諸個人の生き方の選択そのものが特に厚い保障に値するとはいえず，表現の自由はそのような選択の基礎となる情報を流通させ，また自律的な思考に基づく選択を可能とするというかたちで，自己実現の不可欠の基盤となるがゆえに重要なのだという反論がなされている。また，政府が合理的理由のない偏見によって，つまり個人の自律的判断主体としての能力を否認するような理由で自由を制約する危険性は，経済的自由の場合よりも表現の自由の場合の方が高いとも反論される。

▷2　ただし，最高裁の表現の自由を重視する判示は，

これに対し，表現の自由と自己統治の価値との結びつきは異論なく承認されているといってよい。最高裁も，「表現の自由は，民主主義国家の政治的基盤をなし，国民の基本的人権のうちでもとりわけ重要なものであ」る（猿払事件・最大判昭和49年11月6日刑集28巻9号393頁）[42]などと述べている。ただし，この観点からすると，手厚く保障される表現の範囲は政治的言論に限定されることになるのではないかという疑問も生ずる。アメリカの学説では，そのように限定してよいとの立場もあるところだが，日本では，表現の自由を自己統治の価値一本で基礎づけようとする学説も，だからといって保障の範囲が政治性を有する表現に限定されるとは述べていない。その理由としては，憲法が「一切の」表現の自由を保障したのは，それが全体として民主主義に不可欠だと判断したからだとか，政治的言論とそれ以外の言論とを区別する客観的基準はないから政府にそのような区別の権限を与えるべきではないといったことが挙げられる。

区別の基準が存在しないのはたしかだが，より原理的に考えれば，あらゆる事柄が政治的論議の対象となりうるのだといえる。わいせつ表現であっても，その社会的影響力や取締りの必要をめぐる政治的議論の対象となってきた。何が政治的で何が非政治的かをあらかじめ定めることはできないというべきであろう。したがって，自己統治の観点からしても，表現の自由保障の範囲は一応すべての表現に及ぶと考えるべきである。ただし，政治的議論の一環として自覚的になされる言論とそうでない言論との間に，前者は特に重く保護されなければならないという方向で保障程度の差が生じることは，是認できるのではないか。

## ③ 思想の自由市場論

表現の自由の根拠づけとしては，真理は思想の自由な競争の中からのみ見出されるという，いわゆる思想の自由市場論もしばしば登場する。この考え方は，ジョン・ミルトンやJ. S. ミルに遡る伝統的な表現の自由擁護論であり，アメリカの判例では類似の思想がしばしば表明されている。[43]

この理論は国家による思想弾圧に反対することを主眼としており，そこでいう「真理」にも，正確な事実認識というだけでなく，むしろ主に正しい意見という意味がこめられている。また，市場での競争に終わりはなく，そこで確定的な真理が示されるわけではない。むしろこの理論は，真理とは常に暫定的なものであり，だからこそそれを国家権力が強制することは許されないという内容のものと理解すべきだろう。民主政が，国民の間で「これが正しい政治方針だ」として，そのときどきに形成される意見に従って国政が行われるべきだという政治体制であるとすると，思想の自由市場論は自己統治の価値を裏づける意味をもつ。[44]

（毛利　透）

ほとんどの場合一般論にとどまり，具体的事例における自由制約は合憲とされてしまう。国家公務員の政治活動の自由制約が問題となったこの猿払事件でも，最高裁は被告人を有罪とした。⇒Ⅲ-11「公務員の表現の自由」

▷3　思想の自由市場論は，連邦最高裁の表現の自由法理揺籃期に，ホームズ裁判官が「真理の最上のテストは，市場の競争において自らを容認させる思想の力である」とし，言論には言論で対抗すべきだとの立場を示したことで特に有名となった（Abrams v. U. S., 250 U. S. 616, 1919, での反対意見）。

▷4　ただし，政治過程を市場のアナロジーで捉える見方に対しては，異論も提起されている。市場参加者の行為は自己利益の最大化をめざすものであり，最適な資源分配がなされるのは「神の見えざる手」による帰結である。これに対し，政治的議論とは共同体のあるべき姿をめぐり参加者が反省を重ねつつ行う共同の営みである。そうだとすると，それは市場のメカニズムとは区別すべきだということになる。ただし，いずれにせよ国家による「正しい意見」の強制はその過程を阻害する。

### 参考文献

芦部信喜『憲法学Ⅲ〔増補版〕』有斐閣，1998年，248-260頁。

松井茂記『二重の基準論』有斐閣，1994年。

長谷部恭男『テレビの憲法理論』弘文堂，1992年，1-45頁。

Ⅱ　表現の自由：総論

#  取材・報道の自由

 **報道の自由**

　憲法21条の表現の自由は，特定の思想を表明する市民の自由をその保障の核心としている。思想の表明の禁止は，表現者の内面活動や人格の否定に等しいからである。それでは，真偽を観念できる事実を知らせる報道の自由をも，憲法21条は保障しているのであろうか。

　報道の自由について明言した**博多駅事件**最高裁決定（最大決昭和44年11月26日刑集23巻11号1490頁）は次のように述べている。「報道機関の報道は，民主主義社会において，国民が国政に関与するにつき，重要な判断の資料を提供し，国民の『知る権利』に奉仕するものである。したがって，思想の表明の自由とならんで，事実の報道の自由は，表現の自由を規定した憲法21条の保障のもとにあることはいうまでもない」。

　この決定は，思想の表明の自由とは対照的に，報道の自由を国民の**知る権利**に奉仕するための手段的自由として位置づけている。しかもそこで語られているのは，あくまで「報道機関」である。最高裁の理解では，憲法21条は，一般的な表現の自由だけでなく手段的自由としての報道の自由も保障しており，その主体はマス・メディアである。

　なお，一般人の報道の自由は，事実と意見の明確な区分が不可能であることからも，表現の自由として保障される。

 **取材の自由についての判例**

　報道機関の報道は，取材・編集・発表からなるため，発表（狭義の報道）を問う以上，その前提である取材活動の自由も問題となる。この点について，一般人には認められない新聞記者の**取材源秘匿権**という特別な権利の付与が問題になった**石井記者事件**（最大判昭和27年8月6日刑集6巻8号974頁）において，最高裁は，一般人よりも優遇される記者の取材の自由は憲法21条により保障されないとの考えを示した。しかし，その後，**北海タイムス事件**（最大決昭和33年2月17日刑集12巻2号253頁）を経て出された**博多駅事件**決定は，前述の箇所に続けて以下のように説く。「また，このような報道機関の報道が正しい内容をもつためには，報道の自由とともに，報道のための取材の自由も，憲法21条の精神に照らし，十分尊重に値いするものといわなければならない」。「保障」で

▷博多駅事件
⇨Ⅳ-11「取材ビデオテープの目的外使用禁止」

▷知る権利
⇨Ⅱ-4「知る権利」

▷取材源秘匿権
⇨Ⅳ-10「取材源の秘匿」
▷石井記者事件
⇨Ⅳ-10「取材源の秘匿」
▷北海タイムス事件
⇨Ⅳ-3「法廷における取材」

12

Ⅱ-3 取材・報道の自由

はないものの,「精神」や「十分尊重」という表現を用いて,最高裁は,報道機関の取材の自由を少なくとも憲法21条の問題として把握し直している。他方で,一般人の取材の自由（情報収集権）が問われた最高裁判決として,**法廷メモ事件**（最大判平成元年3月8日民集43巻2号89頁）がある。法廷内での一般傍聴人のメモ採取の拒否が争われたこの事件において,最高裁は「筆記行為の自由は,憲法21条1項の規定の精神に照らして尊重されるべきである」と説く。

以上のような諸判例の理解として,次のような指摘がなされている。第一に,博多駅事件は,「保障」を用いず,石井記者事件との整合性を図るとともに,記者と一般人の取材の自由を「十分尊重」か「尊重」かで区分けすることにより,この事件から離れている。第二に,博多駅事件は,さらに報道機関と国民の知る権利との関係に言及しているものの,国民の知る権利は報道機関の取材・報道の自由の下支えとしての役割しか担っていない。他方で,法廷メモ事件は一般傍聴人の知る権利に言及していない。取材・報道の自由をめぐり,個人に優位する**社会的権力**たる報道機関という像を最高裁の判例から読み取ることができる。

### ③ 取材の自由についての学説

報道機関の取材の自由について,学説は一般に,博多駅事件を参照しつつ,以下の3つの見解に分かれている。第一に,報道の自由との関連性を重視して,憲法21条は取材の自由を直接保障しているとする説,第二に,取材の自由を報道の自由へと吸収させた上で,取材活動に対する制約は報道（表現）の自由の侵害と構成する説,第三に,博多駅事件とほぼ同様に,取材の自由は報道の自由と比べて保護の程度が弱いとする説,である。

このうち,支配的見解は第三説である。通説となった背景には,多岐にわたる取材活動は国家秘密の保護や私人のプライバシーなど多様な利益・権利と衝突しやすく,個別事例での具体的な**利益衡量**が必要となるとの問題意識がある。しかし,この説は,裁判所が仲裁者として機能する場合に限ってとの条件をつけている。また,事前に取材活動が制限されるときには,広汎な規制となるおそれがあるため,裁判所は個別の利益衡量ではなく,一般的な基準を示す必要性も指摘されている。その意味で,**外務省沖縄密約事件**最高裁決定（最決昭和53年5月31日刑集32巻3号457頁）での「報道機関が公務員に対し根気強く執拗に説得ないし要請を続けることは,それが真に報道の目的からでたものであり,その手段・方法が法秩序全体の精神に照らし相当なものとして社会観念上是認されるものである限りは,実質的に違法性を欠き正当な業務行為というべきである」との説示は,通常の取材活動は許容されるとの原則を明らかにした点で,それ相応の評価を受けている。この趣旨は**特定秘密保護法**においても明文化された。

（西土彰一郎）

▷**法廷メモ事件**
アメリカ人弁護士であるローレンス・レペタ氏は,研究の一環として東京地裁での公判を傍聴した。その際,裁判長にメモ採取の許可申請をしたものの,許可されなかった。そこでレペタ氏が憲法82条,21条等の違反を理由に国に対して損害賠償を求めて出訴した。最高裁は,筆記行為の自由については本文のように述べつつも,「いささかでも法廷における公正かつ円滑な訴訟の運営を妨げる場合には,それが制限又は禁止されるべきことは当然である」と判断した（レペタ氏敗訴）。なお,本判決後,裁判所は原則としてメモ採取を許可することになった。⇒Ⅳ-3「法廷における取材」

▷**社会的権力**
企業,労働組合,大学などの団体や法人は,個人（＝自然人）と比べて強力な事実上の権力を有している。このような存在のことを一般に社会的権力という。マス・メディアを「第四の権力」という場合にも,この社会的権力が念頭に置かれている。

▷**利益衡量**
⇒Ⅱ-6「表現の自由の限界(1)」

▷**外務省沖縄密約事件**
⇒Ⅳ-1「国家秘密の保護」

▷**特定秘密保護法**
⇒Ⅳ-1「国家秘密の保護」

## Ⅱ　表現の自由：総論

 # 知る権利

 **自由な情報の流れの擁護**

　近代憲法は表現の自由を重要な権利として保障している。それはまず何よりも人々の自由な表現活動が公権力によって妨害されないことを意味している（消極〔防禦〕権的側面）。しかし人が自由な表現活動に従事できるためには，表現すべき何かが内的に形成されている必要がある。人は真空の中で表現活動をするわけではない。したがってまず情報の入手が有意義な表現活動の前提となる。憲法もそうした前提に立つと解される。情報を受けかつ求める自由と切り離して表現の自由を構想することは困難であり，自由で豊かな情報の流れこそが自由で民主的な体制を成り立たせているからである。むしろ憲法が保障しようとするのは，人の精神活動の帰結としての自由な表現と理解できる。そこでは情報の取得，分析・加工，伝達という総体的な過程として表現の自由を把握しようとすることになる。実際，表現の自由には個人的利益だけではなく，知識の拡大や賢明な意思決定の促進など社会的な効用があるとされている。つまり情報の自由な流通の過程こそが保護されるべきだとの理解である。

　まず情報を取得することを公権力によって妨害されない権利である知る自由が問題となる。例えば，「悪徳の栄え」事件における色川幸太郎裁判官の反対意見は，「表現の自由は他者への伝達を前提とするのであつて，読み，聴きして見る自由を抜きにした表現の自由は無意味となる」として，憲法上保障された知る自由を認める（最大判昭和44年10月15日刑集23巻10号1239頁）。また最高裁は，よど号ハイジャック記事抹消事件において，一般論として，新聞等の閲読の自由が憲法上保障されることは思想・良心の自由や表現の自由の憲法上保障の趣旨や目的に照らし「派生原理として当然に導かれる」という（最大判昭和58年6月22日民集37巻5号793頁）。さらに法廷メモ事件では，「さまざまな意見，知識，情報に接し，これを摂取することを補助するものとしてなされる限り，筆記行為の自由は，憲法21条1項の規定の精神に照らして尊重されるべきである」と最高裁は判断した（最大判平成元年3月8日民集43巻2号89頁）。

　さらに狭義の情報取得権として取材の自由も対象となる。かつては消極的に解されることもあったが，現在では，他の権利や自由との関係で限界はあるものの表現の自由に含まれると理解されるようになっている（博多駅事件・最大決昭和44年11月26日刑集23巻11号1490頁も参照）。

▷1　⇨Ⅲ-1「わいせつ表現」

▷2　⇨Ⅲ-12「被収容者の表現の自由」

▷3　⇨Ⅳ-3「法廷における取材」

▷4　⇨Ⅱ-3「取材・報道の自由」

## 2 国民の知る権利論

　この取材の自由の積極的承認は国民の知る権利論と連動している。デモクラシーのマス化・資本主義経済の展開・社会の複雑化などにより、情報の偏在が認識され、その是正の必要性が意識されるようになっている。そこでメディアによる適切な情報発信を通じて社会に情報を浸透させることが必要と考えられた。メディアに取材・報道の自由を保障することで、社会に情報が広く流通する状態を生みだし、個人の賢明な意思決定や国民主権原理の実効化がもたらされるとされる。

　実際、報道機関の機能が国民の知る権利への奉仕であるといわれることが多い。最高裁も、博多駅事件において、「報道機関の報道は、民主主義社会において、国民が国政に関与するにつき、重要な判断の資料を提供し、国民の『知る権利』に奉仕するものである」と承認している（前掲、最大決昭和44年11月26日、外務省沖縄密約事件・最決昭和53年5月31日刑集32巻3号457頁、日本テレビ事件・最決平成元年1月30日刑集43巻1号19頁）。さらに国会の両議院が行使する**国政調査権**も国民の知る権利に資するといわれることがある。

## 3 知る権利と情報公開制度

　知る権利が議論される場合、公権力からの妨害の排除や情報の自由な流通という環境の確保にとどまっているわけではない。さらに進んで、人々が必要とする情報を政府に対して請求する権利としても主張されている。消極国家・夜警国家から積極国家・福祉国家への展開は政府の処理すべき事務の飛躍的拡大をもたらし、その中でも特に行政部門の肥大化を招来していることはよく知られている。その結果、政府、特に行政部門に情報が集積する傾向が顕著になっている。その情報を入手できれば、表現活動も大いに実質化する。

　ただこの表現の自由の積極権的側面については、直接裁判所で救済される権利とは一般に解されていない。この憲法上の権利を具体化する法制度が必要であるとされている。つまり、政府の保有する情報を入手するためには、情報公開制度の整備が先行するのである。しかしいったん制度がなにがしかできれば、憲法上の権利の観点から、裁判所は既存制度の不備を法解釈によって補うことができると解されている。日本では、1980年代に地方自治体で情報公開条例が制定されだし、1999年5月にようやく情報公開法が成立した（2001年4月施行）。ただし情報公開法は知る権利を具体化したものとしてではなく、国民主権の理念から政府が国民に対して**アカウンタビリティ**を負うという基本構造を採用している。行政文書概念の狭隘さ、不開示事項の広範さ、文書管理の杜撰さなど再検討されるべき点も多い。

（川岸令和）

▷5　⇨Ⅳ-11「取材ビデオテープの目的外使用禁止」、Ⅳ-1「国家秘密の保護」

▷国政調査権
国政に関して調査する議院の権能をいい、憲法62条で明記されている（国会法103-106条も参照）。証人の出頭・証言や記録の提出を求めることができる強力な権能である。その性質をめぐって従来、国会や議院が果たす立法や行政監督の機能に付随した補助的権能か、国会が国権の最高機関に相応しく統轄機関として作用するための独立した権能か、という対立が提示されてきた。最高裁・通説は前者の立場をとる。近時、国民の知る権利や議会による政府統制の観点から議論されることも多い。国政調査権は広く国政全般に及びうるが、司法の独立・検察との並行調査・純粋私人への調査など一定の限界がある。

▷アカウンタビリティ
一般に説明責任と訳される。職務の遂行にあたって、その内容や結果について利害関係人に十分に説明し、違法・不当な職務の遂行に関しては適切な事後処理を行う責任のことをいう。元来、会計学や行政学において議論されてきたが、今日では広く社会的に影響力のある個人や組織体に求められるようになっている。

▷6　⇨Ⅶ-1「知る権利と情報公開法」、Ⅶ-2「情報公開法の概要」

Ⅱ 表現の自由:総論

#  集会の自由

## ① 集会の自由の重要性

日本国憲法は集会の自由を表現の自由の一類型として保障している(憲法21条1項)。集会とは,不特定または特定多数の者が特定の目的をもって一定の場所に集合することをいう。集会の自由は結社の自由と関連するが,集会が特定の場所に結集する必要があるのに対して,結社は必ずしもそうではない,また,集会が一時的でもよいのに対して,結社は一定の時間的継続性が求められるなどの点で異なる。集会はその集団性のゆえに参集者間に精神的な高揚をもたらし一体感を醸成しやすく,狭義の表現にはない独自の機能を果たす。現代社会において,表現手段を特段有しない者や時勢に合わない見解を抱く者が相互に交流したりその見解を対外的に発信したりするには集会は効果的である[41]。だがこのような特徴それ自体が,社会の中で他の自由や権利との調整をより必要としていることも事実である。

## ② 集会の自由の保障

集会の自由もまず集会の実施等について公権力から制限を受けないことを意味する。かつて全国各地の公安条例が集団示威運動を抑制するものとして大いに議論された[42]。戦後解放期に政治運動や労働運動が活発化したことに対して占領目的の阻害を懸念した占領軍の指示により公安条例は制定された。公安条例はその意味で治安維持を目的とし,後述の公物管理とは異なっている。集団示威行為に許可制を採用するものが多く,また最高裁はデモ参加者の群集心理による暴徒化論を根拠に安易な規制を認容し,学説から厳しい批判を受けた。近時,暴走族に対処するため彼らが集会する段階で規制を試みる条例の合憲性が争われ,注目された。最高裁は,過度に広範な規定に限定解釈を施した後,関連性の不分明な先例に依拠し緩やかな審査で合憲とした(広島市暴走族追放条例事件・最判平成19年9月18日刑集61巻6号601頁)[43]。

さらに集会の自由が,公共施設(行政主体が国民や住民の福祉を増進する目的でその利用に供するため設置・管理する施設。地方自治法244条参照)を管理する国・地方公共団体に対してその利用を請求する権利をも意味するかについては,意見が分かれる。ただし消極説も,公共施設の使用許可の判断は明確で公平な基準に依るべきとし,行政主体の自由裁量には否定的である。

▷1 集会の自由に関して最高裁は,「現代民主主義社会においては,集会は,国民が様々な意見や情報等に接することにより自己の思想や人格を形成,発展させ,また,相互に意見や情報等を伝達,交流する場として必要であり,さらに,対外的に意見を表明するための有効な手段であるから,憲法21条1項の保障する集会の自由は,民主主義社会における重要な基本的人権の1つとして特に尊重されなければならないものである」と指摘する(成田新法事件・最大判平成4年7月1日民集46巻5号437頁)。
▷2 新潟県公安条例事件(最大判昭和29年11月24日刑集8巻11号1866頁),東京都公安条例事件(最大判昭和35年7月20日刑集14巻9号1243頁),徳島市公安条例事件(最大判昭和50年9月10日刑集29巻8号489頁)など参照。
▷3 最高裁の多数意見が依拠した先例は,猿払事件判決(最大判昭和49年11月6日刑集28巻9号393頁)と成田新法事件判決である。
▷パブリック・フォーラム論
表現活動がなされる場所に着目し,一定の場所では施設の財産権や管理権よりも

16

## ③ 公共施設管理権との調整

　集会の自由の実現にあたって，集会のできる場所の確保は切実な問題である。公園や公会堂の使用許可が管理権者の恣意にわたるなら，集会の自由の保障は空疎化するであろう。したがって公共施設の種類・規模・構造・設備等に応じてその使命を十分に達成できるよう管理権の適正な行使が重要である。アメリカで議論されている**パブリック・フォーラム論**も参考になろう。

　公共施設使用の許可制は事前抑制の禁止との関係が問題となる。具体的かつ明確な基準を欠き不確定概念を用いて規定する許可条件には注意が必要である。本来の管理作用が警察作用と混交する可能性を排除できないからである。

　しかし公共施設とはいえ正当な使用拒否もある。①申請集会が施設の設備・構造等の外的条件に適さない場合，②複数の同時申請を先願順等の中立的基準で処理する場合，③施設の使用が他者の権利や自由を侵害する危険性がある場合などが想定される。メーデーでの皇居外苑の使用が拒否された事件は①に分類できる。最高裁は，傍論で，厖大な数の参加者や長時間の使用により公園の管理保存に著しい支障が生じ，また一般国民の公園使用が阻害されるとの理由で使用不許可を是認した（最大判昭和28年12月23日民集 7 巻13号1561頁）。

　最も困難なのは③のケースである。新空港建設に反対する集会が条例所定の「公の秩序をみだすおそれがある場合」に該当するとした会館使用不許可処分が争われた**泉佐野市民会館事件**で，最高裁は集会の自由の重要性に配慮し，従来に比して厳格な審査を施した。条例の当該文言は，集会の開催により「人の生命，身体又は財産が侵害され，公共の安全が損なわれる」「明らかな差し迫った危険の発生が具体的に予見される」場合に限定解釈でき，本件ではそのような危険の発生が「客観的な事実に照らして具体的に明らかに予測される場合」であったと判断した（最判平成 7 年 3 月 7 日民集49巻 3 号687頁）。また，何者かに殺害された労働組合幹部の合同葬のための会館使用不許可処分が違法とされた上尾市福祉会館事件も注目される。あくまでも地方自治法244条の解釈問題として処理されたが，平穏な集会に対して主催者と対立する者が実力で妨害を企てるおそれを理由に公共施設使用を拒否できるのは，「警察の警備等によってもなお混乱を防止することができないなど特別な事情がある場合」に限定されるとされた（最判平成 8 年 3 月15日民集50巻 3 号549頁）。

　学校の集会利用が争われた事件で，目的外使用の承認は原則として管理権者の裁量に委ねられているが，その裁量権の逸脱濫用により違法となる場合があると判断された（最判平成18年 2 月 7 日民集60巻 2 号401頁）。また私人間の紛争であるが，ホテルの一方的解約により日教組教育研究全国集会が開催できなくなったプリンスホテル事件では，ホテルの施設使用拒否は違法と判示された（東京地判平成21年 7 月28日判時2051号 3 頁，東京高判平成22年11月28日）。　（川岸令和）

表現活動が優先されるとする連邦最高裁判例により形成されてきた法理である。表現活動の場所が公園や公会堂等のパブリック・フォーラムに該当すれば，表現内容中立規制であってもそれが重要な政府利益を促進するために厳密に調整されており，コミュニケーション経路の代替性が十分に確保されていなければならない。だがパブリック・フォーラムでなければ，表現活動は政府の広い規制裁量権限に服する。政府所有の財産が，市民による自由な意思疎通のための場所として伝統的に使用されてきた場合，また政府が公共の用に供するためにその財産を意図的に提示した場合に，その財産はパブリック・フォーラムとなるとされる。⇨ Ⅲ-8「パブリック・フォーラム」

▷ 4　公物管理とは当該公物の本来の効用を維持し増進する作用であるのに対し，公物警察とは社会公共の安全と秩序を維持するため，一般統治権に基づき国民に命令・強制する作用である。両者の法的根拠は異なる。

▷ **泉佐野市民会館事件**
⇨ Ⅱ-7「表現の自由の限界(2)」，Ⅲ-8「パブリック・フォーラム」

▷ 5　東京地裁は，「集会は，その参加者が様々な意見や情報等に接することにより自己の思想や人格を形成，発展させ，また，相互に意見や情報等を伝達，交流する場となるものであるから，参加者は，集会に参加することについて固有の利益を有し，かかる利益は法律上保護されるべきである」とする。

## Ⅱ　表現の自由：総論

 **表現の自由の限界(1)：公共の福祉論**

###  表現の自由と公共の福祉

　戦前，言論の自由等について定めていた大日本帝国憲法29条は，「日本臣民ハ法律ノ範囲内ニ於テ言論著作印行集会及結社ノ自由ヲ有ス」と規定し，「法律ノ範囲内ニ於テ」との限定つきで言論の自由を認めるに過ぎなかった。これに対して，日本国憲法21条1項は，「言論，出版その他一切の表現の自由は，これを保障する」と謳うのみで，条文上は何らの限定や制限も予定していない。他方，同じ日本国憲法でも，職業選択の自由等を保障する22条のような，「公共の福祉に反しない限り」との文言が挿入されている条文の存在に鑑みれば，表現の自由はあたかも絶対的に保障されているかのようである。

　ところが，最高裁は，当初より表現の自由の制約可能性を肯定していた。例えば**食糧緊急措置令違反事件**（最大判昭和24年5月18日刑集3巻6号839頁）では，「新憲法の保障する言論の自由は，旧憲法の下において，日本臣民が『法律ノ範囲内ニ於テ』有した言論の自由とは異なり，立法によつても妄りに制限されない」と述べる一方で，「国民の無制約な恣意のま〻に許されるものではなく，常に公共の福祉によつて調整されなければなら」ないと論じている。**チャタレイ事件**（最大判昭和32年3月13日刑集11巻3号997頁）でも，憲法12条と13条の規定を参照しつつ，人権は「その濫用が禁止せられ，公共の福祉の制限の下に立つものであり，絶対無制限のものでない」と判示している。このように，最高裁は憲法21条の文言にかかわらず表現の自由が「公共の福祉」による制約に服することを認めており，学説もこれを争いなく承認している。

### ② 公共の福祉の内容

　では，人権保障の具体的限界を左右するこの公共の福祉は，一体何を意味するのか。選挙運動としての戸別訪問の禁止を合憲とした最高裁判決（最大判昭和25年9月27日刑集4巻9号1799頁）は，言論の自由に関して「公共の福祉のためにその時，所，方法等につき合理的制限のおのずから存することは，これを容認するものと考うべき」と論じただけで，戸別訪問に伴う具体的な弊害や禁止による不利益を何ら検証することもなく，「選挙の公正を期するため」であれば戸別訪問を禁止しても違憲ではないと結論づけた。チャタレイ事件最高裁判決（前掲，最大判昭和32年3月13日）も，特段の理由づけなしに，「性的秩序を

▷**食糧緊急措置令違反事件**
戦後すぐに食糧供出に反対する発言を行った農民組合の役員が，主要食糧の政府に対する売渡をしないよう煽動した者を処罰する旨を規定した食糧緊急措置令に違反するとして起訴された事件。

▷**チャタレイ事件**
⇨Ⅲ-1「わいせつ表現」

*18*

守り，最少限度の性道徳を維持すること」が「公共の福祉の内容をなすことについて疑問の余地がない」と断定し，わいせつ文書規制の合憲性を肯定した。このように，初期の判例は公共の福祉の中身を具体的に検証せず，抽象的に把握された「公共の福祉」の語への機械的当てはめだけで表現規制を肯認した。しかし，学説の多くは，これでは法律によりさえすればあらゆる表現規制を許容する戦前の人権保障（「法律ノ範囲内ニ於テ」のみ許された言論の自由）への逆戻りであるとして，このような抽象的な公共の福祉論には極めて懐疑的であった。

　こうした中，公共の福祉を「人権相互の矛盾・衝突を調整するための実質的公平の原理」と定義しつつ，これがすべての人権に論理必然的に内在すると説く一元的内在制約説が，有力に主張されるようになった。ここでは，個人の尊厳を最高の指導理念とする日本国憲法の下，個人に優先する全体利益など存在せず，個々人の人権に対抗する価値を有しうるのは他人の人権だけであるとされ，人権相互が衝突する場合も，個人を等しく尊重し両者を調和させるのに必要な限りで人権制約が許されうるに過ぎないと考えられた。この場合，人権制約に際して，もはや抽象的に公共の福祉を論ずれば十分なのではない。個人として等しく尊重するのに必要な制約であることの具体的な説明がない限り，公共の福祉のための制約とはいえない。こうして，公共の福祉による制約には内容上の歯止めがかけられることとなった。

## ❸　比較衡量（利益衡量）

　もっとも，人権制約が公共の福祉に合致するかどうか，すなわち，個人として等しく尊重するのに必要な人権制約であるかどうかを，具体的にどう判断すればよいかは，いずれにせよ明らかではない。だとすれば，公共の福祉は人権制約の正当化事由としてはなお曖昧といえ，必要な制約であるか否かを判断するには，別途そのための基準や審査手法が必要ということになる。

　その手法として代表的なのが比較衡量である。これは，人権制約によって得られる利益とそれによって失われる利益（または制約の不存在によって維持される利益）とを比較し，前者が後者を上回る場合には，これを公共の福祉に合致すると考えるものである。**博多駅事件**（最大決昭和44年11月26日刑集23巻11号1490頁）の最高裁決定が，取材フィルムの提出命令が認められるべきか否かは，公正な裁判を実現する上での必要性やそれにより報道の自由が妨げられる程度など「諸般の事情を比較衡量して決せられるべき」と判示したのは，その一例である。このように，比較衡量の手法は判例で広く採用されているが，他方，この手法をより客観化・可視化するために，**目的・手段審査**の下で比較衡量が行われることもある。

（丸山敦裕）

▷1　厳密には，一元的内在制約説では，衝突する相互の自由権を保障するための人権制限と社会権を実質的に保障するための人権制限とが区別され，前者では「必要な最小限度」，後者では「必要な限度」で制限が許容される，と説明されている。

▷2　もっとも，近年では，公共の福祉による人権制約を「人権相互の矛盾・衝突」の場面に限定する一元的内在制約説への批判も少なくない。例えば，街の美観を保護するための看板規制のように，必ずしも人権とはいえないような（多数の個人にとっての）重要な利益を理由とする規制もある程度は認められてよい，と一般に考えられているからである。

▷**博多駅事件**
⇨Ⅱ-3「取材・報道の自由」

▷**目的・手段審査**
目的に関しては，人権制限の目的（制限によってめざされる利益）の性質・重要性と制限される人権の性質・重要性とを比較衡量し，人権制限の目的が制限される人権の性質・重要性に見合うだけの一定以上の重要性を有しているかを審査し，手段に関しては，人権制限の目的とそのために採られた手段との間の適合性や必要性を検証し，人権制限の目的に見合った（過剰ではない）手段であるかを審査することを通じて，必要な人権制約であるか否かを判断する審査手法。

## Ⅱ　表現の自由：総論

 **表現の自由の限界(2)：二重の基準論**

▷比較衡量
⇨Ⅱ-6「表現の自由の限界(1)」

### 1　比較衡量（利益衡量）の問題点

**比較衡量**は，抽象的な公共の福祉論と比べれば，人権保障に優れるといえるが，しかし，こうした個別具体的な比較衡量にも問題がないわけではない。というのも，①比較の基準が必ずしも明確ではなく，究極的には主観的判断となりかねない，②比較すべき対立利益が個人的な利益と国家的な利益（あるいは多数派の利益）である場合，後者の利益ばかりが優先されがちとなりうる，③個別具体的な状況に応じた比較衡量による合憲性判断は，人権を行使する者の予測可能性を低下させる，などの難点が考えられるからである。人権保障という点では，やはり比較衡量はより客観的かつ予測可能であることが望ましい。でなければ，比較衡量は結果的にあらゆる権利侵害を認める方便として用いられかねない。比較衡量が場当たり的な恣意によってなされないためにも，これを客観化・準則化することが重要となる。

### 2　二重の基準論

　こうした問題意識の下，アメリカの判例法理を参照しつつ，人権制約の合憲性判断の客観化に向けて提唱されたのが二重の基準論である。二重の基準論とは，とりわけ自由権を精神的自由と経済的自由とに区分し，前者には後者より強い保護が裁判所の合憲性判断において及ぼされるべきであるとする考え方である。ここでは，精神的自由の規制についてより厳格な審査態度で（合憲性を推定することなく）合憲性判断を行うことが，裁判所には要求される。

　この精神的自由への手厚い保護の根拠として，第一に権利の性質が挙げられる。民主主義過程が健全に機能するには，自由な発想に基づく自由な発言が確保されている必要があり，精神的自由はまさにこれに不可欠のものである。また，経済的自由の規制の場合，精神的自由が確保され民主主義過程が健全に機能する限り，自由な政策批判や投票による意思表明を通じてその是正が可能なのに対して，精神的自由は，ひとたび不当に制限され民主主義過程が機能不全に陥ると，もはや民主主義過程を通じた是正には期待できなくなる。それゆえ，精神的自由の制限には裁判所による厳しい審査が必要ということになる。

▷自己統治の価値
⇨Ⅱ-2「表現の自由の意義」
▷表現の自由の優越的地位
⇨Ⅱ-2「表現の自由の意義」

　第二は，裁判所の審査能力である。精神的自由の制限と異なり，経済的自由の制限には立法や行政による複雑な経済的・政策的判断が関与している。しか

し，裁判所にはこれを判断する十分な能力が備わっていない。それゆえ，経済的自由の制限には厳しい審査を及ぼすことができないということになる。

## ③ 表現規制の合憲性を判断するための基準

表現の自由固有の文脈でいえば，上記の権利の性質に関する話は，**自己統治の価値**の話と大幅に重なる。表現の自由は自己統治と自己実現の価値の双方を備えるがゆえに**優越的地位**を有するとされるが，表現の自由の場面では，二重の基準論は，この表現の自由の優越的地位と合わせて論じられることを通じて，表現の自由に極めて手厚い保護を要求するものとなる。**事前抑制の禁止**や**明確性の理論**は，表現の自由に妥当する特別のルールの例である。これらは，許されるべき表現が禁止される危険を最小化し，表現の自由の保護を最大化させるためのものである。

また，表現の自由の手厚い保護のためには，原則として，表現規制に対する厳格な審査態度と，それにふさわしい厳格な合憲性判断の基準ないし準則が要求される。すなわち，表現規制の合憲性を裁判所が判断する際には，規制が合憲であると主張する側が説得的に主張・立証できない限りこれを違憲とするというスタンスをとりつつ，具体的には，規制目的がやむにやまれぬほど重要な（必要不可欠な）政府利益を追求しており，規制手段がその目的達成のために必要不可欠である（厳密に適合している）ことを要求する「厳格な基準」が充足されているか否かで判断することが基本となる。ただし，合憲性判断基準に関しては，事前抑制か事後抑制か，**表現内容規制**か**表現内容中立規制**かなどによって，より厳しく，あるいはより緩やかなものとされることがある。

## ④ 最高裁の考え方

裁判例を見る限り，最高裁も，一般論としては二重の基準論を支持しているといえる。**猿払事件**最高裁判決（最大判昭和49年11月6日刑集28巻9号393頁）が，「表現の自由は，民主主義国家の政治的基盤をなし，国民の基本的人権のうちでもとりわけ重要なものであり，法律によつてもみだりに制限することができない」と論じているのも，その一例である。しかし，この一般論が，具体的判断における審査態度や合憲性判断基準に生かされることは極めて稀である。実際，猿払事件（前掲，最大判昭和49年11月6日）では，**合理的関連性の基準**という緩やかな基準での審査により合憲判決が下されており，また，依然として比較衡量に依拠して審査を行っている裁判例も多い。こうした実情は，表現の自由の規制立法に対する法令違憲判決がこれまで1つとして下されていないことからも明らかである。このような最高裁の姿勢は，学説からも強く批判されている。

（丸山敦裕）

▷ **事前抑制の禁止**
⇨ Ⅱ-9「検閲・事前抑制の禁止」

▷ **明確性の理論**
精神的自由を規制する立法は明確でなければならないとする理論。法令の規制の文言が不明確で一般人がその規制内容を判断できない場合，本来合法的にその行為をなしうる者に対してまで，その規制の適用を恐れて，これを差し控えさせるという効果（萎縮効果）を発生させてしまうので，こうした場合には，規制文言が不明確であるとの文面上の理由のみで，法令が無効とされる。

▷ **表現内容規制・表現内容中立規制**
⇨ Ⅱ-8「表現の内容規制・内容中立規制」

▷ **猿払事件**
⇨ Ⅲ-11「公務員の表現の自由」

▷ 1　泉佐野市民会館事件（最判平成7年3月7日民集49巻3号687頁）が，「経済的自由の制約における以上に厳格な基準」で審査しなければいけないとし，「明らかに差し迫った危険の発生が具体的に予見されることが必要」という厳格度の高い基準で審査したのは，貴重な例である。⇨ Ⅱ-5「集会の自由」，Ⅲ-8「パブリック・フォーラム」

▷ **合理的関連性の基準**
規制目的が正当であり，規制手段が規制目的との間に合理的な関連性を有するものであって，規制によって得られる利益と失われる利益とが均衡していることを要求する合憲性判断基準。

Ⅱ　表現の自由：総論

# 表現の内容規制・内容中立規制

##  表現内容規制と表現内容中立規制との区別

　表現の自由とは，端的には，自己の伝えたい情報を自己の望む時・場所・方法で伝える自由といえる。何を表現するかも様々であるし，これをどのようなやり方で表現するかも様々である。それゆえ，公共の福祉を理由に表現の自由を規制する場合も，そのあり方は様々となりうる。例えば，名誉権侵害が理由で名誉毀損的表現が規制されたり，青少年への悪影響が理由で有害図書規制がなされたりすることもある。他方，都市の美観風致を理由に屋外広告物が規制されたり，交通安全のために街頭演説が許可制となっていたりする。前二者の例では，表現される内容が原因で生じうる社会的害悪が問題視されているのに対して，後二者の例では，表現内容とは無関係に生じうる社会的害悪が問題視されている。学説では，このような表現内容に基づく規制と基づかない規制とを区別し，前者を**表現内容規制**，後者を表現内容中立規制と呼んでいる。

## ② 表現内容規制・表現内容中立規制二分論と合憲性判断基準

　この両者の区別は，単に規制の理由や根拠の違いにとどまるものではない。両者の違いは，規制強度の違いとしても理解される。表現内容規制では，特定の内容それ自体が規制の対象となっているため，当該表現内容はいかなる態様によっても言論空間に登場することが許されず，民主主義の担い手たる国民はその内容について知る機会を失うことになる。また，政府が自己に不都合な言論を抑圧している可能性も疑われうる。これに対して，表現内容中立規制では，表現内容に着目することなく表現の時・場所・方法を規制しているに過ぎないため，他の場所や方法で表現することは可能であり，当該表現内容が言論空間に登場する余地は，なお残されている。こうした点で，表現の自由に対する影響は表現内容中立規制の方が小さいということができる。

　学説の多くは，この規制強度の違いに着目し，表現内容規制と表現内容中立規制との区別を規制の合憲性判断の厳格さに連動させて理解しようとする。これは一般に表現内容規制・表現内容中立規制二分論と呼ばれている。これによれば，表現内容規制では思想の市場の歪曲や政府の不正な動機が懸念されることから，その合憲性は厳しく審査されるべきで，ここでは**厳格な基準**による審査が必要となる。他方，表現内容中立規制では，表現の自由に対する影響が比

▷表現内容規制
表現内容規制は，さらに見解規制と見解中立的な主題規制とに分類される。例えば，戦争に反対する表現の規制は見解規制にあたるが，戦争に賛成でも反対でも，戦争に関する表現を扱う限り規制するのが主題規制である。アメリカでは，見解規制は強く警戒されており，裁判所で合憲とされる余地はほとんどない。

▷厳格な基準
⇨Ⅱ-7「表現の自由の限界(2)」

▷中間審査基準（厳格な合理性の基準）
規制目的が重要な政府利益を追求しており，規制手段が規制目的達成との間に実質的な関連性を有することを要求する合憲性判断基準（なお，規制手段について「より制限的でない他の選

較的小さいといえ，**中間審査基準**による合憲性判断がふさわしいとされる。

とはいえ，学説の二分論も決して万能ではない。例えば，**象徴的言論**の規制は，その外形的行為にのみ着目する限りで，表現内容中立規制といえそうである。しかし，大衆にアピールするためのメディアを有しない者の行動であったり，従来の表現方法では無力であるといった事情がある場合，こうした規制の実質的な抑制効果は，表現内容規制と大差ないのかもしれない。ある時・ある場所・ある方法においてなされるからこそ意味がある表現内容も存在しうることに鑑みれば，表現内容規制と表現内容中立規制との区別は決して簡単ではない。表現内容中立規制でも表現の自由に重大な影響をもたらしうるのである。したがって，規制が表現内容に基づくか否かは，合憲性判断基準を導く重要な手がかりではあるが決定的なものとはいえないと考えるのが，適切であろう。

## ③ 最高裁の判断枠組み

表現の自由の規制に関する最高裁判決の多くは，比較衡量論を用いて制限の合憲性を判断しており，必ずしも学説の二分論には依拠していない。しかし，二分論に類似する判断枠組みを用いた判決も，少なからず存在する。

その代表例は，国家公務員の政治的行為の禁止を合憲とした**猿払事件**である。ここでは，公務員の意見表明そのものの制約を目的とする「直接的規制」と，公務員の政治活動から生ずる弊害の防止を目的とする「間接的・付随的規制」とが区別され，前者に比して後者の規制強度は低いと考えられた。**戸別訪問禁止違反事件**でも，選挙運動としての戸別訪問の禁止は「単に手段方法の禁止に伴う限度での間接的，付随的な制約にすぎない」として，同様に規制の弱さが強調された。そして，いずれの判決でも，**合理的関連性の基準**と呼ばれる緩やかな基準で合憲性判断がなされた。ただ，これには，表現の自由の優越的地位を無視するに等しいとの批判がある。

また，学説上は表現内容中立規制と理解される電柱等へのビラはり禁止が問題となった軽犯罪法違反事件（最大判昭和45年6月17日刑集24巻6号280頁）では，最高裁は，本件禁止を「この程度の規制」と片づけ，大分県屋外広告物条例事件（最判昭和62年3月3日刑集41巻2号15頁）でも，街路樹への立看板の禁止につき，「右の程度の規制」と論ずるのみで，簡単に「必要かつ合理的な制限」であると認めた。こうした合憲性判断は，規制が著しく不合理であることが明白であってはじめて違憲と判断される単純な合理性の基準によるものと考えられ，ここでも最高裁は，かなり緩やかな審査を行うにとどまっている。

（丸山敦裕）

びうる手段」が存在しないことを要求する「LRAの基準」も，中間審査基準に分類されることが多い）。もっとも，学説によっては，手段の実質的関連性の要件に代えて（あるいは，加えて），当該表現内容を発信するための他の代替的な表現手段が十分残されていることを要求する場合もある。

▷象徴的言論
言葉によらず行為そのものによる思想の表明・伝達，あるいは，言葉によらないコミュニケーション行為のこと。例として，ベトナム戦争に反対する意思表示として公衆の面前で徴兵カードを焼却する行為や，国旗掲揚に反対する意思表示として，国旗を引き下ろし，観客の目の前でこれを焼却する行為等がある。
⇨ Ⅱ-1 「表現の自由の内容」

▷猿払事件（最大判昭和49年11月6日刑集28巻9号393頁）
⇨ Ⅲ-11 「公務員の表現の自由」

▷戸別訪問禁止違反事件（最判昭和56年6月15日刑集35巻4号205頁）
選挙に関して，投票を得させる目的（または得させない目的）で戸別訪問することを禁じている公職選挙法138条1項が，憲法21条に違反するとして争われた事件。最高裁は，「公職選挙法138条1項の規定は，合理的で必要やむをえない限度を超えるものとは認められず，憲法21条に違反するものではない」と結論づけた。

▷合理的関連性の基準
⇨ Ⅱ-7 「表現の自由の限界(2)」

# コラム-1

## ビラの配布

　ビラ・チラシや立て看板はデモや集会と並んで，市民が社会に対し自分の意見を手軽に伝えることができる，最も原始的で有効な表現方法であって，その社会の表現の自由に対する寛容度を測る上でも重要な意味をもつ。しかし近年，団地の郵便受け等にビラを入れる行為を厳しく取り締まる判例が相次ぎ，社会的な関心を呼んでいる。

　問題となった事例の1つでは，政党の都議会報告などを配るために昼間，東京都内のマンションに立ち入った者が，住人により警察に通報があり現行犯逮捕され，刑法130条前段の住居侵入罪に問われ，有罪が確定した（一審無罪を破棄）。高裁判決では，立入禁止の貼り紙があったにもかかわらず棟内に立入り，各戸のドアポストにビラを投函しながら滞留した行為が，相当性を欠くことは明らかであるとして，住居侵入罪の成立を認め，表現の自由に関しては「憲法21条1項は，表現の自由を絶対無制限に保障したものではなく，公共の福祉のために必要かつ合理的な制限を是認するものであって……ポストへの投函以外の方法によってビラを配布することは可能であるし，……住民の情報受領権や知る権利を不当に侵害しているわけでもない」と判示した（2007年12月11日）。

　この判決は，一般の政治活動や市民運動を含めた，大衆的表現行為としてのビラ等の各戸配布を，実質的に禁止する効果をもつものであるといえる。ただし法構成自体は，駅前でのビラ配布を違法とした最高裁1984年12月18日判決を踏襲したもので，過去の規制根拠としては，刑法130条以外にも，道路交通法77条1項4号や鉄道営業法35条，軽犯罪法1条32号が適用されてきた。ビラ配布をめぐっては2004年だけでも，東京都立川市の防衛庁官舎で，自衛隊イラク派遣反対のビラを階段下の郵便ポストに配布した3人が住居侵入罪に問われ，一審は無罪，控訴審は有罪（罰金）となっ

た他，社会保険庁職員の政党ビラ配布事件では，国家公務員法102条違反に問われた。

　表現の自由と平穏に暮らす権利は，日常生活の中で往々にして衝突する。例えばデモ行進や集会も，近隣住民にとっては騒音であったり心の平穏をかき乱されることもあるだろう。ビラや立て看が街の美観を損ねたり，チラシの配布が通行の邪魔になることもないとはいえない。しかし一方で先に挙げた事例は，商業チラシが自由に投函されている現状からすると，一般に最も保護されるべき政治的言論をある意味「狙い撃ち」しているともいえ，強引に法令を適用した見せしめ的な「微罪逮捕」であるともいえる。このように，ビラの配布を形式的外形的に取り締まることは社会の自由闊達な情報交換を阻害し，言論公共空間の存在を否定もしくは狭めることで市民の政治的選択の幅を狭めることになりはしないだろうか。

　従来よりピンクチラシに代表されるように，ビラや立て看などの非マスコミのメディアに対しては，「公共の福祉」の名の下に制限を当然視する傾向にあり，これは少なからずネット上の「有害」情報規制に代表される表現行為の取り締まり方針にも現れる。そしてまた，体感治安の悪化の危惧や安心安全を志向する社会の雰囲気が，結果として過剰な行政による表現規制につながる可能性も否定しえない。自分の意見とは異なるビラや不要な広告を受け取ることが迷惑だと思っても，社会全体の利益のために多少の不快感を我慢することが民主主義社会には求められている。社会に流通する情報を，聞く人見る人にとって差し障りがない情報にのみ限定することは，少数意見や猥雑な表現行為を社会から排除することにつながり，これは表現の自由保障とは異なる論理と考えられるからである。

(山田健太)

## Ⅱ　表現の自由：総論

 **検閲・事前抑制の禁止**

### 1　検閲・事前抑制の禁止

　憲法は，「検閲は，これをしてはならない」（21条2項前段）と規定している。表現に対する事前抑制は，表現による公の批判の機会を減少させ，また予測に基づかざるをえないことなどから，事後制裁の場合よりも広汎にわたりやすく，濫用のおそれがある上，十分な手続的保障もなく，**萎縮効果**が大きい。したがって，表現の自由（21条）にとって，最も厳しい制約となる。このことは，諸外国（検閲）および日本（**内閲**）の歴史的経験からも，明らかだろう。したがって，表現の自由の保障とは表現に対する事前抑制を禁止することを指す，といわれる。

### 2　「検閲」の概念

　もっとも，「検閲」の概念（意味）と事前抑制の概念の違いは必ずしも明確ではない。学説は，「検閲」（21条2項前段）を事前抑制の原則的禁止（1項）を確認したものと解しつつ，例外も認められるとする立場（広義説）と，「検閲」は抑止的効果が高いため絶対的に禁止されるけれども，検閲にあたらない事前抑制は原則的に禁止されるとする立場（狭義説〔二分説〕）に大きく分かれる。

　「検閲」の概念を広義に捉える従来の学説は，先の歴史的経験から，検閲を公権力が外に発表されるべき思想の内容をあらかじめ審査し，不適当とみとめるときは，その発表を禁止すること，すなわち，事前審査を意味すると定義する。さらに，表現の自由に対する検閲の抑止的効果（機能的見地）を考慮して，より広義に捉える学説は，検閲の対象について，「思想の内容」以外の「表現内容」へ拡張し，その時期について，表現の「発表前」だけではなくその表現の「受領前」を含み，その態様について，表現の「事前審査」だけではなくそれと同視できる抑止的効果をもつ規制（税関検査など）も含まれる，とする。

　これに対し，狭義説は，「検閲」の概念について，「検閲」禁止の絶対性・形式性に加えて機能的見地から，表現行為に先立ち行政権がその内容を事前に審査し，不適当と認める場合にその表現行為を禁止することとして，狭く捉える。「検閲」の主体を「公権力」から「行政権」へ限定する狭義説では，裁判所による出版の事前差止めは「検閲」に該当しないが，検閲にあたらなくても，表現行為に先立ち公権力が何らかの方法でこれを抑制すること，および実質的に

---

▷**萎縮効果（chilling effect）**
表現の自由に対する規制の基準が不明確あるいは過度に広汎であるため，表現の自由が不当に制限されるだけではなく，表現者が本来自由に行うことができる表現行為までもためらわせる効果のことをいう。

▷**内閲**
出版法等に基づく届出主義の下，内務大臣により，「安寧秩序ヲ侵害シ又ハ風俗ヲ壊乱」するとされた文書の発売等がひろく禁止された。実際，出版社等は，発売禁止を免れるため，内々に受けた検閲の指示に従っていたという。

これと同視できるような影響を表現行為に及ぼす規制方法は、事前抑制として憲法21条1項によって原則的に禁止される、とする。

この点、判例は、狭義説と同様に検閲の禁止を絶対的なものと捉えている。最高裁は、**税関検査事件**（最大判昭和59年12月12日民集38巻12号1308頁）において、検閲を「行政権が主体となって、思想内容等の表現物を対象とし、その全部又は一部の発表の禁止を目的として、対象とされる一定の表現物につき網羅的一般的に、発表前にその内容を審査した上、不適当と認めるものの発表を禁止することを、その特質として備えるもの」と定義した。判例は、「検閲」の概念を狭義説よりも著しく狭く捉えており、形式的に過ぎるとか、この「検閲」に該当する制度は現実に存在しえないのではないか、などと批判されている。

## ③ 出版の事前差止め

裁判所による**出版の事前差止め**は、表現に対する事前抑制であり、既述のように、表現の自由にとって最も厳しい制約となりうる。けれども、事後的な損害賠償では表現によりいったん侵害された名誉あるいはプライバシーの権利に対する十分な救済とはなりえないとして、表現に対する事前の抑制が必要であると考えられ、学説そして判例上、出版の事前差止めが認められている。

出版の事前差止めについて、最高裁は、北方ジャーナル事件（最大判昭和61年6月11日民集40巻4号872頁）において、先例（税関検閲事件）により、「検閲」に該当しないとした。その上で、事前抑制の原則禁止について、憲法21条の趣旨により、差止めも厳格かつ明確な要件の下においてのみ許容され、公職に関係をもつ者についての表現は、私人の名誉権に優る社会的価値を含み、憲法上特に保護されるべきであるとした。そして、①その表現が真実ではなく、またはそれがもっぱら公益を図る目的のものでないことが明白、かつ、②重大にして著しく回復困難な損害を被るおそれがあるとき、例外的に事前差止めが許される、とした（実体的保障）。また、手続的保障について、口頭弁論または債務（表現）者の**審尋**を行い、表現内容の真実性等の主張立証の機会を与えることを原則とすべきであるが、債権（被害）者の提出した資料が実体的保障を満たすもの（疎明）と裁判所が認める場合、口頭弁論または債務者の審尋を経ないで差止めの仮処分を発したとしても、憲法21条に反しないとした。

学説には、実体的保障について、公益目的を欠く真実の表現の差止めが認められてしまうことへの批判や、公人批判の場合の差止めは、**現実的悪意**の基準による保護が認められないことが「明白」で、しかも前記②にあたるときに限られるべきとする批判もある。また、手続的保障については、例外的に**疎明**により仮処分を認めることに対する批判があったが、現在では、民事保全法により、原則として、口頭弁論または債務者の審尋が必要とされている（23条4項）。

（前田正義）

---

▷**税関検査事件**
⇨ Ⅲ-5「税関検査」
▷ 1 「検閲」該当性が問題となった事件としては、例えば、「愛のコリーダ」事件（最決昭和55年12月17日刑集34巻7号721頁）、岐阜県青少年保護育成条例事件（最判平成元年9月19日刑集43巻8号785頁）、政見放送削除事件（最判平成2年4月17日民集44巻3号547頁）、天皇風刺ビラ差押事件（最判平成2年12月13日判例地方自治85号93頁）などがある。いずれの事件においても、「検閲」該当性は認められなかった。

▷**出版の事前差止め**
⇨ Ⅵ-4「事前差止め」

▷**審尋**
民事訴訟において、口頭弁論を開かずに、当事者その他の関係人に対して書面または口頭による陳述の機会を与えること（民事訴訟法87条2項、187条、民事執行法5条）。

▷ **現実的悪意**（actual malice）
⇨ Ⅴ-5「現実的悪意の法理」

▷**疎明**
一応たしからしいとの裁判官の心証を得るためになされる、当事者による証拠の提出。

## III 表現の自由：各論

 **わいせつ表現**

▷**チャタレイ事件**（最大判昭和32年3月13日刑集11巻3号997頁）
D. H. ロレンスの『チャタレイ夫人の恋人』の翻訳出版がなされたところ，同翻訳書の翻訳家である作家と出版社社長が，その内容に露骨な性描写があることを知りながら出版・販売したとして，刑法175条違反で起訴された事件。一審は社長を有罪としたが翻訳者を無罪とした。これに対して控訴審は双方を有罪とし，最高裁もこれに対する上告を棄却している。

▷**「悪徳の栄え」事件**（最大判昭和44年10月15日刑集23巻10号1239頁）
マルキ・ド・サドの『悪徳の栄え』の翻訳出版（1959年）がなされたところ，同書が刑法175条にいうわいせつ文書にあたるとして，その翻訳者と出版業者の双方が起訴された事件。一審は，チャタレイ事件大法廷判決が示したわいせつ概念を適用して本書のわいせつ性を判断した結果，本書は一般人の性欲を興奮または刺激することという要件を満たしていないとして無罪判決を下した。これに対して控訴審は双方を有罪とし，最高裁もこれを支持して上告を棄却している。

▷**「四畳半襖の下張」事件**（最判昭和55年11月28日刑集34巻6号433頁）

### 1 わいせつ表現をめぐる憲法上の問題点

刑法175条は，「わいせつな文書，図画，電磁的記録に係る記録媒体その他の物を頒布し，又は公然と陳列」する行為および「電気通信の送信によりわいせつな電磁的記録その他の記録を頒布」する行為を処罰の対象とする（同1項）。さらに同法は，「有償で頒布する目的で」わいせつ物を所持し，またはわいせつな電磁的記録を保管する行為も処罰の対象とし（同2項），わいせつ表現を全面的に禁止する。ここで問題となるのは，①そもそも「わいせつ表現」とはどのような表現をいうのか，②わいせつ表現は憲法上の保護を受けうるのか，③これが肯定された場合，刑法175条の規制は憲法が保障する表現の自由の侵害にあたらないのか，である。

### 2 わいせつ表現の定義

刑法175条の「わいせつ」の概念につき，最高裁は，**チャタレイ事件**において，①徒らに性欲を興奮または刺戟し，②普通人の正常な性的羞恥心を害し，③善良な性的道義観念に反するという三要件を満たすものをいうと定義した。そして，問題となった文書がこの三要件を満たしているか否かは，裁判官が，「一般社会において行われている良識すなわち社会通念」を基準に判断するとされた。この定義そのものは，その後の判例においても維持されている。

争いがあるのは，問題となった文書が芸術作品である場合に，その芸術性が同書のわいせつ性の判断に影響を与えうるか否かである。この点につき，前述のチャタレイ事件の最高裁は，芸術性とわいせつ性とは別次元にあって「両立し得ないものではない」と述べ，作品の芸術性は考慮されないとしていた。しかしながら最高裁は，その後の判例において，文書がもつ芸術性が，「文書の内容である性的描写による性的刺激を減少・緩和」させる場合があることを認め，わいせつ性は文書全体において判断されると判示した（**「悪徳の栄え」事件**）。さらに**「四畳半襖の下張」事件**では，三要件を判断する際の考慮要素をより具体化して，性描写の叙述の程度と手法，文書全体に占める比重，文書に表現された思想等との関連性，文書の構成や展開，さらに芸術性による性的刺激の緩和の程度などの観点からわいせつ性が考慮されるべき，とした。

28

## ③ わいせつ表現の憲法上の保護

　わいせつな表現は，そもそも憲法上の保護を受けうるのであろうか。この点，わいせつ文書は，そもそも表現の自由の保障の埒外にあるとする見解もみられる。同表現が憲法上の保護を受けないのであれば，規制の合憲性が問題となることはない。しかしながら，現在の判例・通説は，わいせつ表現も一応は表現の自由の保護領域に含まれると解している。

　ただし，わいせつ表現のうち，**ハードコア・ポルノ**については見解が分かれている。一方の立場によれば，ハードコア・ポルノは，準ハードコア・ポルノとは区別されて，そもそも憲法21条の保護の範囲外にあり，したがって同表現に対する法的規制については憲法上の問題は生じないとされる。他方で，学説の中には，他人の利益や社会環境を害しない限りにおいて，ハードコア・ポルノも，憲法上保障される表現として許されるべきとする立場もある。

## ④ わいせつ表現規制の憲法上の正当化

　刑法175条は，わいせつ物を販売目的でなく自己鑑賞用に製造または所持することは禁止していないが，わいせつ物を販売し，頒布し，または公然と陳列する行為，およびこれを販売目的で所持する行為を禁止している。しかしながら，前述のようにわいせつ物も憲法上の保護を受けると解されているために，わいせつ物の販売を規制する刑法175条の合憲性が問題となる。

　この点，最高裁は，前述のチャタレイ事件において，「性的秩序を守り，最小限度の性道徳を維持することが公共の福祉の内容をなすことについては疑問の余地がない」としつつ，当該表現を「猥褻文書と認めその出版を公共の福祉に違反するものとみなした原判決は正当で」あるとして，刑法175条の規制を全面的に合憲としたのである。そしてこの立場は，その後の裁判所の判例でも基本的に踏襲されている。これに対して学説は，たしかに，わいせつな表現を見たくない人の感情侵害や青少年の保護等を考慮すれば，わいせつ表現を規制すること自体は憲法上正当といえるが，刑法175条の合憲性については，同条項を限定的に解釈した上で合憲とする立場と，同条項を違憲とする立場に分かれている。前者は，表現のわいせつ性を当該表現の全体から，または思想性・芸術性との関連において相対的に判断する限りにおいて，刑法175条は適用可能と説く。これに対して後者は，刑法175条はすべてのわいせつな表現，およびその頒布・販売を全面的に規制の対象としており，過度に広汎であるがゆえに，憲法21条に違反して無効であると説くのである。

（杉原周治）

---

　永井荷風の作品といわれる短編小説『四畳半襖の下張』が雑誌『面白半分』に掲載されたところ，その内容が多くの性描写を含むものであるとして，同書の出版社社長と編集長である作家が刑法175条のわいせつ文書販売罪で起訴された事件。一審，控訴審とも本件小説のわいせつ性を認め，最高裁も結論としてこれに対する被告らの上告を棄却している。

▷1　その後，下級審ではわいせつ性が争われた映画をわいせつにあたらないとした判決もでている。また，従来は性器や性交そのものが映っていなくてもヘアが映っているだけでわいせつだとされていたが，最近では，いわゆるヘア・ヌード写真集が出版されるなど，わいせつ該当性の考え方には変化もみられる。前述の『チャタレイ夫人の恋人』や『悪徳の栄え』も今日では伏せ字なしの全訳本が一般書店で販売されている。

▷ハードコア・ポルノ
性器または性交を具体的に露骨かつ詳細な方法で描写し，その文書図画を全体としてみたとき，その支配的効果がもっぱら受け手の好色的興味に感覚的官能的に訴えるもので，その時代の社会通念によっていやらしいと評価されるもの，と説明されている。これに対し，準ハードコア・ポルノとは，具体的描写ではないが，容易に性器や性交を連想させるなど，ハードコア・ポルノに準ずるいやらしさをもつものをいう。

　なお，子どもポルノについては Ⅲ-2 「子どもポルノ」参照。

Ⅲ　表現の自由：各論

# ② 子どもポルノ

### ① 子どもポルノ事件の増加

　現在，インターネット上では，無数のポルノ画像がアクセス可能な状態に置かれている。こうしたサイバー・ポルノのうち，とりわけ子どもの裸の写真などを撮影してインターネット上で不特定多数へ提供するなどの子どもポルノ（チャイルド・ポルノ，児童ポルノ[41]）に関する事件が増加しており，未成年者のネット上での被害が拡大している[42]，とされる。わいせつ表現は刑法175条によって規制されているが，とりわけ子どもポルノは子どもポルノ禁止法により法律上禁止されている[43]。以下では，子どもポルノ規制の枠組みと問題点について指摘する。

### ② 子どもポルノ禁止法の概要

　わいせつな表現には該当しない「子どもポルノ」は，刑法175条の適用を受けないため日本では従来なんらの法規制もなされていなかったが，1999年にいわゆる子どもポルノ禁止法が制定された。しかしながら，インターネット上の子どもポルノへの適用をめぐっては，わいせつ画像のケースと同様に，当該画像をパソコン通信で不特定多数の人に送信することが公然陳列にあたるか否かという問題が生じていた[44]（画像を記憶させたホストコンピュータは頒布・販売されていないため公然陳列のみが問題となる）。そのため同法は2004年に改正されて，インターネットによる送信も提供として規制の対象となることが明確となった。
　そもそも子どもポルノが，わいせつ表現といかなる関係にあるのかについては必ずしも明確にされているわけではないが，同法は，まず，「児童」を「18歳に満たない者」と定めた上で，同法にいう「児童ポルノ」とは，「写真，電磁的記録……に係る記録媒体その他の物であって，次の各号のいずれかに掲げる児童の姿態を視覚により認識することができる方法により描写したものをいう」（2条3項）と定義した。そして同条項は，「児童の姿態」の内容につき，「児童を相手方とする又は児童による性交又は性交類似行為に係る児童の姿態」（1号），「他人が児童の性器等を触る行為又は児童が他人の性器等を触る行為に係る児童の姿態であって性欲を興奮させ又は刺激するもの」（2号），「衣服の全部又は一部を着けない児童の姿態であって，殊更に児童の性的な部位……が露出され又は強調されているものであり，かつ，性欲を興奮させ又は刺激す

▷1　法律では「児童ポルノ」という言葉が用いられているが，児童という言葉には子どもを「保護の対象」とみる背景がある他，児童は小学生を指すこともあるため，本書では「子どもポルノ」という言葉を用いる。
▷2　警察庁によれば，子どもポルノ事件は近年増加傾向にあり，例えば2017年度の検挙件数は，製造事犯が1414件，提供・公然陳列事犯が798件，所持等事犯が201件あったという。さらに子どもポルノの被害児童数も近年は増加傾向にあり，2017年度は1216人に達した。
▷3　正式名称は，「児童買春，児童ポルノに係る行為等の規制及び処罰並びに児童の保護等に関する法律」という。
▷4　最高裁は，アルファネット事件において（最判平成13年7月16日刑集55巻5号317頁），パソコン通信でわいせつな画像を不特定多数の者に対し，ダウンロードして閲覧可能な状態に置いたことが，刑法175条にいうわいせつ物公然陳列罪にあたると初めて判示した。

るもの」（3号）の3つを挙げる。さらにこうした「児童ポルノ」を，①「自己の性的好奇心を満たす目的で」所持する行為，②インターネット上で提供する行為，③提供目的で，製造，所持，運搬，輸入，輸出，保管する行為，④提供目的がなくとも製造する行為，⑤不特定もしくは多数の者に提供し，または公然陳列する行為を行った者は処罰すると規定している（7条）。

## ③ 子どもポルノ禁止法の問題点

### ○子どもポルノの単純所持

2014年に子どもポルノ禁止法が改正されて，他人に提供する目的を伴わない子どもポルノの所持（単純所持），および子どもポルノに係る電磁的記録の保管をしてはならないとする一般的禁止規定が新記された（同3条の2）。この点学説は，子どものプライバシー権侵害等を理由に単純所持に対する規制も肯定されるべきとする立場と，表現の自由への配慮という観点から包括的な法規制は認められるべきではないとする立場に分かれている。

### ○疑似子どもポルノの規制

子どもポルノ禁止法では，漫画，アニメ，CGによる子どもポルノまでは禁止されていない。こうした状況は国際社会の水準から立ち遅れているとして，政府もこのような疑似子どもポルノに対する処罰の可能性を議論の対象としてきた。しかしながら学説では，このようなポルノまでを禁止することには，憲法上重大な疑問があるとする批判が多い。もっともこのように批判する者の中にも，実在する子どもをモデルとして作成されたものは禁止されるべきであるとか，疑似子どもポルノが青少年に流通することを防ぐ規制は正当化される，と主張するものがみられる。この点，条例の中には，刑罰法規に触れる性交等を不当に賛美・誇張する漫画・アニメ等で，「青少年の健全な成長を阻害するおそれがあるもの」について，「不健全図書」として指定し，成人コーナーへの移動を義務づけるなど，疑似子どもポルノも規制の対象とするものもある。

### ○子どもの年齢および実在性の立証

さらに学説からは，子どもポルノの被写体が18歳未満であること，またそれが実在することをどのように立証するのか，という問題も指摘されている。同法は，「児童を使用する者は，児童の年齢を知らないことを理由として……処罰を免れることができない。ただし，過失がないときは，この限りでない」（9条）と規定する。この点，被写体である子どもが発見された場合にはその子どもの年齢の証明は容易であるが，被写体が発見されなかった場合が問題となる。検察官は当該被写体が18歳未満であることを立証しなければならないが，それが困難なケースは多々存在しよう。さらに，製造者が，被写体は実在する子どもではなく，CG等で製造した疑似的なものであると主張した場合にも，検察官がどのようにその実在性を証明しうるのかが問題となる。（杉原周治）

▷5　2014年改正では，この他例えば，①「自己の性的好奇心を満たす目的で」子どもポルノを所持，又は子どもポルノに係る電磁的記録を保管する行為に対する罰則が新設され（7条1項），また，②盗撮による子どもポルノの製造に対する罰則が新設された（7条5項）。さらに改正法では，③「児童ポルノに描写されたこと等により心身に有害な影響を受けた児童」の保護のための措置について規定が設けられた他（15条），④インターネットの利用に係る事業者に対して，「児童ポルノに係る情報の送信を防止する措置」等を構ずる努力義務規定が新設された（16条の3）。

▷6　「東京都青少年の健全な育成に関する条例」7条2号を参照。

▷7　⇨Ⅲ-3「有害表現」，Ⅲ-4「青少年保護」

# Ⅲ　表現の自由：各論

## ③ 有害表現

▷1　青少年保護育成条例の規制の対象となる有害表現とは，成人に対しては許されるが，青少年に対しては閲覧等が「有害」とみなされる表現をいい，具体的には，性的表現，残虐表現，自殺・犯罪唱導表現などが含まれる。このうちどの表現が規制の対象とされるかは，各々の都道府県の条例で異なっている。なお東京都は，2010年12月に条例を改正し，対象に漫画・アニメを加えた。⇨Ⅲ-4「青少年保護」

▷2　2016年7月に，長野県が「長野県子どもを性被害から守るための条例」を公布したことによって，47のすべての都道府県が青少年保護育成条例をもつことになった。ただし，長野県の条例は，「有害図書」を規制する条例ではない。

▷3　最判平成元年9月19日刑集43巻8号785頁。その後の判例として，例えば，「宮崎県における青少年の健全な育成に関する条例」による有害指定処分の合憲性が争われたコンピュータ・ゲームソフト有害図書類指定事件最高裁判決がある（最判平成11年12月14日裁時1258号1頁）。本件では，アニメーション画像の女子高生の衣服を，クイズの解答に正解することで脱がすことができるというコ

### ❶　有害表現規制をめぐる憲法上の問題

　現在，47都道府県がいわゆる青少年保護育成条例を制定し，その多くが性的表現物や暴力表現物など有害図書を取締りの対象としている[41]。条例の骨格は，一般に，「個別指定」，「緊急指定」または「包括指定」によって指定を受けた有害図書の販売・頒布・貸付規制と自動販売機への収納規制である。すなわち同条例は，未成年者から有害表現へのアクセスを規制するものである。しかしながら，こうした有害表現も憲法21条が保障する表現の自由の保護を受けると広く解されているため，青少年保護育成条例による有害表現への制約のあり方，つまりその規制対象と規制方法が憲法21条に違反しないか否かが問題とされている。

### ❷　最高裁判所の立場

　この問題につき最高裁が初めて判断を示した判決が，岐阜県青少年保護育成条例事件判決である[43]。岐阜県青少年保護育成条例は，ある図書が「著しく性的感情を刺激し，又は著しく残忍性を助長するため，青少年の健全な育成を阻害するおそれがある」と認めるとき，知事は当該図書を「有害図書」に指定できるとし（個別指定），この有害指定を受けた図書については，青少年への販売，頒布，自動販売機への収納等が禁止されると規定していた。さらに，知事は，「卑わいな姿態若しくは性行為を被写体とした写真」が過半数を占める有害図書については，包括指定できるとしていた。本件被告人は，自動販売機により図書を販売する業者であったが，本条例による有害図書指定を受けた図書を同自販機に収納したために起訴され，さらに下級裁判所が有罪の判決を下したために，本条例は憲法21条等に違反するとして最高裁に上告した。

　これに対して最高裁は，本判決において，表現の自由違反の主張に対しては，わいせつな表現に関するチャタレイ事件判決等の先例を引用した上で，以下のように述べて，理由がないとして一蹴している。すなわち，有害図書が「青少年の性に関する価値観に悪影響を及ぼし，性的な逸脱行為や残虐な行為を容認する風潮の助長につながるものであって，青少年の健全な育成に有害であることは，社会共通の認識になっている。さらに，自販機による有害図書の販売は，売手と対面しないため心理的に購入が容易であること，昼夜を問わず購入がで

きること，購入意欲を刺激しやすいことなどの点において，書店等における販売よりもその弊害が一段と大きい」とした上で，「有害図書の自販機への収納は，青少年に対する関係において，21条1項に違反しないことはもとより，成人に対する関係においても，有害図書の流通を幾分制約することにはなるが，青少年の健全な育成を阻害する有害環境を浄化するための規制に伴う必要なやむをえない制約であり，21条1項に違反しない」，と判示した。

## ❸ 有害図書の定義と有害図書規制の正当化根拠

　最高裁判決の問題点は，第一に，有害図書の概念が不明確な点にある。最高裁は，こうした有害図書に対する規制をわいせつ関係の先例をもって合憲と判断した。つまり最高裁が引用した先例は，有害図書規制に対する先例とは異なるものであった。しかしながら青少年保護育成条例が，実際に，有害図書と並んで，わいせつな表現も規制の対象としているのか否かは，これまでの議論では明らかになっていない。したがって，最高裁は，まずは有害図書をわいせつ文書と区別して，その内容を明確にすべきであった。いずれにしても，このような，わいせつに至らない，いわば「品位を欠く図書」については，憲法21条の保護を完全に受けることは明白であるから，その規制の合憲性審査にあたっては，表現の自由を配慮した，厳格な違憲審査基準が妥当すべきであったとの批判が多方面から主張されている。

　第二に，有害図書規制の正当化根拠が問題となる。この点，最高裁は，規制根拠として，青少年の性犯罪ないし非行の誘発・助長を挙げる。しかしながら，有害図書と性犯罪の因果関係は極めて曖昧である上，最高裁のようにこの因果関係は「既に社会共通の認識」であると述べるだけでは，制約の根拠としては不十分であろう。それゆえ，多くの学説は，その規制根拠を，子どもを保護したいという親・家族の利益を援助することに求めている。

　さらに，たとえ有害図書規制の立法目的が正当化されたとしても，すべての規制が無条件に認められるというわけではない。これらの規制は，表現の自由の保護の範囲内にある子どもの知る自由だけでなく，成人の知る自由をも制約するからである。わいせつ物に至らない性的表現物が未成年者に悪影響を及ぼすことを理由にして，一律にその頒布・販売が禁止されるならば，成人のアクセスの機会が剥奪され，違憲の疑いが強くなる。この点につき最高裁は，個別の文書の内容を検討することなく有害図書規制を合憲とした。しかし，青少年保護と表現の自由という2つの重要な利益を考慮すれば，一方が他方に常に（抽象的に）優位するという結論を導くのではなく，個別の事例において，両法益のバランスをいかに調整するかを検討すべきであったといえよう。

（杉原周治）

---

ンピュータ・ゲームソフトを入力したフロッピーディスクの有害指定が問題となった。

▷4　本判決には，伊藤正己裁判官の補足意見が付されている。同補足意見は，有害図書規制の合憲性を青少年の知る自由や成人の知る自由に照らして審査する。いわく，有害図書規制は，「たとえ青少年の知る自由を制限することを目的とするものであっても，その規制の実質的な効果が成人の知る自由を全く封殺するような場合には……〔憲法上の厳格な判断基準が適用される結果違憲とされることを免れないという〕判断を受けざるをえないであろう」。しかしながら，「青少年の知る自由を制限する規制がかりに成人の知る自由を制約することがあっても，青少年の保護の目的からみて必要とされる規制に伴って当然に付随的に生ずる効果であって，成人にはこの規制を受ける図書等を入手する方法が認められている場合には，その限度での成人の知る自由の制約もやむをえないものと考えられる」と述べ，結論としては，「成人の知る自由の制約とされることを理由に本件条例を違憲とするのは相当ではない」としている。

Ⅲ　表現の自由：各論

 青少年保護

### 1　有害図書規制の展開

▷1　⇨Ⅲ-3「有害表現」,Ⅸ-7「インターネットと青少年保護」

▷2　その後，自民党の青少年特別委員会（青少年問題に関する特別委員会）は，2007年12月11日に，同委員会の高市早苗委員長が作成した「青少年の健全な成長を阻害するおそれのある図書類の規制に関する法案」（青少年健全成長阻害図書類規制法案）の骨子案を了承している。同法案によれば，青少年に対して著しく①性的感情を刺激するもの，②残虐性を助長するもの，③自殺または犯罪を誘発するもの，④心身の健康を害する行為を誘発するもの，⑤心身の健康を害する行為を誘発するものに該当する「書籍，雑誌，文書，図面，写真，ビデオテープ及びビデオディスク並びにコンピュータ用のプログラム又はデータを記録したシー・ディー・ロムその他の電磁気的方法による記録媒体」，が規制の対象とされる。また，同法案は，有害図書規制に係る事務を公正かつ中立に行わせるために，内閣府に「青少年健全育成推進委員会」を設置するものとした。

▷3　青少年有害社会環境対策基本法案は，当時，個人情報保護法案および人権

「有害」図書の規制を定めた青少年保護育成条例は，1950年に「図書による青少年の保護育成に関する岡山県条例」が制定されて以来，徐々に全国に広がっていった。その後いったんは沈静化したものの，1970年代に入り青少年の性非行が激増したとの警察発表を受けてPTAを中心とした有害図書追放の運動が活発になると，全国で条例ラッシュが起こった。結局1981年までに長野県を除く46都道府県で有害図書規制が整備され，現在に至っている。これらの条例は，その後，包括指定を設けたり，図書概念をビデオソフト，CD-ROM，コンピュータプログラムに拡大するなどして，規制の強化・拡大を図ってきた。

しかしながら最近になって，インターネットの急激な普及に伴い，もはや条例ではなく，全国レベルでの法律による有害図書規制の導入が検討されてきている。その背景には，一地方公共団体が青少年条例をもってインターネット上の表現に規制を及ぼすことはもはや不可能であるとの懸念がある。かつて自民党は，「青少年健全育成基本法案」および「青少年有害環境自主規制法案」の立法化をめざし，前者はすでに2004年の通常国会に提出された。法案は結局廃案となったものの，青少年保護に関するその後の様々な動きを経て，2018年，自民党は再び新たな「青少年健全育成基本法案」の成立を目指す旨を表明している。この基本法案はまだ理念法にすぎないものの，廃案となった2004年の基本法案，およびその前身である「青少年有害社会環境対策基本法案」といった全国レベルでの有害表現規制に対しては，当初から多くの批判が加えられていた。そこで以下では，とりわけこの「青少年有害社会環境対策基本法案」を取り上げ，その問題点を解説する。

### 2　法案の目的

法案の基本理念は，「青少年有害社会環境対策を総合的に推進し，もって青少年の健全な育成に資すること」である（1条）。規制の対象は，事業者の供給する青少年に有害な商品または役務（6条）である。同法案にいう青少年有害社会環境とは，「青少年の性若しくは暴力に関する価値観の形成に悪影響を及ぼし，又は性的な逸脱行為，暴力的な逸脱行為若しくは残虐な行為を誘発し，若しくは助長する等青少年の健全な育成を阻害するおそれのある社会環境」を

いう（2条2項）。ただし，何が有害社会環境かは国が決定するものとされ，国家による表現の自由への過度の介入可能性が危惧されている。

## ❸ 青少年有害社会環境対策協会と青少年有害社会環境対策センター

　環境対策の主体は，「青少年有害社会環境対策協会」（15条以下）である。同協会は事業者による自主規制機関であって（6条），事業者で構成される。青少年の健全な育成を阻害するおそれのある商品または役務（サービス）を提供する事業者は，この協会を設立するか，加入するように努めなければならない（15条1項）。ただしその際，主務大臣・都道府県知事は，事業者に対して情報の提供・助言・指導を行うとされ（20条），さらに協会は，その設立後は速やかに主務大臣・都道府県知事に「届け出」なければならない（15条2項）と規定されており，主務大臣および知事の権限が過度に強力ではないかとの指摘がなされている。

　協会の業務は，①一般消費者からの苦情処理[44]，②構成事業者に対する助言・指導・勧告，③広報活動である（15条1項）。ただし，主務大臣・都道府県知事は，これらの業務に関し，必要な助言・指導を行い（17条），そしてこれに従わない場合には，その旨を公表できる（19条）とされていることから，ここでも主務大臣および知事の強力な権限が問題とされている。

　法案における言論・思想の統制は，総理大臣が設立を指定する「青少年有害社会環境対策センター」（以下，対策センター）を通じても行われる（二重規制）。ただし，対策センターの設立につき，内閣総理大臣が公益法人の中から全国で1つを指定するとしていることから（21条1項），これは実質的に国の直接統制機関であり，国の過剰な介入を危惧する見解もみられる。対策センターの業務として，国民的な広がりをもった取組み，苦情処理，協定等の締結等に関する事業者・事業者団体との相談，協会の設立・加入の勧誘等民間活動の援助，青少年の健全な育成を阻害するおそれのある商品・役務の供給状況等の調査，などを挙げている（21条2項）。ただし，対策センターの業務がこのように広範囲に及ぶことで，メディアは四六時中公権力の下に置かれる結果となるとの懸念が表明されている。

　協会だけでなく，事業者自身にも努力義務が課されている。すなわち，事業者または事業者団体は，「……青少年の健全な育成を阻害することのないようにするために遵守すべき規準についての協定又は規約を締結し，又は設定するよう努めなければならない」（14条）。ただし，国は基本方針によって「事業者等による青少年有害社会環境の適正化に関する基本的な事項」を定めるものとされている（10条2項3号）。さらに事業者等は，この協定・規約を，主務大臣または都道府県知事に届け出なければならず（14条2項），ここでも主務大臣・知事の強大な権限が問題となる。

（杉原周治）

擁護法案と合わせていわゆる「メディア規制三法案」と呼ばれた。

▷4　一般消費者から協会に苦情があった場合，協会は，①申出人の相談に応じ，必要な助言を行う，②苦情に係る事情を調査する，③当該構成事業者に対し，その苦情の内容を通知し迅速な処理を求める（以上，16条1項），④必要ならば，当該構成事業者に対し，説明を求め，資料の提出を求めることができる（同条2項）。

## Ⅲ　表現の自由：各論

 税関検査

###  税関検査の「検閲」該当性

　税関検査については，表現物（貨物）の輸入を禁止することにより，その表現物が日本国内に流通する機会を失わせることから，憲法が禁止する「検閲」（21条2項前段）に該当するかが問題となる。

　税関検査とは，「税関長に申告し，貨物〔の輸入〕につき必要な検査を経て，その許可を受けなければならない」（関税法67条）ことをいう。その際，「公安又は風俗を害すべき書籍，図画，彫刻物その他の物品」は，麻薬などと同様，輸入してはならない（69条の11第1項7号。「児童ポルノ」同条同項8号）。このような貨物に該当する相当な理由があると認められる場合，税関長は貨物を輸入しようとする者に対して輸入禁制品該当通知書を送付して，貨物を輸入しようとする者の同通知書に対する不服申立てが認められない場合，その貨物は放棄されなければならない（109条の2）。

　「検閲」の概念について，学説は，「検閲」（憲法21条2項前段）は事前抑制の原則的禁止（同条1項）を確認したものであるとする立場（広義説）と，「検閲」は抑止的効果が高いとして絶対的に禁止されるが，検閲にあたらない事前抑制は原則的に禁止されるとする立場（狭義説）に大きく分かれており，その相違が税関検査の「検閲」該当性の判断を異にすることともなる。以下，税関検査に関する代表的な判例を追うことにより，税関検査の憲法上の問題について考察する。

▷ 1　⇨ Ⅱ-9 「検閲・事前抑制の禁止」，Ⅲ-6 「教科書検定」

###  税関検査事件最高裁判決

　最高裁は，**税関検査事件**（最大判昭和59年12月12日民集38巻12号1308頁）において，「検閲」の概念について，「『検閲』とは，行政権が主体となって，思想内容等の表現物を対象とし，その全部又は一部の発表の禁止を目的として，対象とされる一定の表現物につき網羅的一般的に，発表前にその内容を審査した上，不適当と認めるものの発表を禁止することを，その特質として備えるもの」として，著しく狭い捉え方を示した。

　その上で，①税関検査は，「一般に，国外において既に発表済みのもの」について事前に発表そのものを一切禁止することなく，その輸入を禁止するのみであり，また没収・廃棄されるわけではなく，発表の機会が全面的に奪われな

▷税関検査事件
郵便による映画フィルム等の輸入に際して，男女の性器等を描写した貨物にあたるとした関税定率法所定（事件当時，関税定率法21条1項4号）の輸入禁制品に該当する旨の税関長による通知，およびそれに対する異議申立て棄却決定の取消しが請求された。

いことから，事前規制そのものではない。②税関検査は，関税徴収手続に付随して行われることから，思想内容等それ自体を網羅的に審査し規制することを目的にするものではない。③税関検査は，思想内容等を対象としてこれを規制することを独自の使命とするものではなく，司法審査の機会が与えられていることから，行政権の判断が最終的なものではない。したがって，税関検査は，検閲に該当するものではないとした。

次に，本判決は，税関検査と表現の自由（憲法21条1項）との関係について，健全な性的風俗を維持するため，わいせつな表現物が国外からみだりに流入することを阻止することは公共の福祉に合致するとした。また，健全な性的風俗を実効的に維持するには，単なる所持目的かどうかを区別することなく，その流入を「水際で阻止すること」もやむをえないとした。そして，「風俗を害すべき書籍，図画，彫刻物その他の物品」等（事件当時，関税定率法21条1項3号）の規定について，合理的な解釈により「わいせつ」（刑法175条）な書籍等に限られるとして，限定解釈が可能であり，明確性を欠くものではないことから，憲法21条1項に反しないとした。

**③ 判例に対する批判**

このような判例の立場に対して，学説（広義説・狭義説）からは，次のような批判がある。

前記①のように，「国外において既に発表済み」という状況にある表現物であっても，日本国内に輸入できないならば，日本において表現物を受領する可能性は事実上奪われる。そもそも，そのような状況は，日本の憲法解釈（「検閲」該当性の判断）と直接の関わりをもたない。前記②のように，税関検査が表現物の思想内容等を「付随的」に審査した結果，一定の思想内容等の発表・受領の機会が奪われるならば，その検閲性を否定できない。また，「網羅的一般的」な審査という要件は，あまりにも不明確である。さらに，判例のこのように著しく狭い「検閲」の概念では，「検閲」に該当する制度は現実に存在しえないのではないか，とも批判されている。したがって，広義説はもちろんのこと，狭義説の立場からも，税関検査は「検閲」に該当することとなろう。

次に，税関検査を通さないインターネットによる（わいせつ）情報の国内への流入をふまえるならば，税関検査により，「水際で阻止すること」もやむをえないとする判例への疑問がある。そして，本判決の**合憲限定解釈**については，本判決反対意見と同様に，「風俗を害すべき書籍，図画」等という規定をわいせつ表現物に限定する解釈は「合理的に導き出し得る限定解釈のみが許される」合憲限定解釈の限界を超えるものであるとの批判がある。　　　（前田正義）

▷2　最高裁は，著名な写真家の写真集の輸入が許可されなかったメープルソープ事件においても，税関検査が「検閲」に該当しないことを，確認している（最判平成20年2月19日民集62巻2号445頁）。

▷合憲限定解釈
ある解釈によりその法律が違憲となるか違憲の疑いを生じる場合，裁判所は，憲法に適合する他の可能な解釈をとり，違憲判決（または憲法判断）を回避する法律解釈。

# Ⅲ 表現の自由：各論

 **教科書検定**

## 1 教科書検定の「検閲」該当性

「小学校においては，文部科学大臣の検定を経た教科用図書……を使用しなければならない」（学校教育法34条1項。49条，62条により，中学校・高等学校に準用）。この**教科書（教科用図書）検定**とは，教科用図書検定規則および教科用図書検定基準に基づき，事実上，学習指導要領の拘束下にある審査制度をいう。このような教科書検定には，教育の中立・公正，一定水準の確保等の要請がはたらくと考えられている（第一次家永訴訟）。

教科書検定については，不合格処分を受けた図書は教科書として出版（公表）できないことから，図書執筆者の表現の自由（憲法21条）の侵害の問題とともに，憲法上禁止される「検閲」（同条2項前段）に該当するか，問題となる。

「検閲」概念については，「検閲」（21条2項前段）は事前抑制の原則的禁止（1項）を確認したものであるとする立場（広義説）と，「検閲」は抑止的効果が高いとして絶対的に禁止されるが，検閲の定義に含まれないような表現行為の事前抑制は原則的に禁止されるとする立場（狭義説）に大きく分けることができ，その相違が個別の事件について合憲性の判断を分ける可能性がある。ここでは，教科書検定の合憲性について争われた代表的な訴訟である，いわゆる教科書裁判（家永訴訟）に関する判例および学説を追うことにより，教科書検定の憲法問題について考察する。

## 2 教科書裁判

最高裁は，**第一次家永訴訟**（最判平成5年3月16日民集47巻5号3483頁）において，教科書検定の制度そのものの合憲性の判断に関して，国が教育内容について，必要かつ相当と認められる範囲において介入・決定する機能をもつとして，国の広汎な介入権を前提とした。

次に，「検閲」の概念について，先例（税関検査事件）に従い，「行政権が主体となって，思想内容等の表現物を対象とし，その全部又は一部の発表の禁止を目的として，対象とされる一定の表現物につき網羅的一般的に，発表前にその内容を審査した上，不適当と認めるものの発表を禁止することを，その特質として備えるもの」として，極めて狭く捉える。そして，教科書検定は，①「一般図書としての発行を何ら妨げるものではなく，発表禁止目的や発表前の

---

▷**教科書検定**
発行者より検定申請され，教科用図書検定調査審議会の専門的・学術的答申に基づく文部科学大臣の検定を受けた教科書は，各教育委員会（公立学校）あるいは国立・私立学校校長の採択後，使用される。

▷1 「検閲」該当性
⇨Ⅱ-9「検閲・事前抑制の禁止」，Ⅲ-5「税関検査」

▷**第一次家永訴訟**
家永三郎元東京教育大学教授は，高校用教科書「新日本史」に対する文部大臣（当時）の検定不合格処分などが憲法21条（他に，子どもの教育を受ける権利〔憲法26条〕，教員の研究発表の自由〔憲法23条〕）に反すると主張して，損害賠償を請求した。

家永訴訟には，この他，同じく損害賠償が請求された第三次訴訟，検定不合格処分の取消しが請求された第二次訴訟がある。なお，第二次家永訴訟一審判決（東京地判昭和45年7月17日判時604号29頁）は，審査が思想内容に及ぶものでない限り，教科書検定は検閲に該当しないが，本件処分は思想内容の事前審査にあたり，憲法上禁止される「検閲」に該当するとした。

審査などの特質がない」とした。また，②「一般図書として発行済みの図書を
そのまま検定申請することももとより可能である」ことから，「発表の禁止」，
および「発表前にその内容を審査」することにはあたらないとして「検閲」に
該当しない，とした。

その上で，緩やかな比較衡量の基準により，教科書検定は，「教育の中立・
公正，一定水準の確保等の要請」により，「教科書という特殊な形態において
発行することを禁ずるものに過ぎない」として，「合理的で必要やむを得ない
限度のもの」であり，合憲であるとした。

## ③ 「検閲」非該当説

この教科書検定の「検閲」該当性について，既述の狭義説の立場によるなら
ば，①教科書として申請した図書が検定に不合格となった場合でも，一般市販
図書として出版・発行できること，また，②一般市販図書として自由に出版・
発行している図書が検定に合格して教科書として出版・発行できる可能性もあ
ることから，判例同様，教科書検定が「検閲」に該当することはない。

しかしながら，この立場は，教科書検定が「検閲」には該当しないとするも
のの，事前抑制にあたる場合もあるという。すなわち，「検定」の名において，
明瞭な基準なしに，恣意的な思想統制をなすことは執筆者の表現の自由などの
侵害にあたるとする。そして，判例の緩やかな比較衡量の基準よりも厳格度の
高い基準をとり，教科書検定は，事前抑制として原則的に禁止されるとする
（憲法21条1項）。

## ④ 「検閲」該当説

これに対しては，①に関して，（児童・生徒を対象とする）教科書として発行
する自由も，自分の言いたいと思うことを自分の思う仕方で表明する自由であ
る表現の自由によって保障されているとして，教科書検定は「検閲」に該当し，
違憲であると主張される。

また，②に関して，これまでの教科書検定不合格処分の状況を前提とするな
らば，教科書検定への申請を意図しない一般図書が教科書検定に合格すること
は事実上不可能であることから，（教科書検定への申請を意図した）発行済みの一
般図書が実際に教科書検定に合格したとしても，それは実質的には事前の審査
であるとして，教科書検定は，「検閲」に該当すると主張される。

それとともに，教科書検定の本質的な問題が「検閲」の問題にとどまらず，
国による検定を経た教科用図書を教育において使用しなければならないことに
あるとの指摘について，改めて認識すべきだろう。　　　　　　（前田正義）

▷ 2　家永訴訟後の教科書
検定の簡素化・透明化後，
検定が表現の自由を侵害し
たとして国家賠償を請求し
た横浜教科書検定事件にお
いて，最高裁は，家永訴訟
を踏襲し，文部省（当時）
側は裁量権を逸脱していな
いとして，控訴審判決を支
持し，上告を棄却した（最
判平成17年12月1日判時
1922号72頁）。なお，一審
判決は，検定意見を一部違
法として損害賠償を認めた。

**参考文献**

家永教科書訴訟弁護団編
『家永教科書裁判』日本評
論社，1998年。

## Ⅲ　表現の自由：各論

# 広告表現

### 1　広告をめぐる憲法上の問題

広告とは，一般に，商品等の売り上げの向上を目的としてなされる「商業広告」のことをいう。商業広告は，営利的表現とか商業的なコミュニケーション行為とも呼ばれている。広告は，後述のように，様々な規制の下に置かれているが，ここで問題となるのは，①広告の憲法上の保障の根拠はどこに求められるべきか，②広告表現に対する保障の程度は一般の表現に対する保障と同じか否か，③どのような規制が広告に対する制約として問題となるのか，そうした広告規制は憲法上正当化されうるのか，である。

### 2　広告に対する憲法上の保障の根拠

広告に対する憲法上の保障の根拠として，学説は，それを「営利的表現」と称して憲法21条にいう表現の自由の問題としてきた。たしかに学説の中には，この営利的表現が表現の自由の保障を受けるか否かにつき，「**意見広告**」については表現の自由の問題としながらも，「純然たる商業広告」については思想の自由市場と関係がないので，表現の自由の保護の領域には属さないとみる立場もある。しかしながら現在の通説は，広告が表現の自由の保障を受けることを当然のこととみている。

さらに学説の中には，広告は，表現の自由だけでなく，営業の自由によっても憲法上保護されうると解する立場もみられる。つまりこの立場によれば，広告は，表現の自由と営業の自由の双方によってカバーされるという。ここでは，22条または29条で保障される営業の自由は，21条の表現の自由に比し大きな制約が加えられるのではなく，表現の自由と同等の地位にあるものとして扱われることになる。

### 3　広告表現の保障の程度

広告が営利的表現ないし広告表現と称されて表現の自由の保障に含まれるとしても，その保障の程度が，他の表現類型，とりわけ政治的表現に比べて同じか否かについては，学説において見解が対立している。通説は，広告表現は自己統治に資することが少ないとか，国民の健康に与える影響が大きいなどの理由から，政治的表現に要求される厳格な審査基準は適用されないと理解する。

▶意見広告
意見広告（editorial advertisement）とは，個人や団体が，営利を目的とせずに社会的問題について世論に訴える広告をいうとされている。それは，営利目的でない点で，特定商品・サービスの販売促進を目的とする広告（純然たる商業広告：product advertisement）や，優秀な企業であるというイメージを広めるために使用される広告（イメージ広告：institutional adverstisement）といった商業広告とは異なるとされる。最高裁の判例において，政党の意見広告が問題となった事件がある（サンケイ新聞事件・最判昭和62年4月24日民集41巻3号490頁）。本件は，自由民主党が，被告の発行するサンケイ新聞に原告である日本共産党を批判する意見広告を掲載したことに対して，原告がサンケイ新聞社に同一スペースで無料の反論文を掲載するよう求めた事件である。最高裁は，憲法21条から反論文掲載請求権は発生しないと述べ，結論として，上告を棄却している。

これに対してもう1つの説は，両者を区別すると広告を表現の自由の保障に含まれるとした実質的意味が無くなるとして，広告も一般の言論に妥当する厳格な基準が適用されるべきと説く。

## ❹ 広告に対する制約とその憲法上の正当化

広告に対しては様々な規制が置かれている。例えば，「公正な競争」の観点から広告を一般的に規制している法律として，独占禁止法の特例法である「不当景品類及び不当表示防止法」がある。同5条によれば，公正な競争の確保や一般消費者の利益保護のために，商品の品質・規格・価格等について一般消費者の誤認を生むような広告は禁止される。

さらにこの他にも，虚偽広告や誇大広告を規制する例は少なくない[1]。例えば宅地建物取引業法32条は，宅地建物取引業者に対して，宅地・建物の所在，規模，形質，将来の利用の制限等に関して，「著しく事実に相違する表示をし，又は実際のものよりも著しく優良であり，若しくは有利であると人を誤認させるような表示をしてはならない」と規定しているし，職業安定法65条8号は「虚偽の広告をなし，又は虚偽の条件を提示して，職業紹介，労働者の募集若しくは労働者の供給」を行うことを禁止している。また，食品衛生法20条は，「食品，添加物，器具又は容器包装に関しては，公衆衛生に危害を及ぼすおそれがある虚偽の又は誇大な表示又は広告をしてはならない」と定め，さらに旅行業法12条の8は「旅行業者等は，旅行業務について広告をするときは，広告された旅行に関するサービスの内容その他の国土交通省令・内閣府令で定める事項について，著しく事実に相違する表示をし，又は実際のものよりも著しく優良であり，若しくは有利であると人を誤認させるような表示をしてはならない」と，定める。

前述のように，広告は憲法上の保護を受けるため，広告規制の憲法適合性が問題となる。この点につき最高裁は，あん摩師等の広告に際して，施術者の技能，施術方法，経歴に関する事項の広告を禁止している，あん摩マッサージ指圧師，はり師，きゅう師等に関する法律7条の合憲性が問題となった事件において，こうした広告を無制限に許容すると，「ややもすれば虚偽誇大に流れ，一般大衆を惑わす虞があり」，「このような弊害を未然に防止するため一定事項以外の広告を禁止することは，国民の保健衛生上の見地から，公共の福祉を維持するためやむをえない措置として是認されなければならない」と判示した[2]。しかし同判決に対しては，学説から，本件の広告は虚偽誇大広告ではなく単なる事実の広告であり，また虚偽誇大に流れるおそれがあるというだけで当該広告を禁止しており，表現の自由等に違反するとの批判が浴びせられている。

なお，このほか広告表現をめぐっては，掲載した媒体の責任についての裁判事例がある（「日本コーポ事件」最判1989年9月19日ほか）。　　　（杉原周治）

▷1　本文で取り上げた規制の他，例えば，医療法6条の5や「医薬品，医療機器等の品質，有効性及び安全性の確保等に関する法律」（薬機法）66条などがある。すなわち，医療法6条の5は，「医業若しくは歯科医業又は病院若しくは診療所」は，「医師又は歯科医師である旨」，「診療科名」，「当該病院又は診療所の名称，電話番号及び所在の場所を表示する事項並びに当該病院又は診療所の管理者の氏名」，「診療日若しくは診療時間又は予約による診療の実施の有無」などの特定事項「以外の広告をしてはならない」と定めている。また，薬機法66条1項は，「何人も，医薬品，医薬部外品，化粧品，医療機器又は再生医療等製品の名称，製造方法，効能，効果又は性能に関して，明示的であると暗示的であるとを問わず，虚偽又は誇大な記事を広告し，記述し，又は流布してはならない」と規定する。

▷2　最大判昭和36年2月15日刑集15巻2号347頁。事件当時の法律の名称は，「あん摩師，はり師，きゅう師及び柔道整復師法」。

Ⅲ　表現の自由：各論

# 8 パブリック・フォーラム

## 1　場所の利用と表現の自由

　表現の自由を意味あるかたちで行使するためには，表現を行う場所が必要となる。表現の場所として適切なのは，多種多様な公衆がアクセスできる場所だが，そのような場所を自ら保有している者は例外的である。一方，自らが好まない者による利用を排除することは，財産権の本質である。かつては，政府は私人と同様に，自らの好まない者を土地から排除する権利をもつとされた。しかし，そのような排除権が認められると，表現の自由の行使は困難となる。政府は，道路や公園などの表現に適した場所を保有しているためである。

## 2　パブリック・フォーラム論の内容

▷パブリック・フォーラム論
⇨Ⅱ-5「集会の自由」，コラム1「ビラの配布」

　パブリック・フォーラム論（Public Forum）とは，政府等が保有する土地施設等を，市民が表現目的で利用する権利を認める，アメリカで発達した法理である。アメリカの連邦最高裁は，政府等が保持する施設を①伝統的パブリック・フォーラム，②指定的パブリック・フォーラムまたはセミ・パブリック・フォーラム，③非パブリック・フォーラムの3種に分類する。①は，道路，公園等のはるか昔から表現目的で設置された施設を指し，利用拒否は通常の表現活動に対する規制と同視される。②は，公民館や音楽ホール等，政府が表現一般または特定主題の表現目的で設置した施設を指す。政府にはフォーラムを設置・維持する義務はないが，設置した場合，当該施設への利用制限は伝統的パブリック・フォーラムと同等の制約に服する。③は，軍の施設や市庁舎の執務部分など，伝統的・指定的フォーラムのいずれにも該当しない公の施設を指す。

▷見解規制
⇨Ⅱ-8「表現の内容規制・内容中立規制」

見解規制でなければ内容規制も許され，表現目的の利用を一切拒否することもできる。

## 3　パブリック・フォーラム論の有用性

　パブリック・フォーラム論に対しては，伝統的パブリック・フォーラムを除けば，フォーラムの設置目的が決定的に重要になってしまうとの指摘がある。規制の存在がフォーラムの性格を決定する根拠となるのであれば，現状の規制そのものが，将来における表現活動の制約を正当化する。政府が新しく作られたフォーラムに対して規制を行う限り，表現のために開かれてきたという「伝

統」が形作られることはない。このような問題から，パブリック・フォーラム概念の有用性に否定的な見解もある。一方，フォーラムの性格を政府による指定ではなく，その場所が社会で実際に果たす役割から決定すべきとの理解もある。

また，場所の利用という文脈を離れ，政府による表現行為への便益提供一般につき，パブリック・フォーラム論が妥当するとの理解もある。このような理解によれば，政府による**言論助成**も同一の次元で検討されることとなろう。

## ④ 場所の利用に対する規制

道路交通法77条1項4号は，ビラ配布や演説目的の道路使用に対して警察署長の許可を求めており，鉄道営業法35条は，駅構内等で鉄道係員の許諾なく行われるビラ配布や演説勧誘等を禁じている。また，いわゆる公安条例はデモ行進や集会を目的とした道路・公園等の利用につき届出ないし許可を求めている。

最高裁もパブリック・フォーラム論に言及したことがある（最判昭和59年12月18日民集38巻12号3026頁）。多数意見は，鉄道営業法35条による処罰が憲法21条1項に反しないとしたが，伊藤正己裁判官補足意見が，「一般公衆が自由に出入りできる場所は，それぞれその本来の使用目的を備えているが，それは同時に，表現のための場として役立つことが少なくない」として，「これを『パブリック・フォーラム』と呼ぶことができよう」とする（屋外広告物条例に関する，最判昭和62年3月3日刑集41巻2号15頁伊藤正己裁判官補足意見も同様）。

しかし，最高裁がパブリック・フォーラム論に基づいて，法律・条例上の許可制度を違憲とした例はない。皇居前広場事件（最大判昭和28年12月23日民集7巻13号1561頁）では，集会目的の公園使用不許可処分が適正な管理権行使とされ，新潟県公安条例事件（最大判昭和29年11月24日刑集8巻11号1866頁）は，公共の秩序維持を目的として，特定の場所または方法につき合理的かつ明確な方法で事前の許可ないし届出を集会開催者に求めることは許されるとする。

一方，施設使用権が法律上規定されている場合には，最高裁も一定の配慮を示している。地方自治法244条は，地方公共団体が設置する「公の施設」の利用拒否に，「正当な理由」を求めている。**泉佐野市民会館事件**（最判平成7年3月7日民集49巻3号687頁）では，不許可処分が認められるのは，人の生命，身体，財産が侵害され公共の安全が損なわれる，明らかかつ差し迫った危険の存在が具体的に予見される場合に限られるとした（結論としては，不許可処分は合憲）。また，**上尾市福祉会館事件**では，反対派の襲撃を理由とした使用拒否処分は許されないとされた。これらは，パブリック・フォーラム論の趣旨をふまえた判断と考えられ，**敵対的聴衆の理論**も考慮されている。さらに，船橋市西図書館事件（最判平成17年7月14日民集59巻6号1569頁）は，公立図書館を「住民に対して思想，意見その他の種々の情報を含む図書館資料を提供してその教養を高めること等を目的とする公的な場」と位置づけている。　　　　（森脇敦史）

---

▷**言論助成**
⇨ Ⅲ-9 「政府言論」

▷1　また，国会議事堂や外交施設等の周辺では拡声器の使用が規制されている（国会議事堂等周辺地域及び外国公館等周辺地域の静穏の保持に関する法律）。
⇨コラム1「ビラの配布」
▷2　⇨ Ⅱ-5 「集会の自由」

▷**泉佐野市民会館事件**
関西国際空港建設反対集会の開催を目的とした市民会館の使用について，集会開催が周辺住民の平穏な生活の侵害となること等を理由とした市長の不許可処分また本件不許可処分を認める条例に対する国家賠償請求事件。⇨ Ⅱ-5 「集会の自由」， Ⅱ-7 「表現の自由の限界(2)」

▷**上尾市福祉会館事件**
何者かに殺害された労働組合幹部の葬儀を目的とした市福祉会館の使用について，対立団体による妨害のおそれがあるとして不許可処分を行ったことに対する国家賠償請求事件。⇨ Ⅱ-5 「集会の自由」

▷**敵対的聴衆の理論**
ある者の表現活動を妨害しようとする者によって治安妨害が発生する場合には，妨害者の排除によって対処するのが原則であり，表現者への規制が許されるのは，警備者が最善を尽くしてもなお他に手段がない場合に限られるという理論。

## Ⅲ　表現の自由：各論

 **政府言論**

### 1　発言者としての政府

　政府は政策を実施するために様々な活動を行うが、その中には言論活動も含まれる。このような活動は「政府言論」と呼ばれる。政府言論は、憲法上の権利として保護を受けるわけではないが、政府が政府として活動するためには当然に必要な行動である。しかし、政府による言論活動が無制限に認められると、政府によるプロパガンダの危険が生じる。憲法20条（および89条）の**政教分離**規定は、宗教について政府がメッセージを発することを、肯定・否定いずれの方向についても禁じている。また、思想・良心の自由（憲法19条）は、政府による一方的な思想の押しつけを禁じている。

　政府言論は、①政府の職員や機関が行う表現と、②私人の言論活動に対する政府の助成に大別できる。①には、記者会見のような文字通りの発言もあれば、メディアを用いた政府広報、また白書刊行のような出版活動の形態もある。ここでは、(a)特定内容の表現を行いまたは行わないよう強制される**公務員の表現の自由**に対する侵害と、(b)表現受領者の思想・良心の自由に対する侵害が問題となる。公務員の地位を利用した憲法改正国民投票運動の禁止（日本国憲法の改正手続に関する法律103条1項）、教育公務員に対する国旗敬礼や国歌斉唱の義務づけ、教科書使用義務も、政府言論の文脈で理解しうる。一方②には、芸術活動への助成や博物館・図書館の設置、候補者届出政党に対する無料の政見放送（公職選挙法150条1項）などがある。ここでは、(c)当該条件づけが助成受領者の表現の自由を侵害しないか、(d)選択的な助成が法の下の平等に反しないかが問題となる。

### 2　私人が行う言論への助成と条件づけ

　表現の自由は、私人の活動に対する国家からの介入を排除する、いわゆる消極的自由と理解されている。**知る権利**も、それが請求権としての性格を認められているのは、政府情報の公開請求権のみである。表現目的で開放された場所に私人がアクセスする権利を認める**指定的パブリック・フォーラム**の議論も、表現に適した場の提供そのものを義務づけるとは理解されていない。

　政府による言論助成には、助成がなければ表現の市場に出ることが不可能であった言論活動が可能となるという効用がある。一方、政府が私人の言論活動

---

▷**政教分離**
政治と宗教が結びつくことの禁止。信教の自由への侵害を未然に防ぐことを目的とする、制度的保障の規定とされる。

▷**公務員の表現の自由**
⇨Ⅲ-11「公務員の表現の自由」

▷1　候補者届出政党となるには、5名以上の所属国会議員、または直近の国政選挙における100分の2以上の得票率が必要となる（公職選挙法86条1項）。公職選挙法の規定によらず、選挙運動目的の放送を行うことは禁じられている（同法151条の5）。

▷**知る権利**
⇨Ⅱ-4「知る権利」

▷**指定的パブリック・フォーラム**
⇨Ⅲ-8「パブリック・フォーラム」

を助成する際には，条件が課されることが一般的である。特定の言論にのみ助成を行うことは，助成を受けなかった者との間に不均衡を生じさせるため，法の下の平等の問題が生じうる。また，選択的な助成は，言論市場に歪曲効果を生じさせる原因となる。さらに，助成への条件づけは，助成を受ける私人に対して，特定の表現をすること，あるいはしないことを求めることとなる。

このような効果が伝統的な規制によって生じたのであれば，内容規制として厳格審査の対象となり，原則として違憲となる。しかし，助成活動を行う際に条件をつけず，表現内容を一切考慮しないことも困難である。助成条件として内容中立的な基準を用いることも考えられるが，常にそのような手段を採りうるわけではない。例えば，優れた芸術に対する助成活動において，内容を審査しないことは不可能であり，また助成の意義そのものを減少させることとなる。

かつては，助成を行うか否かが自由であるならば，助成に際して条件を付すことも自由であると考えられた（「大は小を兼ねる」の理論）。私人には助成を受ける権利がない以上，付された条件が受け入れがたいのであれば，単に助成を求めなければよいというのである。しかし，優れた芸術に対する助成受領の条件として特定の政党に所属することを求めるのが明らかに許されないように，条件づけにも一定の限界が存在する。条件づけの可否を定める基準については様々な議論があるものの，確立した見解は存在していないのが現状である。

違憲な条件の法理は，条件づけの可否を定める基準としてアメリカで提示されている議論である。この法理は，助成への条件づけにおいて，相手方がもつ憲法上の権利の放棄を求めることはできないとするものである。ベースライン論は，ある種の基本的人権については，単に規制が行われないだけでは不十分であって，一定水準の行使条件を整えることが憲法上求められているとする。専門家の介在論は，助成領域の専門家が職責に基づき判断が行われる限りにおいて，内容に基づく選別も認められるとする一方，政治がなしうるのは大綱的事項に限定され，また個別の事案に対して政治的判断をなすことは許されないというものである。これらは，相互に排他的な基準ではなく，重畳的に適用可能なものである。

## ③ 政府自身の表現活動

民主政国家においては，政府は自らの政策プログラムに対する支持を獲得するため，国民に対してその内容と正当性を主張する。政府の表現は，その性質上当然に政治的である。もし，私人に対して，自らの好まない政府の政治的意思表明を受けない権利が一般的に認められるならば，およそ政治は不可能となる。しかし，政府がその資金と影響力を無制約に用いることを認めると，政府によるプロパガンダによって言論空間が圧倒される危険があるため，適正な広報との間の線引きが求められる。

（森脇敦史）

▷2　歪曲効果には，助成によって政府の好む表現の総量が増大するという量的側面と，助成対象となった表現に正統性が与えられるという質的側面がある。もっとも，助成の受領が明らかであれば，政府利害との結びつきを聞き手が知ることができるため，正統性が割り引かれることもある。

▷3　助成資金の使途については，私人を介して政府の言論を行うものであるため，見解に基づき定めることも許される。一方，助成受領者による助成外の表現を制約することは，私人の憲法上の権利放棄を求めることとなり，許されない。

Ⅲ　表現の自由：各論

#  図書館・博物館の自由

▷図書館
図書館は，利用者の種別によって，国立図書館，公共図書館，大学図書館，学校図書館，専門図書館，その他の施設に設置される図書館に分けられる。

▷専門家の職責
図書館（および図書館司書）が拠り所とする重要な規範が「図書館の自由に関する宣言」（1954年採択）で，資料収集の自由，資料提供の自由，利用者の秘密保持などを定める。⇨Ⅲ-9「政府言論」

▷1　アメリカでは，内容が不道徳であることを理由として行われた蔵書の廃棄が，見解差別であり許されないとされた事例がある（Board of Education v. Pico, 457 U. S. 835, 1982）。
⇨Ⅲ-6「教科書検定」

▷推知報道
⇨Ⅴ-9「少年の実名報道」

## ① 図書館の役割と法律上の位置づけ

図書館は，図書や記録等の資料を体系的に収集，分類，提供することにより，利用者が望む情報を入手できる状態を整備することを目的とする。図書館が存在することで，利用者は，多種多様な資料にアクセスすることが可能となる。これは国民の知る権利の具体化といえる。このような役割を図書館が果たすためには，図書館の運営や職員・司書の知的活動が自由でなければならない（図書館の自由）。図書館をめぐる表現の自由には，利用者の知る権利と図書館の自由という2つの側面があるが，通常両者の利益は一致する。また，書籍等の著者の立場からも，図書館は自らの思想を伝達する場所として重要な役割をもつ。

図書館法は，図書館の役割として「土地の事情及び一般公衆の希望に沿い，更に学校教育を援助し，及び家庭教育の向上に資することとなるように留意し」，図書の収集供用を行うこと等を求めている（3条）。公立図書館の設置は条例事項であり（10条），利用の対価徴収は禁じられている（17条）。

## ② 図書館の収集の自由

以上の役割を図書館が果たすため，図書館には選書の自由が認められる。図書館は，予算等の制約下で職員の専門的判断に基づき利用に供する書籍を選択する。選書に際しては書籍内容に基づく判断が避けられないが，**専門家の職責**に基づいた判断が行われている限り，その裁量は尊重されなければならない。

もっとも，図書館の裁量権は無制約ではない。船橋市西図書館事件（最判平成17年7月14日民集59巻6号1569頁）では，図書館員が自己の見解に基づき独断で行った所蔵資料の廃棄が，著者が自らの思想・意見等を公衆に伝達するという法的保護に値する人格的利益を侵害し，国家賠償法上違法とされている。

## ③ 利用者の閲覧の自由

近年の問題として，名誉・プライバシー侵害や，少年事件における**推知報道**の記事が掲載された雑誌等を図書館が提供することの是非がある。名誉・プライバシー侵害訴訟では，すでに流通過程に乗ってしまった雑誌等については，もはや回収が不可能であるとして，差止めは認められない。また，たとえ出版社に対して流通誌の回収が命じられたとしても，購入者の特定は事実上不可能

であり，また購入者には裁判の拘束力が及ばず，回収に応じる義務はない。

　図書館は誰もが利用可能な施設であり，他者の人権を侵害すると確定した表現物に将来にわたってアクセス可能とすることには，たしかに問題がある。しかし，**事前差止めの要件**は損害賠償よりも厳しいことを考慮すると，損害賠償のみが認められる事案については，図書館による資料提供の拒否が，表現の受領行為に対する差止めと同様の効果をもつため，認められないと考えられる。

　また，外国との信頼関係悪化を理由とした利用制限も行われている。国立国会図書館は，法務省の要請を受けて，「合衆国軍隊構成員等に対する刑事裁判権関係資料　検察提要6」の利用制限措置をとった（2008年6月）。本措置は国会でも問題となり，2010年2月に個人情報にあたる部分を除き，制限が解除されたが，国家賠償請求訴訟は棄却されている（**国立国会図書館事件**）。

　図書館の利用履歴も，閲覧の自由と密接に関わる。利用履歴は，個人の関心領域を表し，思想・良心や信仰とも密接な関連性をもつ。また，利用履歴は表現の自由の派生原理としての知る権利とも関連性をもつ。したがって，令状に基づかない利用履歴の提出は認められず，また令状発給に際しては，利用履歴の証拠としての必要性や価値，犯罪の重大性などの要件を厳格に絞る必要があるとされる。

## ④　博物館・美術館における展示物の閲覧権

　博物館は，歴史や芸術等に関する資料の収集・保存・調査研究を行い，また資料の展示等を通じて一般公衆の教養，調査研究，レクリエーション等に資することを設置目的とする（博物館法2条1項）。歴史館，自然科学館，美術館等も博物館の一種である。博物館の活動は，資料から知識を享受するという，一般公衆の知る権利に資するものである。

　博物館の展示が問題とされた事件として，**天皇コラージュ事件**がある。一審は，特別観覧制度は憲法上の知る権利の具体化であり，図録閲覧も，地方自治法244条2項の「住民が公の施設を利用すること」に該当するとした上で，不許可処分や閲覧拒否が許されるのは，特別観覧等によって他者の基本的人権が侵害され公共の福祉が損なわれる危険がある場合に限られるとした。しかし本件ではそのような事情はなく，特別観覧の不許可処分等は違法となるとした。これに対し控訴審は，特別観覧制度は知る権利の具体化とはいえず，不許可処分等は美術館利用者に対する静謐な環境の保持や美術作品自体の保持が目的で，地方自治法244条2項が**公の施設**の利用拒否を認める「正当な理由」にあたるとして不許可処分等を適法とした。ただし，図書の閲覧拒否に限って違法性を認めた（最高裁も高裁判断を維持した。最判平成12年10月27日）。　　　　（森脇敦史）

▷**事前差止めの要件**
⇨ Ⅵ-4 「事前差止め」

▷**国立国会図書館事件**
東京地裁は，図書館資料を利用する利益が人格的利益として保護されうることを認める一方，図書館長による職務義務違反はないとした。（東京地判平成25年8月25日）

▷**天皇コラージュ事件**
富山県立近代美術館が昭和天皇の肖像と裸婦像を組み合わせたコラージュ作品（「遠近を抱えて」）を購入，展示していたことに対して，右翼団体等の抗議活動が頻発したことから，同作品の展示を取りやめ，住民による特別観覧許可申請も不許可とし，図録の閲覧請求も拒否した。また，同作品が掲載されていた図録も破棄された。これらの行為に対して，作者と，申請を拒否された住民が訴訟を提起した。一審（富山地判平成10年12月16日判時1699号120頁）は，作者の訴えを退ける一方で住民の賠償請求を認めたが，控訴審（名古屋高金沢支判平成12年2月16日判時1726号111頁）は，双方の訴えを退けた。

▷**公の施設**
⇨ Ⅲ-8 「パブリック・フォーラム」

Ⅲ　表現の自由：各論

　公務員の表現の自由

### 1　公務員に対する政治的行為の規制

　国家公務員法102条1項は、一般職国家公務員の政治的行為を制限する。制限の具体的内容は人事院規則14-7が定めているが、禁止行為の中には多くの表現活動が含まれている。違反行為は懲戒理由となり（国家公務員法82条1項1号）、刑罰の対象でもある（同法110条1項19号）。一般職地方公務員に対しては、地方公務員法36条が政治的行為を制限するが、違反は懲戒理由となる（同法29条1項1号）にとどまり、刑罰の対象とはされていない。

　自衛隊法61条は、自衛隊員につき一般職国家公務員とほぼ同様の政治的行為を禁じる。裁判官は、「積極的な政治運動」が禁じられ（裁判所法52条1号）、各種委員会の委員等にも、同様の禁止が行われている（金融庁設置法16条2項〔証券取引等監視委員会委員長・委員〕など）。

### 2　一般職国家公務員の政治的表現

　猿払事件では、北海道猿払村の郵便局員が衆議院議員選挙のポスターを公設掲示板に掲示し、他人に掲示を依頼・配布した行為が、人事院規則14-7の5項3号および6項13号に該当するとして、国家公務員法違反で起訴された。

　最高裁（最大判昭和49年11月6日刑集28巻9号393頁）は、政治的行為には政治的意見表明としての側面もあるため、憲法21条の保障を受けるとした。しかし、公務員の政治的中立性を損なうおそれのある公務員の政治的行為を禁止することは、それが合理的で必要やむをえない限度にとどまるものである限り、憲法の許容するところであるという。具体的には、禁止の目的、この目的と禁止される政治的行為との関連性、政治的行為を禁止することにより得られる利益と禁止することにより失われる利益との均衡の3点から検討することが必要であると述べた上で、本件規制はこのいずれをも満たすとした。

　しかし2012（平成24）年の堀越事件最高裁判決（最判平成24年12月7日刑集66巻12号1337頁）は、猿払判決が先例としてもつ意味を大きく変更している。堀越事件では、社会保険庁の年金審査官が政党を支持する目的で政党機関紙を配布したことが、人事院規則14-7の6項7号および13号に該当するとして、国家公務員法違反で起訴された。最高裁は、国家公務員法102条1項が禁じる「政治的行為」を、「公務員の職務の遂行の政治的中立性を損なうおそれが、観念的

▷1　国家公務員法102条1項
政党又は政治的目的のために、寄附金その他の利益を求め、若しくは受領し、又は何らの方法を以てするを問わず、これらの行為に関与し、あるいは選挙権の行使を除く外、人事院規則で定める政治的行為をしてはならない。

▶一般職と特別職
職務の性質上、一般の公務員と異なる取扱いをする必要がある公務員が特別職として列挙され（国家公務員法2条3項、地方公務員法3条3項）、その他の公務員は一般職となる。一般職は国家公務員法または地方公務員法の適用対象となるが、特別職は対象とならない。

▷2　人事院規則14-7
5項（政治的目的の定義）
　3　特定の政党その他の政治的団体を支持し又はこれに反対すること。
6項（政治的行為の定義）
　7　政党その他の政治的団体の機関紙たる新聞その他の刊行物を発行し、編集し、配布し又はこれらの行為を援助すること。
　13　政治的目的を有する署名又は無署名の文書、図画、音盤又は形象を発行し、回覧に供し、

なものにとどまらず，現実的に起こり得るものとして実質的に認められるものを指し，同項はそのような行為の類型の具体的な定めを人事院規則に委任したものと解する」として，非管理職で職務裁量をもたない者が職務と無関係に行った「本件配布行為は本件罰則規定の構成要件に該当しない」とした。一方で，宇治橋事件（最判平成24年12月7日刑集66巻12号1722頁）は，厚生労働省課長補佐による政党機関紙配布行為につき，職務遂行の政治的中立性が損なわれる実質的おそれがあったとしている。堀越判決は，猿払判決の間接的・付随的制約論や合理的関連性の基準に触れておらず，また本件と猿払判決は事案が異なるとして，明示的な先例変更をしていない。しかし多くの学説は，本判決が猿払判決を実質的に変更したと理解している。

また，公務員の争議活動に付随するあおり行為につき，都教組事件（最大判昭和44年4月2日刑集23巻5号305頁）は，違法性の強いストに対する違法性の強いあおり行為のみが刑罰の対象であるとする**限定解釈**を示した（「二重の絞り」論）が，全農林警職法事件（最大判昭和48年4月25日刑集27巻4号547頁）においてこのような限定解釈は否定され，一律処罰も合憲とした。

## ③ 裁判官の表現活動

**寺西判事補事件**（最大決平成10年12月1日民集52巻9号1761頁）では，裁判官の表現活動に対する制約が争われた。最高裁は，積極的政治運動を「組織的，計画的又は継続的な政治上の活動を能動的に行う行為であって，裁判官の独立及び中立・公正を害するおそれがあるもの」と解し，本件発言はこれに該当するとした。そして，積極的政治運動の「禁止の目的が正当であって，その目的と禁止との間に合理的関連性があり，禁止により得られる利益と失われる利益との均衡を失するものでないなら，憲法21条1項に反しない」とし，本件決定はそのいずれも満たすとした。本決定によれば，裁判官の身分が周囲に明らかな状態で行われる集会参加は禁止行為に該当することから，裁判官に対する規制が一般職国家公務員に対する規制より広範であることが示唆される（人事院規則では，集会への参加は「政治的行為」に該当しない）。学説上は，あらゆる政治的行為を列挙する人事院規則と比較して，裁判所法52条1号の規定は限定的であるとの主張が強い。

また，**岡口裁判官ツイッター事件**（最大決平成30年10月17日）では，自己の投稿が裁判官によるものであることが知られている状況で，自己の担当外である裁判の原告を揶揄したと受け取られる発言を行ったことが，裁判所法49条の「品位を辱める行状」にあたるとして，戒告処分が行われている。「憲法上の表現の自由の保障は裁判官にも及び，裁判官も一市民としてその自由を有することは当然であるが，被申立人の上記行為は，表現の自由として裁判官に許容される限度を逸脱したものといわざるを得ない」とされた。　　　　　（森脇敦史）

掲示し若しくは配布し又は多数の人に対して朗読し若しくは聴取させ，あるいはこれらの用に供するために著作し又は編集すること。

▷**限定解釈**
裁判所が，文言通りに解釈すると違憲とせざるをえない法令につき，合憲となる解釈を定めた上で，当該法令を合憲と判断する手法。ただし，堀越事件最高裁判決の千葉裁判官補足意見は，同判決の限定解釈は違憲の疑いを排除することが目的ではないとしている。

▷**寺西判事補事件**
仙台地裁の寺西判事補が，通信傍受法・組織的犯罪対策法に反対する集会の一般参加者席から行った発言が，裁判所法52条1号が禁じる積極的な政治運動にあたるとして，戒告処分が申立てられた事件。仙台高裁は戒告処分の決定を行い，同判事補は即時抗告したが，最高裁は棄却した。

▷**岡口裁判官ツイッター事件**
2019年3月現在，弾劾法に基づく裁判官の罷免を決する弾劾裁判の前手続きである裁判官訴追委員会（衆参国会議員20人で構成）での調査が実施された。

## III 表現の自由：各論

 **被収容者の表現の自由**

### ▷特別権力関係論
公務員関係など特別の目的のための行政主体（国家）とその客体（公務員など）との包括的な支配・服従関係であり、目的達成に必要な限りにおいて、客体は、特別権力による規律を受け、人権保障および司法審査において制約を受けた。

### ▷法の支配 (rule of law)
人権保障と恣意的権力の抑制を主旨として、通常裁判所の支配、行政裁判所の否定、さらに違憲立法審査権など、「人の支配でなく法の支配を」という、あらゆる権力に対して法を優越させる原理。

▷ 1 旧監獄法が新聞閲読に許可を必要としたのに対し、刑事収容施設及び被収容者等の処遇に関する法律は、「時事の報道に接する機会を与える」努力義務（72条）を刑事施設の長に課す。したがって、以下で紹介する判例は旧法時代のものであることに注意が必要である。

### ▷よど号ハイジャック記事抹消事件
未決拘禁者が定期購読していた新聞から、日航機「よど号」ハイジャック事件に関する記事を拘置所長が塗りつぶして配布したことは、知る権利（憲法21条）を侵害するとして、争われた。
⇨ II-1「表現の自由の内容」

### 1 被収容者の表現の自由

被収容者（受刑者・未決拘禁者など）は、新聞閲読制限など、一般の者とは異なる人権上の制約を受けている。かつて、被収容者は、**特別権力関係論**により、その人権が制限され、裁判による人権救済の途さえも閉ざされていた。しかし、日本国憲法による**「法の支配」**そして基本的人権の尊重により、被収容者にも司法救済（審査）が及ぶこととなり、近時の法改正もあり、被収容者の人権をより擁護する判決もみられる。ここでは、被収容者の表現の自由（憲法21条）に対する制限の合憲性の問題について、以下、主な判例と学説を取り上げる。

### 2 新聞閲読制限

被収容者の新聞閲読制限とは、「被収容者が取得することができる新聞紙の範囲及び取得方法について、刑事施設の管理運営上必要な制限を」刑事施設の長が行うことをいう（刑事収容施設法71条）。新聞閲読制限は、被収容者が新聞を読むことを禁止されうるため、知る権利（憲法21条）の侵害が問題となる。

最高裁は、**よど号ハイジャック記事抹消事件**（最大判昭和58年6月22日民集37巻5号793頁）において、閲読の自由（憲法21条）が憲法上保障されるとする一方、先例（税関検査事件）に従い、逃亡および罪証隠滅の防止という勾留の目的のための他、監獄内の規律および秩序の維持のために必要とされる場合にも、一定の制限を認めた。そして、閲読により、監獄内の規律および秩序の維持上放置することのできない程度の障害が生ずる相当の蓋然性が認められる場合、それらの障害の発生を防止するために、「必要かつ合理的な範囲」であるならば閲読を制限できるとして、合憲とした。

このような判例に対して、学説では、一方において新聞閲読制限の「検閲」該当性について、被収容者は情報を受領できないとして、検閲に該当するとの主張がなされている。他方、被収容者など「特別の法律関係における人権」には「検閲」の絶対的な禁止がそのまま妥当しない、という主張もある。

### 3 記者の接見制限

記者の接見（面会）制限とは、刑事施設の長は受刑者が「面会することを必要とする事情があり、かつ、面会により、刑事施設の規律及び秩序を害する結

果を生じ，又は受刑者の矯正処遇の適切な実施に支障を生ずるおそれがないと認めるとき」，許可できることをいう（刑事収容施設法111条2項。未決拘禁者について，115条。なお，刑事訴訟法80条）。記者の接見制限は，被収容者と記者の面会を制限することとなるため，憲法上，被収容者の接見および記者の取材の自由（憲法21条）の制限が問題となる。

判例は，**記者接見不許可事件**（東京高判平成7年8月10日訟月42巻7号1783頁）において，拘置所の要である拘置所長による，具体的状況の下における裁量的判断にまつべき点が少なくないのであり，障害発生の相当の蓋然性の認定について，合理的な根拠があり，その防止のため接見の制限が必要であるとした判断に合理性が認められる限り適法とする。そして，本件の拘置所長による判断は社会通念に照らして著しく妥当を欠くものではなかった，として適法とした。

このような判例の「必要かつ合理的な規制」という緩やかな判断基準に対して，学説は，所長の広い裁量への批判や，**より制限的でない他の選びうる手段の基準**など，より厳格度の高い判断基準を主張するものが多い。

## ④ 信書検閲

信書検閲（信書の検査）とは，受刑者が発受する信書について，刑事施設の長は必要があると認める場合に検査し，「刑事施設の規律及び秩序を害する結果を生ずるおそれがあるとき」，また「受刑者の矯正処遇の適切な実施に支障を生ずるおそれがある」とき，信書の発受の禁止，差止め，および一部または全部を削除・抹消できることをいう（刑事収容施設法127-129条。未決拘禁者などについて，134-144条）。したがって，信書検閲は，信書の発受の差止めなどを伴うことから，憲法上禁止される「検閲」および事前抑制に該当するか，問題となる。

最高裁は，**信書検閲事件**（最判平成18年3月23日判時1929号37頁）において，先例（税関検査事件，北方ジャーナル事件）に従い，信書検閲は「検閲」に該当しないとした。次に，監獄内の規律および秩序の維持，受刑者の身柄の確保，受刑者の改善，更生の点において放置することのできない程度の障害が生ずる相当の蓋然性があると認められる場合に限り，障害の発生防止のために必要かつ合理的な範囲にとどまるとして，憲法21条に違反しないとした。しかし，刑務所長が受刑者の手紙の発信を不許可としたことについては，裁量権の濫用による国家賠償を認めた。

本判決に対しては，行政権が事前の検査によって差止めなどを行う信書検閲は（判例の「検閲」概念においても）「検閲」に該当するのではないか，との学説からの批判がある。特別の法律関係にある被収容者に「検閲」の絶対的な禁止がそのまま妥当するものか，考慮する余地もあるだろう。　　　　（前田正義）

---

▷2　なお，未決拘禁者の新聞講読の対象を拘置所長が決めた2紙のうち1紙に制限することは違法とされた（大阪高判平成21年6月11日判時2056号65頁）。

▷**記者接見不許可事件**
「面接内容を公表しない」との誓約書の提出を拒否したことを理由とする，編集者と未決拘禁者の接見に対する拘置所長による不許可処分について，処分の取消しと損害賠償が請求された。なおその後，死刑囚への取材が許可されるなど，緩和される傾向にある。

▷**より制限的でない他の選びうる手段の基準**（less restrictive alternative：LRA）
人権を規制する法令の合憲性を審査する際，その立法目的を達成可能な「より制限的でない他の選びうる手段」を選択しない法令を違憲とする憲法判断の基準。この基準は，いわゆる中間審査基準に相当する。⇨ Ⅱ-8 「表現の内容規制・内容中立規制」

▷**信書検閲事件**
受刑者が国会議員へ送付した請願書等に対する取材を求める新聞社あての手紙の発信を刑務所長が不許可としたことは，表現の自由（憲法21条）を侵害するとして，争われた。なお，事件当時，監獄法50条は，「接見ノ立会，信書ノ検閲其他接見及ヒ信書ニ関スル制限ハ法務省令ヲ以テ之ヲ定ム」（傍点は筆者）としていた。

# コラム-2

## 「日の丸」・「君が代」

　いわゆる国旗・国歌法は，1999年8月13日に公布・施行された。この法律は2カ条だけからなる簡単なものだが，その意味は重大である。「国旗は，日章旗」（1条1項）とし，「国歌は，君が代とする」（2条）。もともと「日の丸」が国旗とされる根拠は，1870年太政官布告「商船規則」（国旗・国歌法の制定により廃止〔附則2条〕）において「日の丸」を日本籍の船であることを表す旗としたことであった。また「君が代」は，詠み人知らずとして古今和歌集に収録されていた短歌の冒頭「わが君は」を「君が代」に変え謳われていたものに，1880年に宮内省雅楽課の林広守が曲をつけ，プロイセン出身のフランツ・エッケルトが編曲したものである。

　一般に国旗や国歌は抽象的に存在する国家を具象化させる道具である。「日の丸」や「君が代」は，日本が近代的な主権国家体制に再編される段階で，国民国家としての統合を進めるために意図的に利用された。それらは，一方で神権主義に基づく天皇統治の御代の永遠性，他方で帝国主義的膨張という大日本帝国の有り様を象徴した。戦後日本国憲法が制定され，国民主権，基本的人権の尊重，平和主義が国政の基本原則となった。新生日本を象徴する国旗や国歌が不変でよいかは，議論が分かれるであろう。連続性支持者は「日の丸」「君が代」の継続を主張し，断絶強調者は新憲法の理念に相応しい新たな国旗・国歌の制定を求めることになる。

　しかし実際には選択は生じなかった。まず1950年10月の天野貞祐文部大臣の談話が，戦後，国旗＝「日の丸」，国歌＝「君が代」を教育の現場に強要する先駆けとなった。その後，文部省は，告示である学習指導要領を通じて，「日の丸」「君が代」の事実上の「国旗」「国歌」化を推し進め，また，小中高校の入学式や卒業式での「日の丸」「君が代」実施率調査の結果を公表し，改善指導の基礎とした。近年は国際化が義務化の根拠として援用されている。

　1999年の卒業式を前に，広島県立世羅高校の校長が自殺するという事件が起きた。「日の丸」「君が代」の完全実施を求める県教育委員会とそれに反対する勢力との板挟みになった結果であった。それまで慎重姿勢を示し

ていた小渕恵三内閣総理大臣は一転，「日の丸」「君が代」に実定法上の根拠を与えるため法制化を目指した。ここで「君」とは象徴天皇を意味するとの政府見解が示された。しかし史上初めての法制化であれば，広く国民的な討議に付されるべきであった。小渕総理大臣は，「法制化に伴い，学校教育においても国旗と国歌に対する正しい理解が促進されるものと考えております」との談話を発表したが，「日の丸」「君が代」についての「正しい理解」が論争的であることは避けられないであろう。

　国旗・国歌法には，尊重義務も違反に対する罰則も規定されていない。しかし教育現場では，校長が教員に職務命令を発し，入学式や卒業式での「日の丸」の掲揚や「君が代」の起立斉唱の実施を確保し，違反者には懲戒処分が課せられる事態が陸続としている。小学校の入学式での「君が代」のピアノ伴奏を校長から職務上命じられていた音楽教師が，それに従わず，戒告に処された事件で，最高裁は，職務命令は教師の思想・良心の自由を侵害しないとした（最判平成19年2月27日民集61巻1号291頁）。内心の自由に対する負担すら認めないこの判決には批判も多かった。その後の職務命令の合憲性を争う訴訟では，最高裁は，職務命令は思想・良心の自由の間接的制約とはなりうるが，その目的および内容ならびに制約の態様等を総合的に較量すれば，当該自由への制約を許容する程度の必要性および合理性を具えるとしている（最判平成23年5月30日民集65巻4号1780頁など）。ここでは，内心の自由への負担がその外部的行為に対する間接的制約と過小視され，それは比較衡量で正当化できるとされている。ただ最高裁は，職命令違反に対する具体的な停職処分・減給処分等が比例原則に抵触する場合もあるとはしている（最判平成24年1月16日判時2147号127頁など）。

　リベラル・デモクラシーは誰彼の区別なく安住の地としての国家を構成員に提供することを目指す。「日の丸」「君が代」の歴史と現状は，日本がリベラル・デモクラシーの国家であることを象徴しているであろうか。

（川岸令和）

## Ⅳ 取材・報道の自由とメディア特権

 # 国家秘密の保護

### 1 国家秘密と報道・取材の自由

　国家秘密とは，**公務員の職務上の秘密**一般のことをいう場合もあるが，より狭い意味では，外交・防衛上の情報であって，公開されると国家の安全を傷つけるものを指す。民主主義国家では国家秘密の存在を認められないと断定するのは，外国によるスパイ活動等に鑑みれば，たしかに現実的ではない。しかし，政府は都合の悪い情報を国民の目から，そしてメディアから隠蔽しようとする傾向がある。1950年代のアメリカで「知る権利」が主張されたのは，国家秘密の増加に対抗するためであった。また**ペンタゴン・ペーパーズ事件**は，ベトナム戦争からの撤退へ世論を変えるきっかけとなった。こうした例からもわかるように，国家秘密と報道・取材の自由は，いわば宿命的な対立関係にある。

### 2 従来の日本の法制

　日本では早くから，日米地位協定の実施に伴う刑事特別法（1952年制定）が「合衆国軍隊の機密」を探知収拾した者を，また日米相互防衛援助協定等に伴う秘密保護法（MDA法，1954年制定）が「防衛秘密」（合衆国政府から供与された装備品の構造・性能等。2001年改正により「特別防衛秘密」）を探知収拾した者を，それぞれ10年以下の懲役に処する，と定めていた。

　これに対して，日米安全保障体制に関わらない分野でのメディアの活動に対しては，国家公務員法の規定の適用が問題となる。国家公務員法は，公務員による「職務上知ることのできた秘密」の漏洩を処罰することを定め（1年以下の懲役または罰金刑。100条1項，109条12号），公務員に秘密漏洩を「そそのかし」た者も処罰される（111条）。このため，法律の字面だけでいえば，記者が職務上の秘密について公務員に取材する活動は，現実に秘密の漏洩がなくても，処罰される可能性もある。この規定と取材の自由の関係が争われたのが，**外務省沖縄密約事件**（最決昭和53年5月31日刑集32巻3号457頁）である。

### 3 判例とその検討

　最高裁は第一に，国家公務員法の「秘密」とは「非公知の事実であって，実質的にもそれを秘密として保護するに値すると認められるもの」であるとした。これは，政府が秘密と指定しさえすれば，その事実の内容を問わず保護される

---

▷**公務員の職務上の秘密**
公務員が裁判において職務上の秘密について証言するには，監督官庁の承認が必要であるが，監督官庁は公共の利益を害する等の事情がない場合には，承認を与えなければならない（民事訴訟法191条，刑事訴訟法144条）。

▷**ペンタゴン・ペーパーズ事件**
アメリカ政府内の秘密文書には，政府が初めから正確な情報を保有していながら，ベトナム戦争にのめり込んでいった過程を記していた。1971年6月，『ニューヨーク・タイムズ』が文書の内容を暴露する連載を開始したところ，政府は国家の安全を理由に連載の差止めを求めた。連邦最高裁判所は，同年6月30日，政府の訴えを退けた（403 U. S. 713）。
⇨Ⅻ-9「戦争とジャーナリズム」

▷**外務省沖縄密約事件**
1972年3月，衆議院予算委員会で，横路孝弘議員（当時，日本社会党）は，沖縄返還をめぐる日米交渉に関する秘密の電信文案を暴露し，アメリカの土地原状回復費400万ドルを日本が肩代わりする密約が結ばれていたと指摘して，佐藤栄作内閣を追及した。この電文は，毎日新聞社の西山太吉

54

という「形式秘」説を退けて，「実質秘」説の立場をとったものである。しかも，ある事実が秘密に該当するかどうかは，行政側の判断を鵜呑みにせず，司法判断の対象であるとした。

第二の法的論点は「そそのかし」の意義であるが，最高裁はこれを「秘密漏示行為を実行させる目的をもって，公務員に対し，その行為を実行する決意を新に生じさせるに足りる慫慂行為」であると解釈した。しかしこの解釈では，かなり広い範囲の取材活動が処罰の対象となってしまう。そこで最高裁は，報道・取材の自由の意義を強調した**博多駅事件**決定を引用した上で，形式的に「そそのかし」という構成要件に該当した場合であっても「報道機関が公務員に対し根気強く執拗に説得ないし要請を続けることは，それが真に報道の目的からでたものであり，その手段・方法が法秩序全体の精神に照らし相当なものとして社会観念上是認されるものである限り」一定の取材活動は「正当業務行為」（刑法35条）として違法性が阻却される，という解釈を示した。

以上の一般論は，取材の自由の意義に配慮して，まっとうな取材活動をした記者は不可罰であることを明らかにしており，正当なものと評価できる。もっとも最高裁が，本件の取材行為が「肉体関係」を利用し，取材対象者の「個人としての人格の尊厳を著しく蹂躙した」ものであるという認定を前提に，結果的に有罪としたことには，批判が強い。

## ④ 特定秘密保護法

1985年には議員立法によりスパイ行為防止法案が国会提出されたが，野党やメディアの反対で廃案となった。2001年には自衛隊法が改正され，防衛大臣が防衛上特に秘匿することが必要なものを「防衛秘密」として指定し，その取扱いを業務とする者（防衛産業関係者も含まれる）による漏洩等を5年以下の懲役で処罰する規定が置かれた。さらに2009年には訓令等により，「特別管理秘密」を取り扱う公務員の適格性を調査・評価するしくみ（秘密取扱者適格性確認制度）が政府全体で導入された。

海上保安庁の艦船と中国漁船の衝突映像がインターネットに流出した事件（2010年）を受けて，2013年には強い批判の中，**特定秘密保護法**が成立した。同法は防衛・外交等に関して安全保障に著しい支障を与えるおそれがあり特に秘匿することが必要なものを行政機関の長が「特定秘密」として指定するしくみ，特定秘密を取り扱う公務員の評価制度について定めているが，MDA法や刑事特別法による規制もなお残っている。特定秘密の漏えいは10年以下の懲役，漏洩の教唆は5年以下の懲役で処罰されるが，最高裁判例の趣旨を踏まえて出版・報道業務従事者の正当な取材行為は，違法性が阻却されることが明文化された。同法が恣意的に運用され，国民の知る権利を妨げることのないよう，国会・世論による継続的かつ実効的な監視が求められる。　　　　（宍戸常寿）

記者が外務審議官付の女性事務官から入手し，その事実関係については紙面化していたものであった。事務官は国家秘密漏洩罪，西山記者は同教唆で起訴されたが，東京地裁は前者を有罪，後者を無罪とした（東京地判昭和49年1月31日判時732号12頁）。検察の控訴を受けて，東京高裁が西山記者を有罪と判断したため（東京高判昭和51年7月20日高刑集29巻3号429頁），最高裁の判断が注目された。

▷慫慂行為
さそい，すすめる行為。

▷博多駅事件
⇨ ⅣV-11 「取材ビデオテープの目的外使用禁止」
▷1　日本政府はその後も一貫して密約の存在を否定していたが，2000年にアメリカで秘密指定が解除された文書が発見され，密約の存在が明らかになった。西山氏は，2005年に国家賠償を求めたが，最高裁は2008年，訴えを退けた。また2005年には，沖縄返還交渉当時の外務省アメリカ局長が，密約の存在を認める発言をした。2009年に誕生した民主党政権は密約交渉の調査を公約に掲げ，2010年3月には有識者委員会が，原状回復の肩代わりの合意等が，「広義の密約」にあたるとする報告書をまとめた。もっとも最高裁は2014年，外務省が密約文書を保有していることを推認できないとして，情報公開請求を退けている（最判平成26年7月14日判時2241号51頁）。⇨ ⅦVII-4 「情報公開法の例外(2)」

▷特定秘密保護法
⇨ コラム5「特定秘密保護法」

## Ⅳ 取材・報道の自由とメディア特権

# 2 取材協力者と報道の自由

▷取材源秘匿
⇨ Ⅳ-10「取材源の秘匿」

▷ NHK番組改編事件
NHKは、番組「ETV2001」で、NGO「戦争と女性への暴力」日本ネットワークが中心となって2000年12月に開催された「日本軍性奴隷制を裁く女性国際戦犯法廷」（民衆法廷）を取り上げた。これに対しNGOとその代表等は、NHKおよびその子会社から番組制作を委託された制作会社の担当者の説明等により、民衆法廷の内容が番組で詳しく紹介されると期待して取材に協力したにもかかわらず、昭和天皇を有罪とする判決部分を削除する等の編集をして放送したことは不法行為にあたるとして、損害賠償を求めた。一審判決は、制作会社の責任のみを認めていた（東京地判平成16年3月24日判時1902号71頁）。
▷ 1 この事件は、「NHKと政治の距離」という関心からも注目を集めた。一審判決後の2005年には、朝日新聞が、安倍晋三内閣官房副長官（当時）等が本件の番組内容について、NHK上層部に圧力をかけたと報道した（同新聞は、後に取材の不十分さを認めて謝罪した）。また、NHK番組制作局所属のチーフプロデューサー等は改編の経緯を内部告発している。

## 1 メディアと取材協力者の関係

取材活動には、取材の相手方の理解と協力が不可欠である。この場合、取材する者とされる者が、取材や報道について細部を詰めて契約を結ぶことは稀であり、取材の趣旨を説明されて、報道機関や記者の態度等に信頼感をもち協力するのが、通常の取材現場であろう。取材の自由の一環としてメディアの**取材源秘匿**が認められるのは、メディアにとって、取材に協力した者がそのために不利益を蒙らないようにすることが、今後の取材・報道のために不可欠だからである。これに対して、取材協力者の期待する通りの内容で、メディアは報道をしなければならないのだろうか。言い換えれば、完成した報道内容が取材協力者の期待に反した場合、協力者はメディアに対して、取材内容を利用した報道の差止めを求める等の、法的責任を追及できるのだろうか。この問題については、撮影に協力したにもかかわらず期待とは異なる内容の映画が編集されたとしても名誉毀損にはあたらないとする裁判例があったが（広島地判昭和37年2月27日判時295号20頁）、**NHK番組改編事件**は、取材協力者の「期待権」の侵害が正面から争われたもので、大きな注目を集めた。

## 2 NHK番組改編事件東京高裁判決

東京高裁は、取材協力者の期待権侵害と説明義務違反を理由に、次のような論理でNHKの責任を認めた（東京高判平成19年1月29日判タ1258号242頁）。①取材対象者は通常、番組内容が取材時の説明とは異なる可能性を承知しており、また番組編集の自由（放送法3条）は不当に制限されてはならないが、取材対象者には取材に応ずるか否かの自己決定権があるから、取材者の言動等により期待を抱くのもやむをえない特段の事情があるときは、取材対象者の期待・信頼が保護される。本件では制作会社スタッフが企画提案票の写しを取材対象者に交付した等の、特段の事情が認められる。②放送された番組は、民衆法廷を素材として扱うに過ぎず、取材対象者の期待・信頼に反する。NHKは政治家の意図を忖度して番組を改編したものであり、番組編集の権限を濫用・逸脱している。③放送事業者が制作中の番組の方針を変更した場合に説明義務を課すことは番組編集の制約につながるおそれがあるが、取材対象者の自己決定権も保護すべきだから、制作者・取材者は、番組の内容やその変更等を説明する約

束がある等，特段の事情があるときに限り，法的な説明義務を負う。本件で
NHKは自主・独立を内容とする編集権を自ら放棄したに等しいから，説明義
務を認めても報道の自由の侵害にはならない。

## ❸ NHK 番組改編事件最高裁判決

　これに対して最高裁は次のように述べ，高裁判決を覆してNGO等の請求を
退けた（最判平成20年6月12日民集62巻6号1656頁）。①放送法1条，3条，3条
の2（新4条）は，放送事業者の放送が国民の知る権利に奉仕するものとして
憲法により保障されることを明らかにするとともに番組編集の自律性について
規定しており，このことは国民一般に認識されているから，取材対象者の期
待・信頼は原則として法的保護の対象とはならない。ただし，(a)取材により必
然的に取材対象者に格段の負担が生ずる場合で，(b)取材担当者がそのことを認
識した上で，取材で得た素材を必ず一定の内容・方法で取り上げる旨説明し，
(c)その説明が客観的に見て取材に応ずる意思決定をさせる原因であるときには，
取材対象者の期待・信頼は保護されるが，本件はそのような場合にあたらない。
②取材対象者の期待・信頼が法的に保護されない以上，放送事業者と取材対象
者の間に番組内容について説明する旨の合意がある等の特段の事情がない限り，
編集段階での番組の趣旨・内容の変更を説明する説明義務は認められない。

## ❹ 2つの判決の相違点

　報道にあたっては，国民の知る権利を充足するために取材対象者の意向に反
した報道をすべき場合も多く，取材対象者の期待の内容も明確ではないため，
「期待権」を広く認めることは妥当ではない。この原則的姿勢で2つの判決は
共通しているが，結論は正反対であった。その第一の理由は，「期待権」の保
護について「特段の事情」という抽象的な基準で判断した高裁に対して（❷
①），最高裁はより明確で限定的な基準を立てたことにある（❸①）。「期待権」
が取材・編集活動を萎縮させることのないよう，編集過程で変更が許されなか
ったり説明義務を負ったりする場合を，あらかじめ明確にする必要があるため，
最高裁の判断は妥当といえよう。第二の違いは，NHK上層部が政治家の意向
を忖度して制作現場に介入したと認定し，編集の自由の濫用があったと断じた
高裁に対して（❷②），最高裁はこの問題を取り上げなかった点である。編集
権と**内部的自由**の関係はたしかに重要な論点だが，この事件の直接の争点はメ
ディアと取材協力者の外部関係において「期待権」の侵害があったかどうかで
あったため，最高裁はこの問題への深入りを避けたと考えられる。

　この最高裁判決を前提にしても，メディアが取材対象者に十分な説明を行い
了解と協力を得ることは，とりわけ相手方が私人である場合には当然であり，
取材・報道倫理維持の観点からの一層の取組みが望まれる。　　　　（宍戸常寿）

▷2　例えば，『週刊現代』
の取材に応じた安倍晋三元
首相の元秘書が，取材時の
合理的な期待が侵害された
として訴えた事件で，広島
高裁は「執筆者，編集者の
自律的裁量権（表現の自由
の一内容としての編集権）」
を強調して，訴えを退けて
いる（広島高判平成20年11
月6日判時2030号26頁）。
▷内部的自由
⇨ Ⅳ-9 「編集権と内部的
自由」
▷3　BROは，コメンテ
ーターの発言の削除につい
て，放送倫理違反を認定し
ており（決定20号，2003年），
またBPO放送人権委員会
は，NHK自身による高裁
判決の報道が公平・公正を
欠いたものと判断している
（決定36号，2008年）。さら
にBPO放送倫理検証委員
会は，本件での幹部の行動
がNHKの自主・自律を危
うくする行為であったとの
意見を公表している（決定
5号，2009年）。⇨ Ⅷ-11
「BPO」

## IV 取材・報道の自由とメディア特権

# ③ 法廷における取材

## ① 裁判公開と裁判報道

　日本国憲法は，82条で「裁判の対審及び判決は，公開法廷でこれを行ふ」と定めている。また，37条は，刑事被告人の権利として公開の裁判を保障している。裁判公開によって，密室裁判による恣意的な裁判が回避され，裁判の公正さが確保される。憲法82条の裁判の公開は，傍聴の自由を認めることを意味しており，裁判を傍聴する権利を保障したものではないと考えられている。[41]

　裁判が公開され，誰でも裁判を傍聴することができるとしても，裁判について報道する必要がある。ところが，法廷の秩序維持と裁判当事者の利益保護のため，刑事訴訟の場合，写真撮影，録音，放送には裁判所の許可が必要である（刑事訴訟規則215条）。民事訴訟ではそれだけでなく，速記と録画についても裁判所の許可を必要としている（民事訴訟規則77条）。こうした制限は，報道機関にも原則として適用されるため，それが報道機関の取材・報道の自由に対する制限として許容されるか否かが問題となる。

## ② 法廷での写真撮影

　写真撮影のための法廷カメラ取材は，戦後初期には自由に認められていたが，1949年1月の刑事訴訟規則215条の施行により裁判所の許可が必要になった。1952年9月には，「法廷等の秩序維持に関する法律」の施行により，写真撮影等の違反行為が罰せられることになった。最高裁は，**北海タイムス事件**で，刑[1]事訴訟規則215条の写真撮影許可制の合憲性を認め，これに違反した記者に制裁を科したことも正当であるとした。新聞による報道は表現の自由に属し，そのための取材活動も認められなければならないが，裁判を報道するための取材活動であっても，その活動が法廷の秩序を乱し，被告人や訴訟関係人の正当な利益を不当に害することは許されないとの判断が示された（最大決昭和33年2月17日刑集12巻2号253頁）。

　法廷での写真撮影は，1987年に最高裁と報道界が取り決めた「法廷内カメラ取材の標準的な運用基準」（1991年に一部緩和）により，裁判官の入廷開始時から，裁判官全員の着席後開廷宣告前の間の2分以内，代表取材でスチールカメラ1台に限り許されているが，通常，重大な刑事裁判の新聞報道は，画家が法廷で被告人等を描いたイラスト画を記事に添えるかたちで行われている。[42]

---

▷1　最高裁も，本文で後述する法廷メモ事件において，憲法82条は「各人が裁判所に対して傍聴することを権利として要求できることを認めたものではない」としている。

▷**北海タイムス事件**
1953年12月10日，釧路地裁における強盗殺人事件の公判で，北海タイムスの記者は，事前に公判開始前に限り写真撮影を許可すると裁判所から告知されていたにもかかわらず，公判開始後，裁判長の制止を振り切り，傍聴席から裁判官席のある壇上に登って証言台の被告人を写真撮影した。釧路地裁は，この行為が法廷等の秩序維持に関する法律2条1項前段に該当するとして，記者を過料1000円に処した。記者は法廷での写真撮影の制限を問題にしたが，最高裁はその合憲性を認めた。

▷2　和歌山カレー毒物混入事件の被告人が，刑事訴訟規則215条に反して雑誌記者によって法廷で写真を隠し撮りされたことだけでなく，法廷で描かれたイラスト画が雑誌に掲載されたことについて損害賠償を請

## ❸ 法廷メモ

写真撮影と異なり傍聴人が法廷でメモをとることを禁止する明文規定はない。しかし，1960年代後半から，法廷の秩序維持を理由に裁判長の法廷警察権（裁判所法71条，刑事訴訟法288条2項）による制限が強化され，1989年まで，法廷メモは原則禁止とされていた。アメリカ人弁護士が，このような法廷メモ禁止を疑問視し，それを裁判で争った。東京地裁は，この弁護士から経済法の研究のために裁判を傍聴し，メモを取ることを求められたが許可しなかった。ところが，最高裁は，法廷で裁判を認識し，記憶するためにメモを取ることは「尊重に値し，故なく妨げられてはならない」という判断を示した（最大判平成元年3月8日民集43巻2号89頁）。最高裁事務総局は，この判決後ただちに，全国の裁判所に最高裁判決の趣旨に従い傍聴人のメモを取り扱うよう通知した。

## ❹ 法廷テレビ取材

テレビ放送のための法廷カメラ取材（法廷テレビ取材）も，写真撮影と同様，裁判所の許可が必要である。現在，前述した「法廷内カメラ取材の標準的な運用基準」により認められた範囲で法廷の様子がテレビ放送されている。個々の事件の取材許諾は，事件を担当する裁判所の判断に委ねられているが，実際にはこの運用基準が最大限の許容範囲を示すものとして運用されているという。

この基準によれば，裁判官の入廷開始時から，裁判官全員の着席後開廷宣言前の間の2分以内，代表取材で1台に限りビデオカメラによる取材が許されているが，照明機材・録音機材・中継機材は使用しないこととされている。撮影位置も，傍聴席後部の裁判長（裁判官）が指定する区域内に限定されている（同区域内における撮影位置の移動は可能）。撮影対象も，入廷中の裁判官ならびに裁判官席および当事者席に限定されている（傍聴席は付随的であれば許される）。刑事事件の場合，被告人の撮影は認められていない。2009年に裁判員裁判がスタートしたが，裁判員法72条が裁判員の個人を特定するに足りる情報の公表を禁止しているため，法廷の裁判員の姿がテレビで放送されることはない。

アメリカでは，刑事裁判のテレビ中継が行われている州もある。ドイツでは，法廷テレビ取材が，開廷中は法律で原則として禁止されているが（2017年の法改正で一部緩和），開廷前・休廷中・閉廷後は原則として認められており（ただし，刑事事件では，被告人を匿名化する画像処理の条件が付けられることもある），法廷警察権に基づき裁判長がテレビ取材を制限する際には理由づけが必要とされている。日本では法廷から刑事事件の被告人の姿がテレビで放送されることはないが，重大な刑事事件の場合には，取材・報道の自由の意義に照らして，開廷宣告前については被告人の撮影を許可すべき場合もあるのではないかと考えられる。

（鈴木秀美）

求した事件で，写真の撮影・掲載は最高裁によって違法とされた。しかし，イラスト画については，作者の主観や技術が反映されているから，現在の日本で，法廷内の被告人の動静を報道するためにイラスト画を新聞・雑誌に掲載することは，手錠等で身体を拘束された姿でない限り社会的に是認された行為であるとされた（最判平成17年11月10日民集59巻9号2428頁）。

▷3 法廷メモは原則禁止であったが，司法記者クラブの記者には法廷メモが許されていた。アメリカ人弁護士は，この異なる取扱いが，法の下の平等を規定した憲法14条に違反するという主張もしたが，最高裁は，報道の公共性，報道のための取材の自由に対する配慮を理由にその合理性を認めた（レペタ事件）。

▷4 正式には，「裁判員の参加する刑事裁判に関する法律」という。⇨ Ⅳ-4 「裁判員裁判」

▷5 裁判終了後，本人の同意があれば裁判員の個人情報を公表することができる。このため，裁判終了後，本人の同意を得て行われる裁判員の記者会見の様子がテレビで放送されることもある。

## Ⅳ　取材・報道の自由とメディア特権

# 裁判員裁判

▷1　正式には，「裁判員の参加する刑事裁判に関する法律」という（2004年5月28日）。裁判員法に合わせ2003年7月には裁判の迅速化に関する法律が施行，刑事訴訟法も改正され公判前整理手続きの導入（2005年11月）などが始まった。裁判員裁判は当初，年間2000件程度を想定していたが，1年目はそれを大きく下回る約850件の判決言渡しが行われ，裁判員経験者は約5000人にとどまった。

▷2　2008年の平木正洋最高裁総括参事官の6項目要望は，容疑者の自白の有無や内容，容疑者が犯人かどうかに関わる状況証拠，前科・前歴，有罪を前提とした有識者のコメントなどを挙げている。

▷3　Ⅳ-3「法廷における取材」参照。廷内における裁判員イラストについても，裁判所側との事前協議を受け，判別が不可能なように目を描かないなどの，報道機関が自主規制をしている状況にある。

▷4　裁判所側は守秘義務違反など「違法行為」が廷内でなされることを懸念して，職員の立会いを実施しているとされる。記者会見の冒頭2分間に限り，本人承諾があった場合は撮影が認められているが，多くの場合は「顔なし」映像が実態である。

### 1　裁判員裁判と事件報道

　2009年，裁判員法に基づき裁判員制度が完全施行された。公正で迅速な裁判を実現するために，従来の職業裁判官だけの裁判制度から，罪が重い犯罪（重大刑事事件）に関する刑事裁判については，一般市民が「裁判員」として裁判に参加することが義務づけられた。弁護士数（法曹人口）の拡大や被害者参加制度の充実といった，いわば司法改革の一環であり，開かれた司法を実現するものといわれている。

　しかしその導入において，取材・報道との関係でいくつかの大きな問題が生じている。それは，すでに陪審裁判を導入している国に一般的な法廷侮辱罪の考え方を，日本の裁判員裁判にも当てはめることによる問題であるといえよう。一般には陪審員が評決を下す際に最初から予断をもった心証を抱くことがないように，事件報道について厳しく規制をする国が少なくないからである。

　従来（そして今でも）日本は事件報道が自由であるばかりか，非常に熱心に行われている国の1つであるといえる。その報道スタイルの善し悪しについては意見が分かれるにしても，取材や報道に関しては原則，自由が保障されている。むしろ刑法の名誉毀損罪（230条）でも，免責要件（230条の2）の1つとして「真実性（真実相当性）」が定められ，警察発表に基づく事件報道が強く担保されているということができる。しかし一方で制度導入にあたり，裁判員法においては当初，予断報道の禁止を含む厳しい報道規制が予定されていた。

### 2　裁判員情報の制限と取材規制

　法が定める取材・報道規制の第一は，裁判員情報に関する報道の制限である。法は裁判員の個人特定情報の公表を禁止する（裁判員法101条）。運用においては，性別，年齢も含め一切の情報は非公表で，一部の裁判員は判決後，自ら名乗り出ることで情報の開示がなされている。また，裁判員候補者は自らがその地位にあることを明らかにしてはならないとされている。

　ただし，そうした情報を収集すること自体は規定上禁止されてはおらず，報道機関は裁判員（裁判員候補者）情報を収集・保持することは可能であるが，報道は全面的に禁止されている。関連して，顔写真も当該個人情報に含まれるため，開廷前の法廷内カメラ取材においては，裁判員の入廷前にのみ許可され

ている。[43]

　第二には，裁判員に対する取材の制限である。法は，裁判員に事件関連で接触することを禁止するとともに（102条１項），元裁判員に対しても守秘義務に反することを聞き出す目的で接触してはならないとする（同条２項）。また，請託には重い罪を課しており（106条），取材謝礼や取材時に食事代を負担する行為も文言上，該当する可能性がある。

　この関係で，判決後の裁判員記者会見の問題がある。[44]主たる報道機関の集まりである日本新聞協会は法施行前に最高裁と事前協議を行い，判決言渡し後に裁判所内で裁判員が記者会見を実施することを要望し，裁判所職員の立会いの下で希望者のみの会見が認められてきている。ただし当初より，裁判所職員が「発言中止」を求めたり，発言を報道しないことを要請する事態が続いている。

　会見は最初の１年間でみると，９割以上で実施されているものの，出席裁判員の選定は裁判所の判断である他，記者会見の１割以上で裁判所の「介入」があったとされており，その基本設計自体に問題があることを示している。なお，前述記者会見の後，了解が得られた裁判員を対象とした補充会見が実施されており，ここでは裁判所職員の立ち会いはなく，録音や撮影も本人了解があれば自由である。

## ③　裁判報道のありよう

　その上で第三には，裁判に関する報道のありようが議論になる。具体的には「評議の秘密」や「職務上知り得た秘密」（9条，70条，108条）について，[45]厳しい守秘義務が一生にわたり課せられており，取材・報道を阻んでいる。裁判所は「感想」程度であれば問題ないとしているが，前述の記者会見における裁判所職員の制止事例をみると，グレーゾーンが大きくかつ幅広に解釈される傾向があるといえる。自由な評議や事件関係者のプライバシー保護が目的であると説明されているが，評議の経過のすべてがなぜ秘匿されなくてはならないのか，そもそも評決の数がなぜ絶対秘なのか，表現規制としての厳格性に欠けるのではないかとの指摘がある。

　そして最後に，事件に関する報道の制限がある。最初に述べたように，法は直接，裁判開始前の事件報道を制限する規定を置くことを避けたが，新聞協会と最高裁の事前協議の中で，最高裁は報道界に対し，繰り返し事件報道の「自粛」を求めてきた経緯がある。これはまた，法が予断報道禁止規定を削除した際の，立法者側と報道界との間の「約束」であるとされてきた。

　なお，直接関係はしないものの，裁判員法に伴って新設された刑事訴訟法281条の３以下の規定は，取材の大きな制約になりつつあるとして，新たに問題となっている。検察官が被告人や弁護士に見せた資料を記者に伝える行為を，目的外使用として刑事罰を課しているからである。　　　　　　（山田健太）

▷ 5　裁判員法70条〔評議の秘密〕構成裁判官及び裁判員が行う評議並びに構成裁判官のみが行う評議であって裁判員の傍聴が許されたものの経過並びにそれぞれの裁判官及び裁判員の意見並びにその多少の数（以下「評議の秘密」という。）については，これを漏らしてはならない。

108条〔裁判員等による秘密漏示罪〕裁判員又は補充裁判員が，評議の秘密その他の職務上知り得た秘密を漏らしたときは，６月以下の懲役又は50万円以下の罰金に処する。

2　裁判員又は補充裁判員の職にあった者が次の各号のいずれかに該当するときも，前項と同様とする。

　一　職務上知り得た秘密（評議の秘密を除く。）を漏らしたとき。

　二　評議の秘密のうち構成裁判官及び裁判員が行う評議又は構成裁判官のみが行う評議であって裁判員の傍聴が許されたもののそれぞれの裁判官若しくは裁判員の意見又はその多少の数を漏らしたとき。

　三　財産上の利益その他の利益を得る目的で，評議の秘密（前号に規定するものを除く。）を漏らしたとき。

3　前項第三号の場合を除き，裁判員又は補充裁判員の職にあった者が，評議の秘密（同項第二号に規定するものを除く。）を漏らしたときは，50万円以下の罰金に処する。

## Ⅳ 取材・報道の自由とメディア特権

  公職選挙法・国民投票法の報道制限

###  公職選挙法による選挙活動制限

　表現の自由が自己統治の価値によって根拠づけられるなら，国民が直接政治について決定する選挙に関する表現活動は，特に保護に値すると考えられてもおかしくない。しかし実際には，公職選挙法第13章は，選挙運動に非常に厳しい制約を課している。しかも，最高裁はそれらの規制をことごとく合憲と判断しており，表現の自由の中でも，学説と判例が最も厳しく対立している分野の１つであるといってよい。判例がマジック・ワードのように用いるのは「選挙の公正」であり，選挙の公正を確保するためとして立候補届出以前の事前の選挙運動の全面禁止も戸別訪問の全面禁止も合憲とされる。同様に，頒布・掲示できる文書についても，その内容，大きさ，枚数など詳細な制約が課されている。

### ② 公職選挙法による選挙報道制限

　公職選挙法は，選挙運動を行う当事者だけでなく，それに関する報道についても制約を設けている。たしかに同法148条１項は新聞紙や雑誌が「選挙に関し，報道及び評論を掲載するの自由」を認めている。しかし同項はただちに，「但し，虚偽の事項を記載し又は事実を歪曲して記載する等表現の自由を濫用して選挙の公正を害してはならない。」と付け加え，このただし書に違反した者に刑罰を科している（235条の２第１号）。放送事業者についても同様の規定がある（151条の３，235条の４第１号）。しかし，名誉毀損の諸事例からすぐわかるように，何が虚偽・事実の歪曲であるかについては，見解が一致しないことが少なくない。何が真実かについての取締り当局の見解によって報道機関の者が刑罰を科されうるとなると，報道の自由への萎縮効果は無視できない。また，名誉権のような個人的法益の侵害に至っていない段階で，選挙の公正という抽象的目的のために，選挙報道一般に正確さを要求することが必要だとも考えられない。様々な報道の競い合いの中でこそ自由で公正な政治が実現できるというのが，表現の自由を保障する憲法の姿勢のはずである。

　また，同法148条の２第３項は，候補者の当選あるいは落選を目的として「新聞紙又は雑誌に対する編集その他経営上の特殊の地位を利用して，これに選挙に関する報道及び評論を掲載し又は掲載させること」を禁止し，この違反

▷１　事前運動禁止について最大判昭和44年４月23日刑集23巻４号235頁，戸別訪問禁止について最判昭和56年６月15日刑集35巻４号205頁など参照。二重の基準論からすれば，具体的な規制が「選挙の公正」確保のために不可欠なのかが厳格に問われなければならないはずだが，最高裁の諸判例からは，そのような姿勢は全く見受けられない。
　なお，インターネットを利用する選挙運動は2013年に「解禁」された（公選法142条の３-142条の７。「　」をつけるのは，選挙運動は明示的に認める規定がない限り禁じられているという前提自体が批判されるべきだと考えるからである）。

▷２　候補者の当選または落選を目的として虚偽の事実を公にする行為は，別に同法235条で禁じられている。

にも刑罰を科している（235条の2第3号）。しかし，金銭の授受もなく虚偽でもない報道を罰してよいものであろうか。報道機関で働く者が特定の候補者に積極的な，あるいは消極的な評価をなし，それを報道機関内の地位を利用して公表することに何の問題があるのか，わからない。報道機関は客観報道に徹すべしという規範は，到底憲法に合致するものではなかろう。

しかも，148条によって選挙報道・評論の自由を得る新聞紙や雑誌となるには，同条3項の条件を満たす必要がある。その条件とは，新聞紙は毎月3回以上，雑誌は毎月1回以上の刊行を1年（日刊新聞紙は6月）以上続けており，かつ同期間以上第三種郵便物の承認を受けていることである（違反への罰則規定として235条の2第2号）。これは，新聞紙や雑誌に認められた自由を使って選挙運動規制を逃れようとする途をふさぐための規制だといえるが，条件が厳しすぎるのではないかと問題になってきた。毎月3回以上刊行という条件を満たさなかった新聞紙の掲載した選挙報道・評論が罪に問われた事件において，最高裁は同条項をやはり「選挙の公正」確保の観点から合憲だと判断したが，その際，構成要件に該当するのは特定の候補者に有利または不利にはたらくおそれがある報道・評論のみだとし，さらにその場合でも「真に公正な報道・評論」であれば違法性が阻却されると限定解釈している（最判昭和54年12月20日刑集33巻7号1074頁）。表現の自由への一定の配慮を示してはいるが，裁判所が記事の「公正」さを判断するこの解釈が憲法に合致しているといえるか，疑問は残る。

## ③ 憲法改正の際の国民投票運動の報道制限

憲法改正のための手続法たる国民投票法が成立したが，同法は国民投票運動への規制をかなり限定的にした。これは，公職選挙法の選挙運動規制への強い批判を考慮し，また人を選ぶのではなく条文への賛否が問題となるので不正が生じる危険はより低いと判断した結果であろう。同法は新聞紙や雑誌の報道規制は含んでいない。ただし，放送については，104条で放送法4条1項の定める番組編集準則への「留意」を特に規定し，さらに105条で国民投票の14日前から法定の広報以外の国民投票運動のための広告放送を禁止している（罰則規定はなし）。

憲法改正という重要問題について改めて「政治的に公平であること」（放送法4条1項2号）といった要請に言及することは，放送事業者の報道・評論姿勢を慎重にさせる効果をもちうる。しかし，多チャンネル化により番組編集準則自体の合憲性あるいは政策としての妥当性が強く疑われている今日，大事な問題だからこそ各事業者の自由な評価の競い合いが求められるとも言えるのではないだろうか。また，選挙運動と違って原則自由なはずの国民投票運動の中で，どうして投票日前の放送利用が禁止されるのか，十分な理由があるとは思えない。

（毛利　透）

▷3　⇨Ⅷ-5「放送の自由」

▷4　選挙運動でも同趣旨の規定は放送にしかないが（公職選挙法151条の5，違反への罰則として235条の4第2号），新聞紙や雑誌の選挙運動広告も法定のものしか許されない（149条，違反への罰則として243条1項7号および同条2項）から，実質的には皆同様の制約に服していることになる。これに対し，国民投票法107条の国民投票広報協議会による新聞広告は，それ以外の広告を禁じる趣旨ではない。

▷5　⇨Ⅷ-5「放送の自由」

▷6　国民投票法105条の規制の理由として，広告放送には多額の費用がかかるため，それを認めると財力の不均衡が民意形成に影響を与えてしまうということが挙げられた。しかし，広告放送の量の不均衡に実際にそのような影響力があるのか疑問であるし，いずれにせよ投票前2週間もの間一切広告放送を禁じることの十分な理由になるとは思えない。

Ⅳ 取材・報道の自由とメディア特権

# 人権擁護法案

## 1 法案の経緯

　人権擁護法案は，法務省が立案し2003年に上程された国内人権救済機構（国内人権機関，国内人権委員会）設置法である。この種の国内人権救済機構は，文字通り国内で発生する具体的な人権侵害事例を解決する手段として，1993年には**パリ原則**として国際標準にまで高められている。実際，欧州をはじめアジア地域においても，ADR（司法外救済）の代表的な社会制度として具体的な活動が始まっており，国連条約機関は日本国政府に対し，早期の実施を求めているところである。

　しかし日本の場合，海外における同種の組織体が行っているような，少数民族差別や国家による人権侵害の救済との文脈ではなく，1990年代後半の政治家を中心に巻き起こった「悪質な取材・報道を許さない」との考え方に沿って主張されてきたきらいが拭えない。こうした中で政府は，**人権擁護推進審議会**の答申結果をふまえ，人権擁護法案をまとめることになる。

　その法案の骨子は同審議会の2005年答申にみることができ，そこでは「差別」「虐待」「公権力による人権侵害」と並列させて「メディアによる人権侵害」を明記し，その中でも特に「マスメディアによる人権侵害」に対し，「犯罪被害者とその家族，被疑者・被告人の家族，少年の被疑者・被告人等に対する報道によるプライバシー侵害や過剰な取材等については，これらの人々が自らの人権を自ら守っていくことが困難な状況にあることに照らし，自主規制の取組みにも配意しつつ，調停，仲裁，勧告・公表，訴訟援助の手法により，積極的救済を図るべきである」と人権救済機構による積極的な救済を求めた。

　そして政府は，2002年3月に人権擁護法案を提出，同法案は翌03年10月に衆議院解散・審議未了により廃案となり，その後，再提出の動きを見せたものの，修正意見が一致しないまま今日に至っている経緯がある。なお，海外にはこの種の国内人権委員会において，報道機関を明示的に対象にしている例はない。

## 2 法案が示す人権救済のしくみ

　人権救済のしくみとしては，人権侵害による被害の救済または予防を図るため必要があると認めるときは，人権委員会が「一般救済」と「特別救済」を行う。前者は，強制力を伴わない，当事者への説示，啓発，教育や，被害者・加

▷**パリ原則（国内機構の地位に関する原則）**
国内人権救済機構について定めた1993年の国連総会決議。その中でメンバー構成の独立性や多様性の保障を定めており，(a)人権と人種差別と闘う努力とを責務とするNGO，労働組合，例えば弁護士会，医師会，ジャーナリスト協会，学術会議のような関係社会組織や専門家組織，(b)哲学または宗教思想の潮流，(c)大学および資格を有する専門家の代表を参加させることを謳っている。

▷**人権擁護推進審議会**
人権擁護施策推進法に基づき1997年から5年間，人権が侵害された場合の被害者救済に関する施策について調査審議した法務大臣諮問機関。

▷1　民主党2009政策集は〈人権侵害救済機関の創設〉の項を設け，「人権侵害を許さずその救済を速やかに実現する機関を創設します」と謳う。民主党提出法案の報道機関による自主的解決の取組みに関する条項は以下のとおり。

害者間の調整であるのに対し，後者は強制力を伴うもので，さらに「特別調査」として，事件関係者に対する出頭，人権侵害等に関係する文書の提出，関係場所への立入検査を求めることができる。これを報道機関に当てはめるならば，取材メモ等の提出や編集局内の立ち入り調査が認められるということになる。そして表現行為に関しても，差別的言動を特別調査および特別救済手続の対象とするとともに，取材報道被害を特別救済手続の対象とし，差別助長行為（部落地名総鑑等の頒布や差別貼り紙など）を差止請求訴訟の対象と定めていた。

政府案に反対した民主党も，基本的には同種の救済機構が必要であるとの認識では同じで，2005年8月には独自案として「人権侵害による被害の救済及び予防等に関する法律案」を国会に提出している（ただし，同月には廃案）。その内容の特徴としては，内閣府の外局として中央人権委員会を設置し各都道府県に地方人権委員会を置くとともに，報道機関等による人権侵害の解決に関する自主的な取組みの努力規程を置き，委員会の強制力を有する救済措置の対象からはずしたこと（一般救済に限定）が挙げられる[41]。

## ❸ 取材・報道規制の扱い

こうした政府・政党案の他，民間案として公表されているものに「人権侵害救済法　法案要綱試案」（部落解放・人権政策確立要求中央実行委員会）と「日弁連の提案する国内人権機関の制度要綱」（日本弁護士連合会）がある。日弁連案は，「一般」と「特別」を分けないのが特徴で，表現行為に関しては，①報道機関による過剰取材や名誉・プライバシー侵害に対する救済の申立については，取材活動や報道内容の外形から判断できる場合のみを救済の対象とし，誤報など取材内容の信用性が問題となる場合は，救済の対象としない。②政治家や高級官僚等への過剰取材や名誉・プライバシー侵害については，救済の対象としない。③報道機関による人権侵害について，自主的第三者機関が設置されている場合は，当該機関が優先的管轄権を有する，としている。一方，中央実行委員会案は報道被害を救済の対象として明記していない。ただし，いずれの案でも「差別助長行為」は救済の対象である。

なお，政府案は報道機関による人権侵害を特別救済の対象とした上で，表現の自由への配慮規定を設けるという形式をとる。それとの関係で，「報道機関等による自主的な解決に向けた取り組みを尊重しなければならない」と自主救済制度を尊重する旨の配慮規定を入れる，いわば「配慮」型である。廃案後に示された報道機関項目の「凍結」措置も，まさにこの「配慮」の延長線上であるといってよかろう。一方で民主党案は，「努力義務」型であるが，自主救済制度を作らなかった場合は報道被害を救済の対象にするという含意がある。

地方レベルでは近年，同様の効果をもつ制度をヘイトスピーチ対策等で設ける例がみられる[42]。　　　　　　　　　　　　　　　　　　（山田健太）

---

69条　放送機関，新聞社，通信社その他の報道機関又は報道機関の報道若しくはその取材の業務に従事する者（以下この条において「報道機関等」という。）は，報道機関等がする次に掲げる人権侵害について，自主的な解決に向けた取組を行うように努めなければならない。

一　特定の者を次に掲げる者［略］であるとして報道するに当たり，その者の私生活に関する事実をみだりに報道し，その者の名誉又は生活の平穏を著しく害すること。（イ―ハ略）

二　特定の者を前号に掲げる者であるとして取材するに当たり，その者が取材を拒んでいるにもかかわらず，その者に対し，次のいずれかに該当する行為を継続的に又は反復して行い，その者の生活の平穏を著しく害すること。

イ　つきまとい，待ち伏せし，進路に立ちふさがり，住居，勤務先，学校その他その通常所在する場所の付近において見張りをし，又はこれらの場所に押し掛けること。

ロ　電話をかけ，又はファクシミリ装置を用いて送信すること。

▷2　大阪市を皮切りに，川崎市，東京都は条例で，ヘイトスピーチを防止するための制度を有する。後二者では，集会やデモを事前規制することができる仕組みを有している。⇨ V-6「差別的表現・ヘイトスピーチ」

## Ⅳ 取材・報道の自由とメディア特権

# 7 指定公共機関

### ① 緊急事態への対処

　日本においても，2000年前後から「有事」に対応するための法整備が続いている。これには2つの側面があり，1つは戦争や大規模テロなどの緊急事態が起きた時に，情報の流れをどのようにコントロールするかというもので，もう1つは日常的にスパイ行為などを防止するために政府の秘密をいかに守るかというものである。

　前者は一般に有事法制と呼ばれ，1999年の日米新ガイドラインに合わせて武力攻撃事態法や国民保護法などが制定された。さらに2014年には憲法違反であるとの指摘の中で集団的自衛権の容認が閣議決定され，翌15年に安全保障関連一括法（「我が国及び国際社会の平和及び安全の確保に資するための自衛隊法等の一部を改正する法律」と「国際平和共同対処事態に際して我が国が実施する諸外国の軍隊等に対する協力支援活動等に関する法律」）が成立した（16年施行）。さらに自民党は2018年現在，憲法改正によってより強力な緊急事態条項の新設が必要であると主張している。

　これに先立ち，2014年には特定秘密保護法（特定秘密の保護に関する法律）が制定され，従来の米軍情報に関する秘密保護法制や日米秘密軍事情報保護協定と，公務員の守秘義務を求める法制度に加え，防衛・外交・公安等の行政文書に関する総合的な秘密保護法制が出来上がった。条文では，「国民の知る権利の保障に資する報道又は取材の自由に十分に配慮しなければならない」（22条）との配慮条項が設けられたものの，「正当な業務」としての取材方法の判断が裁判所に委ねられるなど，取材の自由が守られない危険性が高いなどの強い批判がある。

　有事法制の中で武力攻撃事態法では，報道機関としてはNHKのみを指定公共機関として定めるが（2条6号），同施行令において一般放送事業者（民放）に対象を拡大（3条39号ヌ），さらに公示（2004年）によって東京・大阪・名古屋のテレビ・ラジオ放送局19社を指定した。また，国民保護法は地方指定公共機関の定めを置き，全都道府県の放送局（主としてテレビ局）が指定を受けるかたちとなっている。

　こうした指定公共機関の考え方はすでに，災害対策基本法（1961年）にみられ，同種の法律においても，報道機関（主として放送局）を非常時に際して政

▷1　武力攻撃事態法（武力攻撃事態等における我が国の平和と独立並びに国及び国民の安全の確保に関する法律，2003年）6条は，「指定公共機関は，国及び地方公共団体その他の機関と相互に協力し，武力攻撃事態等への対処に関し，その業務について，必要な措置を実施する責務を有する」と定める。指定公共機関にはテレビ・ラジオ局の他，携帯電話会社などの電気通信事業者も指定されている。なお，新聞・通信各社は対象ではない。

▷2　国民保護法（武力攻撃事態等における国民の保護のための措置に関する法律，2004年）3条は「国，地方公共団体等の責務」として「国は，国民の安全を確保するため，武力攻撃事態等に備えて，あらかじめ，国民の保護のための措置の実施に関する基本的な方針を定めるとともに，武力攻撃事態等においては，その組織及び機能のすべてを挙げて自ら国民の保護のための措置を的確かつ迅速に実施し，又は地方公共団体及び指定公共機関が実施する国民の保護のための措置を的確かつ迅速に支援し，並びに国民の保護のための措置に関し国費による適切な措置を講ずること等により，国全体として万全の態勢を

府・自治体の広報に「活用」することができる定めがある。一方、放送分野に関する一般法である放送法でも、主たる放送局に対しては、「災害放送」を実施する義務を定める。ただし、有事における放送義務を課す規定は存在しない。

## ② 取材・報道の制約可能性

武力攻撃事態法でいう「有事」とは、いわゆる戦争やテロを指すが、そうした際に指定公共機関に指定された放送局は、主に２つの義務を負うことになる。１つは、政府の発表した内容のみを遅滞なく報ずることで、警報の発令・解除（国民保護法50条）、避難の指示・解除（57条）、緊急通報（101条）を行うことである。戦時中の大本営発表類似の制度といえるが、表現の自由（検閲の禁止）との関係で罰則はない。しかし政府から免許を受ける立場の放送局は、その要請を拒否する選択肢は事実上ないとされている。

災害対策基本法は２条５号に基づき、NHKは総理大臣により指定公共機関に指定され、防災業務計画の作成とその実施が責務とされている。また同条６号で、同様の責務を負う指定地方公共機関を自治体知事が指定することになっており、ほとんどの地上放送局が指定を受けている。放送法108条は、放送事業者全般に対し、災害の予防と発生した場合の被害の軽減に役立つための放送を義務づけている。同法によって、すべての放送事業者（放送局）に防災放送が義務づけられているものの、実際に国・自治体の防災計画の中に組み入れられているのは、NHKと地上民放局に限定されている。

もう１つは、事前に総理大臣あてに業務計画（放送予定）を提出しなくてはならず、その計画に対し総理大臣や知事は「必要な助言」をすることができる（国民保護法36条）。しかしこの点においても、努力義務にとどめ強制はされていない（当初案では義務化される予定であったが、放送局の反対で変更された）。なお「国民の自由と権利に制限が加えられるときであっても、その制限は当該緊急対処保護措置を実施するため必要最小限のものに限られ、かつ、公正かつ適正な手続の下に行われるものとし、いやしくも国民を差別的に取り扱い、並びに思想及び良心の自由並びに表現の自由を侵すものであってはならない」との配慮条項をもつ（国民保護法174条）。

こうした有事対応の取材・報道規制は、イラクへの自衛隊派遣の際にもルール化されている。「隊員の安全」等の名目で、事実上、自衛隊の望まない取材は一切許可されず、また事前に記者クラブを通じて「協定」が結ばれることが「従軍取材」の条件となった（2004年３月）。これらは、軍をもつ国にとっては「当たり前」の規定と従来考えられてきたものであって、その意味では「普通の国」としての法体系であると捉える見方もある。

なお、原子力災害対策特別措置法、改正新型インフルエンザ等対策特別措置法（新型コロナ特措法）にも指定公共機関の規定がある。　　　　（山田健太）

整備する責務を有する。」とし、その３項で「指定公共機関及び指定地方公共機関は、武力攻撃事態等においては、この法律で定めるところにより、その業務について、国民の保護のための措置を実施する責務を有する。」ことを定める。また36条によって、指定公共機関である放送局には、「国民の保護に関する業務計画」（番組編成などが該当すると想定される）を作成し、それを総理大臣や知事あてに報告し、公表する義務が負わされている。

▷ 3 ⇨ Ⅳ-1 「国家秘密の保護」

▷ 4 日米相互防衛援助協定等に伴う秘密保護法（1954年）と日本国とアメリカ合衆国との間の相互協力及び安全保障条約第6条に基づく施設及び区域並びに日本国における合衆国軍隊の地位に関する協定の実施に伴う刑事特別法（1952年）。

▷ 5 例えば国家公務員法は100条で「秘密を守る義務」を定める。なお、刑法にも特定の職業上の秘密も漏示を罰する規定がある（134条）。

▷ 6 防衛庁が報道機関（防衛庁の記者クラブ「防衛記者会」所属16社）に示したのが、「イラク人道復興支援特措法に基づく自衛隊部隊の派遣に関する当面の取材について」と題する要請文である。これに基づき、防衛庁と報道機関の間で2004年に申し合わせを締結、情報の取扱いなどに関する遵守事項を確約した申請書を提出した者に対し、派遣自衛隊への立ち入り許可証を発行することとした経緯がある。

## Ⅳ 取材・報道の自由とメディア特権

 集団的過熱取材

### 1 集団的過熱取材とは

「集団的過熱取材」とは，大きな事件・事故の際，被害者や容疑者らの自宅などに多数のメディアが殺到することで，当事者および近隣住民のプライバシーを不当に侵害し，生活を妨げ，多大な苦痛を与える取材をいう。「メディアスクラム」とも呼ばれる。従来，報道結果による人権侵害として**プライバシー侵害・名誉毀損**が問題になってきたが，近時，取材過程における人権侵害として集団的過熱取材が深刻な問題になり，強い批判を浴びている。この問題を一般に強く印象づけたのは1998年の和歌山カレー毒物混入事件だといわれている。埼玉県桶川市の女子大生殺害事件（1999年），大阪教育大付属池田小児童殺傷事件（2001年），鳥インフルエンザ（2004年），福知山線脱線事故（2005年），秋田児童連続殺害事件（2006年）などでも，この問題が指摘されている。

2002年，国会に提出された**人権擁護法案**（衆議院解散で廃案）では，救済対象として，犯罪被害者などに対する名誉毀損・プライバシー侵害に加え，取材における継続的または反復的なつきまとい，住居や勤務先に押しかけることなどを掲げている。法務省は，社会問題化している集団的過熱取材等の実情をふまえ，過剰で生活の平穏を著しく害する取材を厳密に規定した，と説明している。

### 2 改善すべき問題点

まず，「集団的」が問題となる。メディアが少数ならば適切な取材といえるものが，多数のメディアが集中することで不適切な取材となってしまう場合がある。つまり，記者が単独あるいは数人で当事者に取材する場合は問題にならないことが多いにもかかわらず，十数人あるいは数十人が集まった場合は，取材陣が集団化して取材対象者に圧力を加えて恐怖感を与えるだけでなく，周辺住民にも迷惑を及ぼすなどの問題を生じうるのである。

次に，何をもって「過熱」というか。度を越した激しい取材方法がこれに該当することはいうまでもない。加えて，取材方法とは一応別個の問題ではあるが，何を報道するかという側面も関係することがある。例えば，阪神大震災など災害報道や，リクルート事件など政治家が関わる事件の報道は，膨大なものといえるが，報道が「過熱」であるとの批判は聞かれないのに対し，私人が当事者となる犯罪報道において，事件の異常性や容疑者について著しく詳細かつ

---

▷プライバシー侵害
⇨ 第Ⅴ章「名誉毀損・プライバシー侵害」
▷名誉毀損
⇨ 第Ⅴ章「名誉毀損・プライバシー侵害」

▷1 集団的過熱取材のその他の実例：広島小１女児殺害事件（2005年），香川・坂出の祖母・孫殺害事件（2007年），バングラデシュ人質事件（2016年）。詳細は，参考文献の日本新聞協会『取材と報道』50-52頁を参照。
▷人権擁護法案
⇨ Ⅳ-6「人権擁護法案」

大量に報じる場合、「過熱」批判が高まる傾向を示している。とりわけ、子どもや若い女性が被害者となるケースで顕著である。このような事件の場合、テレビのワイドショーや情報系番組で、取材現場の映像を繰り返し伝えることが多いことも影響していると考えられる。集団的過熱取材の問題は、直接取材を受ける事件・事故の関係者、取材陣が殺到する現場の周辺住民だけでなく、こうした実態をテレビなどで知った一般市民のメディア不信につながることから、メディア全体で対策に取り組んでいくことが重要といえる。

## ③ 新聞界や放送界の対策

**日本新聞協会**は2001年12月、加盟社の編集・報道局長で構成する編集委員会の見解として、「保護されるべき対象は、被害者、容疑者、被告人と、その家族や、周辺住民を含む関係者である」とした上で、「中でも被害者に対しては、集団的取材により一層の苦痛をもたらすことがないよう、特段の配慮がなされなければならない」とした。そして、具体的な最低限の遵守事項として、▷いやがる当事者や関係者を集団で強引に包囲した状態での取材は行うべきではない、▷通夜・葬儀などでは、遺族や関係者の心情を踏みにじらないよう十分配慮する、▷近隣の交通や静穏を阻害しないよう留意する——などを示している。この見解では、調整は一義的には現場レベルで、**記者クラブ**などが、その役割を担うものとし、解決策として、社ごとの取材者数の抑制、取材場所・時間の限定、質問者を限った共同取材、代表取材などの方法を示した。

**日本民間放送連盟**（民放連）もほぼ同時期に、同様の方針をまとめた。新聞協会の見解との相違点としては、特に、テレビは記者やカメラマンら一定の人員、中継関連の車両・機材などを展開する必要があり、その媒体特性からくる物理的要因をふまえた十分な配慮が求められる、としている。

ここで、対象となる大事件が起きた場合、想定される動きを考えてみよう。——関係者の自宅などに記者が続々と集まり、近隣住民らを取り囲んで取材が始まる。「過熱」の兆候を感じた記者の一人が、警察キャップを通じてデスクに相談する。その地域の支局長会は、メディアスクラムを防ぐことで合意し、現場から記者の大半を引き上げるとともに、現場に残る記者には関係者宅から距離を置くなど近隣の静穏をできるだけ乱さないよう指示する。代表取材や共同取材の他、弁護士ら第三者を通じた取材の方法を模索する——。

大きな事件・事故の発生直後には、できる限り早く正確に状況を把握するため、報道各社が多数の取材者を現場に派遣することが多い。しかし、取材者の集中自体を規制するのは容易ではない。現場レベルで解決が困難な場合は、新聞や放送、雑誌など媒体ごとに協議することはもちろん、新聞協会、民放連、雑誌協会といった業界団体が協力してメディア全体の問題として解決に努めるべきであると考えられている。 （山田隆司）

▷日本新聞協会
⇨ⅩⅡ-1「日本のマス・メディア」

▷記者クラブ
⇨ⅩⅡ-2「記者クラブ」

▷ 2 なお、この見解では、「集団的取材であっても対象が公人もしくは公共性の高い人物で、取材テーマに公共性がある場合は、一般私人の場合と区別して考えることとする」としている。

▷日本民間放送連盟
⇨ⅩⅡ-1「日本のマス・メディア」

（**参考文献**）

日本新聞協会『取材と報道〔改訂5版〕』日本新聞協会、2018年。

鶴岡憲一『メディアスクラム：集団的過熱取材と報道の自由』花伝社、2004年。

## Ⅳ　取材・報道の自由とメディア特権

 # 編集権と内部的自由

### 1　編集権とは？

　編集権とは、「新聞の編集方針を決定施行し報道の真実，評論の公正並びに公表方法の適正を維持するなど新聞編集に必要な一切の管理を行う権能」（「日本新聞協会の**編集権声明**」〔1948年〕）である。新聞協会による声明という事情から、この定義では新聞と特定されているが、報道機関一般に当てはまる定義だと考えてよいだろう。

　編集権が主張される文脈には、対外的なものと対内的なものがある。前者は、外部勢力（典型的には政府）が、報道機関の編集権に介入するという文脈であるが、これは当該報道機関の表現の自由の問題そのものである。編集権という概念が独自の意義を有するのは、むしろ後者の対内的文脈においてである。すなわち、個人の表現の自由の場合とは異なり、メディア企業においては、多数人がその表現活動に関与する。経営者、従業員（この中にも多段階の階層・職種が存在する）、さらに株式会社であれば株主（会社の所有者。もっとも、株主を報道機関外部の存在とみる見方もありうる）といった人々である。そこで、誰が当該企業の表現内容を決定する権限を有するのかが問題となるのである。

### 2　編集権の所在

　編集権の所在の問題は、報道機関という法人の内部問題であり、憲法論的に一義的な結論が導き出せるものというよりは、会社法や労働法、さらには各社の内部ルールなどによるところが大きい。諸国の例では、一部について法律で規定されていたり、報道機関ごとに独自の工夫がなされていたりする。

　編集権の所在を考察する際には、どの関係を問題とするのかによって異なる考慮が必要になる。最も問題となるのは、記者と経営者あるいは編集責任者との関係であるが、これについては❸で扱う。この他に問題とされるのは、株主（所有者）と経営者との関係や、経営者と編集責任者との関係である。前者は、株主構成の変動により新しい大株主が新しい編集方針を主張するような場合に問題が表面化する。日本の新聞社ではあまり例がないが、外国では報道とは無縁の大企業が新聞社を買収したりする例があり、この関係の考察は重要である。経営者と編集責任者との関係については、経営者が営業上の理由から特定の記事を掲載するよう（あるいは掲載しないよう）求めるような場合に問題となる。

▷編集権声明
戦後，労働組合によるいわゆる民主化運動が高揚し，新聞社でも経営者の戦争協力責任の追及や社内改革の要求がなされ，多くの新聞社で経営者が交代したり，従業員代表の経営・編集への参画が承認されるなど，一定の成果があった。しかし，その後，新聞政策・労働政策に関する方針を変化させたGHQの支援もあって経営側の勢力の立て直しが行われ，編集権の所在問題に関しては1948年3月16日の編集権声明によって決着がつけられた（なお，全文は日本新聞協会ウェブサイトを参照）。

▷1　編集過程への外部からの介入
最近の例では，自民党保守派の政治家らが，いわゆる従軍慰安婦問題を扱うNHKの番組の編集過程に介入したのではないかが取り沙汰された（NHK番組改編問題）。政治家圧力の有無の真相は不明であるが，現場のジャーナリスト（外部の制作会社所属の者も含む）と番組責任者との対立の問題が生じた。⇒Ⅳ-2「取材協力者と報道の自由」

これらの問題に対処するため，イギリスの新聞には株式信託制度をとるものがあり，また，フランスには記者が記者会を結成して一定割合の株式を保有することにより編集に対する経営の圧力を制限しようとする試みもみられる。

## 3 内部的自由

前述の通り，編集権に関連して最も問題になるのは，経営者あるいは編集責任者との関係における記者の自由である。この問題は，「**内部的自由**」の問題とも呼ばれる。

1948年に「編集権声明」が出されたのも，新聞の編集方針をめぐって経営者側と労働組合との対立が先鋭化する事件が相次いだことを背景にするものであった。「編集権声明」においては，「編集権を行使するものは経営管理者およびその委託を受けた編集管理者に限られる」とされており，逆にいえば個々の記者には編集権はないということになる。

たしかに，記者はそれぞれの報道機関の活動を遂行するために雇用されたものであり，当該企業の名において表現活動を行う以上，企業の経営責任者の指揮命令に服するのは当然である。しかし，通常の企業の従業員とは異なり，記者は表現活動に従事するのであるから，まず，記事執筆が個々の記者の思想・良心の関係で問題が生じる場合もある。また，当該報道機関が質の高い報道活動を行うために，職業ジャーナリストとしての専門的職能に裏づけられた自由な活動を認める必要もある。したがって，経営者およびその委託を受けた編集管理者が編集権を有するとしても，彼らがあらゆる決定を行い，個々の記者はそれを忠実に執行するという考え方は，報道機関の活動の本質に照らして妥当ではなく，個々の記者の自由を尊重する必要がある（上記「編集権声明」の背景には，経営者と労働組合との対立があったが，今述べたような視点からすれば，労働組合ではなく個々の記者の自由を中心に考えるべきである）。

日本では，担当記者と現場の編集責任者（デスク）との協議の中から記事が作成されていくプロセスの中で，記者の自由に配慮されることになっており，記者の表現の自由を確保するための特段の法令上あるいは社内的な制度は設けられていないのが通常かと思われる。ただし最近の動きとして，朝日新聞社の「**編集権に関する審議会**」の設置が注目される。

しかし，外国には個々の記者の自由を確保するための制度的な措置がとられている例もある。例えば，側注に述べたドイツの例の他，フランスでは，労働法典上，報道機関の所有者の変更があったことや編集方針の著しい変化があったことで記者の精神的利益を損なわれたことを理由に記者が当該報道機関を退職する場合に，（自己都合退職であるにもかかわらず）解雇の場合と同様の手当ての支払を受ける権利があるとされている（「良心条項」と呼ばれる）。

（曽我部真裕）

▷**内部的自由（innere Freiheit）**
内部的自由という概念はドイツで提唱されたもので，戦前は外部的圧力からの編集の独立を意味するものとされたが，1960年代になると，新聞発行者に対する編集スタッフの権利の問題の文脈でこの概念が用いられるようになった。各報道機関の編集綱領により，ジャーナリストの編集方針への参加の保障や信条保護が定められる例があった他，立法化の動きもあった。

▷**編集権に関する審議会**
2014年，従軍慰安婦報道（いわゆる「吉田証言」問題）や原発報道（「吉田調書」問題）での重大な誤報問題で社会的批判を浴びた朝日新聞社は，これらの問題を検証した第三者委員会の提言を受けて，2015年4月に有識者3名からなる「編集権に関する審議会」を設置した。同社によると，編集権は本来取締役会にあるものの，日々の編集権の行使は編集部門に委ね原則介入しないが，経営に重大な影響を及ぼす事態で記事内容に関与する必要があると判断した場合に本審議会を招集し，その助言を踏まえて取締役会で議論するという。

（参考文献）
藤森研「編集権問題から見た朝日新聞の70年」『Journalism』303号（2015年）。

## Ⅳ 取材・報道の自由とメディア特権

# 10 取材源の秘匿

### 1 取材源秘匿の意義

　職業倫理上，報道関係者は取材源（情報提供者）を明かすことはない。仮に，取材源を明らかにしてしまうと，情報提供者との信頼関係が壊れ，将来の自由な取材活動，報道の自由，ひいては国民の知る権利を損なうことになるからである。その意味で，取材源秘匿は社会全体の利益とも関係している。この職業倫理は，たとえ報道関係者が法廷で取材源の証言を求められたとしても妥当する。しかし日本では，刑事訴訟法と民事訴訟法に，報道関係者が取材源の証言を拒絶できる趣旨の規定がない。そこで，報道関係者による取材源秘匿権は法的にも，とりわけ憲法21条の権利として認められるのかが問題となる。

### 2 刑事と民事で異なる判例

　刑事裁判において，新聞記者の証言拒絶権を否定した判例に，**石井記者事件**（最大判昭和27年8月6日刑集6巻8号974頁）がある。それによると，一般国民の証言義務は国民が裁判の適正な行使に協力すべき重大な義務であるため，証言拒絶の主体を定める刑事訴訟法149条は**限定列挙**であり，他の場合に**類推適用**すべきではない。新聞記者に証言拒絶権を認めるかは立法に任せられており，憲法21条の問題ではないという。この論理の背景には次のような憲法21条の考え方がある。第一に，憲法21条は一般人に対し平等に表現の自由を保障したものである点，第二に，憲法21条の保障の趣旨は，言いたいことを言わせることであり，これから言いたいことの内容を作り出すための取材について，その情報源の秘匿権まで保障するものではない点，である。石井記者事件は，憲法21条はそもそも取材の自由を保障していないとの見方を前提にしていたといえる。

　これに対して，民事裁判では取材源の秘匿を「職業の秘密」（民事訴訟法281条〔現197条〕）にあたるとし，報道記者の証言拒絶を認める裁判例が出されている。**島田記者事件**札幌高裁決定（札幌高決昭和54年8月31日下民集30巻5-8号403頁）は，取材源の秘匿を「職業の秘密」とした上で，公正な裁判の実現の要請により制約を受けることもあると説示した。この制約の程度は，取材源の秘匿，公正な裁判それぞれの利益の比較衡量により決せられる（これに対する特別抗告を最高裁は却下している。最決昭和55年3月6日判時956号32頁）。最高裁が初めて実質的な判断を示した**NHK記者事件**（最決平成18年10月3日民集60巻8号

---

▷**石井記者事件**
収賄被疑事件の逮捕状の記載内容が，新聞朝刊に掲載されたことについて，裁判所または検察庁の職員による秘密の漏洩（国家公務員法違反）が疑われたため，被疑者不詳のまま捜査が開始された。刑事訴訟法226条に基づく検察官の請求により，問題の情報を得た朝日新聞石井記者は証人として裁判所に召喚されたものの，証人としての宣誓と証言を拒絶したため，証言拒絶罪（刑事訴訟法161条）で起訴された。

▷**限定列挙**
一定の法律効果が発生する要件などについて，法令が，列挙した以外の事項を排除する目的で要件などを規定すること。制限列挙ともいう。反対は例示列挙。

▷**類推適用**
法解釈において，法令の規定する事項を，その言葉の可能な意味を超えて，法令にない事項にまで類似性を理由に拡充すること。

▷**島田記者事件**
北海道新聞の記事をめぐる民事の名誉毀損訴訟において，被告の新聞社は，本件記事は名誉毀損の免責要件（⇨ Ⅴ-2 「免責要件(1)」，Ⅴ-3 「免責要件(2)」）を満たすことから不法行為責任を負わないと主張した。そ

72

2647頁）は，証言を拒むことのできる「職業の秘密」とは「保護に値する秘密」であり，そのような秘密にあたるかどうかは，秘密の公表によって生ずる不利益と証言の拒絶によって犠牲になる真実発見および裁判の公正との比較衡量によって決せられるという。取材源の秘匿が「保護に値する秘密」かどうかもこの比較衡量によって判断される。ただし，最高裁は**博多駅事件**決定を引用して，取材源の秘匿は，取材の自由を確保するという重要な社会的価値を有するため，取材源についての証言が必要不可欠などの例外的事情がない限り，原則として証言拒絶が認められるとした。報道関係者の証言拒絶を原則とする基準を立てることにより，取材の自由の**萎縮効果**を防ぐ狙いがあるといえる。その後，この判例に基づき，取材源の特定につながる情報が含まれている可能性が高い取材テープについて，民事裁判の証拠として裁判所が提出を命ずることはできないとした大阪高裁決定（大阪高決平成23年１月20日判時2113号107頁）も下されている。

## ③ 取材の自由との関係

　石井記者事件とNHK記者事件が報道記者の証言拒絶をめぐり反対の見解を示したのは，刑事と民事という違いよりも，これらの事件の間に，取材の自由も憲法21条の精神に照らし十分尊重に値するとした博多駅事件決定が出されたからである。ただし，博多駅事件は，憲法21条は取材の自由を直接保障しているとは判示していない。NHK記者事件も報道記者の取材源秘匿は憲法21条に保障された権利とは明言していない。あくまで，民事訴訟法197条１項３号の「職業の秘密」の解釈問題にとどまっている。取材の自由，およびそこから演繹される報道記者の取材源秘匿を憲法上の権利と唱えても，公正な裁判の関係で絶対無制約とはいえない。しかし，取材の自由の憲法上の権利としての把握が裁判の公正より原則優位することを導く可能性はある。

　より問題なのは刑事裁判における報道記者の証言拒絶の場合である。なぜならば，前述の通り，刑事訴訟法149条は限定列挙と解釈されているからである。この問題に対応すべく，憲法21条は報道関係者の取材の自由，さらに取材源秘匿を直接保障しており，取材源秘匿のため証言を拒絶した報道関係者に，証言拒絶に対する刑罰を定めた刑事訴訟法161条を適用することは違憲であるとの主張が学説上なされている。ただし，報道関係者の取材源秘匿を憲法上の権利と構成するまでもないとの見解もある。取材源の秘匿は国民の知る権利の観点から裁判の公正よりも優越することを理由に，**正当な業務上の行為**として違法性を阻却する（刑法35条）との解釈論も成り立つからである。　　（西土彰一郎）

れを立証するため，被告は本件記事の取材を担当した島田記者を証人として申請した。しかし，原告の反対尋問については取材源を明らかにすることは職業の秘密に関する事項に該当するとの理由で，証言を拒絶した。そこで，原告が証言拒絶の当否について裁判を求めたのが本件である（札幌地裁も証言拒絶を認めた）。

▷ NHK 記者事件
アメリカの健康食品関連会社についての報道をめぐる民事訴訟に関連して証言を求められたNHK記者が，報道の取材源の特定に関する証言を拒絶した。その当否が争われたのが本件である。

▷ 博多駅事件
⇨ Ⅳ-11「取材ビデオテープの目的外使用禁止」

▷ （表現の自由の）萎縮効果
⇨ Ⅱ-9「検閲・事前抑制の禁止」

▷ 正当な業務上の行為
刑法35条で規定されている違法性阻却原因の１つである。形式的に犯罪構成要件に該当する行為であったとしても，正当な業務によって行われたものであれば，処罰されない。その例として，医師の治療行為を挙げることができる。
⇨ Ⅳ-1「国家秘密の保護」

## Ⅳ　取材・報道の自由とメディア特権

# 11 取材ビデオテープの目的外使用禁止

▷博多駅事件
アメリカ原子力空母の佐世保寄港反対運動に参加するため博多駅に降り立った学生300名を機動隊が強制的に排除しようとして、衝突が生じた。学生側は機動隊員の行為は特別公務員暴行陵虐罪および公務員職権濫用罪にあたるとして告発したものの不起訴処分になったので、それを不服として福岡地裁に付審判請求を行った。福岡地裁は被告人を特定するため、在福四放送局に対し事件の状況を撮影した取材フィルムの提出命令を出したが、放送局側がこの命令は取材の自由を侵害するとして争った。

▷特別公務員暴行陵虐罪
「裁判、検察若しくは警察の職務を行う者又はこれらの職務を補助する者が、その職務を行うに当たり、被告人、被疑者その他の者に対して暴行又は陵辱若しくは加虐の行為をしたときは、7年以下の懲役又は禁錮に処する」（刑法195条1項）

▷公務員職権濫用罪
「公務員がその職権を濫用して、人に義務のないことを行わせ、又は権利の行使を妨害したときは、2年以下の懲役又は禁錮に処する」（刑法193条）

▷付審判請求
公務員の職権濫用罪、特別公務員暴行陵虐罪などについて告訴または告発した者

### 1　取材物提出拒否権の意義

　報道目的で撮影された取材フィルムなど取材資料が裁判所による提出命令や捜査機関による差押えを受けたとしても、それは、取材活動そのものの制約ではない。しかし、取材資料が報道目的以外に利用されるとなると、取材協力者は不利益を受け、将来の取材協力を萎縮してしまうおそれがある。また、それにより報道関係者は取材協力者を得られにくくなり、国民の知る権利に奉仕できなくなる。そこで、取材・報道の自由の観点から、報道関係者は政府機関による取材物提出の要請を拒否できる権利を有しているのかが問題となる。

### 2　博多駅事件

　この点についての先例として有名なのが、**博多駅事件**最高裁決定（最大決昭和44年11月26日刑集23巻11号1490頁）である。この事件では、**特別公務員暴行陵虐罪**および**公務員職権濫用罪**の**付審判請求**を審理する福岡地裁が、その証拠のため放送会社に対して取材フィルムの提出を命じたことが争われた。

　最高裁はまず、取材の自由は憲法21条の精神に照らし十分尊重に値すると説示する。しかし、このような自由は、憲法21条により直接保障されていないことをも意味しうるため、公正な裁判の実現の観点から制約を受け、しかもその許容性は具体的な比較衡量によって判断されてもよい。この衡量にかけられる要素は、一方で、審判の対象とされている犯罪の性質、態様、軽重および取材したものの証拠としての価値、ひいては、公正な刑事裁判を実現するにあたっての必要性の有無、他方で、取材したものを証拠として提出させられることによって報道機関の取材の自由が妨げられる程度およびこれが報道の自由に及ぼす影響の度合その他諸般の事情、である。

　この衡量により、最高裁は、本件提出命令は憲法21条に違反しないと結論づけている。それによると、中立的な立場から撮影した本件フィルムは、一方で証拠上極めて重要な価値を有し、被疑者らの罪責の有無を判定する上で「ほとんど必須のもの」と認められる。他方で、本件フィルムは、すでに放映されたものを含む放映のために準備されたものであり、それが証拠として使用されることによって報道機関がこうむる不利益は、報道の自由そのものではなく、「将来の取材の自由が妨げられるおそれ」があるに過ぎない。

74

学説上，以上の論理には批判が多い。とりわけ，第一に「将来の取材の自由が妨げられるおそれ」があるに過ぎないとの理由づけは，❶で言及した取材の自由の趣旨の無理解によるものといわざるをえない。第二に，最高裁の示した比較衡量は基準としての機能を果たしえず，取材の自由の**萎縮効果**を防ぐことができない。少なくとも，最高裁が衡量するにあたり示した「ほとんど必須のもの」という要素を基準として格上げすることにより，取材物提出拒否が原則であると考える必要がある。

## ❸ その他の判例：日本テレビ事件，TBS事件

しかし，その後，検察官による取材ビデオテープの差押えが問題になった**日本テレビ事件**（最決平成元年1月30日刑集43巻1号19頁），司法警察職員による同じく差押えが問われた**TBS事件**（最決平成2年7月9日刑集44巻5号421頁）も，博多駅事件での比較衡量の枠組みを適用し，いずれも適法と判断している。ただし，日本テレビ事件における島谷六郎裁判官の反対意見は，被疑者，行為の日時，場所，態様は特定されており，ビデオテープ差押えの必要性は博多駅事件と比べ各段の差異があるとの事案の特性を指摘するとともに報道機関の取材結果の押収による弊害は，「個々的な事案の特殊性を超えたところに生ずる」との原理的な考察も行っている。また，TBS事件でも，日本テレビ事件では多数意見の側にまわった奥野久之裁判官の反対意見が付されている。本件は傷害など悪質な犯罪とはいえ贈賄事件ほど重大ではない点，被疑者は基本的に犯行を認め，目撃者もいる点，そして，日本テレビ事件では報道機関は証拠保全のためいわば捜査を代行したのに対して，暴力団である犯罪者の協力と承認を得て犯行現場を取材したTBS事件では，もっぱら暴力団の実態を国民に知らせるという報道目的でビデオテープを採録したものであるため，報道機関の立場を保護すべき利益は，日本テレビ事件のそれに比して，各段に大きい点などが指摘されている。この最後の指摘は，日本テレビ事件では，取材協力者が犯罪の証拠保全のため報道機関を利用したのであるから，その取材テープを差し押さえても，将来の取材活動の萎縮は生じないとの考慮があるといえる。

近年の**鹿児島県制圧死事件**において福岡高裁宮崎支部はテレビ局のドキュメンタリー番組の取材の中で警察官による男性制圧死の場面を記録したDVDの証拠採用を，報道の自由，取材の自由の侵害を理由に認めなかった（福岡高宮崎支決平成29年3月30日訴月64巻1号45頁。最高裁も特別抗告を棄却する決定を下した〔最決平成29年7月25日平成29年(ク)第571号〕）。結論において博多駅事件，日本テレビ事件，TBS事件と異なるこの決定は，報道の自由，取材の自由を口実にして県側の不利益な証拠が排除されたのではないかとの批判が強い。

（西土彰一郎）

---

が，検察官の不起訴処分に不服がある場合，地方裁判所に対して事件を裁判所の審判に付することを請求する手続（刑事訴訟法262条）。
▷（表現の自由の）**萎縮効果**
⇨ Ⅱ-9「検閲・事前抑制の禁止」
⇨ Ⅳ-10「取材源の秘匿」

▷**日本テレビ事件**
いわゆるリクルート事件にからみ，国政調査権の行使に手心を加えてもらう趣旨でリクルートコスモスの社長室長が衆議院議員Nに現金を供与しようとした。しかし，事前にNにより依頼されていた日本テレビがこの現金授受の現場を隠し撮りし，ビデオテープに収録した。検察官がこのビデオテープを証拠として差し押さえたため，取材の自由との関係で問題となった。

▷**TBS事件**
暴力団の脅迫による債権取立ての場面を収録した，東京放送（TBS）のビデオテープを犯罪の証拠として警視庁が差し押さえた事件。TBSは暴力団員の協力の下，いわゆる潜入取材を行っていた。

▷**鹿児島県制圧死事件**
鹿児島県警の警察官による制圧行為の結果，男性が死亡した事件において，男性の両親が鹿児島県に対して国家賠償請求の訴えを起こした。県警の協力の下，テレビ局，番組制作会社による警察活動についてのドキュメンタリー番組の取材中に警察官による男性の制圧死の場面を記録したDVDを検察官が刑事関係書類として保管していることを知った両親が，検察官に対するDVD提出命令を裁判所に求めた。

## Ⅳ 取材・報道の自由とメディア特権

 # メディア適用除外・メディア優遇策

### ① 取材・報道の自由とメディア適用除外

　報道関係者は，取材・報道を円滑に行うために，法令による規制を免除されることがある。これを「メディア適用除外」という。メディア適用除外は，取材・報道の自由から要請されるが，これに応じるか否か，応じるとしてどのように応じるかを第一次的に判断するのは立法者である。また，法律が明文でメディア適用除外を認めていなくても，判例によって認められることがある。例えば，報道機関が取材の目的で公務員に対し秘密を漏らすようそそのかしても，通常の取材方法による限り，実質的に違法性を欠き正当な業務行為となる（**外務省沖縄密約事件**・最決昭和53年5月31日刑集32巻3号457頁）。また，報道関係者は，民事事件の場合，原則として取材源についての証言を拒絶することができる（**NHK記者事件**・最決平成18年10月3日民集60巻8号2647頁）。

### ② 法律で認められたメディア適用除外

　日本では第2次世界大戦後，戦争中の言論弾圧の経験から，報道関係者は，取材・報道について法律で規律されることに対する強い警戒感をもっていた。1999年の「**犯罪捜査のための通信傍受に関する法律**」は，守秘義務への配慮から医師や弁護士との関係で通信傍受を禁止したのに，メディア適用除外を明文化しなかった。立法の段階で法務省は，報道関係者を傍受の対象外として運用する方針を示したが，取材の自由のためには明文化する必要があった。

　メディア適用除外は，個人情報保護法制との関係で初めて本格的に議論され，2003年の「**個人情報の保護に関する法律**」にこれを認める規定が設けられた（制定時50条1項，2015年改正後は76条1項）。「放送機関，新聞社，通信社その他の報道機関（報道を業として行う個人を含む。）」の「報道の用に供する目的」による個人情報の取り扱いにはこの法律の第4章の規定は適用されない（76条1項1号）。ここで「報道」とは，「不特定かつ多数の者に対して客観的事実を事実として知らせること（これに基づいて意見又は見解を述べることを含む。）をいう」（同条2項）。法律による報道の定義は，現行憲法下では初めてであり，定義の限定解釈により報道の範囲が狭められることへの懸念がある。

　2013年の「**特定秘密の保護に関する法律**」には，特定秘密の保護が取材・報道の自由を空洞化するという懸念への配慮から，前述した外務省沖縄密約事件

---

▷外務省沖縄密約事件
　⇨Ⅳ-1「国家秘密の保護」
▷NHK記者事件
　⇨Ⅳ-10「取材源の秘匿」
▷犯罪捜査のための通信傍受に関する法律
　⇨Ⅸ-1「通信の秘密」
▷個人情報の保護に関する法律
　⇨Ⅶ-8「個人情報保護法の概要」
▷1　民間事業者には，個人情報の利用目的による制限，適正な取得，正確性の確保，安全管理措置，第三者提供の制限等の義務がある。
▷2　これに加えて，表現の自由の重要性への配慮から，著述を業として行う者も適用除外とされている（76条1項2号）。この他にも，大学などの研究機関，宗教団体，政治団体も適用除外とされている（同項3-5号）。
▷特定秘密の保護に関する法律
　⇨コラム5「特定秘密保護法」

の最高裁決定に依拠して，22条２項に「出版又は報道の業務に従事する者の取材行為については，専ら公益を図る目的を有し，かつ，法令違反又は著しく不当な方法によるものと認められない限り」，正当業務行為とするという規定が設けられた。また，同条１項には，この法律の適用にあたって，「知る権利の保障に資する報道又は取材の自由に十分に配慮しなければならない」と規定された。しかし，日本の刑事訴訟法には報道関係者が取材源を秘匿するための証言拒絶権の規定もなければ，編集部に対する捜索や取材資料の差押えを制限する規定もない。前述した22条の規定により，特定秘密の保護によって知る権利や取材・報道の自由が脅かされるという懸念が払拭されたとみるのは難しい。

## ❸ メディア優遇策

　取材・報道の自由の要請とまではいえないとしても，報道活動・表現活動が果たす社会的役割を促進するためのメディア優遇策を認めている法令がある。国家がメディア優遇策を講じる場合，それを口実に国家が表現内容に介入し影響力を行使することがないよう，政策の**内容中立性**が要求される。法令に基づくメディア優遇策の具体例として，定期刊行物に対する郵便料金の割引（郵便法），新聞社の株式譲渡の制限，**新聞再販**，税制上の優遇措置などがある。

　郵便料金の割引が認められているのは，国民文化の普及・向上に貢献すると認められる刊行物の郵送料を安くして，購読者の負担軽減を図ることにより，その入手を容易にし，社会文化の発展に資するためだと説明されている。新聞・雑誌など特定の定期刊行物の郵便料金は，郵便法22条により「第三種郵便物」として割引になっている。第三種郵便物とされるのは，毎年４回以上，号を追って定期に発行され，掲載事項の性質上発行の終期を予定することができず，政治，経済，文化など公共的な事項を報道し，または論議することを目的としてあまねく発売される定期刊行物である。

　会社法は株式譲渡を原則自由としているが，新聞社は，新聞による言論の独立性を確保するために，外部の資本による買収から守られている。「日刊新聞紙の発行を目的とする株式会社の株式の譲渡の制限等に関する法律」に基づき，新聞社は，定款に定めることで，株式の譲渡先をその社に関係のある者に制限することが許されている。新聞社は，株式の保有者がその社と関係がなくなった場合，その保有者の株式を自社に譲渡するよう求めることもできる。

　税制上の優遇措置として，例えば，報道機関の取材費が交際費ではなく経費として認められている（租税特別措置法施行令）。この他，消費税が８％から10％に引き上げられる際に導入された**軽減税率**（８％）が，新聞に適用されている。ドイツ・フランス等では，新聞・雑誌に付加価値税の軽減税率が認められている（ドイツの売上税は19％だが，日用必需品等とともに新聞・雑誌を含む出版物は軽減税率７％が適用されている）。

（鈴木秀美）

▷**メディア優遇策の内容中立性**
⇨ Ⅲ-9 「政府言論」
▷**新聞再販**
⇨コラム11「新聞再販制度・軽減税率」
▷ 3　記者クラブ制度，裁判所における司法記者クラブ加盟各社のための傍聴席確保など慣行に基づくメディア優遇策もある。⇨ Ⅻ-2 「記者クラブ」
▷ 4　郵便法22条３項は毎年１回以上と定め，具体的な回数は総務省令で定められている（郵便法施行規則６条で年４回とされている）。

▷**軽減税率**
⇨コラム11「新聞再販制度・軽減税率」

# コラム-3

## メディア不信とフェイクニュース

　近年，マス・メディア批判がますます強まっているような印象を受ける。とりわけ，匿名での「本音」が表れるネット掲示板や，ネットニュースのコメント欄などを見ると，かなり辛辣な意見が多数掲載されている。もっとも，マス・メディアに対する不信は今に始まった話ではない。以前より，記者クラブ（⇨ XII-2 「記者クラブ」）での当局の発表に依存する傾向（「発表ジャーナリズム」）等が指摘されてきた。しかし，これらは正当な批判を含むもので，マス・メディアの側もそれなりの改善努力を重ねてきた。

　ところが，その後の批判は，集団的過熱取材（⇨ IV-8 「集団的加熱取材」）に対するものなど，取材のあり方の原則に関わる批判ももちろんあるものの，インターネットという「本音」のはけ口が登場したためか，より卑近なもの（マス・メディア企業の高給批判やスキャンダル，さらには記者等の「非常識」な振る舞い）を主題とすることが増えてきた。

　さらに，2016年ころから，欧米で「フェイクニュース」（「フェイク」とは辞書的には「偽物」といった意味）という言葉が急速に知られるようになり，メディア不信をめぐる状況は新たな展開を見ている。この問題には，大まかに言って2つの側面があるようである。

　1つは，選挙に際して，意図的に虚偽のニュースを流して選挙結果に影響を与えようとするものである。こうした行為の動機としては政治的なもののほか，広告収入目的もあるようであるが，その舞台はソーシャルメディアであり，素性不明の者が発したフェイクニュースであっても，耳目を引くものであればまたたく間に拡散し，選挙結果に影響を与えるおそれが生じている。怪文書が出回るのは昔から選挙の常ではあるが，ソーシャルメディアの拡散力は紙の怪文書とは比較にならず，新たな深刻な事態だと言ってよい。これについては，各国の民間団体による「ファクト・チェック」の取組みのほか，アメリカやEUではソーシャルメディア各社に政府や議会が自主的な対応を求め，さらには一部では法規制に至っている。

第二の側面は，政治家が伝統的なマス・メディアの報道に対して「フェイクニュース」だというレッテルを貼ることによってマス・メディア不信を煽る傾向である。こちらは，冒頭に述べたメディア不信の傾向の延長線上にあるものと言える。2017年に就任したアメリカ合衆国のドナルド・トランプ大統領の言動は典型的である。近年，アメリカの社会はグローバル化の動きに対応して成功した人々と，取り残された人々との間の格差が拡大して世論は分断傾向にあり，後者の人々はこうしたトランプ大統領の姿勢を熱烈に支持し，マス・メディア不信を募らせている。

　以上のような状況は日本ではそれほど顕在化していない。日本では人々のニュース源は未だにマス・メディアが中心であるし，アメリカほどの世論の分断は生じていない。しかし，2018年9月の沖縄県知事選挙をはじめ，対決色の強い選挙ではフェイクニュースの拡散が問題視されるようになっているし，安倍晋三総理大臣はしばしば特定の新聞（朝日新聞）を名指しで，しかも不正確な事実に基づき攻撃している。欧米諸国の状況を対岸の火事だと見てばかりではいられないだろう。

　いずれの側面にせよ，フェイクニュース現象の高まりは，選挙の公正を歪め，また，民主主義の前提となる共通の議論の場を分断する点で，民主主義にとって深刻な問題となりうる。表現の自由を尊重しつつ，適切な対策を進めていく必要があるし，政治家がメディア不信を煽る姿勢は厳しく批判されなければならない。それと同時に，マス・メディアが国民の信頼を得るための取組みをさらに進めることが求められる。放送局については制度的に，新聞社については事実上享受してきた独占あるいは寡占的な地位に安住し，それにしがみつこうとしているところはなかったのか，考えてみる必要はあろう。マス・メディアは，時代に合わせて自らを変化させ，社会との対話の中で報道の役割の適切な理解を求める努力を怠ってはならない。

（曽我部真裕）

## V 名誉毀損・プライバシー侵害

# 表現の自由と名誉

### 1 表現の自由と名誉

名誉毀損は，検閲やわいせつ的表現と並んで，メディア法の古典的な論点の1つである。他者の名誉を毀損する行為は，刑法上の犯罪行為であり，また民法上は**不法行為**を構成する。刑法230条（名誉毀損罪）は，①他人の社会的名誉（人に対する社会一般の評価）が，②不特定または多数人が認識しうる状態で，③具体的事実を告げることにより，害される危険性が生じた場合に成立する。民法でも，名誉毀損は，人の人格的価値に対する客観的な社会的評価の低下であるとされるが，③の要件は，意見または論評による表明でもよいとされている。民法上では，名誉毀損的表現に対しては，不法行為に基づく**損害賠償**（709，710条）や，**名誉回復処分**（723条）が可能である。

名誉毀損は，社会的評価を低下させる行為がなされれば成立する。ある表現行為が社会的評価を低下させるかどうかは，一般読者の普通の注意と読み方を基準として判断される（最判昭和31年7月20日民集10巻8号1059頁）。これには，受け手の解釈という主観的要素がかかわるため，社会的評価が低下したか，作品をどのように評価するかの判断は，実際には難しい。「**人間動物園**」**事件**では，日本の台湾統治を批判的に検証するテレビ番組の中で，1910年の日英博覧会で台湾のパイワン族の男女が「人間動物園」として展示されたこと，博覧会へ「見せ物」として連れていかれたパイワン族Aの娘（原告）が「かなしい」と述べている様子などが放送され，この放送が原告の名誉を毀損するかが問題となった。高裁は，人間動物園という言葉がもつ人種差別的な意味合い等を理由に，社会的評価の低下を認め名誉毀損が成立するとしたが，最高裁は，原告の父親が動物園の動物と同じように扱われるべき者であり，その娘も同様に扱われるべき者だと，一般の視聴者が理解するとは考え難いとして社会的評価の低下を否定した。

### 2 名誉毀損法制の歴史

**名誉毀損法**は，歴史的にみれば，政敵に対する批判など，政府にとって都合の悪い言論を取り締まる手段（武器）として利用されてきた。かつてイギリスでは，名誉毀損は，治安を掻き乱す作用を有するとして，真実の言論であっても規制対象とされた。真実であればあるほど，害悪が増すと考えられたためで

---

▷**不法行為**
私的生活関係において法秩序により保障された私人の権利を侵害する違法行為であって，被害者に損害賠償請求権を付与するもの。
▷1　最高裁は，「名誉とは，人がその品性，徳行，名声，信用等の人格的価値について社会から受ける客観的な評価，すなわち社会的名誉を指すものであって人が自己自身の人格的価値について有する主観的な評価，すなわち名誉感情を含まない」とする（最判昭和45年12月18日民集24巻13号2151頁）。
▷**損害賠償**
⇨ Ⅵ-1「損害賠償」
▷**名誉回復処分**
⇨ Ⅵ-2「謝罪広告」，Ⅵ-3「アクセス権と反論文の掲載」，Ⅵ-4「事前差止め」
▷「**人間動物園**」**事件**
最判平成28年1月21日判時2305号13頁，東京高判平成25年11月28日判時2216号52頁。
▷**名誉毀損法**
戦前の日本では，1875年に公布された讒謗律が，名誉毀損について定めていた。名誉毀損に相当する讒毀と侮辱に相当する誹謗を処罰の対象とする。これにより，官吏等を批判する新聞が厳しく罰せられた。その後，

ある。しかし，その後，事実であれば免責されるとしたアメリカの判例の影響を受け，キャンベル名誉毀損法（1843年）において初めて，**真実性の証明**による免責が認められることとなった。真実性の要件の導入により，表現の自由を十分に確保しようとするものであり，現在にも通じる思考である。またアメリカでは，このような思考をさらに推し進め，公務員など**公人**に対する名誉毀損が成立するのは，表現者が虚偽であることを知りながら，または，虚偽であるかどうかを無謀に無視して述べたということが証明できる場合だけである，とする考え方が登場するに至った（**現実的悪意の法理**）。この証明責任は被害者に課され，かつ証明の程度も重い。これは，法廷で真実だと証明できないことをおそれ，公的討論に対する抑止効果が生じることを回避しようとするものであり，公的問題に対する討論を活発にさせることに重点がある。

## ❸ 両者の調整ルール：免責要件

　名誉毀損的表現は，刑法による処罰の対象であるため，表現の自由の保障範囲には含まれないと考えられてきた。しかし，刑法上の名誉毀損の概念の画定いかんによって，本来，憲法によって保障されるはずの表現までもが制約を受けることになってしまう。そこで表現の自由との調整を図るため，**刑法230条の2**が追加され，他者の名誉を毀損する表現であっても，一定の要件のもとに免責されることとなった。名誉毀損的な表現であっても，憲法21条（表現の自由）の保障を受けるため，それが過剰に制約されることがあってはならないからである。他方で，名誉毀損的表現によって傷つけられる**名誉**も，憲法13条によって保護される重要な利益である。そのため，表現の自由の保障と名誉の保護を調整する必要性が生じるのである。

　刑法230条の2第1項は，名誉毀損的な表現であっても，①公共の利害に関する事実に係り（公共性），②もっぱら公益を図る目的でなされた場合には（公益性），③事実の真否を判断し，真実であることの証明があったときには（**真実性**），免責されるとする。真実性が，一切の誤信を許さないという意味となれば，表現に対する強い萎縮効果が生じる。そのため，最高裁は，**夕刊和歌山時事事件**において，真実であることの証明がない場合でも，④行為者がその事実を真実であると誤信し，誤信したことについて，確実な資料，根拠に照らし相当の理由があるときには，名誉毀損罪は成立しないとしている（真実相当性）。これらの調整ルールは，民事の場合にも当てはまる（「署名狂やら殺人前科」事件・最大昭和41年6月23日民集20巻5号1118頁）。最高裁は，このような調整について，「人格権としての個人の名誉の保護と，憲法21条による正当な言論の保障との調整をはかったもの」だと述べている。

（上村　都）

---

### V-1 表現の自由と名誉

1909年の新聞紙法などによって真実性の証明による免責が認められた。

▷**真実性の証明**
⇨ V-3 「免責要件(2)」

▷**公人**
⇨ V-2 「免責要件(1)」

▷**現実的悪意の法理**
⇨ V-5 「現実的悪意の法理」

▷**刑法230条の2**
第1項は，「前条第1項の行為が公共の利害に関する事実に係り，かつ，その目的が専ら公益を図ることにあったと認める場合には，事実の真否を判断し，真実であることの証明があったときは，これを罰しない」と定めている。

▷**名誉**
名誉は，個人の客観的な社会的名誉と主観的な名誉感情とに区別されるが，刑法や民法で問題とされる名誉は人の社会的名誉を意味する。憲法は明文で名誉権を保障してはいないが，名誉が人格的生存にとって必要不可欠なものであることから，憲法上の権利として13条によって基礎づけられると解されている。

▷**真実性**
⇨ V-3 「免責要件(2)」

▷**夕刊和歌山時事事件**
自身が編集・発行する新聞に，「吸血鬼Ａの罪業」と題し，市役所の某課長に向かって「魚心あれば水心……お前にも汚職の疑いがあるが，一つ席を変えて一杯やりながら話をつけるかと凄んだ」などの記事を掲載したことが名誉毀損を構成するかが問われた事件（最大判昭和44年6月25日刑集23巻7号975頁）。

## Ⅴ 名誉毀損・プライバシー侵害

 免責要件(1)：公共性・公益性

### 1 公共の利害に関する事実

　名誉毀損的な表現であっても，①公共の利害に関する事実に係り，②もっぱら公益を図る目的でなされた場合には，③事実の真否を判断し，真実であることの証明があったときには，免責される。名誉毀損的な表明が免責されるためには，まず，表明された事柄が「公共の利害に関する事実」でなければならない。公共の利害に関する事実について明確な定義はないが，学説では，「国民の間で議論されるべき問題に関わる事実」，「公衆の正当な関心事」等と理解されている。また判例では，一般の利害に関わり関心を寄せることが正当と認められる事実を言い，単なる好奇心の対象となる事実ではない，とするものがある（**大原麗子事件**）。何が公共の利害に関する事実にあたるかは，公表された事実自体の内容・性質に照らして客観的に判断しなければならない（**月刊ペン事件**）。これに該当するものとして，以下のものが挙げられてきた。

　まず，国政や公職者に関する報道である。刑法230条の2第3項は，「公務員又は公選による公務員の候補者に関する事実に係る場合には，事実の真否を判断し，真実であることの証明があったときは，これを罰しない」と規定し，事実の公共性・公益性を審査することなく，真実性のみで免責を認めている。事実の公共性が要件とされていないのは，国政や公職者に対する事実が公共の利害に関する事実に当たるということを意味しているのであろう。国政や公職者に対する事実の公表は，多かれ少なかれ政治に対する批判的な表現だからである。また判例は，国会議員ないしその候補者については，その適否の判断にはほとんど全人格的な判断を必要とするとして，その公共性を広く認めている（署名狂やら殺人前科事件・最判昭和41年6月23日民集20巻5号1118頁）。自己の存在や行動等により社会において特別に重要な役割を担っている者は，**公人**と呼ばれる。アメリカでは，公人に関する名誉毀損的表現については，**現実的悪意の法理**によりその許容性が審査される。公人に関する事柄は，国民の知る権利の観点から，広く国民に提供されなければならない，という発想に基づくものである。

　次に，犯罪報道である。いまだ公訴が提起されていない人の犯罪行為に関する事実は，公共の利害に関する事実とみなされる（刑法230条の2第2項）。しかも，公表された事実が犯罪容疑に関わる場合には，いまだその容疑が確定して

▷**大原麗子事件**
女優の大原氏が，同氏を取り上げた週刊誌記事によって名誉を毀損されたとして訴えた事件。高額賠償（500万円）が話題となった（東京高判平成13年7月5日判時1760号93頁）。⇨Ⅵ-1「損害賠償」

▷**月刊ペン事件**
創価学会の池田大作会長の異性関係に関する記事内容が問題となった事件。本件では，当該記事が，公共の利害に関する事実にあたるとされた（最判昭和56年4月16日刑集35巻3号84頁）。

▷**公人**
公職者と公的人物をあわせて「公人」という。公職者とは，政治家や上級公務員のことである。著名人や公的論争に関係する人を公的人物という。名誉毀損にとって公人と私人の区別は重要である。

▷**現実的悪意の法理**
⇨Ⅴ-5「現実的悪意の法理」

▷1　犯罪報道による名誉毀損・プライバシー侵害は，1990年代以降，「報道被害」として社会問題化している。
⇨Ⅴ-8「犯罪報道」

▷2　公訴が提起されている者に関する事実も，当然公共の利害に関する事実に当たる。

82

いなくても，裁判の公開等の要請から公共の利害に関する事実にあたるとされる。とはいえ，犯罪容疑者であっても，私生活上の事実は，原則として公共性のあるものとはいえず，報道は，犯罪事実に密接に関連する事実に限られなければならない（東京地判平成2年12月20日判タ750号208頁）。

その他の社会的関心事として，ダイオキシン報道，BSE報道や，マンションの構造の偽装表記のように，国民が消費者として経済的利害をもつ場合や，無認可治療など，国民の生命・健康に密接な関連をもつ場合などがある。ほかに，芸能人，スポーツ選手，企業の代表者，公職者の娘等，著名人に関する表現も社会的関心事となる場合があるが，実際にはその判断は難しい。月刊ペン事件では，私人の私生活上の事実であっても，そのたずさわる社会的活動の性質及びこれを通じて社会に及ぼす影響力の程度などのいかんによっては，その社会的活動に対する批判ないし評価の一資料として，公共の利害に関する事実にあたる場合があるとして，創価学会会長の女性関係に関する記事について公共性が認められた。他方，**週刊文春事件**では，大物政治家の娘の離婚に関する記事について，二代にわたる著名な政治家の家庭の娘として生まれた者であっても，その者が自ら将来における政治家志望等の意向を表明したり，そのような意図や希望を明らかにしていない以上は，その者が，将来，政治活動の世界に入るというのは，単なる憶測に過ぎず，このような抽象的可能性をもって，ただちに，公共性を認める根拠とはならない（週刊文春事件），としているが，現実にそぐわないとして異論を唱える学説もある。

## ❷ 公益を図る目的

公益目的とは，国民の人格形成・発展に資する性質のものであって，社会生活上不可欠のものをいう（前掲，大原麗子事件）。この要件は，「専ら」公益目的であることを求めるものであり，それ以外の動機が存在する場合を排除する趣旨ではない。それゆえ，多少の私益を図る意図が併存していても差し支えなく（東京地判昭和40年5月22日判時412号8頁），主たる動機が公益を図る目的であればよい。

なお，当該表明に公共性が認められれば，公益性も認められるとする見解もあるが，両者は別個に検討されるべきであろう。例えば，公共性のある事柄を私的動機（私憤や怨恨など）に基づき公表する場合もあり，公共性の肯定がただちに公益性の肯定へと導くわけではない。判例も人身攻撃が目的である場合に公益性を否定している。

（上村　都）

▷3　犯罪報道は詳細であればあるほど，事件のより深い理解につながるため，加害者のおいたちなどについても報道されることがあり，プライバシー保護との関係で問題となっている。

▷**週刊文春事件**
⇨ Ⅵ-4 「事前差止め」

▷4　「公益を図る目的」の有無については，動機などの主観面だけでなく，表現方法の相当性や，発言に際して収集した客観的裏付けとなる資料の有無など，客観的関係も考慮して判断されることがある（例えば，異物注入法事件・東京地判平成2年1月30日判タ730号140頁）。

# Ⅴ 名誉毀損・プライバシー侵害

# 免責要件(2)：真実性・真実相当性

## 1 真実性の抗弁

　免責要件のうち，最も問題をはらむのが真実性の証明である。真実性の証明とは，摘示された事実が客観的な事実に合致していることの立証である。この証明は，表現者側が行わなければならない。とはいえ，真実性の証明は，容易ではなく，失敗をおそれ表現を委縮させることにもなり，表現の自由に与えるダメージは大きい。それゆえその証明は，重要な部分について真実であることが証明されればよい，とされている（十全会事件・最判昭和58年10月20日判時1112号44頁）。なお，真実性の証明は，表明時ではなく，事実審の口頭弁論終結時を基準とする。そのため，表明の時点では存在しなかった証拠を考慮することも許される（**ロス疑惑北海道新聞事件**）。

　真実性の証明は，情報発信者の調査能力と密接に関係する。マス・メディアか，それとも一個人かでは，その調査能力には大きな差異がある。個人による名誉毀損的表現が問題となった刑事事件において，東京地裁は，インターネットを利用する個人利用者に対し，マスコミ等と同様の高い取材能力を期待することはできないとし，マス・メディアとの差別化を図った。これに対し，東京高裁と最高裁は，個人による表明の場合であっても，それを許容するためには，他の場合と同様に，確実な資料，根拠に照らして相当の理由がなければならないとした。なお，ドイツでは，マスコミとは異なり個人の調査能力には限界があるとして，個人が，自分で見聞しえないような，または独自に検証しえないような事柄について発言した場合には，表明者は，反駁されていないプレス報道を証拠として提出すれば足りる，とする判例がある。このような考え方は，個人の表現の自由を萎縮させることなく，情報や思想の自由な流通を確保することにつながろう。

## 2 真実相当性

　民事の名誉毀損では，真実性の証明がない場合でも，行為者がその事実を真実と信ずるについて相当の理由があるときには，故意・過失がなく，名誉毀損の不法行為は成立しない（「署名狂やら殺人前科」事件・最判昭和41年6月23日民集20巻5号1118頁）。刑事の名誉毀損の場合も同様の考え方が採用されている。

　では，どのような典拠を提示すればこの証明を果たしたことになるのか。例

▷ロス疑惑北海道新聞事件
「ロス疑惑」報道に関する名誉毀損を理由とした損害賠償請求事件（コラム「ロス疑惑報道事件」を参照）。本件では，北海道新聞社が通信社からの配信に基づき，三浦氏が生命保険金を目当てに妻を殴打し負傷させたと推測させる記事を掲載したことが問題となった。記事掲載の後に同氏の有罪が確定したため，表明時に存しなかった事実を真実性の証明のための資料としうるか否かが争われた（最判平成14年1月29日判時1778号49頁）。
▷1 ⇒Ⅸ-5「インターネット上の名誉毀損」
▷2 ドイツのバイヤー社が自社の利潤追求のため，同社を批判する者に圧力をかけ，右翼系の政治家に資金援助をしているなどと記載したビラの配布行為の差止めおよび撤回を求めた事件（BVerfGE 85, 1）。
▷3 この程度の緩和では言論に対して厳しすぎるとして，真実相当性については，「公共性のある問題についての発言は，故意または何の根拠もなく無責任に虚偽の事実を摘示した場合にのみ名誉毀損の責めを負う」とすべきだとの主張がある。アメリカにおける「現実的悪意」の法理に相当する見解であり，これに

84

えば記事の内容が警察の公式発表に基づく場合には，真実相当性が認められる。しかし，公式発表があった場合でも，その発表に疑義があるにもかかわらず，情報を「鵜呑み」にした場合には，相当性は認められない（教授が産業スパイ事件・大阪高判昭和60年6月12日判時1174号75頁）。権限ある捜査官から取材して公表した記事であっても，公式発表前の内容であることを理由に，その内容の真否につき独自取材を求めた判例がある（スロットマシン賭博機事件・最判昭和55年10月30日判時986号41頁）。公式発表がない場合には，さらなる慎重な裏付け取材が求められる傾向にある。また，一方当事者からの取材のみに基づく場合には，対立関係にある当事者からの裏付け取材を行うべきだとされる。なお，真実相当性の証明は，真実性の証明とは異なり，行為時に存在した資料しか用いることはできない。

## ③ 配信サービスの抗弁

「配信サービスの抗弁」とは，報道機関が定評ある**通信社**から配信された記事を掲載した場合には，それが他者の名誉を毀損するものであっても，一見して真実でないとわかる場合や誤報であることを知っている等の事情がある場合を除き，報道機関は被害者に対する損害賠償義務を負わない，とする法理である。これを用いて，報道機関の責任を免責する判例もなくはないが，実務上は，配信サービスの抗弁が使える場面は限られている。最高裁は，社会の関心と興味をひく私人の犯罪行為やスキャンダルに関する報道については，通信社から配信された記事でも取材に慎重さを欠いた真実でない報道がまま見られるとして，配信記事だというだけで真実相当性が認められるわけではない，として対象を限定している（**ロス疑惑配信サービス事件**）。

また，病院での手術死亡事故についての通信社の配信記事に対する名誉毀損訴訟において，東京地裁は，配信記事については警視庁の記者会見に基づくものであることを根拠に相当の理由を認め，それを掲載した地方紙については通信社からの配信記事だというだけでは真実と信じる相当の理由はないとした（東京地判平成19年9月18日判タ1279号262頁）。地方紙に対して独自取材を求めることは現実的ではなかろうし，表現の萎縮効果も懸念される。これに対し最高裁は，通信社と新聞社とが，記事の取材，作成，配信及び掲載という一連の過程において，報道主体としての一体性を有すると評価しうる場合には，通信社に真実相当性があれば，新聞社にも真実相当性が認められるとしており，注目される（最判平成23年4月28日民集65巻3号1499頁）。　　　　（上村　都）

従えば，事実の真実性を一応推測させる程度の合理的根拠・資料に基づく発言であれば許容されることになる。V-5「現実的悪意の法理」を参照。

▷通信社
新聞社，特に地方紙とスポーツ紙は通信社から配信される国内外のニュースを利用している。配信記事を掲載するか否かは各新聞社の責任で決めている。

▷ロス疑惑配信サービス事件
スポーツ紙の記事による名誉毀損について，通信社からの配信記事に信頼性が認められるか否かが争われた事件（最判平成14年1月29日民集56巻1号185頁）。

# V 名誉毀損・プライバシー侵害

 公正な論評の法理

▶事実の摘示，意見や論評
事実の摘示とは，当該表現が証拠等をもってその存否を決することが可能な他人に関する特定の事項を明示的または黙示的に主張するものをいい，意見・論評とは，証拠等による証明になじまない物事の価値，善悪，優劣についての批判や論議などの価値判断に基づくものをいう（後掲，「脱ゴーマニズム宣言」事件）。
▶真実性・真実相当性
⇨ V-3 「免責要件(2)」
▶ロス疑惑夕刊フジ事件
いわゆる「ロス疑惑」報道（コラム 4 「ロス疑惑報道事件」を参照）に関する事件。「（三浦氏は）極悪人，死刑よ」という元妻の発言を夕刊フジが報じたことが名誉毀損に当たるかが問われた。最高裁は，記事の内容が意見の形式をとっていても，特定の事項を間接的，えん曲に，または黙示的に主張するものである場合には，真実性の証明が必要であるとして事件を高裁に差し戻した（最判平成 9 年 9 月 9 日民集 51 巻 8 号 3804 頁）。
▶「新・ゴーマニズム宣言」事件
原告が小林よしのり氏の漫画本『ゴーマニズム宣言』から 57 カットを無断で採録した『脱ゴーマニズム宣

## 1 意見と事実

民法では，名誉毀損は，**事実の摘示**の場合だけでなく，**意見や論評**によっても成立する。事実の摘示は，その真偽が証拠により証明可能であるのに対し，意見・論評は，一定の事実，行態，状況についての価値判断ないしは価値的考察であり，事の真偽とは無縁である。そのため，事実の摘示の場合には，**真実性，真実相当性**による免責が認められている。これに対し，意見の場合には，真実性の証明を求めることはできず，その結果，意見による名誉毀損的表明を広く認めることになれば，公共にとって重要な情報が著しく切り詰められることになる。そこで，意見や論評の場合に用いる基準として登場したのが，いわゆる「公正な論評（フェア・コメント）」の法理である。事実の摘示の場合，問題となっている摘示事実それ自体を真実性・真実相当性の抗弁の対象とするのに対し，公正な論評の法理では，意見それ自体ではなく，意見の前提となっている事実を対象とする。意見も，一定の事実についての価値判断である限り，意見の前提となっている事実について真実性の証明を求めることは可能であるためである。

## 2 公正な論評の法理

公正な論評の法理とは，表明された事柄が，①公共の利害に関する事実であり（公共性），②公益目的である場合には（公益性），③当該意見ないし論評の前提としている事実が重要な部分について真実であることの証明があったとき（真実性），④人身攻撃に及ぶなど意見ないし論評としての域を逸脱していなければ（論評の域の逸脱），免責される，とするものである（**ロス疑惑夕刊フジ事件**）。これは，意見ないし論評を表明する自由が民主主義社会に不可欠な表現の自由の根幹を構成するものであることを考慮し，意見や論評を手厚く保障する趣旨に出たものである。この法理によれば，たとえ辛辣な意見であったとしても，それが人身攻撃にわたらず，公正な論評である限り，免責されることになる。例えば，自作への批判書を「ドロボー本」と呼んだ書籍（**「新・ゴーマニズム宣言」事件**）について，最高裁は，本件で問題となった表現は真実を前提としており，人身攻撃に及ぶなどしていないので，意見ないし論評の域を逸脱するものではないとして不法行為の成立を否定している。同様に，「なげやりな書き

方」,「報道記者としての堕落」などと論評した雑誌記事（**雑誌「諸君！」事件**）については，意見や論評の域を逸脱するものではないと判断している。

なお，「『公正』な論評である限り」とは，必ずしも，当該意見が客観的に正当であることを要しない。たとえ客観的にはいかに偏見にみち愚劣なものであったとしても，論評者自身が正当だと信じてなされたものであればよい。そうでなければ，裁判所が，例えば文学作品の良否を判断することにもなりかねず，また，表現の自由に対する著しい萎縮効果を及ぼすことになる。東京地裁は，女子プロレスは「ストリップと紙一重」等の内容の雑誌記事を，女子プロレスの健全化を図る趣旨に出たものとすれば不適切ではなく，不当な動機・目的をもった公正さを欠く論評とはいえないとした（東京地判昭和47年7月12日判タ282号196頁）。

もっともこの法理に対しては，ある人の作品に対する批判と，その人自身に対する批判との区別は常に相対的であって有益ではないとの批判もある。

## ❸ 意見と事実の混合

意見か事実の摘示かにより免責要件が異なるため，両者をどのように区別するのかが重要となる。上述のように，意見と事実の摘示とを観念上区別しうるとしても，現実には，両者の区別が困難な事態が生じる。例えば，「私の意見では，彼が妻を殺した犯人である」という表現の場合，これは，所与の事実から導き出される表明者の1つの推論にすぎない。このような推論的表明を，ただちに意見・事実のどちらかに位置づけるのは困難であり，妥当ではない。このように意見と事実は，互いに分離不可能な形で表れる場合がある。そのような場合には，背後にある事実に真実性・真実相当性の抗弁が認められるか否かにより決すべきであろう。

ちなみに，ドイツでは，ある表明の中に，評価的要素と事実的要素とが混合している場合には，全体として意見とみなされる。すなわち，意見と事実が混合している表明が，態度表明・見解・考えによって形成されている限りにおいては，表明は，意見として基本権によって保護される。そのような場合に，事実的要素が決定的であるとみなされたならば，意見自由の基本権的保護は，著しく切り詰められることになるためである。

ところで，純粋な（事実に基づかない）意見の場合には，どのように審査すべきであろうか。この点，絶対的保護が与えられるとする見解もあるが，名誉侵害が存する以上，無制約な絶対的保障を与えることは妥当ではなかろう。

（上村　都）

言』と題する著作の中で，小林氏を「右翼のデマゴーク」，「特定の政治勢力の御用漫画家」と誹謗・揶揄したところ，小林氏が自身の漫画『新・ゴーマニズム宣言』の中でこの無断採録を著作権侵害だと批判し，その著作を「ドロボー本」と呼んだため，この小林氏の発言により名誉が毀損されたとして原告が提訴した事件（最判平成16年7月15日民集58巻5号1615頁）。

▷雑誌「諸君！」事件
ベトナムで起きた僧侶の焼死事件に関する本多勝一氏の著作に対して，その著作を引用しつつ「なげやりな書き方」，「報道記者としての堕落」などと批判・論評する記事を雑誌に掲載したことが，本多氏の名誉を毀損するかが争われた事件。最高裁は，著作物の引用が全体としてほぼ正確に紹介されているとしてその真実性を認め，公共性・公益性を満たし，意見ないし論評としての域を逸脱するものでないとした原審の判断を是認した（最判平成10年7月17日判タ984号83頁）。

# V 名誉毀損・プライバシー侵害

 現実的悪意の法理

▷公人
「公人」とは、公職者および公的人物をいう。⇨ V-2 「免責要件(1)」

▷ニューヨーク・タイムズ対サリバン事件 (New York Times Co. v. Sullivan, 376 U. S. 254, 1964)
1960年3月29日付『タイムズ』紙に、公民権運動の指導者・キング牧師への支援などを呼びかける意見広告が掲載された後、アラバマ州モンゴメリー市の警察などを監督する公選の市委員サリバンが、この広告の記述に虚偽があり、名誉を毀損されたとして、損害賠償を求めて州の裁判所に提訴した事件。一審では、原告の請求通り50万ドル(当時のレートで1億8000万円)という巨額の損害賠償がタイムズ側に命じられた。州の最高裁は、この判断を支持したが、連邦最高裁は判例を変更してタイムズ側を逆転勝訴させた。

▷真実性の抗弁
⇨ V-3 「免責要件(2)」

▷ガーツ対ロバート・ウェルチ事件 (Gertz v. Robert Welch, Inc., 418 U. S. 323, 1974)
シカゴの警察官に射殺された被害者の遺族が、警察官に対する民事訴訟において、一定程度著名な弁護士ガーツを代理人に選任したとこ

## 1 「現実的悪意の法理」の意義

アメリカにおいて政治家など「**公人**」は、間違った報道による名誉毀損の場合でも、民事訴訟で勝訴することは容易ではない。メディアが報道の虚偽性を知っていたか、その真実性を全く顧慮しなかったことを公人の側が立証しなければならない、とされているからである。この誤報による名誉毀損についての「故意または重過失」を「現実的悪意 (actual malice)」といい、これを要件とする枠組みを「現実的悪意の法理」という。この法理は報道の自由に大きな配慮をしたものと評価されている。

## 2 「現実的悪意の法理」の導入と展開

「現実的悪意の法理」は1964年、**ニューヨーク・タイムズ対サリバン事件**のアメリカ連邦最高裁判決によって導入された。それまで名誉毀損的表現は表現の自由が保護する範囲の外にあるとされてきたが、判決は、表現の自由を保障する憲法修正1条の保護が政府と公職者についての言説に及ぶことを明らかにした。自由な討論において誤った発言は不可避であり、被告の表現者側が立証責任を負う「**真実性の抗弁**」では、その立証の困難さなどから表現の萎縮を招きかねない。このように判断した連邦最高裁は、公職者に対する虚偽の名誉毀損的表現について「現実的悪意の法理」を確立させたのである。

その後、連邦最高裁で判例が積み重ねられ、この法理の適用対象などが明らかにされていった。まず「公職者」とは、すべての公務員をいうのではなく、政治家の他、政府の行為に実質的責任をもつ上級職員などに限定された。また、適用対象は著名な大学体育監督や退役陸軍将軍など「公的人物」にも拡大された。さらに、わいせつ雑誌販売容疑などで逮捕された無名の「私人」についても、逮捕の前提事実がわいせつ出版物の規制問題という公的関心事であるという理由で、この法理の対象とした判断まで現れた(「公的関心事のテスト」)。

しかし、1974年の**ガーツ対ロバート・ウェルチ事件**で、連邦最高裁は軌道修正を図った。「現実的悪意の法理」の射程を拡大した「公的関心事のテスト」を否定して、「私人／公的関心事」の類型では、この法理が適用されないことを示した。すなわち、公人は、社会の出来事で顕著な役割を引き受け、批判的言論に対して自発的に自身をさらしているし、誤った言説に反論するためマ

88

ス・メディアにアクセスする能力を有している。したがって，言論には言論で対抗するという原則が妥当し，この法理が適用される。これに対し，私人は，公職を引き受けたことも自身の名誉が保護される利益を放棄したこともないし，公人よりも侵害に傷つきやすく名誉を保護する要請が強い。したがって，この法理は適用されないと結論づけた。結局，「私人／公的関心事」の類型については表現者の「過失」を原告が立証すればよいことになったのである。

## ❸ 日本における「現実的悪意の法理」

日本でも1970年代から80年代前半にかけて，「現実的悪意の法理」を積極的に評価する判決・決定が相次いだ。例えば，**サンケイ新聞事件**では，訴訟に先立つ**仮処分決定**が，この法理を名誉毀損の成立要件の１つとして取り入れ，**本案訴訟一審判決**は「現実的悪意の法理」に近似した見解を示した。

こうした下級審判決の流れを受け，**北方ジャーナル事件**の最高裁判決における谷口正孝裁判官意見は，出版物の事前差止めの要件として「現実の悪意」を挙げ，この法理の考え方を採ったとされる。谷口意見では，「被害者が公職者等で，表現内容が公的問題に関する場合，真実に反していてもたやすく規制すべきではない」とする。そして，「真実に反し虚偽であることを知りながら表現行為に及んだ，または虚偽か否かを無謀にも無視して表現行為に踏み切った場合，表現の自由の優越的保障は後退し，その保護を主張しえない」と述べた。なぜなら，故意に虚偽情報を流した，あるいは表現内容の真実性に無関心だった場合，憲法21条に鑑み，保護する必要性はないからである，とした。

しかし，その後は「現実的悪意の法理」に否定的な裁判例が続いている。その理由として，「実定法上の根拠がない」，「名誉の保護を疎んじ，表現の自由を過大に保障する結果となってその均衡を失する」などと判示されている。

他方，学説では，現実的悪意について「何を意味するのか定かではない」などと消極的なものもあるが，肯定的に捉える見解も少なくない。複数の有力説は，「表現の自由の自己統治の価値を最大限に重視したもの」などと評価している。とりわけ，民主主義社会におけるマス・メディアの役割を重視する見解は，その表現の自由を最大限に保障する観点から，公人に関して，この法理の導入を提唱している。

こうした「現実的悪意の法理」導入論は，名誉毀損の免責を図る**「相当の理由」論**が表現の自由と名誉権との調整原理として不十分である，との問題意識に基づいている。この「相当の理由」論は，名誉を毀損しても真実と信じたことに「相当の理由」があれば免責する，という判例法理だが，「相当の理由」という表現が曖昧であることから，裁判所がかなり安易に相当性を否定し，その厳しい態度を強めているといわれている。「現実的悪意の法理」は，その代替法理としてクローズアップされているのである。　　　　　（山田隆司）

---

ろ，その殺人事件は共産主義者のガーツが首謀者として「捏造」したものである，という虚偽の記事を反共極右団体の月刊誌が掲載したことから，ガーツが名誉毀損の訴えを起こした事件。

▷サンケイ新聞事件の仮処分決定（東京地決昭和49年5月14日判時739号49頁）
⇨Ⅵ-3「アクセス権と反論文の掲載」

▷本案訴訟一審判決（東京地判昭和52年7月13日判時857号30頁）
⇨Ⅵ-3「アクセス権と反論文の掲載」

▷北方ジャーナル事件（最大判昭和61年6月11日民集40巻4号872頁）
⇨Ⅵ-4「事前差止め」

▷「相当の理由」論
⇨Ⅴ-3「免責要件(2)」

**参考文献**

松井茂記『表現の自由と名誉毀損』有斐閣，2013年。
山田隆司『公人とマス・メディア』信山社，2008年。

# コラム-4

## ロス疑惑報道事件

　事件の発端は，1984年1月から「週刊文春」に掲載された「疑惑の銃弾」と題する保険金殺人の疑惑についての連載記事だった。1981年11月，ロサンゼルス市内を観光中の日本人夫妻が何者かによって銃撃された（銃撃事件）。頭を撃たれた妻は意識不明のまま帰国した後，翌年死亡した。銃撃によって足を負傷した上，妻を亡くした三浦和義氏は，当初，悲劇の主人公として報道されていた。ところが，同氏は，前述した記事によって保険金殺人の疑いをかけられるやいなや，一転して疑惑の人物として世間の注目の的となった。ロス疑惑事件はそれから2年余りにわたってマス・メディアを連日にぎわせた。三浦氏は，この間，マス・メディアの執拗な取材と無責任な報道によって深刻な被害を受けた。テレビがニュースとしてではなく，ワイドショーで犯罪の疑惑を派手に取り上げたり，スポーツ紙が事件を継続的に密着取材したのはこの事件が初めてだった。1984年から1985年にかけて，グリコ森永事件や日航ジャンボ機墜落など大きな事件が続いていたのに，世間が最も注目したのはロス疑惑事件だった。

　1985年9月，警視庁は，マス・メディアの大騒ぎに後押しされる格好で三浦氏を別件で逮捕した。銃撃事件の3カ月前，三浦氏の依頼を受けた女友達が，同氏の妻を凶器で殴打して殺害しようとしたが失敗したという殺人未遂の疑いによるものだった（殴打事件）。この逮捕によって，それまでの週刊誌やテレビに加えて，新聞も報道合戦に加わった。その後，殴打事件の裁判が行われていた1988年10月，三浦氏は妻に対する殺人等の容疑で再逮捕された。これら2つの刑事事件のうち，最終的に，殴打事件は有罪（懲役6年の実刑）とされたが，銃撃事件では，2003年の最高裁判決で無罪が確定した（東京地裁は有罪判決を下したが，東京高裁・最高裁は三浦氏を無罪とした）。

　三浦氏は，東京拘置所の中から，無責任な報道による名誉毀損やプライバシー侵害に対する救済を求めてマス・メディア等を訴えた。三浦氏が提訴した事件の総数は520件余り，その勝率は8割近かったという。驚くべきは，その大部分がいわゆる本人訴訟による勝訴だったということである

（同氏の著書として『弁護士いらず：本人訴訟必勝マニュアル』がある）。

　三浦氏のマス・メディア等に対する訴訟は，日本の犯罪報道のあり方を問い直す契機となっただけでなく，名誉毀損やプライバシー侵害の分野における判例の形成と理論の発展に貢献した。例えば，警察が被疑者を報道カメラの前で引き回すことは控えられるようになり，被疑者の手錠・腰縄付きの姿が報道されることもなくなった。これは，三浦氏が逮捕された際，警視庁本部庁舎到着時に警察官が同氏を護送車から降ろさせ，顔や手錠を隠すことなく，約500人の報道陣で挟まれた通路をゆっくりと玄関まで歩かせ，写真撮影させたことが被疑者の人権への配慮を欠いたとして，違法とされたからである（東京地判平成5年10月4日判時1491号121頁）。

　また，最高裁では，「公正な論評」に関連して，三浦氏を「極悪人」などと述べた元妻の談話の夕刊紙への掲載が，意見表明というより，他人に関する特定の事項の主張であり，この部分について真実性・真実相当性の証明が必要であるとされた（最判平成9年9月9日民集51巻8号3804頁）。さらに，三浦氏の読書歴等に基づく動機の推論が，意見表明ではなく事実摘示にあたるとした判例もある（最判平成10年1月30日判時1631号68頁）。配信サービスの抗弁については，ロス疑惑事件のように，社会の関心と興味をひく私人の犯罪行為やスキャンダルに関する報道の場合，通信社でも，報道が過熱する余り，取材に慎重さを欠いた真実でない内容の報道が時折みられるという理由により，この分野では配信記事だというだけで，真実相当性が証明されたことにはならないとされた（最判平成14年1月29日民集56巻1号185頁）。この他にも，名誉毀損の成立時期と成立後の有罪判決の影響に関する判例（最判平成9年5月27日民集51巻5号2024頁）や，真実性の判断基準時に関する判例（最判平成14年1月29日判時1778号49頁）がある。

　なお，2008年2月，三浦氏は，日本で無罪が確定した銃撃事件について，旅行先のアメリカ自治領サイパン島で逮捕され，ロサンゼルスに移送されたが，同年10月，拘置施設内で自殺を図り亡くなった。　　　　（鈴木秀美）

Ⅴ 名誉毀損・プライバシー侵害

 差別的表現・ヘイトスピーチ

## 1 差別禁止の法制度

　憲法14条が要請する平等社会の実現のため，法レベルで性差別，身体的障碍，出自，疾病，少数民族などを理由とする差別行為の禁止や解消に向けた責務等が定められている。**男女雇用機会均等法**や**障害者差別解消法**，**部落差別解消推進法**のほか，広義に捉えた場合，**ハンセン病問題解決促進法**，**アイヌ文化振興法**などがそれにあたる。一方で海外では黒人やユダヤ人に対する差別が大きな社会問題となり，人種差別禁止法や公民権法などが整備される中，日本でも以前から在日コリアン（韓国・朝鮮人）に対する差別言動があったにもかかわらず，人種に係る差別を禁止する法制度が立ち遅れてきた。

　1995年の**人種差別撤廃条約**の批准を受け，**人権啓発法**を制定，国や地方自治体等に人権教育などの実施などを求めた。ただし条約批准に際し，人種差別思想や表現行為を禁止する4条を留保し，憲法の表現の自由に抵触しないことを条件とした。これは，ナチズムは国家の根幹を転覆させる行為として，特定の人種差別言動を憲法が保障する思想・表現の自由の枠外に置くか（闘う民主主義思想），憲法の例外規定によって戦前・戦中に表現の自由ほか基本的人権が大きく制約され，国家の暴走を招いたことを反省し，表現の自由に一切の例外を認めないことで民主主義社会を守る構造とするか（思想の自由市場もしくは対抗言論）の，国の基本的なかたちの違いである。

　差別言動への対処方法としては，予防（教育・啓発）と規制（刑事罰等による禁止）のほか，救済が重要な項目である。目の前の差別言動を止め，当事者を迅速に個別救済することが必要だからである。多くの国ではすでに人権救済機構（国内人権委員会）が整備され，文化・歴史に応じた差別事例に対応してきている。日本でも，2002年には**人権擁護法案**が上程されたものの実現していない。その大きな理由は，メディアの取材や報道による人権侵害事例を主たる対象に組み込んだことに，報道界等からの厳しい批判があったためである。

## 2 ヘイトスピーチ解消法

　こうした状況に大きな変化が訪れたのが2000年代後半とりわけ2010年以降の，主として在日コリアンに対する激しい差別言動である。従来は差別（的）表現，あるいは集団的名誉毀損と称されていたが，一部の民族系市民団体による当事

▷**男女雇用機会均等法**
雇用の分野における男女の均等な機会及び待遇の確保等に関する法律（1972法113）

▷**障害者差別解消法**
障害を理由とする差別の解消の推進に関する法律（2013法65）

▷**部落差別解消推進法**
部落差別の解消の推進に関する法律（2016法109）

▷**ハンセン病問題解決促進法**
ハンセン病問題の解決の促進に関する法律（2008法82）

▷**アイヌ文化振興法**
アイヌ文化の振興並びにアイヌの伝統等に関する知識の普及及び啓発に関する法律（1997法52）
▷1　歴史的事件としては，1923年の関東大震災時の朝鮮人虐殺行為があげられる。

▷**人種差別撤廃条約**
あらゆる形態の人種差別の撤廃に関する国際条約（1965年採択）

▷**人権啓発法**
人権教育及び人権啓発に関する法律（2000年法147）
▷2　⇨Ⅱ-2「表現の自由の意義」

▷**人権擁護法案**
⇨Ⅳ-6「人権擁護法案」

92

者の人格を著しく毀損する街頭活動やインターネット上の書き込み・喧伝が、「ヘイトスピーチ」として大きな社会的な非難を呼び、**ヘイトスピーチ解消法**の制定へと結びついた。この間、国連自由権規約委員会や人種差別撤廃委員会からも度重ねて是正勧告を受けてきた経緯がある。

　地方自治体レベルでも、大阪市では氏名等の公表、川崎市、京都市や東京都の条例では公共施設の使用不許可が可能な制度を導入した。デモや集会の事前規制については、憲法で保障する表現の自由の枠外に当たるか否かで議論が続いているが、当事者からの悲痛な叫びに応える形で導入例が増えているのが現状だ。複数の条件と外部有識者による審査過程を導入することで、恣意的な運用の歯止めとなるとされているが、各自治体の青少年条例による**「有害」図書規制**の運用実態からすると拡大の可能性を否定できない。

## ③ 深刻さを増すネット上のヘイト

　一方で、深刻さを増しているがインターネット上のヘイト実態で、当初の在日ヘイトもネット上で広がった経緯があるが、いわばビジネスでヘイト動画や差別情報をネット上で公開することで、アクセス数による広告収入を稼ぐ実態が一般化している。また、攻撃対象者の個人情報を「晒す」行為など、極めて悪質であるにもかかわらず法の網をくぐり抜けている現状がある。同時に、政治家や有名人のヘイトもどきの発言がマスメディア間で許容されるがために、社会全体の閾値が下がってしまい、「気軽に」ヘイト発言がなされる状況が生まれている側面も否定しえない。

　京都朝鮮学校襲撃事件では、裁判所がヘイトスピーチを含む暴力的示威行動のインターネット上での拡散行為を、人種差別撤廃条約に照らし違法とし、示威行動の差し止めと損害賠償を命じた（京都地判2013年10月7日、大阪高判2014年7月8日）。さらにネット上へのヘイト書き込みに対し、簡裁段階ではあるものの侮辱罪（川崎簡裁2018年12月20日）や名誉毀損罪（石垣簡裁2019年1月17日）が初適用された。こうした司法判断による事後的な処罰や、極めて限定的な範囲での仮処分による事前の制限（完全の禁止ではなく時・所・場所による制約）は、行政判断による事前規制とは違う第3の選択肢といえる。

　ここでは人種差別表現を中心に取り上げたが、日本国内には長い差別の歴史を有する部落差別や、近年では沖縄差別に係るヘイトスピーチも後を絶たない。また、欧州におけるナチズムのように、イスラム国家においては、宗教侮辱表現は国家に対する暴力行為として、思想も含めて厳しい禁止対象だ。国によりこうした価値観には相違があり、他国では自由な表現が認められるがために起きた事件が、1988年に発表された『悪魔の詩』の著者に対する死刑宣告や、2015年にフランス・パリで起きた**シャルリ・エブド事件**でもある。（山田健太）

▷**ヘイトスピーチ解消法**
本邦外出身者に対する不当な差別的言動の解消に向けた取組の推進に関する法律（2016年6月施行）。「差別的言動」の定義は、「専ら本邦の域外にある国若しくは地域の出身である者又はその子孫であって適法に居住するものに対する差別的意識を助長し又は誘発する目的で公然とその生命、身体、自由、名誉若しくは財産に危害を与える旨を告知し又は本邦外出身者を著しく侮辱するなど、本邦の域外にある国又は地域の出身であることを理由として、本邦外出身者を地域社会から排除することを煽動する不当な差別的言動をいう」とされている。また、同年3月には国として初めての実態調査の報告書を公表した。

▷3　大阪市ヘイトスピーチへの対処に関する条例（2016年7月施行）

▷4　「公の施設」利用許可に関するガイドライン（2018年3月施行）。その後、川崎市差別のない人権尊重のまちづくり条例（2020年7月施行）で刑事罰導入。

▷5　ヘイトスピーチ解消法を踏まえた京都市の公の施設等の使用手続に関するガイドライン（2018年6月策定）

▷6　東京都オリンピック憲章にうたわれる人権尊重の理念の実現を目指す条例（2019年4月施行）

▷**「有害」図書規制**
⇨ Ⅲ-3「有害表現」

▷**シャルリ・エブド事件**
イスラム教の風刺を掲載したフランスの新聞「シャルリ・エブド」の編集局が襲撃された事件。

Ⅴ 名誉毀損・プライバシー侵害

# 表現の自由とプライバシー

▷「宴のあと」事件
著名な元政治家をモデルとした小説において、妻への暴力、寝室での行為等が描かれていたことが、プライバシー侵害にあたるとして損害賠償等が請求された事件。東京地裁は、公人、公職の候補者であっても無制限に私生活の公開が許されるわけではないとして、損害賠償等の請求を認めた（東京地判昭和39年9月28日下民集15巻9号2317頁）。
▷1 プライバシー権を「私生活をみだりに公開されない」権利と解する立場は、その後の判例でも一貫している。近年の住基ネット事件最高裁判決（最判平成20年3月6日民集62巻3号665頁）でも、「憲法13条は、国民の私生活上の自由が公権力の行使に対しても保護される」とした上で、その私生活上の自由の1つとして、「何人も、個人に関する情報をみだりに第三者に開示又は公表されない自由を有する」との判示がなされている。
▷自己情報コントロール権
⇨ Ⅶ-7「自己情報コントロール権と忘れられる権利」、Ⅴ-10「肖像権・パブリシティ権」
▷「石に泳ぐ魚」事件
作者自身を主人公にし知人らを登場させるモデル小説において、生まれつき顔面

## 1 プライバシー権の保障

「プライバシー権」を明文で保障する憲法規定は存在しないものの、判例・学説は憲法13条を根拠としてプライバシー権の権利性を認めている。ただし、その内容には曖昧さが残る。アメリカの著名な研究によれば、プライバシーの侵害は、①私生活への侵入、②私生活上の秘密の暴露、③公衆の目に誤った印象を与える行為、④氏名や肖像などの不正な利用、に区分されうる。一方、日本の裁判所は、プライバシー権を「私生活をみだりに公開されない」権利と特徴づけ、その上で、公開された情報がある一定の要件を満たし、その公開によって不快、不安の念を覚えた場合に、これをプライバシー侵害と判断する。

この考え方は、具体的には「**宴のあと**」**事件**東京地裁判決で初めて示された。本判決は、プライバシー権を「私生活をみだりに公開されないという法的保障ないし権利」と理解した上で、以下の三要件が揃う場合、すなわち、公開された情報が、①私生活上の事実または事実らしく受け取られるおそれがあり（私事性）、②一般人の感受性を基準にして当該私人の立場に立った場合公開を欲しないであろうと認められ（秘匿性）、③一般の人々にいまだ知られていない（非公然性）ものであって、この公開によって当該私人が実際に不快、不安の念を覚える場合には、プライバシー侵害として法的保護が与えられるとしている。もっとも、学説においては、プライバシー権の**自己情報コントロール権**としての側面が重視されるようになってきている。

## 2 モデル小説でもプライバシー侵害は生ずるのか？

「宴のあと」事件は、著名な政治家をモデルに、仮名にて執筆された小説がプライバシー侵害とされた事件であった。では、もし小説のモデルが著名人ではなく、モデルと本人との同定が一般人には不可能であるとしたら、これはプライバシー侵害にならないのであろうか。「**石に泳ぐ魚**」**事件**では、著名ではない私人をモデルとした小説が、その私人のプライバシーを侵害しているかが争われた。これに関して、最高裁は、モデルとされた人物を知る身近な者にとって本人が同定可能であるに過ぎなかったこの事件においても、プライバシー侵害等は認められると判断した。

また、モデル小説は作品上の虚構を含むため、作品中の事実が現実の私生活

94

と異なることがありうる。しかし，もし読者がこの虚構を判別できず，これを現実の私生活であると推測した場合，モデルと同定された者は，読者の好奇心の対象となり，結果的に精神的苦痛を感じることになろう。それゆえ，「宴のあと」事件判決が示した通り，「私生活上の事実」だけでなく「事実らしく受け取られる」ことがらの公表であっても，やはりプライバシー侵害となりうる。

## ❸ 表現の自由とプライバシー権との調整

　民法709条によれば，ある表現によりプライバシーが侵害された者は，その表現者に対して損害賠償を請求することができる。なぜなら，プライバシー侵害は，同条にいう「他人の権利又は法律上保護される利益」の「侵害」にあたるからである。しかし他方で，その表現者にも憲法21条の「表現の自由」の保障が及ぶはずである。となれば，裁判所が表現者に損害賠償を命ずることは，彼の表現の自由との関係で深刻な問題を生じさせることになる。

　この点，「宴のあと」事件判決は，「他人の私生活を公開することに法律上正当とみとめられる理由があれば違法性を欠き結局不法行為は成立しない」と論じつつ，表現の自由の保障とプライバシーの保障とは一般的にはいずれが優先するという性質のものではないとして，両者に調整の余地を認める。その上で，具体的には，「公共の秩序，利害に直接関係のある事柄の場合とか社会的に著名な存在である場合には，ことがらの公的性格から一定の合理的な限界内で私生活の側面でも報道，論評等が許される」との調整基準を示している。ただ，最高裁は，「プライバシーの侵害については，その事実を公表されない法的利益とこれを公表する理由とを比較衡量し，前者が後者に優越する場合に不法行為が成立する」（長良川リンチ殺人報道事件・最判平成15年3月14日民集57巻3号229頁）と述べるにとどまっている。

## ❹ プライバシー侵害を理由とする差止め

　プライバシーの権利はその性質上，現実には，一度侵害されると金銭によっては償い難いものがあるので，プライバシー侵害に対しては裁判所による**事前差止め**が認められるべきであると一般に考えられている。もっとも，事前差止めにより表現の自由が侵害されないかが懸念されるため，いかなる要件の下でこれが許されるのかが問題となる。この点，最高裁の立場は判然としないが，下級審では，**週刊文春事件**において，①記事が「公共の利害に関する事項に係るもの」といえるか，②記事が「専ら公益を図る目的のものでないことが明白である」か，③記事によって「被害者が重大にして著しく回復困難な損害を被るおそれがある」か，の三要件により判断すべき旨が示されている。ここでは，差止めが極めて厳しい表現規制であることに鑑み，③の要件や「明白である」といった要件が付加されていることに注意が必要である。　　　　（丸山敦裕）

に大きな腫瘍をもつ女性の人生が詳細かつ苛烈に描写されていたことにより，この女性と同様の身体的特徴や経歴を有する作者の友人のプライバシー権等が侵害されたとして，作者と出版社に出版差止め等が請求された事件（最判平成14年9月24日判時1802号60頁）。
⇨ Ⅵ-4 「事前差止め」

▷事前差止め
⇨ Ⅵ-4 「事前差止め」

▷週刊文春事件
⇨ Ⅵ-4 「事前差止め」

# Ⅴ　名誉毀損・プライバシー侵害

 犯罪報道

▷**集団的過熱取材**
⇨ Ⅳ-8 「集団的過熱取材」

▷ 1　1994年の松本サリン事件では，第一通報者が大多数の報道で犯人扱いされ，彼に関する私生活上の事実が（憶測を含め）幅広く報道された。しかし，後に真犯人が別人であることが判明したため，結果的にこれらの報道は，彼に深刻な権利侵害をもたらしただけであった。

▷**無罪推定の原則**
被疑者・被告人は有罪判決があるまでは有罪ではないとされること。有罪とするための挙証責任は警察・検察の側が負う。

▷「逆転」事件
アメリカ占領統治下の沖縄での陪審員体験に基づいて執筆されたノンフィクション作品『逆転』の著者に対して，同作品中に実名が無断使用された本人が，刑事事件で懲役3年の実刑判決を受けて服役した事実が作品の出版により公表され，精神的苦痛を被ったとして，慰謝料を請求した事件。なお，同作品は，上記刑事事件および裁判から12年あまり，仮出獄から8年あまり経過した後に出版された（最判平成6年2月8日民集48巻2号149頁）。

## １　犯罪報道とプライバシー

　1980年代以降，刑事事件についての報道（いわゆる犯罪報道）が社会問題化することが多くなっている。その背景には，メディアの数が増えたこと，大きな事件が続いたことなどがある。犯罪に関する情報は公的情報であり，これをプライバシー権保障の外に置く見解もあるが，しかし，犯罪報道には被疑者段階のものも多数あることに鑑みれば，犯罪報道の自由がプライバシー権に一律に優先すると考えるのは性急である。重大事件では，その全容が未解明であるほど**集団的過熱取材**が生じやすい。その場合，取材対象の一挙一投足が記録・報道され，大衆の好奇の目に晒される。報道において被疑者が「犯人視」される場合には，犯罪容疑に関して「私生活上の事実らしく受け取られることがら」が公表され，彼に不快，不安の念を抱かせることにもなりうる。この場合，プライバシー侵害が疑われるばかりか，虚偽事実の公表による社会的評価の低下として名誉毀損さえ問題となりうる。**無罪推定の原則**からしても，根拠なき「犯人視報道」とならないよう，犯罪報道には十分な配慮が求められる。

　他方，犯罪報道の中でも有罪確定後のものや前科に関しては，上記のような諸問題は生じ難い。しかし，これらの犯罪情報にも法的保護が及ぶと解するのが一般的である。最高裁も，「逆転」事件において，刑事事件の被疑者・被告人にされたという事実や有罪判決を受け服役したという事実は，その者の名誉あるいは信用に直接にかかわる事項であるから，その者は，「みだりに右の前科等にかかわる事実を公表されないことにつき，法的保護に値する利益を有する」として，前科等の犯罪情報も「私生活をみだりに公開されない」権利の射程に入れている。

## ２　犯罪報道が有する公共性と「時間の経過」

　犯罪情報に「私生活をみだりに公表されない」権利としての保護が及ぶとしても，公表された側の損害賠償や差止めの請求等が直ちに認められるわけではない。むしろ，一般に犯罪に関する事実は社会秩序に関する事柄であるから，公共の利益に関する事実というべきであり，また，報道の自由は国民の知る権利を保障するために重要であるから，事件発生当時または裁判継続中にこれを報道することは，原則として適法であると考えられる（「逆転」事件一審・東京

地判昭和62年11月20日判時1258号22頁）。また，前科の公表についても，事件それ自体を公表することに歴史的または社会的な意義が認められるときには許される場合があることを，最高裁も「逆転」事件で認めている。したがって，事実の公共性や目的の公益性が認められるような犯罪報道であれば，原則として違法なプライバシー侵害とはならず，賠償責任等を免れうるといえよう。もっとも，「犯罪事実に関連する事項であっても無制限に摘示・報道することが許容されるものではなく，摘示が許容される事実の範囲は犯罪事実及びこれと密接に関連する事実に限られるべき」（東京地判平成7年4月14日判時1547号88頁）ことには注意が必要である。

　前科等の過去の犯罪情報の公表に関しては，「時間の経過」が重要となることもある。なぜなら，事件当時には公共性や公益性ゆえプライバシー権に優先した事実の公表でも，「時間の経過」によりその公共性等を失う場合があるからである。「逆転」事件最高裁判決も，事件や裁判から12年あまり経過した本件著作の刊行当時，実名を使用された本人は，その前科に関わる事実を公表されないことにつき法的保護に値する利益を有しており，著者がその事実を公表したことを正当とするまでの理由はない，と判示した。これは，「時間の経過」がプライバシー権の側を優先させるべき根拠になりうることを示唆している。

## ③ 実名報道と犯罪被害者保護

　犯罪報道については，近年，匿名報道を求める声が少なくない。しかし，「報道における被疑者の特定は，犯罪ニュースの基本的要素であって，犯罪事実自体と並んで公共の重要な関心事である」（敬称抜き実名報道事件・名古屋高判平成2年12月13日判時1381号51頁）点も否めない。それゆえ，国民の知る権利の意義からしても，匿名／実名の判断は，犯罪事実の態様，程度および被疑者の社会的地位等をふまえ，その公共性・公益性に応じてなされることが求められよう。

　犯罪被害者については，さらに匿名報道の要望が強い。犯罪被害者が実名報道されると，被害者やその家族は大衆の好奇の目に晒され，精神的な二次被害を受けかねない。取材段階でも集団的過熱取材が生じれば，生活の平穏は奪われる。この点，2004年に制定された犯罪被害者等基本法は，犯罪被害者の「個人の尊厳」にふさわしい処遇の保障を謳い，犯罪被害者の名誉や生活の平穏への十分な配慮を国民に求めた。これをふまえ，犯罪被害者等基本計画は，警察による被害者氏名の発表につき，「プライバシーの保護，発表することの公益性等の事情を総合的に勘案しつつ，個別具体的な案件ごとに適切な発表内容となるよう配慮」することとし，実名発表すべきかを警察の裁量に委ねた。ただ，これに対しては，匿名発表は取材の手がかりを失わせ，不祥事隠蔽の温床となりうるので，警察発表は原則実名にすべき，との異論がある。　　　（丸山敦裕）

▷2　⇨ V-2 「免責要件(1)」

▷3　インターネットとの関係で，検索結果削除の可否が問題になっている。⇨ Ⅶ-7 「自己情報コントロール権と忘れられる権利」

▷4　例えば，東電OL事件では，捜査の過程で，被害女性が退勤後に売春を行っていた事実が判明したため，多数のマス・メディアが興味本位で取り上げた。ここでの報道および取材のあり方の是非は，被害者や家族のプライバシーとの関係で論争の的となった。

▷5　例えば，桶川ストーカー殺人事件では，当初，被害女性に対する言われなき報道が横行したため，被害者家族は強い精神的苦痛を被った。ところが，その後，一部報道機関の追跡取材により，被害女性のストーカー被害に関する複数回の相談にもかかわらず警察が適切な保護を行わなかったことや，被害女性からの「告訴」を一方的に「被害届」に改ざんするなどの不正の隠蔽が警察によってなされていた事実が明るみに出た。

# Ⅴ　名誉毀損・プライバシー侵害

 少年の実名報道

▷長良川リンチ殺人報道事件
19歳の少年らによる，大阪，愛知，岐阜にまたがるリンチ殺人事件に関して，週刊誌が少年らの法廷での様子，犯行態様，非行歴等を，実名に酷似する仮名で報じたことに対して，少年法61条の禁止する推知報道によりプライバシー等が侵害されたとして損害賠償請求がなされた事件。

▷「石に泳ぐ魚」事件
⇒ Ⅴ-7 「表現の自由とプライバシー」，Ⅵ-4 「事前差止め」

▷日本新聞協会の少年法第61条の扱いの方針
主たる内容としては，20歳未満の非行少年の氏名，写真などは，紙面に掲載すべきではないことを原則としつつ，ただし，①逃走中で，放火，殺人など凶悪な累犯が明白に予想される場合，②指名手配中の犯人捜査に協力する場合など，少年保護よりも社会的利益の擁護が強く優先する特殊な場合には，氏名，写真の掲載を認める除外例とするよう当局に要望し，これを新聞界の慣行として確立したい，とするものである。

▷1　2006年の山口高専生殺人事件では，加害少年の自殺を受けて顔写真つき実名報道に踏み切った在京放送局がある一方，匿名報道

## 1　少年法61条の規定の読み方

少年法61条は，「家庭裁判所の審判に付された少年又は少年のとき犯した罪により公訴を提起された者については，氏名，年齢，職業，住居，容ぼう等によりその者が当該事件の本人であることを推知することができるような記事又は写真を新聞紙その他の出版物に掲載してはならない」と規定し，少年事件の容疑者特定につながる報道を禁止している。これは少年審判の非公開を規定する少年法22条と軌を一にするものといえよう。少年法61条を文字通りに解せば，同条の適用は，「家庭裁判所の審判に付された少年」や「公訴を提起された」，「新聞紙その他の出版物」の場合に限られるように読める。しかし，**長良川リンチ殺人報道事件**控訴審判決（名古屋高判平成12年6月29日民集57巻3号265頁）は，少年法61条の推知報道の禁止を，捜査段階以降一貫して，メディア媒体の種類を問わずに及ぶものと解している。つまり，事件当初から容疑者氏名等の公表は許されず，放送やインターネットでもこれは同様なのである。

ただ，報道が有する推知可能性は，加害少年との人間関係の距離により異なる。長良川リンチ殺人報道事件最高裁判決（最判平成15年3月14日民集57巻3号229頁）は，この点につき，不特定多数の一般人が本人であると推知できるかを基準にして判断すべきと論じた。プライバシー侵害に関する**「石に泳ぐ魚」事件**での最高裁の判示とは対照的に，少年法61条違反を認められるためには，身近な者による同定が可能というだけでは足りないのである。

少年法61条には違反に対する罰則がない。これは，表現の自由に配慮し，規定の遵守を報道機関の自主規制に委ねる趣旨と解される。かつて法務省は，実名報道が問題となった際に，違反者に対する罰則規定の追加を示唆したことがあった。これを受け，新聞協会は法務省等との折衝の結果，**日本新聞協会の少年法第61条の扱いの方針**（1958年12月16日）を定め，非行少年の氏名，写真などの原則不掲載と実名報道のための例外ルールを明文化するに至った。報道媒体が多様化した現在，自らの表現の自由を守るためにも，あらゆる表現主体が，少年法61条に罰則が存在しないことの意味を自覚的に認識する必要があろう。

## 2　少年法61条は「少年の権利」の保障規定か

少年法61条に関しては，少年に固有の特別の権利を認めたものだとする見解

と，権利規定ではないとする見解とが対立している。例えば，長良川リンチ殺人報道事件控訴審判決（前掲，名古屋高判平成12年6月29日）は，憲法13条，26条，児童の権利に関する条約40条1項等を根拠に，成長発達過程にある少年には健全な成長のために配慮される基本的人権（成長発達権）が保障されるとした上で，少年法61条を，報道の規制により少年の成長発達権を保護し，併せて少年の名誉権・プライバシー権を保護する規定と解している。

これに対し，**堺通り魔殺人報道事件**控訴審判決（大阪高判平成12年2月29日判時1710号121頁）は，少年法61条は，同法の目的である少年の健全育成を図るという「公益目的」と少年の社会復帰を容易にし，特別予防の実効性を確保するという「刑事政策的配慮」とを実施するための規定であって，実名で報道されない権利を少年に付与したものではないとし，さらに，罰則規定がないことに照らし，同条が表現の自由に当然に優先するということはできないと解している。学説では，成長発達権を肯定する立場も有力に主張されているが，権利の具体的内容が不明確であること等を理由に，一般に承認されるに至ってはいない。なお，長良川リンチ殺人報道事件最高裁判決では，成長発達権の論点に関する判断が回避されたため，最高裁の立場はまだ明らかとはなっていない。

## ❸ 少年の保護における少年法61条の役割

では，少年事件において実際に実名報道等がなされた場合，少年法61条はどのような役割を果たすのであろうか。同条から成長発達権を導出しうるとすれば，実名報道等により同条によって保護された少年の成長発達権が侵害されたとして，民法709条に基づく損害賠償請求ができそうである。しかし，成長発達権を承認しないのであれば，損害賠償責任を肯定するには，いったん少年法61条を離れ，プライバシー侵害等の別の権利侵害を主張する必要があろう。

この点，プライバシー侵害に関して，長良川リンチ殺人報道事件最高裁判決は，事実を公表されない法的利益とこれを公表する理由とを比較衡量し，前者が後者に優越する場合に不法行為が成立するとし，比較衡量に際しては，掲載当時の少年の年齢や社会的地位，犯罪行為の内容，情報の伝達範囲と少年が被る具体的被害の程度，本件記事の目的や意義，公表時の社会的状況，情報を公表する必要性などの諸事情を個別具体的に審理することが必要であると判示している。この場合，少年法61条の「公益目的」および「刑事政策的配慮」から導かれる少年の利益は，比較衡量されるべき諸事情の1つとして考慮されることになる。したがって，少年法61条違反が直ちに損害賠償を導くのではなく，あくまで比較衡量の結果，賠償の要否が決定されることになるといえよう。

（丸山敦裕）

---

を維持した局もあり，在京放送局間でも立場が分かれた。さらに2011年には，前述の長良川リンチ殺人事件の元少年3人に死刑判決が下されたことを機に，多くのメディアが実名報道に切り換えた。理由としては，更生可能性の消滅や，死刑という公権力行使に対するチェックのためとされた。

▷堺通り魔殺人報道事件
19歳の少年が起こした通り魔事件に関する月刊誌の特集記事で，少年の氏名，顔写真等本人を特定しうる内容が掲載されたため，プライバシー権や実名報道されない権利等が侵害されたとして，損害賠償等が請求された事件。

▷2 長良川リンチ殺人報道事件最高裁判決は，記事に記載された犯人情報及び履歴情報は，他人にみだりに知られたくないプライバシーに属する情報であるとした。

▷3 もっとも，長良川リンチ殺人報道事件最高裁判決は，少年法61条違反を認めなかったので，同条違反があった場合にこれが比較衡量でどの程度考慮されるかは，明らかではない。なお，本件差戻審は，推知される範囲の狭さ，犯罪行為の重大さ，記事に対する社会的関心等を理由に，不法行為は成立しないと結論づけた。

## Ⅴ　名誉毀損・プライバシー侵害

 肖像権・パブリシティ権

### 1　肖像権の権利性

　日本の実定法上，肖像権に関する明文規定はない。とはいえ，一般に，肖像権は，自分の肖像（写真・絵画・彫刻など）をみだりに撮影ないし作成されまたは利用されない権利と理解され，個人の人格的利益を保護の対象とする「人格権」の1つとして保障されると考えられている。人格権には，名誉権，氏名権，プライバシー権等様々あるが，肖像権については，しばしばプライバシー権との親近性が指摘される。例えば東京地裁は，「プライバシーの権利として，何人も，承諾をしていないのに自己の容ぼう・姿態をみだりに撮影されこれを公表されないという法的利益を有している」（フォーカス人違い写真事件・東京地判昭和62年6月15日判時1243号54頁）と判示している。最高裁は**京都府学連事件**で，「これを肖像権と称するかどうかは別として」と留保しつつも，「何人も，その承諾なしに，みだりにその容ぼう・姿態……を撮影されない自由を有する」としている。ここでは，その実質において，肖像権の権利性が承認されていると解されるが，最高裁がプライバシー権自体を積極的に定義づけてこなかったこともあり，肖像権とプライバシー権との包摂関係は曖昧なままである。なお，プライバシー権を**自己情報コントロール権**と捉える立場の多くは，肖像も自己情報の1つであるとして，肖像権をプライバシー権の一内容と解している。

### 2　肖像権侵害とその免責

　肖像権侵害の態様には様々なものがある。学説の多くは，これを①自己の肖像の無断作成，②自己の肖像の無断公表，③自己の肖像の無断での営利利用，に分類する。ただ，③は，人格的利益の侵害というより経済的利益の侵害の側面が強く，質的に他のものと異なるといえるので，後述するパブリシティ権の問題として構成するのが一般的である。

　①については，かつては公表されない限り肖像権侵害とみなさない立場もあった。しかし，プライバシー観念の拡大や撮影技術の飛躍的進歩に伴い，写真撮影だけでも肖像権侵害になると考えられるようになった。また，撮影の承諾がありさえすれば公表が無断であってもよいかといえば，これもやはり肖像権侵害となる（②）。例えば，ロス疑惑無修正写真事件において東京地裁は，全裸写真，特に性器部分が無修整の写真がみだりに公表される場合には，当該写

▷**京都府学連事件**（最大判昭和44年12月24日刑集23巻12号1625頁）
許可条件に違反するデモ行進の進行状況を警察官が写真撮影したことに関して，撮影された学生が本件撮影はプライバシー権の1つとして構成される肖像権の侵害であると主張した事件。
▷**自己情報コントロール権**
⇨Ⅶ-7 「自己情報コントロール権と忘れられる権利」

▷1　京都府学連事件はその一例である。また，写真週刊誌のカメラマンが有名作家と交際中の女性の炊事姿を塀越しに撮影したことについても，東京高裁は「常軌を逸したもの」として，その違法性を肯定している（東京高判平成2年7月24日判時1356号90頁）。

真が無断撮影されたものであるか否かにかかわらず，人格的利益を侵害し不法行為を構成すると判断している（東京地判平成2年3月14日判時1357号85頁）。

とはいえ，新聞・テレビでの報道や雑誌等の記事において，関係者の写真の掲載や放映が果たす役割も大きい。これらは憲法21条の表現の自由による保護を受けるため，肖像権保護には表現の自由との調整が不可欠となる。この点，比較的多くの下級審判例は，(a)事実の公共性，(b)目的の公益性，(c)手段の相当性の三要件を満たす場合には，肖像利益を害する表現の違法性は阻却されるとする。これに対して，最高裁はこうした定義的なアプローチをとらず，被撮影者の社会的地位，撮影された被撮影者の活動内容，撮影の場所・目的・態様・必要性等を総合考慮して，被撮影者の人格的利益の侵害が「社会生活上受忍の限度」を超えるものといえるかどうかによるべきだとしている（最判平成17年11月10日民集59巻9号2428頁）。学説でも，このいずれがふさわしいかについて，立場が分かれているのが現状である。

## ❸ パブリシティ権と表現の自由

パブリシティ権とは，一般に，人の氏名や肖像を利用する際に生じうる経済的な価値を使用する権利をいう。元々はプライバシー権の一内容と考えられていたが，財産的権利としての側面が強いため，その位置づけには争いがある。最高裁は，**ピンク・レディー事件**判決（最判平成24年2月2日民集66巻2号89頁）において，肖像等が有する「顧客吸引力を排他的に利用する権利（以下「パブリシティ権」という。）は，肖像等それ自体の商業的価値に基づくものであるから，……人格権に由来する権利の一内容を構成する」として，パブリシティ権を人格権に位置づけている。また，同判決は，専ら肖像等の有する顧客吸引力の利用を目的として肖像等を無断で使用する場合にパブリシティ権侵害が生じると考えており，その具体例として，①肖像等それ自体を独立して鑑賞の対象となる商品等として使用する，②商品等の差別化を図る目的で肖像等を商品等に付す，③肖像等を商品等の広告として使用する，といった場面を挙げている。

他方，馬主が有する競走馬の馬名のように，人の氏名や肖像以外のものについてもパブリシティ権が認められるかが問題となることがある。というのも，上記最高裁判例によれば，パブリシティ権は人格権の一内容だからである。ギャロップレーサー事件では，控訴審（名古屋高判平成13年3月8日民集58巻2号353頁）はその権利性を承認したが，最高裁（最判平成16年2月13日民集58巻2号311頁）は，「競走馬の名称等が顧客吸引力を有するとしても，物の無体物としての面の利用の一態様である競走馬の名称等の使用につき，法令等の根拠なく競走馬の所有者に対し排他的な使用権等を認めることは相当ではな」いとして，馬名についてのパブリシティ権を否定している。

（丸山敦裕）

▷2　例えば，和歌山カレー毒物混入事件の被告人の法廷内写真を隠し撮りし，写真週刊誌に掲載したことが争われた事件の一審判決（大阪地判平成14年2月19日判タ1109号170頁）。⇨ V-7「表現の自由とプライバシー」

▷3　和歌山カレー毒物混入報道事件の最高裁判決では，法廷内で描かれたイラスト画の掲載が肖像権侵害を構成するかについても，写真撮影と同様の総合考慮のアプローチに拠りつつ，「イラスト画は，その描写に作者の主観や技術が反映するもの」なので，写真とは異なるイラストの上記特質が考慮されなければならないとして，手錠・腰縄姿のイラスト画1点のみを「社会生活上受忍の限度」を越え，違法であると判断した。⇨ IV-3「法廷における取材」

▷**ピンク・レディー事件**
女性週刊誌『女性自身』のダイエットに関する記事（ピンク・レディーの代表曲の振り付けの解説）の中で，ピンク・レディーの写真14枚が無断使用されたことに対して，パブリシティ権侵害を理由に損害賠償を請求した事件。最高裁は，写真の無断掲載について，「本件各写真は……記事の内容を補足する目的で使用されたものというべき」であって，「専ら」顧客吸引力の利用を目的するものとはいえないとして，訴えを退けた。

# Ⅵ　救済・予防（教育）手段

 損害賠償

### 1　名誉・プライバシー侵害と損害賠償

　マス・メディアによって名誉・プライバシーが侵害された場合，その救済手段として第一に考えられるのが，不法行為を理由とする損害賠償（金銭賠償）請求である。この損害賠償請求は，民法709条，710条に基づいて行われ，財産上の損害の他，精神的な損害に対しても認められる[41]。名誉・プライバシー侵害の場合は，むしろ，精神的な損害に対する賠償（慰謝料）が中心となる。

　従来，マス・メディアによる人権侵害，特に，有名人やタレントに対する名誉毀損やプライバシー侵害については，100万円訴訟といわれたように，高くても100万円程度の損害賠償しか認められなかった。しかし，最近では，1000万円を超える損害賠償を命ずる判決も出てきており，その高額化が問題となっている。この損害賠償の高額化は，マス・メディアの経済的基盤を揺るがし，表現の自由を委縮させる恐れがあることから，今日では，看過できない問題となっている。

### 2　高額化する損害賠償額

　これまで，名誉・プライバシー侵害に対する損害賠償は，著しく低額であることが指摘され，この「低額であること」が，一部のマス・メディアによる「行き過ぎた取材や報道」を生んでいるともいわれてきた。また，裁判所による損害賠償額算定の方法も明確ではなく，裁判所の評価にもバラツキがみられた。

　損害賠償が低額であるとする見解は，2001年6月の「司法制度改革審議会最終意見書」でも取り上げられ，この動きと前後して，司法研修所や東京地裁の研究会を中心に損害賠償額算定の基準づくりが行われることになった[42]。こうしてつくられた算定基準に基づいて，今日では，ほぼ500万円を基準とする損害賠償が定着しつつある。名誉毀損訴訟において，最近では，総額にして4000万円以上の賠償を命ずる東京地裁の判決も出ており，その他，500～600万円から1000万円を超える損害賠償を命ずる判決も多く存する[43]。

　この損害賠償額の高額化について，高額化へ向かう初期の判決をみてみると，2001年の東京高裁判決は，「近時においては，国民の人格権に対する重要性の認識やその社会的，経済的価値に対する認識が高くなってきており，人格権の構成要素である名誉権，肖像権，その肖像，氏名，芸名及び人格的イメージの

---

▷1　民法710条は，「他人の身体，自由若しくは名誉を侵害した場合又は他人の財産権を侵害した場合のいずれであるかを問わず，前条の規定により損害賠償の責任を負う者は，財産以外の損害に対しても，その賠償をしなければならない」と定め，精神的な損害についても，金銭賠償が行われることを規定している。

▷2　損害賠償額算定の基準については，司法研修所「損害賠償請求訴訟における損害額の算定」『判例タイムズ』1070号4頁，東京地方裁判所損害賠償訴訟研究会「マスメディアによる名誉毀損訴訟の研究と提言」『ジュリスト』1209号63頁などを参照。

▷3　大相撲八百長疑惑を報じた講談社『週刊現代』に対する名誉毀損訴訟では，総額4290万円の損害賠償が命じられた。この訴訟を含む高額損害賠償訴訟については，山田健太『法とジャーナリズム〔第3版〕』学陽書房，2014年，419頁のリストを参照。

商業的利用価値及びプライバシーの権利の保護やそれらの侵害に対する補償についての要求も高くなっている」との基本的認識を示し，「とかく軽く評価してきた過去の名誉毀損等による損害賠償等事件の裁判例の慰謝料額に拘束されたり，これとの均衡に拘ることは，必ずしも正義と公平の理念に適うものとはいえない[44]」と続ける。

これに対し，同じ年の東京高裁判決は，「名誉毀損による精神的損害の程度を金銭に見積もってその額をいくらとみるかはきわめて個別的具体的な判断であって」「いろいろな考慮要素について均衡のとれた慎重な配慮をしなければならない。当面問題にされているいわゆる著名人（政界財界のしかるべき地位にある者，芸能人，プロのスポーツ選手，その他社会的に相当な地位にある者）に対しより高額な慰藉料を認めるべきかについての議論も，そのような特別な地位にあるわけではない一般の人の人権や人格が侵害された場合の評価の在り方の問題を考えるとさまざまであるべきで，これを一概に肯定することはできない[45]」と述べ，一律高額化へ向かおうとする損害賠償へ警鐘を鳴らしている。高額の賠償を認める最近の裁判からもわかるように，損害賠償額は，前者の高裁判決の流れにあるようである。

### 3 損害賠償高額化の問題点

諸外国の傾向，特にアメリカと比べた場合，日本の損害賠償額の高額化は避けられないとする見解があるが，アメリカにおいて高額の損害賠償が認められるのは，名誉毀損など特に「悪質なものが多い」ともいわれる[46]。この背景には，政治家・公務員などに対する名誉毀損の裁判において適用される「**現実的悪意の法理**」の存在がある。アメリカでは，政治家など疑惑を報じられる側の公人が，報道機関の悪意を証明しなければならない。日本では，報道する側に免責三要件等の立証責任が課せられており，これらの要件等の違いを考慮に入れずに，損害賠償の高額化のみを論じることは，やはり問題であろう。また，アメリカでは，社会の批判的な発言を封じ込めることを目的とする多くのSLAPP（Strategic Lawsuits Against Public Participation）訴訟が提起されており[47]，日本でも，このような損害賠償額の高額化を認める裁判が，批判的な報道を抑え込むために利用される可能性がある。さらに，今日では，高額な損害賠償を求める裁判において，例えば，賠償請求の根拠を，雑誌出版経営者の「管理・指導責任」から問うものが現れてきており[48]，マス・メディアの社会的役割や公共性等を考慮に入れない，新たなアプローチが見られることも気になるところである。

今後，ある程度の損害賠償の高額化は避けられないとしても，「**公正な論評**」や「現実的悪意の法理」の積極的な導入，日本版 Anti-SLAPP 法の検討，さらには，「公共圏」形成への努力が一層求められるようになるであろう。

(松井修視)

▷ 4 大原麗子事件⇨Ⅴ-2「免責要件(1)」

▷ 5 清原選手事件（東京高判平成13年12月26日判時1778号79頁）。

▷ 6 山地修「名誉毀損の損害額の算定について：諸外国の状況の実証的分析」判タ1055号19頁などを参照。
▷現実的悪意の法理
⇨Ⅴ-5「現実的悪意の法理」
▷ 7 これは，比較的弱者の立場にある批判者に裁判費用を負わせることによって，批判者が批判や抵抗をやめるまで，文書などの発行を禁じ威嚇し発言を封じる，訴訟である。
▷ 8 これは，経営者に対する損害賠償請求の根拠を，旧商法266条ノ3第1項，現行会社法429条に求めるものである（東京地判平成21年2月4日判時2033号3頁）。
▷公正な論評
⇨Ⅴ-4「公正な論評の法理」

## VI 救済・予防（教育）手段

 謝罪広告

### 1 謝罪広告の法的根拠

謝罪広告とは，名誉を毀損した者が，自らの誤った発言により名誉を傷つけたことを謝罪する広告のことをいう。その目的は，名誉毀損によって生じた社会的評価の低下を回復させることにある。民法723条は，裁判所が「損害賠償に代えて，又は損害賠償とともに，名誉を回復するのに適当な処分を命ずることができる」ことを定めており，謝罪広告は，この「適当な処分」として最も広く用いられている。謝罪広告の掲載先としては，新聞や雑誌等のメディアに加え，ホームページが指定される例もある。判決で命じられた謝罪広告の掲載依頼を債務者（被告）が行わない場合，債権者（原告）が自ら新聞社等に掲載依頼を行い，その費用を債務者に負担させる（代替執行）。債務者自らが管理する媒体（ホームページや，自らが発行する新聞等）への謝罪広告が行われない場合には，掲載するまで一定額の金銭を納付させる（間接強制）。

### 2 謝罪広告と思想・良心の自由

謝罪は，一定の道徳的判断に基づく行為であるため，憲法19条が保障する**思想・良心の自由**との衝突が問題となる。思想・良心の意味については，①個人の精神的内面作用を広く対象とする広義説と，②信仰に準ずる主義主張ないし世界観と理解する個人の内面の核心部分のみを対象とする狭義説がある。広義説によれば，事実の存否に関する判断も保護対象となるが，狭義説によれば，人格の核心に関わる価値判断のみが保護されることとなる。学説上は，広義説と狭義説が拮抗しているが，両者の機械的区分に疑問を提示する説も有力である。思想・良心の自由の具体的内容としては，①思想・良心それ自体を理由とした不利益取扱いからの自由，②思想・良心を推知されない自由（沈黙の自由），③自己の思想・良心に反する行為を強制されない自由が挙げられる。

裁判所は，名誉毀損に該当する事実ないしその事実に対する評価を，謝罪広告を命じる前提として確定する。したがって，謝罪広告は一定の事実ないしその事実に対する評価を，広告に同意しない被告の名で公表することとなる。広義説によれば，事実の存否ないし当該事実に対する評価も思想・良心の自由に含まれるため，意に反する謝罪広告の掲載は，思想・良心の自由の問題となる。一方，狭義説によれば，広告内容が事実の判断にのみ関わる場合には，思想・

▷思想・良心の自由
「良心」が個人の倫理的判断に関するものであるのに対して，「思想」がその他の判断を指すとして，両者は一応区別しうる。しかし，19条が両者を一括して保障しており，また思想と良心は密接に関連するため，厳密な区別は不要と考えられている。

良心の問題ではなく，表現の自由に基づく消極的表現の自由の問題となる。

**謝罪広告事件**は，謝罪文の内容が「単に事態の真相を告白し陳謝の意を表明するに止まる程度のもの」であれば，代替執行によることは可能であり，掲載を命じられた謝罪文の内容も「上告人に屈辱的若しくは苦役的労苦を科し，又は上告人の有する倫理的な意思，良心の自由を侵害することを要求するものとは解せられない」とした。

同判決の多数意見は，思想・良心の自由の範囲を明示していない。田中耕太郎裁判官補足意見は，「良心」とは世界観や主義思想を内容とし，道徳的反省はこれに含まれないとする（狭義説）。これに対し，藤田八郎裁判官反対意見は，良心の自由は「単に物事の是非分別の内心的自由のみならず，かかる是非分別の判断に関する事項を外部に表現するの自由並びに表現せざるの自由をも保障する」とする（広義説）。また，垂水克己裁判官反対意見は，「行為者が自己の行為を宗教上，道徳風俗上，若しくは信条上の規範違反である罪悪と自覚した上でなければできないような謝罪の意思表示の如きを判決で命ずることは，性質上法の世界外の内界の問題に立ち入ることである」として，「謝罪」「陳謝」という道義的意思の表示を公にすることを命じることは許されないとする。

謝罪広告の掲載は，被告に対して外部的行為を求めるものである。しかし，広告の目的が，原告の主張が誤りであることを世間一般に知らしめることにあるのであれば，良心に基づく外部的行為が制約されうるとしても，それは必要最小限度でなければならない。同じ目的を達成することができる，より緩やかな手段が存在するのであれば，19条違反となるのではないかとの批判も強い。

## ③ 反論文・判決文の掲載，訂正放送との関係

以上のような謝罪広告の問題点を回避するため，これに代わる救済手段として提案されているのが，反論文や判決文（要旨）の掲載の義務づけである。

反論文の掲載は，「言論に対しては言論で」という，対抗言論の考え方を背景としている。名誉毀損を前提としない反論権には，最高裁は否定的である（**サンケイ新聞事件**）が，名誉毀損への救済としての反論文掲載については否定されていない。

判決文の掲載は，名誉毀損表現によって低下した社会的評価の回復が問題であるならば，裁判所が名誉毀損を認定したという事実を社会に明らかにすることでその目的を達成できるということを意図している。

また，放送法9条1項は，虚偽の放送により他人の権利を侵害した放送事業者に対して，訂正・取消放送を義務づけている。最高裁は，本規定は公法上の義務を定めたもので，私法上の請求権を認めたものではないとした（**「生活ほっとモーニング」事件**）が，民法723条に基づく請求は，放送事業者に対しても可能である。

(森脇敦史)

---

▷**謝罪広告事件**
衆議院議員選挙の際，対立候補が汚職を行っているとの事実をラジオの政見放送および新聞を通じて公表したことが，名誉毀損に当たるとして訴えられた事件。下級審において損害賠償と謝罪広告が認められたが，被告は謝罪広告の強制が良心の自由を侵害するとして最高裁に上告した（最大判昭和31年7月4日民集10巻7号785頁）。

▷**サンケイ新聞事件**
⇨VI-3「アクセス権と反論文の掲載」

▷**「生活ほっとモーニング」事件**
⇨VIII-9「訂正・取消放送」

## Ⅵ 救済・予防（教育）手段

 **アクセス権と反論文の掲載**

### 1 アクセス権と反論権

アクセス権とは，マス・メディアにおいて自らの意見等の発表の場を提供することを要求する権利のことである。マス・メディアには表現の自由ないし編集権があるから，その紙面ないし放送時間の中で誰に発言を認めるかを決定する権利がある。ところが，現代（といってもインターネット時代以前）においてはマス・メディアの巨大化と集中・寡占化が進み，表現の自由を実効的に行使できる者はごく一握りの者となってしまった。特に，少数意見は排除されがちである。そこで，マス・メディアにおいて外部の者が意見広告の掲載や反論権といったかたちで発言できる権利を，憲法の表現の自由の再解釈やあるいは立法を通じて認めるべきであるという考え方が，1960年代末から70年代にかけてアメリカで主張され，日本でも反響を呼んだのであった。

このように，アクセス権論は，少数派の表現の自由あるいは少数派の視点に接する公衆の知る権利ないし意見・情報の多元性の文脈で主張されたものであるが，他方，全く違う文脈で，**欧州諸国には反論権**を認める立法が存在する。これらの反論権法は，広い意味での人格権の保護を目的とするものと理解するのが一般的である。

### 2 反論権と意見広告

日本には活字メディアにおいてアクセス権・反論権を認める法令は存在しない。**サンケイ新聞事件**において最高裁は，名誉毀損の不法行為を前提としない反論権を法令上の根拠もないのに認めることはできないとした。この判決の中で最高裁は，反論権制度について，名誉やプライバシーの保護に資することを認めつつ，他方，活字メディアが反論権行使を恐れて批判的記事の掲載を躊躇する危険があり，表現の自由が間接的に侵されるおそれがあることを述べている。学説においても，最高裁の指摘したような観点から，反論権制度の法制化には消極的な見解が多数であるとみられる。

なお，名誉毀損の不法行為が成立する場合に，**民法723条**にいう「名誉を回復するのに適当な処分」として裁判所が反論文の掲載を命じることは可能だと考えられる。

意見広告とは，組織や個人がある特定の事柄について主義・主張を訴える形

---

▷ 1 ⇨ Ⅳ-9「編集権と内部的自由」

▷ **欧州諸国の反論権**
1822年のフランスの法律で初めて規定され，その後諸国に広まったもので，今日では欧州大陸のほとんどの国で多少とも認められている。最も広範な反論権を認めるフランス法では，活字メディアやインターネットにおける記事で言及された者に対し，元の記事と同等の分量の反論文の掲載を請求する権利を認めている。このように，反論権は記事で言及されさえすれば発生し，記事が違法である必要はないし，肯定的に言及された場合でさえ発生する。

▷ **サンケイ新聞事件**
自由民主党がサンケイ新聞（現在の題号は「産経新聞」）紙上に日本共産党を批判する意見広告を掲載したことに対し，共産党が反論のための意見広告の無料掲載を求めた事件。共産党は，名誉毀損の不法行為成立を前提とする民法723条による反論権の他，これを前提とせず，憲法21条から直接に反論権が発生するとする主張や，条理または人格権から反論権が発生するという主張を行ったが，下

式の広告などと定義されるが，アクセス権論においてメディア・アクセスのための重要な一手段と位置づけられ，実際に目にする機会もあるだろう。サンケイ新聞事件も意見広告をめぐって争われたものである。もっとも，意見広告を掲載してもらう法的な権利はなく，その意味ではアクセス権とはいえない。日本の新聞における意見広告は，1968年から翌年にかけて全国紙各社等がその掲載を認める方針をとったことから始まるとされる。新聞社はそれぞれ広告掲載基準を設け，それに沿って意見広告掲載の可否を決めている。

なお，放送における意見広告については，法令上問題はないとする見解もあるが，実際には一般的ではない。ただし，政党や政治団体，宗教団体などの広告は行われている。

## ③ 訂正・取消放送と政見放送

放送法9条1項には訂正・取消放送の制度が定められている。これは，真実でない放送によって権利を侵害されたことが要件となっているが，一種のアクセス権と捉える見解も多かったところである。ところが，「生活ほっとモーニング」事件（最判平成16年11月25日民集58巻8号2326頁）で最高裁は，この規定は放送の真実性を確保することを趣旨とするのであって，個人に訂正放送を請求する権利を付与するものではないと判断した。つまり，この規定は放送事業者の義務を定めたものではあっても，個人のアクセス権を定めるものではないとされたのであった。

国政選挙および都道府県知事選挙の候補者や政党には，公職選挙法によりテレビおよびラジオでの政見放送が認められている。政見放送は無料であり，候補者等の政見をそのまま伝えなければならないとされている点が特徴である。

## ④ インターネット時代における展開

インターネットでは誰でも自由に表現できるから，①で述べたような，メディア独占に対抗するというアクセス権論の問題意識はインターネットには妥当しないようにも思われる。また，インターネットの双方向性により，反論が可能な場合も多い。そこで，名誉毀損訴訟においては，名誉毀損に対してはまずは反論による対抗を促すような下級審の裁判例（東京地判平成20年2月29日判時2009号151頁）も現れたが，最高裁はインターネットの個人利用者による名誉毀損事件についても，他の媒体による名誉毀損の場合と同様に判断すべきだとした（最決平成22年3月15日刑集64巻2号1頁）。　　　　　（曽我部真裕）

---

級審および最高裁判決を通し，いずれも認められなかった（最判昭和62年4月24日民集41巻3号490頁）。

▷民法723条
「他人の名誉を毀損した者に対しては，裁判所は，被害者の請求により，損害賠償に代えて，又は損害賠償とともに，名誉を回復するのに適当な処分を命ずることができる。」⇨Ⅵ-2「謝罪広告」

▷放送法9条1項
⇨Ⅷ-9「訂正・取消放送」

▷「生活ほっとモーニング」事件
⇨Ⅷ-9「訂正・取消放送」

▷政見放送
⇨Ⅳ-5「公職選挙法・国民投票法の報道制限」

▷2　⇨Ⅸ-5「インターネット上の名誉毀損」

参考文献

韓永學『報道被害と反論権』明石書店，2005年。
堀部政男『アクセス権とは何か』岩波新書，1978年。
ジェローム・A・バロン／清水英夫他訳『アクセス権』日本評論社，1978年。

## Ⅵ 救済・予防（教育）手段

 事前差止め

### ① 「劇薬」としての事前差止め

　名誉毀損やプライバシー侵害となる新聞・雑誌記事等が掲載されることを事前に知っている場合，それにより被害を受けることになる者にとっての最良の手段は，これらの記事を事前に差し止めることであることはいうまでもない。しかし，差止めという措置は，それ以降，当該記事が公衆の目に触れることがなくなることを意味し，送り手のみならず受け手の表現の自由の観点からも重大な帰結を伴うものであり，その意味で，「劇薬」にたとえることができよう。差止め措置（に代表される事前抑制）の問題点として，最高裁（北方ジャーナル事件判決・最大判昭和61年6月11日民集40巻4号872頁）は2点を指摘している。第一に，表現物がその自由市場に出る前に抑止してその内容を読者・視聴者の側に到達させる途を閉ざしまたはその到達を遅らせてその意義を失わせ，公の批判の機会を減少させること，第二に性質上，予測に基づくものとならざるをえないことなどから事後制裁の場合よりも広汎にわたり易く，濫用のおそれがある上，実際上の抑止的効果が事後制裁の場合より大きいことである。
　そこで，事前差止めという措置がそもそも憲法上認められるのか，認められるとすればどのような要件を満たす必要があるのかということが問題となってきた。

### ② 「検閲」ではないか

　憲法21条2項は，「検閲は，これをしてはならない」としている。そこで，まず，事前差止めは「検閲」に該当するので，憲法上許されないのではないかが問題となるが，判例上，裁判所が個別の事件において発する差止め命令は，「検閲」には該当せず，この点は北方ジャーナル事件判決でも明言されている。
　もっとも，①で述べたように，「検閲」には該当しないとしても，事前抑制は表現の自由に対する重大な制約であることには変わりはないから，それを認めるには厳格な要件を課す必要がある。

### ③ 名誉毀損と事前差止め

　この点に関する指導的な判例は，①でも挙げた北方ジャーナル事件判決である。最高裁は，まず，名誉毀損に対しては，人格権としての名誉権に基づき，

▶北方ジャーナル事件
この事件は，『北方ジャーナル』という月刊誌が，当時，北海道知事選挙の立候補予定者であった五十嵐広三氏（後の内閣官房長官）を誹謗中傷する記事を掲載する予定だったのに対し，その差止めが求められた事案に関わる国家賠償訴訟である。最高裁は，本文に述べたような理由に基づき，差止めの適法性を認めた。

▶1 ⇨Ⅱ-9「検閲・事前抑制の禁止」

▶2 ⇨Ⅴ-1「表現の自由と名誉」，Ⅴ-2「免責要件(1)」，Ⅴ-3「免責要件(2)」

▶「石に泳ぐ魚」事件
芥川賞作家柳美里氏の小説

108

侵害の差止めを求めることができるとした。次いで，名誉毀損の事後制裁に関する免責事由[注12]をふまえ，さらに，❶で述べたような事前抑制の危険性を指摘した上で，差止めは厳格かつ明確な要件の下においてのみ許容されるとして，次のような要件を示した。すなわち，本件のように公職候補予定者に対する批判として公共の利害に関する場合には，原則として事前差止めは認められないが，その表現内容が真実でなく，またはそれがもっぱら公益を図る目的のものではないことが明白であって，かつ，被害者が重大にして著しく回復困難な損害を被るおそれがあるときは，当該表現行為の価値は被害者の名誉に劣ることが明らかである上，有効適切な救済方法としての差止めの必要性も肯定されるとして，差止めが認められるとし，本件はこの要件を満たすものとされた。

また，最高裁は上記のような実体的要件の他に，手続的要件として，口頭弁論または債務者の審尋を行い，表現内容の真実性等の主張立証の機会を与えることを原則とすべきものとした（ただし，本件ではこのような機会付与を要しない例外に該当するとされた）。なお，現在では民事保全法により，原則として，口頭弁論または債務者の審尋が必要とされている（23条4項）。

## ❹ プライバシー侵害と事前差止め

名誉毀損の場合の事前差止めの要件については，上記北方ジャーナル事件判決により判例の立場が明らかとなったが，プライバシー侵害については判例の立場はなお明らかではない。この問題に関してよく参照されるのが，**「石に泳ぐ魚」事件**判決である。最高裁は，公共の利益に関わらない事項であることや原告が重大かつ回復困難な損害を受けるおそれがあることを指摘して請求を認めたが，特に一般的な判断基準を示すことはなかった。本件がプライバシー侵害だけの問題ではないことからしても，本判決はプライバシー侵害における差止めの要件を明確にしたものとはいえないだろう。

他方，下級審では以前より様々な判断基準が用いられてきたが，その1つに，北方ジャーナル事件判決の基準を参照しつつ，プライバシー侵害の事案に即して変更を加えて用いられる例がある。**週刊文春事件**では，東京地裁は，①本件記事が公共の利害に関する事項に係るものといえないこと，②本件記事がもっぱら公益を図る目的のものでないことが明白であること，③本件記事によって被害者が重大にして著しく回復困難な損害を被るおそれがあることという3つの要件の下で判断を行い，差止めを認めた。他方，東京高裁は，同じ基準を用いつつ逆の結論に至った。いずれにせよ，この問題に関しては試行錯誤が続いているというのが現状である。

（曽我部真裕）

『石に泳ぐ魚』がプライバシー権，名誉権および名誉感情を侵害するとして，その単行本化の差止めが求められた事件である（なお，この作品はすでに雑誌に公表されていた。このように，一度公表された表現物の体裁を変えての再度の公表の差止めについても，本文での議論は妥当する）。この作品はフィクションであるが，実在人物がモデルとされており，作品中の登場人物に対する苛烈な表現がモデルの上記諸権利を侵害するとされたのであった（最判平成14年9月24日判時1802号60頁）。⇨ V-7 「表現の自由とプライバシー」

▶週刊文春事件
田中真紀子衆議院議員・田中直紀参議院議員夫妻の長女が，週刊誌『週刊文春』2004年3月25日号に自らの離婚に関する記事が掲載される予定であることを知り，同誌の発行元である文藝春秋に対して仮処分手続をもって差止めを求めた事件。東京地裁においてこれが認められ，保全異議についての東京地裁決定（東京地決平成16年3月19日判時1865号18頁）もこれを認めたが，本文の通り東京高裁はこれを覆した（東京高決平成16年3月31日判時1865号12頁）。⇨ V-7 「表現の自由とプライバシー」

（参考文献）
梓澤和幸『報道被害』岩波新書，2007年。
松井茂記『マス・メディアの表現の自由』日本評論社，2005年，第Ⅶ章。
山田隆司『名誉毀損』岩波新書，2009年。

Ⅵ 救済・予防（教育）手段

 **5 プレス評議会とプレスオンブズマン**

### 1 プレス評議会，プレスオンブズマンとは

　プレス評議会（Press Council）およびプレスオンブズマン（Press Ombudsman）については，必ずしも定まった概念や定義があるわけではない。後述するように，世界各地に様々な態様・役割のプレス評議会，プレスオンブズマンが存在するからである。

　ここでは，とりあえず，以下のように定義づけておくことにする。まず，プレス評議会とは，第三者の立場で，マス・メディア（新聞・雑誌・放送）の記事・番組内容に関する読者・視聴者からの苦情を受け付け審理し裁定を下す合議制の苦情処理機関のことをいう。他方，プレスオンブズマンとは，読者・視聴者の「代理人」として，マス・メディアの記事・番組内容に関する読者・視聴者からの苦情や，自ら取り上げた問題を処理する人またはその役職のことをいう。プレス評議会，プレスオンブズマンともに，その目的は，言論・報道の自由を擁護することと，マス・メディアの倫理水準を維持・向上させること，そして，読者・視聴者の基本的人権の擁護である。また，取り扱う苦情の内容は，記事・番組内容の正確性，公正性，バランス，品位，プライバシーなどに関するもので，裁判外（法的救済以外）の紛争処理制度として，マス・メディアの自主規制のかたちで設置されることが多い。[41]

### 2 プレス評議会の事例

　評議会自体の規模は，イギリスのプレス評議会のように全国の新聞・雑誌を対象とする全国レベルの評議会もあれば，かつてのアメリカの「ミネソタ・ニュース評議会（Minnesota News Council）」（2011年解散）のように州単位の新聞・雑誌・放送を対象とする地方レベルの評議会も存在する。

　評議会のメンバーは，メディア代表と一般市民代表で構成されることを原則としている。スウェーデンやイギリスのプレス評議会などは，もともと，新聞・雑誌界の代表だけから構成されていたが，裁定結果が新聞・雑誌界寄りになることを避けるため，いずれもメンバーに一般市民代表を加えた第三者機関に改組している。

　裁定結果は，ウェブなどで評議会自ら公表するとともに，メディア側の非が認められた場合は，当該メディアの紙・誌面での掲載や番組での放送を義務づ

▷1　世界で最初のプレス評議会は，1916年に創設されたスウェーデンのプレス評議会である。プレスの自由と個人のプライバシーとの衝突が社会的問題になったことをきっかけとして設立された。また，その後，プレス評議会の世界的なモデルとなったのは，イギリスのプレス評議会といわれている（創設は1953年）。

▷2　ただし，自主規制制度の場合，裁判のように，制裁措置に法的強制力が伴ったり，金銭による賠償手段があるわけではない。スウェーデンの場合，罰金措置があるが，これは苦情申立人に支払われるものではなく，評議会の運営資金に当てられる。

▷ONO（Organization of News Ombudsmen and Standards Editors）
プレスオンブズマンの世界的組織で，アメリカに拠点がある。なお，世界で最初のプレスオンブズマンは，1967年，アメリカのルイビルにあるクーリエ・ジャーナル紙とルイビル・タイムズ紙によって任命された。ただし，プレスオンブズマンの概念の起源は，1922年，

けているところが多い。[42]

　評議会自体の運営資金は，メディア業界による基金制度をとっているところが多いが，個人やメディア業界以外の民間団体からの寄付金で運営されているところもある。

### ❸ プレスオンブズマンの事例

　2018年時点で，ONO[1]（ニュースオンブズマン・基準編集者協会）に加盟するプレスオンブズマン（正会員）は世界24カ国の56名である。

　多くのプレスオンブズマンは，新聞社・放送局の社内制度として設置され，編集局から独立の権限が与えられている。所属する社の紙面や番組内容に対する読者・視聴者からの苦情や自ら監視し調査した結果について，編集局に対して，問題点の指摘や改善策の提言などを行う。重大な問題については，紙面（オンブズマン専用コラム）などで取り上げ，自らの見解を表明することもある。

　また，スウェーデンのように，プレス評議会の下部組織として，全国の新聞・雑誌に対する読者からの苦情を受け付け処理し，重要な案件については，読者の「代理人」として評議会に訴える役割を果たすものもある（1969年設置）。

### ❹ プレス評議会とプレスオンブズマンの課題

　日本のマス・メディア界では，プレス評議会およびプレスオンブズマンともに，マス・メディアからの人権侵害に対するメディアの自主規制による救済手段または苦情処理手段として注目されている。実際，例えば，放送界におけるBPO[4]（放送倫理・番組向上機構）や新聞界における社内第三者委員会など，欧米諸国のプレス評議会やプレスオンブズマンをモデルとした類似機関が存在する。[43]

　しかし，より本質的には，メディア倫理コードの制定・運用と併せて，メディア倫理の向上を図ることによって，言論・報道の自由を擁護する手段として機能し，メディアと読者・視聴者との信頼関係を築くための「回路」としての役割を担うことがプレス評議会やプレスオンブズマンの本来の目的といえよう。ただし，海外の事例を見た場合，プレス評議会やプレスオンブズマンのすべてが必ずしもそれらの目的を十分に果たしているわけでもなく，制度として十分に成功しているとも言い難い。[44]その原因として，マス・メディア自体からの支持や協力を得にくいことや，読者・視聴者の認知度や支持が低いこと，資金不足，強制力のなさ，公権力から利用されやすいことなどを指摘することができる。日本における類似の制度の運用にあたっても，これらの点に留意する必要があろう。

（後藤　登）

---

朝日新聞（東京朝日新聞，大阪朝日新聞）に創設された「記事審査部」ともいわれる。
▷ BPO
⇨ Ⅷ-11 「BPO」
▷ 3　⇨ コラム「オンブズ・カンテレ委員会」
▷ 4　アメリカでは，1973年に，「全国ニュース評議会（National News Council）」が設立されたが，報道の自由やメディアの独立性を脅かす存在であるとみなされ，ニューヨークタイムズなどの大手メディアからの支持が得られず，10年後の1983年に解散した。また，イギリスのプレス評議会も，プレスによるプライバシー侵害やセンセーショナルな報道に対して有効に機能していないとされ，政府からの圧力（プライバシー保護の法制化や評議会の法定化）の下，度重なる改組の末，1990年に解散し，翌91年に「プレス苦情処理委員会（PCC: Press Complaints Commission）」として再出発した。しかし，このPCCも20余年でその役割を終え，2014年には新組織「独立プレス基準機構（IPSO: Independent Press Standards Organizasion）」として再々出発している。さらに，全体として見た場合，プレスオンブズマンを採用している新聞社・放送局の数は圧倒的に少ない。

（参考文献）

クロード・ジャン・ベルトラン編著／前澤猛訳『世界のメディア・アカウンタビリティ制度：デモクラシーを守る七つ道具』明石書店，2003年。

## VI 救済・予防（教育）手段

 **メディア・リテラシー**

### 1 メディア・リテラシーとは

　メディア・リテラシーという言葉は，メディアを通じて提供される多様な情報の意味や真実性などを読み取り，情報機器やソフトウェアなどを使用して自ら情報発信する能力，と定義できるだろう。つまり，この言葉には，情報を受信する能力という側面と，情報を発信する能力，という側面がある。[41]

　郵政省（現，総務省）が日本におけるメディア・リテラシーの向上を図るために開催した「放送分野における青少年とメディア・リテラシーに関する調査研究会」は，2000年6月にまとめた報告書で「メディア・リテラシー」を次のように定義している。すなわち，メディア・リテラシーは「メディア社会における生きる力」であり，(1)メディアを主体的に読み解く能力，(2)メディアにアクセスし活用する能力，(3)メディアを通じてコミュニケーションを創造する能力，が有機的に結びついた能力である。

### 2 メディア・リテラシーの基本概念

　日本でのメディア・リテラシー教育の普及に先駆的に取り組んだ鈴木みどりらは，カナダ・モンタリオ州教育相が1982年に提示したキーコンセプトに基づいて，次の8つの基本概念を提示している。すなわち，①メディアはすべて構成されている，②メディアは「現実」を構成する，③オーディエンスがメディアを解釈し，意味をつくりだす，④メディアは商業的意味をもつ，⑤メディアはものの考え方（イデオロギー）や価値観を伝えている，⑥メディアは社会的・政治的意味をもつ，⑦メディアは独自の様式，芸術性，技法，きまり／約束事をもつ，⑧クリティカルにメディアを読むことは，創造性を高め，多様な形態でコミュニケーションをつくりだすことへつながる――である。[42]

　この基本原則を解釈すると次のように言い直せるだろう。

　メディアは「現実」そのものを映す鏡ではなく，そこに映し出されるものは，記者や編集者らの主観によって「構成」されたものである。そして，人々は世の中の出来事をメディアを通して知る限りにおいて，メディアに映し出されたことは「現実」そのものとなる。メディアによって構成された「現実」は社会的・政治的意味をもつと同時に，特定のイデオロギーや価値観を伝える。受け手はメディアに接するにあたり，「批判的な（クリティカルな）」態度を意識的

▷1　インターネットの発達や携帯電話の普及により，マス・メディアだけでなく情報メディア一般のリテラシーが必要とされるため，「情報リテラシー」という言葉も使用される。ただしこの概念では，情報機器の操作能力など，メディア・リテラシーよりも狭い概念として捉えられがちである。

▷2　鈴木みどり編『新版 Study Guide メディア・リテラシー〔入門編〕』リベルタ出版，2004年，19-21頁。なお，同書では「オーディエンス」ではなく「オーディアンス」と表記してあるが，ここでは一般的な表記に改めた。

▷3　関西テレビ制作の「発掘！あるある大事典」という番組で2007年1月，納豆にダイエット効果がある旨が放送されたところ，

にもつことにより，受け手はメディアのメッセージを受動的に受け取る「受け手」から，能動的な解釈を行う「読み手」へとなることができる（上記基本原則①，②，③，⑤，⑥，⑧）。

　ただし，情報の意味や真実性などを読み取る，という観点からいえば，メディア・リテラシーは必ずしもメディアに関わる特殊な能力ではない，ということは強調されるべきであろう。メディアを通じて流通する経済や法律に関する情報が適切であるか，正しいのか，といったことを知るには，経済や法律に関する一般的な知識が前提となるからである。

　しかし，マス・メディアが情報を提供する際，マス・メディアがどのような条件や規則に従って情報発信しているのかを理解することが，マス・メディアの情報に固有な歪みを理解する能力を高めることにつながることはたしかである。例えば，報道機関の法的，経済的な制約（政府や広告主との関係など）や文化的な制約を理解したり，ドキュメンタリー番組における効果音の使い方の規則を理解したりすることは，マス・メディア情報の歪みを理解する上で重要である（上記基本原則④，⑦[43]）。

## ❸ メディア・リテラシー教育の広がり

　メディア・リテラシーに関する取組みは，イギリスやカナダなどで先駆けて実践されてきた。イギリスでは，メディアの商業的な性格を批判的に読み解く学術研究の積み重ねを基に，発展していった。カナダでは，アメリカと国境を接し，しかも同じ英語を使うことから，国民の多くがアメリカのテレビ番組に日常的に接触しているということを背景に，メディア・リテラシー教育の実践が積み重ねられていった。日本では，1970年代後半に，メディア・リテラシー教育に取り組む市民団体「FCT 子どものテレビの会」が設立された。

　メディア・リテラシーという概念が日本に定着し始めたのは1990年代の終わり以降であるといえるだろう。メディア史研究者の佐藤卓己によれば，放送を所管する総務省（旧，郵政省）の公的文書に「メディア・リテラシー」という言葉が初めて登場するのは1996年である[44]。

　1990年代半ばに一部の大学で「メディア・リテラシー」という名を冠した専門科目の授業が行われ始めた。21世紀に入ると，中学校や高校でも，メディア・リテラシーを高める授業が始まった。例えば，高校では普通教科「情報」が，中学校では技術・家庭科で情報に関する内容が必修となった。2016年のアメリカ大統領選挙などをきっかけにして，誤った情報が政治的に重要な意味をもつ状況を示す「ポスト真実（post-truth）」や「フェイクニュース」といった言葉が人口に膾炙するようになった。日本では大手メディアによる誤報やねつ造の問題が大きなニュースになるときもある。こうした時代環境の中で，メディア・リテラシー教育は一層重要性を増している。　　　　　　（伊藤高史）

各地で納豆の売り上げが急激に伸びるという現象が起こった。ところが，後にこの放送内容は捏造であることがわかった。この事件は，テレビ局の構造的問題とともに，視聴者のメディア・リテラシーの欠如の問題としても議論された。⇨Ⅷ-8「放送による報道の正確さ」

▷ 4　1996年の「多チャンネル時代における放送と視聴者に関する懇談会」の最終報告書に「メディア・リテラシー」という言葉が登場した。

▷ 5　『朝日新聞』は2014年8月5日付朝刊で，過去の「従軍慰安婦」を巡る報道について検証し，女性を無理やり慰安婦として連れ出したとの証言を虚偽と判断，関連する記事の取り消しを宣言した。また，朝鮮半島出身の慰安婦について1990年代初めに，「女子挺身（ていしん）隊」の名で戦場に動員された，と表現した部分については，「誤用」を認めた。これに加えて，東京電力福島第一原発事故の政府事故調査・検証委員会が作成した，吉田昌郎所長に対する「聴取結果書」（吉田調書）を独自に入手して行った2014年5月20日付朝刊の「スクープ報道」についても，他の新聞などから疑義が相次いで示され，同記事の取り消しと謝罪に追い込まれた。

（参考文献）

鈴木みどり編『メディア・リテラシーを学ぶ人のために』世界思想社，1997年。
菅谷明子『メディア・リテラシー：世界の現場から』岩波書店，2000年。

## VI 救済・予防（教育）手段

 ジャーナリズム教育

### 1 日本におけるジャーナリズム教育の萌芽

　自由で民主的な社会を維持・発展させるために，ジャーナリズムやジャーナリストの果たすべき役割は絶大である。コミュニケーション自体は人類が誕生して以来存在しているが，ジャーナリズムは社会の組織化や複雑化と関連し，特に近代市民革命とそれ以後の社会で決定的となった。例えば，最初の成文憲法典であるアメリカ合衆国憲法は新聞紙上で繰り広げられた論争の帰結であり，またいわゆる1800年の革命にも新聞が大いに影響を及ぼした。

　ジャーナリズムをめぐる研究・教育は，ドイツにおける新聞学の系譜に属するものとして，第二次世界大戦前の日本にも導入された（1933年に上智大学新聞学科が創設）。しかしその本格的な展開は戦後になってからである。戦争を阻止できなかったことへの反省から，占領軍による指導もあり，表現の自由の擁護や政治や社会の民主化のため戦後いくつかの大学にジャーナリズム関連のプログラムが開設されることとなった。その経緯でアメリカ的なコミュニケーション学の影響も大きくなった。ジャーナリズムをマス・コミュニケーション過程の一部として分析する手法などである。ただ大学でのジャーナリズムに関する教育は必ずしも職業としてのジャーナリズムとは一致していなかったので，ジャーナリズム研究・教育が大学で大きな位置を占めることは概してなかった。

### 2 ジャーナリズム教育とジャーナリスト教育

　ジャーナリズム教育とジャーナリスト教育とはもちろん重なる部分もあるが，異なってもいる。一般に，前者は，ジャーナリズムについての教育を意味し，後者は，ジャーナリストになるための教育か，現にジャーナリストである者の教育を指すと理解できる。前者では，ジャーナリズムの意義や役割を論じ，特にジャーナリズムの世界で仕事をしようというわけではない者に市民として必要なメディア・リテラシーを習得させること，あるいは例外的にジャーナリズムの研究者を養成することが目的とされる。これに対して，後者ではジャーナリストをめざす者や現職ジャーナリストのリカレントのための教育（再教育）が中心となり，専門職教育が重視される。

　専門職業人としてジャーナリストをどのように育成するか，世界ではいくつかの範疇に理念的には分類される。北米では，ジャーナリズム大学院に代表さ

▷ 1　アメリカのジャーナリズム・スクール
　1908年に最初のジャーナリズム・スクールがミズーリ大学（ミズーリ州コロンビア）に設置され，1912年に開校されたコロンビア大学（ニューヨーク州ニューヨーク）のジャーナリズム教育が1935年に大学院レベルで組織化された。質の高い専門職としてのジャーナリストの養成を大学という組織が担うという体制が社会的に共有されるようになっている。カリキュラムは各大学で様々な工夫が凝らされているが，一般的に，取材方法や記事の書き方・番組の作り方に代表される新聞や放送などの実務的な実習系の教育に加えて，コミュニケーション理論・メディア論・表現の自由論などの理論研究，ジャーナリズムやメディアの歴史研究，ジャーナリスト倫理やジャーナリズムの役割などの実践的教育などを柱にしている。さらにより専門的なジャーナリストとして活躍する基盤形成のために，政治，

*114*

れるように大学教育が中心的役割を担っている。ヨーロッパの一部では，トレーニングセンター方式が採用されている。またヨーロッパの他の部分ではトレーニングセンターおよび大学教育並立方式も見られる。イギリスでは，伝統的な現場教育主義（OJT）方式が採られている。

## ③ 大学におけるジャーナリズム教育の隆盛

日本では，医師や弁護士とは異なり，ジャーナリストとなるためには資格試験に合格しなければならないわけではない。それどころか，近時のコミュニケーション技術の飛躍的な向上は，例えばブログジャーナリズムを生み出し，職業としてジャーナリストの存在を不分明にしている。

他の職種と同様に，終身雇用制が採用されている関係もあり，大学での教育とジャーナリストは従来直接的な結びつきを有していなかった。伝統的に，新聞社や放送局は，大学での専攻に関わらず広く記者として雇用し，自社内で現場教育主義に基づきジャーナリストを養成する方式が採られてきた。たしかに，大学においてコミュニケーションやメディアの理論などジャーナリズム関連の学問を専攻した者が優れたジャーナリストになれる保証はない。しかし自社内での現場教育主義による養成は，自社意識が優先し，所属社を超えてジャーナリストという専門職業集団を形成しづらくなっており，ジャーナリズムの社会的存在意義が希薄化しがちである。

しかし近年，事態は大きく変容してきている。新聞社や放送局の経営が苦境に立つ中で，自社内現場教育主義には多大のコストがかかり限界があることが顕わになってきた。また大学も，旧来の孤高の態度を改め，研究・教育の充実を図り社会的関係を重視するようになってきた。社会の少子化や高学歴志向の影響もあり，大学の学部や大学院の改変が進んでいる。その中で，ジャーナリズムを冠する学科や学位を授与する大学院が登場している。ここでもカリキュラムに多様な工夫がなされているが，大きな特徴はジャーナリズムの現場で活躍する実務家やその出身者が大学でのジャーナリズム教育に様々なかたちで関与しており，両者の相互交流が活性化していることにある。

現時点で，日本の大学によるジャーナリズム教育の成果を議論するのは尚早であろう。しかし大学とメディアの現場とが協働しながら，優れたジャーナリストを養成するための独自のモデルを形成していくことに，大いなる期待が寄せられている。また自由で民主的な社会の発展はあくまでもその構成員である市民の能力に依存している。したがって，コミュニケーション技術の画期的飛躍によりメディアの多様化が進み，情報が氾濫し，主観的認識が優先されるかのような状況の中で，一般市民がたしかなメディア・リテラシーを身につけていることは枢要である。この点においても，新たなジャーナリズム教育の深化は喫緊の課題である。

（川岸令和）

経済，法律，国際関係，文化，芸術，スポーツなどの学問分野のコンテンツ系の講義を他の研究科と協力関係の下，履修することも重要視される傾向にある。

▷2　日本における主なジャーナリズム関連学部・大学院

学部では，上智大学文学部新聞学科，日本大学法学部新聞学科，関西大学社会学部社会学科マス・コミュニケーション学専攻，同志社大学社会学部メディア学科など正規の学科組織をもち，慶應義塾大学メディア・コミュニケーション研究所，東海大学チャレンジセンター，東京大学大学院情報学環教育部，早稲田大学GECでもジャーナリズム教育を展開している。2010年には専修大学文学部に日本で初のジャーナリズムを冠した学科が創設された（19年にジャーナリズム学科に再編）。特筆すべきは，大学院の組織化である。上智大学大学院文学研究科新聞学専攻（1971年開設）や東京大学大学院情報学環・学際情報学府（2000年開設）などの大学院に加えて，08年度早稲田大学大学院政治学研究科にジャーナリズム修士号を付与するコースが誕生し，10年にはジャーナリズム博士課程も開学した。慶應義塾大学も09年から法学研究科専修コースでジャーナリズム修士号を付与している。その他，北海道大学，東京経済大学，日本大学，法政大学，名古屋大学，同志社大学，立命館大学，龍谷大学，関西大学などの大学院でジャーナリズム関連の教育がなされている。

# VII 情報公開法・個人情報保護法

 **知る権利と情報公開法**

## 1 知る権利

　憲法21条の**表現の自由**は，本来，表現の「送り手」の自由である。自分の意見や思想を他者に伝達する自由であり，これを情報提供の自由ということもできる。一方，表現の「受け手」にとっては，「受け取りたい」，「知りたい」情報が提供されるとは限らない。例えば，国家が税金を適切に使っているのか「知りたい」と思っても，もし不正がなされているとすれば，そのような情報が提供されるとは考えにくい。しかし，このような情報こそ，国民は知る必要がある。主権者である国民が国政に対して的確に判断し，有効に政治に参加するためには，不可欠だからである。そこで，表現の自由は，表現の「受け手」の自由をも保障しているものと再構成され，国民が「知りたい」情報を受領する権利，すなわち**知る権利**が保障されていると解される。そして，ここから，情報公開請求権が導き出されるのである。

　しかし，知る権利が憲法21条によって保障され，そこから情報公開請求権が導き出されるといっても，それは解釈上導き出されたものであって，明文上規定されたものではない。後述するように，国家は膨大な情報を有しており，国民が「知りたい」といったからといって知らせてはならない情報（不開示情報）もたくさんある。しかし，何がそれに該当するかは憲法を見ただけではわからない。また，「知りたい」と思ったときにどのような手続で請求すればよいのかといったことも，憲法を見ただけではわからない。そこで，情報公開請求権は抽象的な権利であって，憲法21条を根拠に直接行使できるものではなく，その内容を具体化する立法が行われて初めて行使することができるものと解されている。そのため，現在では，情報公開法（国レベルの情報公開法，地方公共団体レベルの情報公開条例）が制定されている。

## 2 諸外国における情報公開法

　情報公開法を初めて制定したのは，スウェーデンである。1766年，出版の自由の一環として公文書へのアクセス権を保障した「出版の自由に関する法律」が制定された。その後，1951年にフィンランドで「公文書の公開性に関する法律」が制定され，1966年にはアメリカで「情報自由法」が制定された。政府の秘密主義に対して，ジャーナリストが知る権利を主張したことが契機となって

---

▷**表現の自由**
　⇨第Ⅱ章「表現の自由：総論」

▷**知る権利**
　⇨Ⅱ-4「知る権利」

▷1　正式には「行政機関の保有する情報の公開に関する法律」という。また，独立行政法人等を対象とする「独立行政法人等の保有する情報の公開に関する法律」も制定されている。
　⇨Ⅶ-2「情報公開法の概要」

▷2　地方公共団体によっては「公文書公開条例」といった名称を用いていることもある。ここではそれらを総称して「情報公開条例」と呼ぶ。

▷3　ここでは，国レベルの情報公開法，地方公共団体レベルの情報公開条例を合わせて，広い意味で「情報公開法」と呼ぶ。以下では，主として国レベルの情報公開法を中心に説明し，必要に応じて情報公開条例についても触れる。

*116*

制定に至ったものであった。このようなアメリカの動きが他の民主主義諸国に影響を与え，1970年のデンマーク，ノルウェー，1978年のフランス，オランダ，1982年のオーストラリア，カナダ，ニュージーランドなど次々と情報公開法が制定され，欧米先進国では1980年代には概ね法制度化がなされた。1990年代に入ると，1996年に韓国がアジアで初めての情報公開法を制定し，1997年にタイ，2003年にはインドが情報公開法を制定するなど，1990年代後半からアジア各国における法制度化も進んできた。また，2000年の南アフリカ，2002年のパナマ，ジンバブエなど，中南米やアフリカ諸国においても法制度化が進んでいる。

## ③ 日本における情報公開法

日本においては，行政機関の保有する情報は行政の内部的なものであり，国民に公開するかどうかは裁量に委ねられていると考えられてきた。そのため，日本における情報公開法制定は，欧米先進国のみならず，韓国，タイなどアジア諸国にも遅れを取ることとなった。

情報公開法制定に慎重であった国に対して，先に法制度化を進めたのは地方公共団体であった。1982年に山形県金山町が，日本で最初の情報公開条例である「金山町公文書公開条例」を制定した。都道府県レベルでも，同年，神奈川県，埼玉県で制定され，1984年には東京都，大阪府，川崎市で制定されている。

国レベルでも，1970年代後半から1980年代初めにかけて，情報公開法制定の動きがないわけではなかった。しかし，当時は慎重論が強く，時期尚早と判断された。情報公開法制定に向けて本格的に動き出したのは，1990年代に入ってからである。1990年の日米構造協議においてアメリカから行政改革を求める強い圧力があったことや，1993年の政権交代など，政治状況の変化も背景にあった。1993年，野党の共同提案で，情報公開法案が参議院に提出された。この法案は衆議院が解散されたことに伴い廃案となったが，その後の総選挙で与党の自民党が敗北し政権交代があったことで，情報公開法制定への動きが加速したのである。1994年に行政改革委員会が設置され，1995年には行政改革委員会に行政情報公開部会が設置された。これによって，本格的な検討が行われるようになり，1998年に情報公開法案が国会に提出され，1999年にようやく情報公開法が可決，成立し，2001年より施行されている。⁴⁴

国レベルで情報公開法が制定されたことを受けて，地方公共団体でもさらに法制度化が進められてきた。情報公開法25条は，「地方公共団体は，この法律の趣旨にのっとり，その保有する情報の公開に関し必要な施策を策定し，及びこれを実施するよう努めなければならない」と規定している。現在，すべての都道府県で情報公開条例が制定されている他，市区町村レベルでもほぼすべての地方公共団体で制定されるに至っている。また，情報公開法に合わせて情報公開条例の内容を改正する動きもみられる。

（羽渕雅裕）

▷4　施行後も随時見直しが行われており，2004年には「情報公開法の制度運営に関する検討会」が開催された。2010年には「行政透明化検討チーム」によって，開示対象の拡大や開示手続の迅速化，事後救済制度の強化等，情報公開法改正を前提とした見直しも行われ，改正案も提出されたが，廃案となった。

▷5　情報公開法は，個人や非営利団体が行政活動を監視するためだけでなく，企業の営利活動や弁護士の訴訟のために，さらには報道機関の調査報道のためにも利用されるようになっている。

# VII 情報公開法・個人情報保護法

 情報公開法の概要

## 1 目 的

　情報公開制度とは，国民が行政を監視できるようにすることを主な目的として，国民の請求により行政機関が保有している情報を開示するものである。以下では，情報公開法の目的，対象，開示請求権者の範囲や開示請求手続，開示請求があっても開示しなくてもよい例外的な場合等について説明する。

　情報公開法1条は，その目的を，「国民主権の理念」に則り「政府の有するその諸活動を国民に説明する責務が全うされるようにする」こと，「国民の的確な理解と批判の下にある公正で民主的な行政の推進に資する」ことと規定している。国民主権原理の下，政府は主権者である国民に対して自らの活動を説明する責任を負い（アカウンタビリティ），そのことによって国民は必要な情報を得て行政が不正を行わないよう監視することができる。国民が主権者として行政を監視することで，民主的な行政が実現されるのである。

　情報公開法は，憲法上の知る権利，そしてそこから導き出される情報公開請求権の内容を具体化するためのものである。情報公開法1条には「知る権利」との文言はみられないが，これは知る権利を否定したものではなく，知る権利の趣旨・内容をより具体的に示したものといえるだろう。

## 2 対 象

　情報公開法の対象となる機関は「行政機関」である。国会，裁判所は対象とされていない。情報公開条例の場合，対象となる機関は「実施機関」であるが，その内容はそれぞれの条例によって異なる。

　情報公開法の対象となる文書は「行政文書」である。情報公開法2条は，これを，「行政機関の職員が職務上作成し，又は取得した文書，図画及び電磁的記録」であって，「当該行政機関の職員が組織的に用いるものとして，当該行政機関が保有しているもの」と規定している。したがって，"組織的"に用いられているわけではない行政機関の職員の"個人的"なメモなどは対象とならない。また，当該行政機関が"保有しているもの"が対象となるから，請求時点で保有しているものをあるがまま開示すればよく，請求に応じて新たな行政文書を作成する必要はない。この規定の重要な点は，「当該行政機関の職員が組織的に用いるもの」を広く対象としているという点である。従来の情報公開

▷1 ⇨VII-1「知る権利と情報公開法」
▷2 情報公開条例には「知る権利」を明記しているものもみられる（京都府，大阪府，京都市，川崎市等）。例えば，京都府情報公開条例は，「文書の公開を請求する権利を明らかにすることによって『知る権利』の具体化を図るとともに，府の諸活動を府民に説明する責務を果たすため，府政に関する情報を多様な形態によって積極的に提供し，もって府政に対する理解と信頼を深め，府政のより公正な運営を確保し，府民参加の開かれた府政の一層の推進を図り，併せて府民福祉の向上に寄与するため，この条例を制定する」と規定している。なお，2011年4月22日に国会上程された改正案では，1条の目的において「国民の知る権利を保障」を明記していた。
▷3 例えば，地方議会を実施機関に含むものと含まないものがあり，後者の場合には議会を対象とした独自の条例が制定されていることもある。
▷4 情報公開条例の場合は「公文書」等とされる。
⇨VII-6「刑事訴訟記録の閲覧」

*118*

条例では，**決裁**，**供覧**といった手続を経た文書だけが対象とされてきた。この場合，文書自体は存在していても，手続を経ていないという理由で情報公開の対象とはならないことがある。この規定は，こういった手続を経ることを要件としないことを意味し，対象となる文書の範囲が拡大されているという点で大きな意義を有する。

### 3 開示請求

　情報公開法3条は，開示請求権者を「何人も」と規定している。したがって，日本国民に限らず，法人や，外国人も開示請求権をもつことになる。情報公開条例の中には，当該地方公共団体の「住民」や，当該地方公共団体内に通勤・通学している者など，当該地方公共団体と一定の関わりがある者に限定するものがみられることと比較すると，情報公開法が開示請求権者の範囲を拡大したことには大きな意義がある。実際，情報公開法制定後，開示請求権者を拡大するよう条例を改正する動きもみられる。

　開示請求は，氏名，住所，開示を求める行政文書を特定するに足りる事項を記載した開示請求書を提出することによって行う。開示請求の理由・目的は問われない。特段の理由なく，単なる個人的関心によるものであってもよい。

　情報公開法16条は，「実費の範囲内」で「開示請求に係る手数料又は開示の実施に係る手数料を納めなければならない」と規定している。これは，事務処理のコストや，開示決定された場合に複写等する際の費用である。

### 4 開示の決定と実施

　情報公開法5条は，開示請求がなされた場合，開示しなくてもよい例外的な場合（不開示情報）に該当するときを除いて，「開示請求者に対し，当該行政文書を開示しなければならない」と規定している。したがって，開示請求がなされた場合，不開示情報に該当するかどうかを判断し，開示するかどうかを決定することになる。期限は，原則として，開示請求があった日から30日以内であるが，事務処理上の困難その他正当な理由があるときには30日以内に限り延長することができる（10条）。

　行政文書の開示は，「文書」，「図画」の場合には，「閲覧」，「写しの交付」によって行われる（14条）。「電磁的記録」の場合は，「その種別，情報化の進展状況等を勘案して政令で定める方法」による。具体的には，専用機器で再生した音声や映像の視聴，用紙にプリントアウトしたものの閲覧・交付，記録媒体へのダビング等である。このいずれによるかは，開示請求者の申し出による。

　開示請求の全部または一部が認められなかった場合には，法の下で第三者的立場から審査を行う情報公開・個人情報保護審査会と裁判所による救済が用意されている。

（羽渕雅裕）

▷決裁，供覧
決裁とは，押印・署名等を行うことによる当該行政機関の最終的な意思決定をいい，供覧とは，事務担当者が意思決定につき権限を有する者などの閲覧に供することをいう。

▷5　政府が国民に対して説明責任を負うこと，国民による行政の監視を可能にすることを目的とする制度であり，請求者が誰であっても開示を求めることができる制度だからである。
▷6　情報公開条例の場合，営利目的の請求の場合に限り手数料を求めるものや，住民以外からの請求の場合に限り手数料を求めるもの，閲覧の場合は手数料を求めないものや，一切手数料を求めないものなどがみられる。
▷7　⇨ Ⅶ-3 「情報公開法の例外(1)」，Ⅶ-4 「情報公開法の例外(2)」

▷8　⇨ Ⅶ-10 「審査会と裁判所による救済」

（参考文献）
宇賀克也『新・情報公開法の逐条解説〔第8版〕』有斐閣，2018年。

Ⅶ 情報公開法・個人情報保護法

# 3 情報公開法の例外(1)：個人情報・法人情報

▷1　個人情報，法人情報，国の安全・外交に関する情報，公共の安全に関する情報，意思形成過程情報，行政執行情報。情報公開条例には非公開情報と規定しているものもあるが，概ね同様の規定がある。⇨ Ⅶ-4 「情報公開法の例外(2)」

## 1 情報公開法の例外

　開示請求がなされた場合，原則として，すべて開示しなければならない。しかし，国であれ地方公共団体であれ，保有している文書には様々なものがある。「見たい」といわれたときに見せるべきもの，見せても問題ないものばかりではない。見せてしまうと第三者の権利が侵害されたり，行政の執行に重大な支障が生じるということもありうる。そこで，情報公開法5条は，開示請求がなされても開示しなくてもよい例外的な場合を不開示情報として規定している。

　不開示情報に該当する場合には，すべて不開示とすることができる。しかし，あくまでも開示が原則であるから，開示請求された行政文書の一部が開示できない場合でも，それ以外の部分を開示できるのであれば，当該部分を除いた部分は開示しなければならない（部分開示）（6条）。また，公益上特に必要があると認めるときには，当該行政文書を開示することもできる（裁量的開示）（7条）。この他，開示請求された行政文書が存在しない場合には，不存在を理由として開示請求が拒否されることになる。また，開示請求された行政文書が存在しているかどうかを答えるだけで第三者の権利等を侵害することになるような場合には，当該行政文書の存否を明らかにすることなく開示請求を拒否することもできる（存否応答拒否）（8条）。

## 2 個人情報

　ある男性が市役所を訪れたとき，窓口で対応してくれた女性に一目惚れしてしまったとする。この男性が「この女性職員のことを知りたい」と考え，自宅の住所や電話番号等を知るためこの女性職員に関する情報（例えば職員の名簿など）の開示を請求した場合，開示すべきだろうか。こういった個人情報を開示すべきでないことは，容易に想像できるだろう。

　そこで，情報公開法5条1号は，「個人に関する情報」で，「当該情報に含まれる氏名，生年月日その他の記述等により特定の個人を識別することができるもの」を不開示情報としている。これには「他の情報と照合することにより，特定の個人を識別することができることとなるもの」も含み，当該文書の中に氏名や住所が記録されている場合だけでなく，他の情報（例えば新聞報道された情報など）と組み合わせてみると個人が識別できるような場合もこれに該当す

る。しかし，これでは不開示とされる範囲が広くなりすぎるおそれがあるため，一般に公にされている情報や，公にすることが予定されている情報，人の生命，健康，生活，財産を保護するため公にすることが必要であると認められる情報については，例外的に開示することが義務づけられている[2]。

　個人情報との関係で問題となるのが，公務員の個人情報（とりわけ氏名）である。開示請求がなされた文書の中に公務員の個人情報が記録されていた場合，これを「個人情報」に該当するとして不開示とすべきであろうか。公務員の個人情報といっても，自宅の住所，電話番号など，先の例のような公務員の私事に関するものは原則として「個人情報」として保護されるべきものである。しかし，公務員が職務上作成した文書に記載された公務員の職や氏名，懇談会等の会合に出席した公務員の職や氏名など，公務員の職務遂行に関する情報の場合にまで「個人情報」に該当するとして不開示となれば，情報公開法の目的を果たすことは困難になるだろう。

　そこで，ある情報公開条例の下で公務員の氏名を開示すべきかどうかが問題とされた事件において，最高裁は，「公務員の職務の遂行に関する情報」は，「公務員個人の私事に関する情報が含まれる場合」を除いて，「個人」に関する情報には該当しないと判断した[3]。つまり，最高裁は，公務員の職務遂行に関するものは，そもそも「個人情報」には該当しないと判断したのである。これに対して，情報公開法は，公務員に関する情報も「個人に関する情報」であることを前提として，「当該情報がその職務の遂行に係る情報であるとき」には，「当該公務員等の職及び当該職務遂行の内容に係る部分」を開示するよう義務づけている（5条1号ハ）。この規定によると，公務員の職，すなわち「局長」や「課長」といった情報は開示されることになるが，氏名については開示対象とはならないことになる。氏名については，情報公開法5条1号イの「法令の規定により又は慣行として公にされ，又は公にすることが予定されている情報」に該当するかどうかによって判断されることになる[4]。

## ❸ 法人情報

　開示請求がなされた文書の中に法人に関する情報（例えば，企業のノウハウなどの営業上の秘密）が含まれていた場合，これを開示してしまうと企業は大きな損害を被ることになる。そこで，情報公開法5条2号は，「公にすることにより，当該法人等又は当該個人の権利，競争上の地位その他正当な利益を害するおそれがあるもの」や，「行政機関の要請を受けて，公にしないとの条件で任意に提供されたもの」で，そのような条件をつけることが合理的であると認められるものを不開示情報としている。しかし，公共の利益のため公開すべき場合もありうる。そこで，「人の生命，健康，生活又は財産を保護するため，公にすることが必要であると認められる情報」は除外されている。（羽渕雅裕）

▷2　このような情報公開法の規定は「個人識別情報型」と呼ばれ，多くの情報公開条例でも採用されている。情報公開条例の中には，個人識別情報であることに加え「一般に他人に知られたくないと望むことが正当であると認められるもの」と規定する，「プライバシー情報型」を採用するものもみられる（北海道，大阪府，名古屋市，京都市など）。

▷3　最判平成15年11月11日民集57巻10号1387頁参照。

▷4　なお，2005年8月3日の情報公開に関する連絡会議申合せにおいて，特段の支障の生ずるおそれがある場合（具体的には，氏名を公にすることによって不開示情報を公にすることになるような場合や，氏名を公にすることによって個人の権利利益を害することとなるような場合）を除いて，職員の職務遂行に係る情報に含まれる当該職員の氏名については公にするものとしている。さらに，2011年改正案では，公務員の氏名の原則開示が盛り込まれていた。

# Ⅶ 情報公開法・個人情報保護法

## 4 情報公開法の例外(2)：国家秘密・意思形成過程情報など

▷1 ⇨Ⅳ-1「国家秘密の保護」

▷2 例えば、東京地判平成18年2月28日判時1948号35頁では、いわゆる外交機密費が問題とされた。判決は、本来の使用目的に合致しない支出に関するものなども相当数含まれていると推認されるとし、不開示情報に該当するとの立証が尽くされていないとした。また、沖縄返還「密約」文書が不存在とされたことについて東京地裁は、開示請求者が過去のある時点において当該行政機関の職員が当該行政文書を職務上作成または取得し、当該行政機関がそれを保有するに至ったことを主張立証すれば、その状態がその後も継続していることが事実上推認され、当該行政文書が廃棄、移管等されたことによってその保有が失われたことを当該行政機関の側で主張立証しない限り、当該行政機関は開示決定の時点においても当該行政文書を保有していたと推認されるとした（東京地判平成22年4月9日判時2076号19頁）。⇨Ⅱ-3「取材・報道の自由」、Ⅳ-1「国家秘密の保護」、Ⅳ-7「指定公共機関」

▷3 警視庁総務部企画課の管外出張旅費の支出命令書が問題とされた事件で、東京地判平成11年3月30日

### 1 国の安全・外交に関する情報

開示請求がなされた文書の中に防衛用の暗号システムが含まれていた場合、これを開示してしまうと防衛上大きな問題が生ずる。そこで、情報公開法5条3号は、「公にすることにより、国の安全が害されるおそれ、他国若しくは国際機関との信頼関係が損なわれるおそれ又は他国若しくは国際機関との交渉上不利益を被るおそれがあると行政機関の長が認めることにつき相当の理由がある情報」を不開示情報としている。いわゆる「国家秘密」と呼ばれるもので、防衛に関する情報や、外交に関する情報等がこれにあたる。

このような情報は、たしかに秘匿性の高いものといえる。しかし、それ故に、防衛上の支障、外交上の支障ということが、不正を隠蔽するいわば隠れ蓑となるおそれもある。これまでも、過度に秘密が保護され、国民に十分な情報が提供されないことが問題とされてきた。開示できない情報があることはやむをえないとしても、その場合には理由をきちんと説明する必要があろう。

### 2 公共の安全に関する情報

情報公開法5条4号は、「公共の安全と秩序の維持に支障を及ぼすおそれがあると行政機関の長が認めることにつき相当の理由がある情報」を、不開示情報としている。いわゆる「公安情報」と呼ばれるものである。この例として、「犯罪の予防、鎮圧又は捜査、公訴の維持、刑の執行」が挙げられている。多くの情報公開条例にも、同様の規定がみられる。

一般論としていえば、公安情報を不開示情報とすることは当然である。しかし、濫用されると警察関係の情報がすべて不開示となるおそれもある。具体的な犯罪捜査に支障が生じるおそれのあるような場合に限定して用いられるべきであろう。

### 3 意思形成過程情報

情報公開法は「当該行政機関の職員が組織的に用いるものとして、当該行政機関が保有しているもの」を広く対象とし、決裁、供覧といった手続を経ることを要件としていない。そのため、最終的な意思決定がなされる前の文書であっても、情報公開法の対象となる。情報公開法は、政府が主権者である国民に

対して自らの活動を説明し，国民が必要な情報を得て行政を監視することを目的とするものであるから，このような最終的な意思決定前の文書こそ開示する必要があるともいえる。しかし，あまりにも早い段階で開示されると，外部からの圧力や干渉によって率直な意見の交換や意思決定の中立性が損なわれたり，国民の間に混乱が生ずることも考えられる。そこで，情報公開法5条5号は，「審議，検討又は協議に関する情報であって，公にすることにより，率直な意見の交換若しくは意思決定の中立性が不当に損なわれるおそれ，不当に国民の間に混乱を生じさせるおそれ又は特定の者に不当に利益を与え若しくは不利益を及ぼすおそれがある」情報を不開示情報としている。このような情報を「意思形成過程情報」といい，従来から情報公開条例でも規定されてきた。

しかし，この規定が濫用されると，意思形成過程が一切不明となり，情報公開法の目的が果たせなくなるおそれもある。したがって，この規定は，単に意思形成過程であるというだけで不開示としうるわけではなく，具体的に支障が生ずるおそれのあるものでなければならないという点には，特に留意する必要があろう。また，意思形成後であれば開示しうる場合も少なくなく，具体的にどのような支障が生じうるのか慎重に検討することが求められる[4]。

## ❹ 行政執行情報

開示請求がなされた文書の中に，抜き打ちの取締りの日程が記載されていたとする。この場合，これを開示してしまうと，証拠隠滅が図られ，本来の目的を達成することができなくなる。また，公務員試験や公立学校の入試を受験しようとしている者が，試験実施前に試験問題の開示を請求したとする。この場合，これを開示してしまうと，試験自体の意味がなくなってしまう。

そこで，情報公開法5条6号は，国の機関等が行う「事務又は事業に関する情報」であって，公にすることによって「当該事務又は事業の適正な遂行に支障を及ぼすおそれがあるもの」を不開示情報としている。具体的には，「監査，検査，取締り，試験又は租税の賦課若しくは徴収に係る事務に関し，正確な事実の把握を困難にするおそれ」のあるものや，「公正かつ円滑な人事の確保に支障を及ぼすおそれ」のあるものなどである。「行政執行情報」や「事務事業情報」等と呼ばれるもので，情報公開条例においても不開示情報として規定されてきたものである。

これが最も問題となったのは，都道府県知事や市町村長等の交際費[5]である。交際の相手方が特定される情報が開示されると，相手方が不快の念を抱き，それ以降の交際や懇談に応じなくなり，事務に支障が生じるおそれがある。そこで，最高裁は，相手方の氏名等の公表が予定されている場合を除いて，不開示とすることを認めている[6]。

（羽渕雅裕）

判タ1017号132頁は，出張の内容・時期・場所を推認させる情報，関係職員を特定しうる情報以外は開示すべきとした。

▷4　例えば，鴨川ダムサイト事件最高裁判決（最判平成6年3月25日判時1512号22頁）参照。この事件は，鴨川改修協議会に提出されたダムサイト候補地点選定位置図の公開が争われたもので，公開すると混乱を招くとして非公開とすることが認められた。候補地は地図上の地形だけから判断して選定されたもので，地質等の自然条件や用地確保の可能性等の社会的条件について考慮されていない未成熟な初期段階の資料であった。⇨Ⅶ-5「公文書管理」

▷5　懇談や会合の際の食事代や，慶弔，見舞い，賛助，協賛，餞別等の交際事務に係る費用のこと。

▷6　例えば，大阪府知事交際費事件最高裁判決（最判平成6年1月27日民集48巻1号53頁）参照。

## Ⅶ 情報公開法・個人情報保護法

 公文書管理

### ① 公文書管理法の成立

　福田康夫政権時代に具体化した公文書館（公文書管理）構想は，公文書管理の在り方等に関する有識者会議が2008年11月に発表した最終報告書「時を貫く記録としての公文書管理の在り方～今，国家事業として取り組む」を受け，2009年に公文書管理法が成立し2011年4月に施行された。この法律でいう公文書とは「健全な民主主義の根幹を支える国民共有の知的資源」であって，「主権者である国民が主体的に利用し得るものであること」を担保されることになった。

　情報公開法は，実質的にすべての行政機関を対象としている。情報公開制度のポイントは，行政のすべてのレベルで透明性が確保されていることにあって，知りたい文書をどの行政庁がもっていても，きちんとその公的情報へアクセスできることが必要だ。しかし，2001年に施行された情報公開法自体には文書作成に関した義務づけがなく，それが公開度を実質的に引き下げることになっていた。

　そこで公文書管理法では，「経緯を含めた意思決定に至る過程並びに当該行政機関の事務及び事業の実績を合理的に跡付け，又は検証することができるよう」文書の適正作成に義務を課す規定が設けられた。また，従来は含まれないことにされがちだった役人が作った「個人的メモ」であっても，「当該メモに行政機関における法律立案の基礎となった国政上の重要な事項に係る意思決定が記録されている場合」は行政文書とすることとなった。

　情報公開法によって，何人にも開示請求する「権利」を認め，行政機関には請求に応じて開示すべき「義務」を課した。しかしながら，その前提となる文書の適正管理を欠いては公開制度の実効性は担保できない。その意味で，情報公開法と公文書管理法は車の両輪あるいは制度の裏表をなすものといえる。

### ② 制度の運用実態

　作成・取得された文書を管理するためには，原則として「行政文書ファイル」を作成して整理し，レコードスケジュールを導入することになっている。保存期間満了前のできる限り早い時期に，**歴史公文書**に該当するものは国立公文書館もしくは宮内庁書陵部図書課宮内公文書館や外務省大臣官房総務課外交

▷1　正式名称は「公文書等の管理に関する法律」。1条（目的）は「この法律は，国及び独立行政法人等の諸活動や歴史的事実の記録である公文書等が，健全な民主主義の根幹を支える国民共有の知的資源として，主権者である国民が主体的に利用し得るものであることにかんがみ，国民主権の理念にのっとり，公文書等の管理に関する基本的事項を定めること等により，行政文書等の適正な管理，歴史公文書等の適切な保存及び利用等を図り，もって行政が適正かつ効率的に運営されるようにするとともに，国及び独立行政法人等の有するその諸活動を現在及び将来の国民に説明する責務が全うされるようにすることを目的とする」。

▷歴史公文書
歴史資料として重要な公文書その他の文書で，現用段階のものも含め，将来，残すべき対象となる文書も含む。該当文書はすべて国立公文書館に移管される。移管されたのちの文書を「特定歴史公文書」と呼ぶ。

▷中間書庫
作成・取得から一定期間が経過し，行政機関が日常的に使用しないと判断した

史料館に移管する措置をとることも定められた。なお，ファイルの廃棄については総理大臣の事前同意が必要になる。これらの前提は，各機関できちんとした保存がなされていることであることから，集中管理の推進と国立公文書館が**中間書庫**の役割を果たすことができるよう規定もされた。また，公文書管理の透明性を外部の識者からなる第三者機関「公文書管理委員会」によって確保するのも大きな特徴である。利用請求等について不服申立てがなされた場合，同委員会が関係機関に資料提出や説明を求めることができるなど，**情報公開・個人情報保護審査会**より広範な役割を担う。

　ただし，立法過程から各省庁ほかから強い抵抗を受け後退した上，制定に際し衆議院で15項目，参議院で21項目に及ぶ附帯決議がなされるなど前途多難な船出であった。施行後においても，2011年の東日本大震災における公文書の喪失・損傷および緊急時の会議記録不存在，閣議や皇室会議等の議事録未作成，特定秘密保護法制への対応など問題が続いてきた。さらに2016年以降には，いったんは作成された公文書の隠蔽・改竄・廃棄が次々と明らかになり，現行の公文書管理制度は存続の危機に立っている。

## ❸ 新たな取組み

　こうした中で，2018年5月に「特定歴史公文書等の保存，利用及び廃棄に関するガイドライン」（2011年4月制定）が改正，7月には「公文書管理の適正の確保のための取組について」が行政文書の管理の在り方等に関する閣僚会議で決定されるなどしたものの，抜本的な制度変更には至っておらず，課題は積み残したままとなっている。公文書管理法及び施行令は2016年に一部改正され，現場の運用を決めている「行政文書の管理に関するガイドライン」（2011年4月決定）は2017年12月に一部改正されたものの，実態は，近年の官庁における文書作成・保存の義務を当該原局の判断に委ねる構造自体に変更なく，文書未作成の状態を追認するといってもよい内容となっている。さらにいえば，決裁文書には余計なことは書くべきではない，重要な会議がそもそも記録をとらないし残さないという流れになっている。

　今後は，これまですでに指摘されている，国際慣習ともいえる「**30年原則**」を制度化すること，法令違反等の不適切な行為に関する内部通報専用の窓口を設置すること，廃棄の口実となりがちな1年未満保存を原則禁止すること，事後的な検証が必要な文書が情報公開制度や公文書管理から除外されないような運用実態を確保すること，「個人文書」という名の行政文書の非公文書化を原則認めない，などの法およびガイドラインの改訂が急務であると考えられる。さらには，こうした制度の間隙を縫ったり，恣意的な解釈による脱法行為が続く状況を鑑みると，官公庁の恣意的な廃棄や改竄を監視する独立した第三者機関を設置することが必要ともいえよう。　　　　　　　　（山田健太）

〈半現用〉の行政文書を，保存期間終了前にその行政機関以外の組織・場所において一括集中的に管理する仕組み。行政機関の負担を軽減するとともに，専門のアーキビストによって文書管理されるメリットがある。

▷**情報公開・個人情報保護審査会**
⇨ Ⅶ-10 「審査会と裁判所による救済」

▷ 2　**公文書管理委員会**（2010年6月内閣府に設置）は，国民共有の知的資源である公文書等の適切な管理に関して，専門的・第三者的な見地から調査審議を行うためのもので，特定歴史公文書等の利用請求に係る異議申立て，政令の制定又は改廃，行政文書管理規則，特定歴史公文書等の廃棄，利用等規則，公文書等の管理について改善すべき旨の勧告について調査審議を行い，内閣総理大臣等に対し答申を行うことになっている。

▷**30年原則**
外務省は2010年5月，作成後30年を経過した外交文書について原則として自動公開する「外交記録公開に関する規則」を施行した。ただし，外務省が保有する情報のみが対象である他，法律ではないので「外交記録公開推進委員会」の審査によって非公開が適当とされた場合は，30年経過以降も公開はされない。

（**参考文献**）
情報公開クリアリングハウス・ウェブサイトのほか，右崎正博・三宅弘編『情報公開を進めるための公文書管理法解説』日本評論社，2011年，瀬畑源『公文書問題』集英社新書，2018年。

## Ⅶ　情報公開法・個人情報保護法

 **刑事訴訟記録の閲覧**

 **刑事訴訟記録の意義**

　憲法82条で裁判が公開される、と規定されていることにはいくつかの意味があるが、その1つが情報の公開である。裁判で扱われている事件について一般人が知ることは、権力の監視という点でも重要である。裁判を傍聴することが裁判を知る一番の機会であるが、すべての人がすべての事件を直接傍聴できるわけではない。判決が下された後にその内容に触れることも裁判の公開の1つの側面である。そこで公開されるのは判決書と、その判決の基礎となった証拠や事実などに関する書類である刑事訴訟記録である。
　しかし、刑事訴訟記録が公開されることにより不利益が発生することもある。そこで以下では、刑事訴訟記録の閲覧について、現行法上どのように規定されているのかみていくことにする。

### 2　現行制度

　現行法では刑事訴訟記録の閲覧について公判開始前、公判中、公判終了後の3つの時点に分けて規定されている。

#### ○公判開始前

　公判が開始される前の段階で様々な証拠を含む書類が作成されるが、これらの訴訟関係書類はこの時点では公開できないと規定されている（刑事訴訟法47条）。しかし、2005年の刑事訴訟法改正によって**公判前整理手続**が導入されたことにより（刑事訴訟法316条の2）、裁判官、検察官だけでなく弁護人と被告人も公判開始前にこれらの書類を閲覧できるようになった。それでも誰もが閲覧できるわけではないという点で刑事訴訟記録が公開される範囲が限定的であることに変わりはない。

#### ○公判開始後、終結までの間

　公判開始後は弁護人・被告人も訴訟関係書類を見ることになるが、広く一般に公開されるわけではない。その一方で2000年から**犯罪被害者保護法**が施行され、また少年法が2001年に改正されたことによって、被害者保護の観点から刑事訴訟記録を閲覧できる人的範囲が拡張された。刑事訴訟と並行して犯罪被害者が損害賠償を請求することがあり、そのためには係属中の刑事訴訟記録を参照する必要がある。また犯罪の性質や審理の状況などから考えて刑事訴訟記録

▷**公判前整理手続**
争点や証拠が多い裁判ではそれらを整理するのが大変であり、それが裁判が長引く原因の1つであると批判されていた。そこで改正刑事訴訟法では審理の迅速化を図るため、公判開始前に論点などを提示し合い、それらを整理することになった。この手続は裁判員対象事件では必ず行われることになっている（市川正人・酒巻匡・山本和彦『現代の裁判〔第7版〕』有斐閣、2017年、204頁参照）。

▷**犯罪被害者保護法**
正式名称は、「犯罪被害者の保護を図るための刑事手続に付随する措置に関する法律」という。

を公開しても捜査や公判の妨げになるおそれがない場合もある。このような場合において犯罪被害者保護法は，被害者，もしくは被害者の委託を受けた弁護士が当該事件の刑事訴訟記録を閲覧・謄写することを認めている（犯罪被害者保護法3条）。少年法においては閲覧・謄写を行える要件は異なっているが，被害者側に刑事訴訟記録の閲覧・謄写を同様に認めている（少年法5条の2）。

### ○公判終了後

公判が終了すると，公開された裁判については誰でも刑事訴訟記録を閲覧できるようになる（刑事訴訟法53条）。しかしその一方で，検察の事務に支障がある場合には閲覧は認められない（刑事訴訟法53条1項ただし書）。また，**刑事確定訴訟記録法**は4条2項で閲覧を不許可とできる事由を列挙している。そして，実務においては刑事訴訟記録の閲覧が不許可とされることも少なくない。刑事確定訴訟記録法が挙げる事由のうち特に問題とされることが多いのが，公の秩序または善良の風俗を害することとなるおそれ，犯人の改善および更生を著しく妨げることとなるおそれ，関係人の名誉または生活の平穏を著しく害することとなるおそれ，の3つの事由である（刑事確定訴訟記録法4条2項3-5号）。これらの事由の内容が必ずしも明確ではないこともあって，刑事訴訟記録の閲覧を認めないことに憲法上の問題がないのか議論されてきた。

## ❸ 刑事訴訟記録を閲覧する憲法上の根拠

判例は刑事訴訟記録の閲覧を憲法上の権利とは認めていない。例えば，現職警察官による強制わいせつ事件について連載記事を執筆しようとしていたジャーナリストが，この事件について実刑判決を下した訴訟の記録の閲覧を請求した。しかし，この請求は刑事訴訟記録法4条2項3号，4号，5号に該当するとして，閲覧が拒否された。そして，最高裁も含めたいずれの裁判所も，刑事確定訴訟記録を閲覧する憲法上の権利を認めなかった（「三島署事件」訴訟記録閲覧請求事件・最決平成2年2月16日判時1340号145頁）。その一方で，学説においては刑事訴訟記録の閲覧が憲法上の権利であるとする者が少なくなく，刑事訴訟記録の閲覧を不許可とした判例には批判も強い。憲法上の根拠については，憲法82条の裁判の公開原則を根拠にするもの，21条の**知る権利**に含まれるとするものがある。

刑事訴訟記録の閲覧の不許可について，多くの場合はジャーナリストや研究者によって争われている。このように情報を伝達する上で刑事訴訟記録の閲覧が必要である場合には，「知る権利」を根拠にするのが自然であるといえよう。これに対し，情報の伝達とは全く無関係に刑事訴訟記録を閲覧したいという場合には，「裁判の公開」を根拠にすれば十分である場合もありうるであろう。

（實原隆志）

▷**刑事確定訴訟記録法**
刑事訴訟法53条4項は「訴訟記録の保管及びその閲覧の手数料については，別に法律でこれを定める」としており，それらを定める法律として1988年1月1日から施行されている。そこでは刑事訴訟法が委任した事柄だけではなく，多くの事柄について規定されている。

▷**知る権利**
⇨ Ⅱ-4 「知る権利」

▷1 最近の動きとしては，2014年6月に「歴史公文書等の適切な保存のための必要な措置について」の申し合わせがなされ，「法務省が保有する刑事事件に係る判決書等の訴訟に関する書類のうち，歴史資料として重要な公文書その他の文書」については，法務大臣から内閣総理大臣に対し移管するとされた。これによって歴史公文書等の性格を有する刑事裁判の確定記録については，国立公文書館に移管する道筋がつけられたものの，具体的な移管作業にはまだ時間がかかる可能性が高い。

**参考文献**

中村泰次他『刑事裁判と知る権利』三省堂，1994年。
福島至編『コンメンタール刑事確定訴訟記録法』現代人文社，2017年。

## VII 情報公開法・個人情報保護法

## 自己情報コントロール権と忘れられる権利

### 1 プライバシー権の展開

　私人相互間次元での不法行為法上の法的権利として19世紀末に提唱された"a right to be let alone"（ひとりにしておいてもらう権利）が、対公権力次元での独自の権利として初めて承認されたのは、1965年のアメリカ連邦最高裁判決（Griswold v. Connecticut, 381 U. S. 479）による▷1。その後アメリカでは、妊娠中絶の自由に関し、妊娠した女性の「個人の権利」として「権利の一般化」が図られ、保障の拡大と精査が進んだ▷2。

　他方、日本では1960年代以降、学説上でアメリカの動向が紹介された。判例上でも、学生等のデモ行進に係る警察による写真撮影をめぐる判断が示された。そして、**京都府学連事件**で最高裁は、憲法13条から導かれる「肖像権」（自己の容貌等をみだりに撮影・公開されないことを内容とする権利）の保障を判示するに至った。また、**「宴のあと」事件**で東京地裁は、個人の私生活上の自由を保障するものとしてのプライバシー権を位置づけ、私人相互間次元での「表現の自由とプライバシーの調整問題」に道筋をひらいた。京都市中京区長前科照会事件で最高裁（最判昭和56年4月14日民集35巻3号620頁）は、前科・犯罪経歴を行政によって、すなわち対公権力次元でみだりに公開されないことが「法律上の保護に値する利益」であると判示した▷3。

### 2 自己情報コントロール権

　憲法上の権利としての「プライバシー権」の根拠について、また「プライバシー権」が対公権力あるいは私人間のいずれを（あるいはそのいずれをも）射程としているのか、さらにその保障が作為請求権的側面に限定されるのかそれとも不作為的側面にまで及ぶのか。これらに関して学説は一致をみていない。

　最高裁も「プライバシー」の語を用いることはあっても（例えば、**「石に泳ぐ魚」事件**など）、「プライバシー権」「プライバシーの権利」にまで踏み込んだ用法を採らない。そのため、何が「プライバシー」「プライバシー権」「プライバシーの権利」なのか、何がその対象ないし内容を構成するのか、いまだ判然としない。

　ここで1970年代から説かれる「自己情報コントロール権」▷4に着目すると、①でみたプライバシー（権）の側面に限定されず、より積極的な「権利」構成が

---

▷1　避妊のための薬や器具の使用、避妊の方法について夫婦に助言・指導することを処罰する州法は、夫婦のプライバシーの権利を侵害するものとして違法である旨が判示された。合衆国憲法修正14条（デュープロセス条項）から「プライバシーの領域（zone of privacy）」を導いた判決であり、対公権力次元での「夫婦の権利」としてのプライバシー権を承認したものである。

▷2　1973年の Roe v. Wade 事件判決および1992年の Planned Parenthood v. Casey 事件判決。

▷京都府学連事件
　警察による写真撮影が適法な職務行為とされる場合、すなわち公共の福祉を理由とする制約に服し、本人の同意や裁判官の令状がなくとも撮影が許される場合に該当するとされた。⇨V-10「肖像権・パブリシティ権」

▷「宴のあと」事件
　⇨V-7「表現の自由とプライバシー」

▷3　なお、前科に関わる事実を公表されない「法的利益」については、その公表主体が公的機関か私人かを問わないことに言及した「逆転」事件もある。⇨V-8「犯罪報道」

▷「石に泳ぐ魚」事件
　⇨V-7「表現の自由とプ

*128*

可能になる。つまり，対私人，対公権力の双方の観点から，①本人の同意なしに自己の情報が収集されず，②収集目的を超えた利用や開示を許さず，③本人による自己情報の開示・閲覧が可能で，④正当な理由のない自己情報の削除や訂正を求めることができる。なお，早稲田大学江沢民講演会名簿提出事件で最高裁（最判平成15年９月12日民集57巻８号973頁）は，「プライバシーに係る情報」の法的保護の観点から，本人の同意なき当該情報の警察への提供行為が原告らの「プライバシーを侵害するもの」で「不法行為を構成する」と判示した。

もっとも，ここで保障されるべき「情報」が，「プライバシー固有情報」に限定されるのか，「プライバシー外延情報」にまで及ぶのか，この点でも憲法上の議論は一致をみない。しかし，憲法上の権利か否かの問題の考察をひとまずおいて，自己情報コントロール権の具体化としての立法上の権利保障に目を転じてみると，この問題は，個人情報保護法制として，法律や条例上での権利行使，法制度設計の問題へと移ることになる。[45]

## ③ 忘れられる権利

特定のスペイン人男性個人の氏名による検索を行ったところ，当人の過去の社会保障費の滞納による不動産の差押さえを受けた信用情報が掲載されるウエブページへのリンクが表示された。当該情報の削除が求められた事案についての2014年５月13日の欧州司法裁判所先行判決は，検索サービス提供者に対し，検索結果からリンク情報を削除するように求める権利を認める判断を下した。

2014年段階でEU一般データ保護規則案に規定されていた「忘れられる権利（right to be forgotten）」は，2016年の同規則17条で「消去権（right to erasure）」[46]として規定されている。同条では，データの主体（data subject）が有する「消去権」を，個人データの管理者に不当に遅滞することなく消去させる権利として定めており，特定の場合に管理者が個人データを不当に遅滞することなく消去する義務を負うことを規定する。

「忘れられる権利」と呼ぶのか「消去権」と呼ぶのかはともかくとして，こうした検索結果に対する非表示の求めが，欧州において「権利」化されていることは興味深い。注目すべきは，インターネット上に掲載される情報自体ではなく，検索結果上で表示される情報が問題にされている点だろう。

日本では，プロバイダ責任制限法に基づくプロバイダの対応（⇨ IX-6 参照）とあわせて，現実には，検索サービス提供者が十分な対応を図っているかが問題となる。いわば，従前からの名誉毀損・プライバシー侵害の枠組み（⇨ IX-5 , コラム9参照）で捉えることもできる。そのため，欧州に類似の裁判例にあっても，欧州でみられる「権利」性の承認にまでは至っていない。[47]

（井上禎男）

▷4　自らの情報（自己情報ないし個人情報）が，これを収集し保有する他者によって「支配」「管理」されることに危惧や不安を抱くことは自然だろう。現実に，行政や私企業などの大規模組織による個人情報の収集・管理・結合・流通は日常化しており，「自己情報コントロール」に係る法的な保障の必要性もこうした状況に端を発する。

▷5　民間部門への立法対応をも含めた国の現行法制については， VII-8 「個人情報保護法の概要」， VII-9 「行政機関個人情報保護法の概要」参照。

▷6　1995年の「データ保護指令」（Directive 95/46/EC）に代わる，「個人データの取扱いに係る自然人の保護及び当該データの自由な移転に関する欧州議会及び欧州理事会規則（一般データ保護規則）」（REGULATION (EU) 2016/679 OF THE EUROPEAN PARLIAMENT AND OF THE COUNCIL of 27 April 2016 on the protection of natural persons with regard to the processing of personal data and on the free movement of such data, and repealing Directive 95/46/EC (General Data Protection Regulation)）。

▷7　例えば，さいたま地決平成27年12月22日判時2282号78頁，その抗告審である東京高決平成28年７月12日判時2318号24頁，その許可抗告審である最決平成29年１月31日民集71巻１号63頁を参照。

# Ⅶ 情報公開法・個人情報保護法

 個人情報保護法の概要

### 1 個人情報保護をめぐる法制度の全体像

　個人情報保護をめぐる法制度は，①「個人情報の保護に関する法律」，②「行政機関の保有する個人情報の保護に関する法律」，③「独立行政法人等の保有する個人情報の保護に関する法律」，④「情報公開・個人情報保護審査会設置法」，⑤「行政機関の保有する個人情報の保護に関する法律等の施行に伴う関係法律の整備等に関する法律」の5法律から成る。これらのうち，①法（以下，法）が民間部門を規律する。ここでは，民間部門への規律の概要のみを扱う。

### 2 個人情報保護法の対象となる事業者

　法2条が定める「個人情報取扱事業者」（以下，事業者）は，営利事業に限られず，NPOのような非営利事業を行う者も含む。さらに，外部から個人情報処理を委託されて「個人情報データベース等」を作成し，委託業者に個人データを提供する情報処理業者も含む。

　なお，憲法上の権利との調整を図った結果，法76条（1項1～5号）は，①報道機関，②著述を業として行う者，③学術研究機関等，④宗教団体，⑤政治団体の各主体が，同条1項各号に明記された目的で個人情報を取り扱う限り，法が定める事業者としての義務を負わないこと（適用除外）を定めた。

### 3 個人に関する情報の種別と事業者の義務

　法は，「個人情報」（2条1項）＞「個人データ」（同条4項）＞「保有個人データ」（同条5項）という種別を設け，これら各々の情報概念に応じた事業者の義務，あるいは本人関与の仕組みを定めている。

　まず，「個人情報」の次元で事業者は，①利用目的の特定・変更（15条），②利用目的による制限（16条），③適正な取得（17条），④取得に際しての利用目的の通知等（18条）の義務を負う。

　次に「個人データ」の次元になるとさらに，①正確性の確保（19条），②安全管理措置（20条），③従業者の監督（21条），委託先の監督（22条），④第三者提供の制限（23条）についての義務を負う。事業者は，個人データの入力・編集・出力等の処理を内容とする契約締結によって処理を行わせる場合，委託先に対しても，自己処理同様の監督義務を負う（22条），第三者提供のためには

▷1 ⇨Ⅳ-12「メディア適用除外・メディア優遇策」

▷2 なお，後述する2015年改正によって，「要配慮個人情報」の類型化が図られ，個人情報の取扱いに加重してその取扱いが規律されることになった。氏名，生年月日のほかにも，電話番号，会員番号のような番号，映像，声，指紋，筆跡等によって本人が識別可能ならば，当該情報も，法によって保護される「個人情報」となる。なお，同改正では，情報単体でその情報が有する意味内容から特定の個人を識別することができるものについて，これを「個人識別符号」（2条2項）として政令で定め，これに含まれるものは個人情報に該当することとされている（2条1項1号）。個人情報該当性を客観化し，事業者が容易に判断できるようにするためである。個人識別符号の具体例として

原則として事前の本人同意（オプトイン）が必要である（23条1項）。例外として，提供される個人データの種類，提供方法等を本人が知ることができ，本人が求めた場合に提供を停止することを条件として第三者提供が許される（オプトアウト）。「第三者」に該当しない場合として，本人の同意なく共同利用者全体での管理責任が生じる「共同利用」がある（23条5項）。

最後に，「保有個人データ」の次元では，本人の請求に応じて，①当該データに関する事項の公表等（27条），②開示（28条），③訂正等（29条），④利用停止等（30条。同意なき目的外利用〔16条〕，偽りその他不正な手段による取得〔17条〕，同意なき第三者提供〔23条〕等の場合）の義務を負う。

## ④ 匿名加工情報に関する事業者の義務

2015年の法改正（以下，2015年改正）によって，個人情報を加工することによって，特定の個人を識別することができず，かつ，当該個人情報を復元することができないようにした「匿名加工情報」についての規定が新設された（2条9項）。あわせて「匿名加工情報取扱事業者」も定義される（2条10項）。

匿名加工情報の取扱いについて事業者は，①作成（36条1〜3項），②提供（36条4項，37条），③活用（36条5項，38条）の3つの場面での義務を負う。そしてその枠内であれば，個人と関係のない情報（気象情報，交通情報，金融商品等の取引高など）や第三者から取得した匿名加工情報とともに分析を行うこと等により，研究やマーケティング等に利活用することが可能となった。

ビッグデータの利活用を見据えた対応である。

## ⑤ 個人情報保護委員会による監督，罰則など

従来からの「認定個人情報保護団体」制度（47〜58条）に加えて，2015年改正では「個人情報保護委員会」（以下，委員会）が創設された（発足は2016年1月。独立性の高い組織として位置付けられる行政機関である）。

主務大臣制は廃止され，委員会が法を所管することで一元的な監督措置を講じる（委員の任務等については60条，61条）。委員会は，個人情報取扱事業者および匿名加工情報取扱事業者に対する報告徴収，立入検査（40条），指導，助言（41条），勧告，命令（42条），認定個人情報保護団体に対する認定（47条），報告徴収（56条），命令（57条），認定取消（58条）等の権限を行使する。

上記命令違反や検査拒否等に係る事業者への罰則（84条，85条）に加えて，2015年改正では新たに直接罰が規定された。事業者の役職員，従業者等がその業務に関して取り扱った個人情報データベース等を自己もしくは第三者の不正な利益を図る目的で提供し，または盗用したときは，1年以下の懲役または50万円以下の罰金，さらに法人にも50万円以下の罰金が科せられる（83条，87条）。

（井上禎男）

▷ は，指紋，個人の身体の一部の特徴をデジタル化した情報，マイナンバー，運転免許証の番号，旅券の番号などがある。

▷ 3　なお，公共部門を規律する法で用いられる情報概念は，本法とは異なる。⇨ Ⅶ-9「行政機関個人情報保護法の概要」

▷ 4　2015年改正によって，オプトアウト手続が厳格化され（23条2〜4項），さらに個人データの提供・受領に際しての確認・記録等の義務が新設された（25条，26条）。⇨ Ⅸ-4「インターネット上の表現規制」

▷ 5　2015年改正によって，消費者を代表する者等の意見を踏まえた個人情報保護指針の作成と届出，監督権限の強化等，認定個人情報保護団体制度自体の強化措置が講じられている（53条）。

▷ 6　なお，委員会は番号法（マイナンバー法）上の監督機関でもある。⇨ Ⅶ-12「マイナンバーと個人情報保護」

▷ 7　従業員等が情報漏えい行為等を行った場合は，別途，不正競争防止法（1993年制定・施行）2条1項4ないし9号に定められる「営業秘密」の不正な方法による取得，第三者への開示，利用行為の禁止違反としても処罰され得る（同法21条）。こうした従業員等については，解雇等の懲戒処分や民事の損害賠償請求の対象にもなり得る。しかし，事業者・企業等にとってみると，むしろ個人情報の漏えいや流失に伴う顧客への対応や社会的な信用の失墜の方がより深刻な問題になるだろう。

Ⅶ　情報公開法・個人情報保護法

 行政機関個人情報保護法の概要

### 1　1988年法（旧法）との異同と公共部門法としての位置づけ

　個人情報保護法制の一端をなす行政機関の保有する個人情報保護に関する法律（行政機関個人情報保護法）は，すでに1988年に制定・施行されていた「行政機関の保有する電子計算機処理に係る個人情報の保護に関する法律」（以下，旧法）を全部改正することとし，個人情報保護法制定と同時に2003年に新たに制定された法律である。制定にあたっては，2000年に住民基本台帳法が改正され政府・地方公共団体の住民情報の一括管理が開始されることが考慮されたが，今日では2015年の個人情報保護法の改正と連動して，独自に「非識別加工情報」（2条8項），「行政機関非識別加工情報」（同条9項），「行政機関非識別加工情報ファイル」（同条10項），「行政機関非識別加工情報取扱事業者」（同条11項）に関する規定を設けている。公共部門については別途，独立行政法人についての独立行政法人個人情報保護法も制定された。

　ちなみに，地方公共団体に目を向けると，情報公開条例同様，地方公共団体が先行して法令整備を進めてきた経緯があり，今日では，都道府県，市町村のすべてで個人情報保護に関する条例の制定をみている。自治体の外郭団体等が保有する個人情報の保護に係る取組みの促進も継続して図られている。

### 2　現行法の特色と構成

　個人情報保護法の"基本法部分"は公共部門にも係るが，民間部門が同法の"一般法部分"の適用を受けるのに対し，行政機関個人情報保護法は，公共部門のために，あえて別法をもってより厳格な制度を構築している。具体的には，詳細な個人情報ファイル管理簿の作成と公表の義務づけや，開示決定等に対する不服について第三者的な審査としての「情報公開・個人情報保護審査会」によるチェックがかけられる点である。

　現行法の構成は，総則（1～2条），行政機関における個人情報の取扱い（3～9条），個人情報ファイル（10～11条），開示，訂正および利用停止（12～44条），行政機関非識別加工情報の提供（44条の2～44条の16），雑則（45～52条），罰則（53～57条）である。

　現行法が定める「行政機関」とは会計検査院も含んだすべての行政機関であるが，内閣は対象とされていない（2条1項）。情報概念については，民間部門

▷1　⇨Ⅶ-7「自己情報コントロール権と忘れられる権利」，Ⅶ-8「個人情報保護法の概要」

▷2　⇨Ⅶ-8「個人情報保護法の概要」

▷3　審査会の役割については，Ⅶ-10「審査会と裁判所による救済」参照。

を規律する個人情報保護法とは別の概念が立てられているので注意を要する。すなわち,「個人情報」（2条2項）＞「保有個人情報」（2条3項）＞「個人情報ファイル」（2条4項）の区分をとり,各々に応じて行政機関が果たすべき義務を定める。具体的には,「個人情報」については,①保有制限等,②利用目的の明示,③従業者の義務である。次に,「保有個人情報」については,①正確性の確保,②安全確保措置,③利用・提供制限,④措置要求,⑤開示,⑥訂正,⑦利用停止,不正な利益を図る目的での提供・盗用に対する罰則である。そして,「個人情報ファイル」については,①総務大臣への事前通知,②不正提供に対する罰則,③個人情報ファイル簿の作成・公表である。行政機関非識別加工情報の提供については第4章の2（44条の2～44条の16）として別立てで規律される。

なお,刑事事件等に係る保有個人情報には,開示・訂正・利用停止の規定は適用されない（45条）。行政機関の長には,適切かつ迅速な苦情処理についての努力義務が課せられている（48条）。罰則については,個人情報保護委員会の命令に違反した場合に罰せられることになる民間部門と比べて,法律に違反したとき直ちに罰せられるという点で,より厳しい内容となっている。

▷4 ⇨ Ⅶ-10 「審査会と裁判所による救済」

## ③ 独立行政法人等個人情報保護法について

公的部門を対象とした個人情報保護法制には,基本法制を定める個人情報保護法,その下での行政機関個人情報保護法や条例,そして独立行政法人を対象とする独立行政法人等の保有する個人情報の保護に関する法律（独立行政法人個人情報保護法）がある。さらにこれらに関連する政省令や規則等とともに,統計法（統計調査における秘密保護等）や住民基本台帳法（住民票コードを利用する情報の保護）も,個人情報の保護について規定している。さらに,より広義な個人情報保護関連法規としては,主に公務員を対象として守秘義務を定める国家公務員法・地方公務員法・自衛隊法や,日米安保協定に伴う秘密保護法制が存在する。

▷5 番号法については Ⅶ-12 「マイナンバーと個人情報保護」を参照。

行政機関個人情報保護法と同時に制定された独立行政法人個人情報保護法は,独立行政法人通則法2条1項に規定される独立行政法人および別表に掲げる法人,すなわち政府の一部を構成するとみられる法人を対象にしている。なお,NHKは対象外とされており,個人情報保護に自主的に取り組んでいる。行政機関個人情報保護法との違いは,適正取得に係る条項の存在,個人情報ファイルの保有等に関する事前通知規定を置いていない点,一部の開示基準の相違（14条5号イおよびロ）,総務大臣の資料提出および説明要求ならびに意見陳述規定が置かれない点などである。 （井上禎男）

▷6 「独立行政法人等は,偽りその他不正の手段により個人情報を取得してはならない」（5条）。
▷7 国の安全を害したり,犯罪予防に支障を及ぼすおそれについて,行政機関の場合は長の判断権が尊重される。

*133*

## Ⅶ 情報公開法・個人情報保護法

# 審査会と裁判所による救済

### ① 情報公開・個人情報保護審査会の役割

　行政機関が保有する情報（国の場合には①情報公開法，②独立行政法人情報公開法，③行政機関個人情報保護法および④独立行政法人個人情報保護法，地方公共団体の場合には，⑤情報公開条例，⑥個人情報保護条例，これらにかかる請求対象文書である行政文書，法人文書，個人情報等）について，その開示・不開示をめぐる不服申立に対し，第三者的な立場から調査審議を行う機関が，情報公開・個人情報保護審査会（以下，審査会）である。

　行政機関，独立行政法人等に対する不服申立てがなされた場合，当該不服申立てが不適法であり却下すべき場合等を除き，行政機関，独立行政法人等は審査会への諮問を義務づけられている。条例の場合も同様であり，ここでの「審査会」は不服申立てに係る諮問機関としての役割を果たす。

### ② 情報公開・個人情報保護審査会の機能

　国の審査会の設置・組織・調査審議の手続等は，情報公開・個人情報保護審査会設置法（以下，設置法）が規定する。地方公共団体の場合には，国の法制度に先行した経緯から，情報公開条例または個人情報保護条例によって各々の「審査会」が別置されている。しかし最近では，国の方式に倣って，両者を統合して「審査会設置条例」を制定させる例も多く見られる。さらに地方公共団体においては，情報公開や個人情報保護分野での必要な事項を調査審議し，建議を行うために，別途「審議会」等の機関を設置する例もある。なお，2016年の行政不服審査法の改正によって，地方公共団体でも行政不服審査会が新設されることになった。従前からの情報公開や個人情報保護分野での審査会とこの行政不服審査会とを一括するか，分離存続させるかの選択も地方公共団体によって異なっており，一様ではない。

　審査会の設置・組織・調査審議の手続等について国を例にとると，審査会は，①15人の委員で構成され，委員は優れた識見を有する者から両議院の同意を得て内閣総理大臣によって任命される。任期は3年である（設置法3条，4条）。②調査権限に関し，審査会が必要と認める場合に対象文書等の提示を求めることができる。この求めは拒めない。こうした対象文書を非公開かつ直接に（in camera）見分する方法で検証を行うことを「インカメラ審理」という（9条2

▷1　行政手続法18条1項が規定する文書閲覧請求制度は，情報公開法15条および独立行政法人情報公開法16条にいう「他の法令の規定」には該当しない。行政手続法とは並行適用になるため，前記の2つの情報公開法が規定する不開示情報該当性が判断されることになる。不開示決定がなされた場合の不開示の部分については，行政手続法8条に基づいて不開示に係る理由の提示義務が生ずる。

▷2　例えば，広島県，千葉市，北海道，佐賀県，鹿児島県，京都市等，多くの自治体の例がある。

▷3　東京都のように両条例に係る機関としての「情報公開・個人情報保護審査会」を設けている例もある。

134

項）。また審査会は，対象となる文書等に記録されている情報の内容を分類・整理した資料の提出を求めることができる。これを「ボーン・インデックス」という（同条3項）。③審査会はさらに，意見書または資料の提出を求めること，また，鑑定その他必要な調査もすることができる（同条4項）。救済制度においては，裁判所よりも，審査会による無料で迅速な救済に力点が置かれている。

なお，審査会の決定に法的な拘束力はない（地方公共団体の場合も同様）。しかし，救済制度としての実効性を考慮すると，諮問庁（法や条例に基づき審査会への諮問を行った行政庁や独立行政法人等）は，上記調査権限をふまえて出される審査会「答申」の結論を受け入れることを原則としている。[45]

こうした判断をふまえてもなお，不開示等の処分に対し不服がある場合には，開示請求者は司法的な救済（典型は，開示の義務付け訴訟や不開示処分の取消訴訟）へと進むことになる。[46]

### ③ 裁判所による救済

情報公開訴訟は，情報公開制度の推進のために重要な役割を果たしてきた。開示請求者が提起した訴訟の原告勝訴率は，その他の行政訴訟と比べてむしろ高いといわれている。

ただし，情報公開訴訟において裁判所は，対象文書をみることなく，間接証拠ないし周辺資料に基づいて不開示事由の該当性を判断せざるを得ないという問題もある。公開を原則とする裁判に至って，請求対象とされた行政文書等そのものを行政機関等が証拠として提出すれば，当該文書を開示したのと同じ結果をもたらすことになるからである（裁判所が行政機関の長等に求めることができるのも，「釈明」にとどまる）。不服申立てに係る審査会審理の場合とは異なり，裁判所は，インカメラによる審理を行うことができない。最高裁（最決平成21年1月15日民集63巻1号46頁）も，民事訴訟の基本原則に反するとして，明文の規定がない限り，インカメラ審理は許されない旨を判示している。

個人情報保護に関する訴訟にあって，行政を相手方とする個人情報の不開示処分を本人が争う場合には，取消訴訟によることが一般的である。もっとも，本人が個人情報の訂正や利用停止を求める場合には義務付け訴訟も選択可能である。これに対し，民間部門が保有する個人情報，すなわち個人情報保護法上の開示請求等に係る訴訟では，同法の事業者が開示請求等に応じない場合に，本人が同法25条等に基づく具体的な権利の侵害を主張し，司法的な救済を求めることになる。[47]

（井上禎男）

▷5　審査会の「答申」内容は，一般にも参照可能である。地方公共団体ではそのHP（ホームページ）上で公表している場合が多い。また国の場合には，判決もあわせて総務省HPの「情報公開・個人情報保護関係答申・判決データベース」によって検索・参照が可能である。

▷6　不服申立前置主義がとられていないため，審査会の判断を経ることなく，裁判所にすぐに訴えることもできる。

▷7　個人情報保護法旧25条の「開示の求め」について裁判規範性を否定した判例がある（東京地判平成19年6月27日判時1978号27頁）。しかし，この判例は立法趣旨と異なっているとの批判を受け，2015年の法改正により，「開示を請求することができる」と書き換えられ，請求権であることが明確にされた（28条）。

## Ⅶ　情報公開法・個人情報保護法

# 11　情報公開法と個人情報保護法の関係

### 1　本人開示をめぐる問題の所在

　情報公開法および独立行政法人情報公開法は，国民主権の理念にのっとり，行政文書あるいは法人文書の開示を請求する権利につき定めること等により，行政機関，独立行政法人等の保有する情報の一層の公開を図り，もって，その諸活動を国民に説明する責務が全うされるようにすることを目的とする。これに対し，個人情報保護法は，個人情報を取り扱う事業者の遵守すべき義務等を定めることにより，個人情報の有用性に配慮しつつ，個人の権利利益を保護することを目的とする。また，行政機関個人情報保護法は，「行政の適正かつ円滑な運営を図りつつ，個人の権利利益を保護すること」を目的とする。

　これらのいずれの場合にあっても，「何人も」開示請求権を行使し得るが，法の上記目的に照らせば，個人情報保護法制の場合には，あくまでも「自己を本人とする保有個人情報」の開示請求に開示請求権者が限定されている。

　こうした点から，本人情報へのアクセスは個人情報保護法制に基づいて行うべきであり，個人情報保護法制が整備された今日では，当該問題は一応の解決をみたともいえる。しかし，個人情報保護法制が未制定の段階で，あるいは個人情報保護法制が整備されてもなお，情報公開法制を用いて，本人が当人に関する情報の開示請求を行った場合に，請求が認められるかという問題がある。

### 2　日本における情報公開法・条例に基づく自己情報開示の許否

　情報公開法制に基づく本人開示については以下の3つの考え方がある。①情報公開と個人情報保護は基本的に別の制度であり，自己情報の本人開示は個人情報保護制度の下でのみ認められる。②個人情報保護制度の有無とは無関係に，情報公開制度の下でも本人開示は認められる。③個人情報保護制度が整備されていない場合には，情報公開制度の下で本人開示が認められる。

　兵庫県の公文書公開条例に基づく本人の診療報酬明細書（レセプト）の不開示処分が争われた事案で最高裁は，兵庫県で個人情報保護条例が制定されていない段階で既存の当該公文書公開条例（非開示事由としての個人情報が個人識別型ではなくプライバシー型の条例）に基づいて，本人が当該本人情報の開示請求を行うことは許容されるものであり，本件請求への拒否処分ができないことが本件「条例の合理的な解釈というべきである」と判示して前記③の立場をとった

▷1　⇨Ⅶ-3「情報公開法の例外(1)」

（最判平成13年12月18日民集55巻7号1603頁）。

　情報公開法制に基づく本人情報開示の可否については，条例上での実務運用や当該経験の蓄積を論拠に，また学説上も情報公開法制と個人情報保護法制との制度趣旨の重複を認める観点から，あるいは「自己情報コントロール権[42]」の理解もふまえ，これを積極的に支持する見解が見られる[43]。

　なお，情報公開法要綱案の作成作業を行った行政改革委員会の行政情報公開部会[44]でもこの問題は議論された。同部会は，「個人情報保護法制において自己情報開示の問題として処理するのが本筋である」ことなどを理由に，情報公開法では本人開示を認めない方針をとった（前記①の立場）。その後，情報公開（・個人情報保護）審査会も一貫して情報公開法に基づく本人開示を否定し，裁判例でも，前記平成13年最高裁判決以降，本人開示請求であっても個人が識別されることを理由に，情報公開法制に基づく本人開示を否定する傾向がみられる。

## ③ 法制度設計をめぐる比較法的視点

　フランスでは情報公開分野における「行政文書へのアクセスに関する委員会CADA（Commission d'accès aux documents administratifs）」と個人情報保護法分野における「情報処理と自由に関する全国委員会CNIL（Commission nationale de l'informatique et des libertés）」という2つの独立行政機関が存在し，こうした監督機関がファイルの審査・登録を行うことで，開示請求に対応するしくみをとっている。CADAは行政文書の不服申立てに係る権限を行使し，公共部門で主に電算化されない個人情報を所管してきた。これに対し，個人情報の電算ファイルを作成する場合には，個人であろうと法人であろうと，あるいは官民を問わず，すべてCNILに届け出る義務を負うため，CNILは電算化された個人情報について広く所管してきた。2000年の法改正以降，第三者からの開示請求については電算処理区分に関わりなく，両機関の対応の柔軟化を図る措置が講じられている。他方，本人からの開示請求については，その所管の範囲でCADAもCNILも同様の取扱いを行っている。もっとも，情報公開法制には記載情報の訂正等が規定されていないので，個人が情報の訂正等について情報公開法に基づいて請求した場合にはCNILの業務となる。こうした場合には，実際にCADAは関与しない運用が図られている。

　前記2つの独立行政機関によるフランスのこのような監督手法は，個人情報保護法と番号法に基づく監視・監督・評価等の業務を行う個人情報保護委員会を擁する日本とも異なるものであり[45]，また，同じ欧州であっても，企業の内部にデータ保護管理者を置いて現場で対応し，さらに連邦および州における「データ保護監察官」をもって措置するドイツとも対照的なものといえる[46]。

　　　　　　　　　　　　　　　　　　　　　　　　　　（井上禎男）

▷2　⇨ Ⅶ-7「自己情報コントロール権と忘れられる権利」

▷3　前述したレセプト訴訟で大阪高裁は，個人情報保護条例が仮に制定されていても情報公開条例に基づく本人開示は認められるとして本文中の前記②の立場をとった（平成8年9月27日行集47巻9号957頁）。

▷4　行政改革委員会設置法施行令2条に基づく組織で，1995年3月に発足した専門部会。翌96年11月に最終報告を行政改革委員会に提出した。

▷5　Ⅶ-8「個人情報保護法の概要」，Ⅶ-12「マイナンバーと個人情報保護」を参照。なお，「情報公開・個人情報保護審査会」については Ⅶ-10「審査会と裁判所による救済」を参照。

▷6　なお，ドイツにおける民間部門と公共部門の管轄問題，また連邦法を受けた州法による対応（特に民間部門における州ごとの執行の多様性）は，州ごとの制度設計に依拠する。

# Ⅶ 情報公開法・個人情報保護法

 ## マイナンバーと個人情報保護

▷**個人番号（マイナンバー）**
住民票を有するすべての者に対し、2015年10月以降に簡易書留で各家庭に郵送された紙製のカードが「通知カード」である。なお、本人が希望する場合には、2016年1月以降、その申請に基づいて、e-Tax などの電子申請などが行える電子証明書（ICチップ）を標準搭載したプラスチック製、写真つきの「マイナンバーカード」が通知カードと引き換えに交付されている（通知カードと異なり、身分証明書としての機能を有する）。総務省「マイナンバーカードの市区町村別交付枚数等について」によれば、2018年7月1日現在、人口に対する交付枚数率は、全国集計で11.5%となっている。
▷1　番号法は個人番号（マイナンバー）や特定個人情報の取扱いを規定しており、保護法の特例を定める。番号法に保護法と異なる規定がある場合は番号法が優先適用されるので、この意味で保護法は一般法、番号法は特別法の関係に立つ。
▷2　⇨ Ⅶ-8「個人情報保護法の概要」②
▷3　⇨ Ⅶ-8「個人情報保護法の概要」②

### 1　個人番号（マイナンバー）とは

「行政手続における特定の個人を識別するための番号の利用等に関する法律」（以下、番号法）が2013年に制定・施行された。複数の機関に存在する個人の情報が同一人の情報であることを確認するための立法であり、現時点では、社会保障・税・災害対策の3分野の行政手続において個人番号が求められている。

番号法に基づき、住民票を有するすべての者に1人1つの12桁の**個人番号（マイナンバー）**が通知されている。

### 2　特定個人情報、個人情報ファイルと特定個人情報ファイル

特定個人情報とは、個人番号に対応する符号（個人番号に対応し、個人番号に代わって用いられる番号や記号などで、住民基本台帳法上の住民票コード以外のもの）をその内容に含む個人情報のことである（番号法2条8項）。そのため、個人情報の一部として、原則的に保護法が適用される。

個人番号についても保護法2条1項に基づき、生存する者のみが対象となる。もっとも、保護法上での個人情報の利用が事業者の判断に係るのに対し、番号法上の特定個人情報は、利用目的の範囲が社会保障・税・災害対策に限定されている。

特定個人情報ファイルとは、個人番号や個人番号に対応する符号をその内容に含む個人情報ファイルのことである（同法2条9項）。なお、番号法上の個人情報ファイルは、民間事業者の場合、保護法上の「個人情報データベース等」と同義となる（番号法2条4項）。

### 3　番号法上の保護措置

保護法上の「個人データ」と番号法上の「個人番号」とを比べてみると、双方で求められる安全管理措置は、概ね同じである（保護法20条、番号法12条）。

漏えい等が発生した場合には、保護法では36条、番号法では29条の4に基づく措置が講じられる。番号法上では29条の4の規定および**個人情報保護委員会**の規則（以下、規則）2条により、特定個人情報ファイルに記録された特定個人情報の漏えいその他の安全の確保に係る「重大な事態」が生じたときに、個人情報保護委員会に報告することが法令上の義務となる。

事業者の場合の「重大な事態」とは，①情報提供ネットワークシステム等または個人番号利用事務・個人番号関係事務を処理するために使用する情報システムで管理される特定個人情報が漏えい等した事態，②漏えい等した特定個人情報に係る本人の数が100人を超える事態，③特定個人情報を電磁的方法により不特定多数の者が閲覧することができる状態となり，かつ閲覧された事態，④職員等が不正の目的をもって，特定個人情報を利用し，または提供した事態をいう[44]。また，その場合の報告の方法ならびに個人情報保護委員会への報告を要しない場合等については，事業者の対応に係る告示で別途規定される[45]。

　他方，独立行政法人等及び地方公共団体等の取り扱う特定個人情報についても「重大な事態」は生じうる。ここでも所定の「必要な措置」が講じられるが，規則2条に該当する事案については，規則を根拠として個人情報保護委員会に報告がなされる。さらに告示上では，「重大な事態」に該当する事案又はその[46]おそれのある事案が発覚した時点で，独立行政法人等及び地方公共団体等は直ちにその旨を個人情報保護委員会に報告することになる。

## ❹ 罰則による担保

　表Ⅶ-1のように番号法上の保護措置違反については，事業者のみならず，個人にも罰則が科せられることがある。仕事の上であれ，私生活上であれ，個人番号・特定個人番号の取扱いについては慎重に臨みたい。　　　　（井上禎男）

表Ⅶ-1　マイナンバー制度における罰則の強化

| | 行　為 | マイナンバー法の法定刑 |
|---|---|---|
| 特定の公務員が対象 | 情報提供ネットワークシステムの事務に従事する者が，情報連携や情報提供ネットワークシステムの業務に関して知り得た秘密を漏らし，または盗用 | 3年以下の懲役 or 150万以下の罰金（併科されることあり） |
| | 国，地方公共団体，地方公共団体情報システム機構などの役職員が，職権を濫用して特定個人情報が記録された文書等を収集 | 2年以下の懲役 or 100万以下の罰金 |
| 番号の取扱者が対象 | 個人番号利用事務，個人番号関係事務などに従事する者や従事していた者が，正当な理由なく，業務で取り扱う個人の秘密が記録された特定個人情報ファイルを提供 | 4年以下の懲役 or 200万以下の罰金（併科されることあり） |
| | 個人番号利用事務，個人番号関係事務などに従事する者や従事していた者が，業務に関して知り得たマイナンバーを自己や第三者の不正な利益を図る目的で提供し，または盗用 | 3年以下の懲役 or 150万以下の罰金（併科されることあり） |
| 誰でも対象 | 人を欺き，人に暴行を加え，人を脅迫し，又は，財物の窃取，施設への侵入等によりマイナンバーを取得 | 3年以下の懲役 or 150万以下の罰金 |
| | 個人情報保護委員会から命令を受けた者が，個人情報保護委員会の命令に違反 | 2年以下の懲役 or 50万以下の罰金 |
| | 個人情報保護委員会による検査等に際し，虚偽の報告，虚偽の資料提出，検査拒否等 | 1年以下の懲役 or 50万以下の罰金 |
| | 偽りその他不正の手段によりマイナンバーカードを取得 | 6月以下の懲役 or 50万以下の罰金 |

出所：内閣府HP掲載分から抜粋し引用（2018年10月アクセス）。
http://www.cao.go.jp/bangouseido/pdf/faq5_2.pdf

▷個人情報保護委員会
番号法上の監督機関は，2014年1月に設立された「特定個人情報保護委員会」であったが，これが2016年1月に改組され，保護法上での「個人情報保護委員会」となった。そのため個人情報保護委員会は，個人情報のみならず，特定個人情報の監視・監督，特定個人情報保護評価に関する業務をも所掌する。⇨Ⅶ-8「個人情報保護法の概要」
▷4　「特定個人情報の漏えいその他の特定個人情報の安全の確保に係る重大な事態の報告に関する規則（平成27年特定個人情報保護委員会規則第5号）」
▷5　「事業者における特定個人情報の漏えい事案等が発生した場合の対応について（平成27年特定個人情報保護委員会告示第2号）」
▷6　「独立行政法人等及び地方公共団体等における特定個人情報の漏えい事案等が発生した場合の対応について（平成27年特定個人情報保護委員会告示第1号）」

## Ⅶ 情報公開法・個人情報保護法

 ## 監視カメラと個人情報保護

### 1 監視カメラの普及

現在，繁華街やアーケード街の多くに監視カメラが設置されている。ひと口に「監視カメラ」（防犯カメラ）といっても設置場所や作動方式は様々であり，監視カメラの中には常時稼働しているものだけでなく，交通事故などが起こった場合にのみ作動するものもあるようである。また，監視カメラによって監視行為のみを行っている場合と，画像を記録している場合がある。さらに監視カメラは私人が設置する場合[41]と国や自治体が設置する場合とがある。以下ではこれらのうち，公権力が常時稼働する監視カメラを設置し，画像を記録する場合の問題について解説する。

### 2 公権力による監視カメラ設置の問題点

公権力が常時稼働する監視カメラを設置する場合にもさらに様々な場面があるが，カメラを設置する必要性が低くなるにつれてその正当化は難しくなる。例えば，監視カメラを交通事故が起きやすい場所や，重大犯罪が頻発している場所に設置する場合に比べて，カメラの設置場所で発生しうる犯罪が重大犯罪ではなく万引きなどの軽犯罪に過ぎない場合にはカメラを設置することの正当性が厳しく問われることになる。

たしかに監視カメラによって撮影されるのが公道上である場合，そこでは家屋の中のような私的な場所とは異なり他人から見られることは十分に予想して行動しているであろう。また，犯罪を予防するためにはカメラで撮影していることを示すことで（潜在的な）犯人を威嚇する必要があるために，撮影中であることを看板などで示すのが通常である。このような場合には監視カメラで撮影されている場所を避けて通ることは可能であり，それにもかかわらずカメラが設置されている場所を通ったということは，カメラによって撮影されることに同意したことを意味すると思われるかもしれない。

しかし，撮影の目的や映像の具体的な利用方法まで知った上で撮影されるわけではなく，個人情報保護という観点での問題が解決されるわけではない。特に，監視カメラが録画を伴う場合には，目的外使用の禁止や保存期間など録画された映像データの取扱いが問題になる。具体的な嫌疑とは無関係に不特定多数の者を撮影対象として監視カメラを設置する場合には，その正当性を厳しく

▷1　私人が設置した監視カメラについての判例として，コンビニエンスストアの防犯カメラのビデオ録画が問題となった事件がある（名古屋高判平成17年3月30日）。店長による警察へのビデオテープ提供は違法ではないとされたが，一般論として，店外で発生した犯罪の捜査のための提供は，違法になる可能性があることが示された。また，ロス疑惑の三浦氏の万引きをめぐり，コンビニ店から提供された防犯カメラの映像を防犯システム販売会社が展示場で流したことが，東京地裁で違法とされた（平成22年9月27日）。

検討する必要がある。[42]

## ③ 小型カメラ

　監視カメラの使用という場合，従来は街頭にカメラを固定させ，一定期間継続して撮影することが想定されていたように思われる。[43] しかし，カメラの小型化が進んだことで新たな形態が生まれている。例えば自動車（Dash-Cam）や警察官の制服の肩口に小型カメラ（Body-Cam）を取り付けて，運転中・活動中に起こったことを映像で記録しておくことが可能になっている。

　これを警察官に使用させる場合，街頭に固定したカメラで監視する場合とは異なり，警察官が職務中に見る物・人，すべてを常時撮影することも可能である。さらに，それらのデータを保存する場合には，警察官が目にした場面をすべて映像として保存することも考えられる。しかし，このようなやり方での撮影・保存は不安を引き起こすかもしれない。例えば，犯罪とは無関係な映像が，犯罪捜査とは全く関係のない目的で勝手に使われてしまうことも懸念され，それが個々人の自由な活動を妨げる可能性もある。

　しかし，小型カメラによる撮影は，むしろ濫用を防ぎやすい方法であるともいわれる。制服に装着されたカメラを警察官が手元で操作できる場合には，必要な場合に限って撮影させるというやり方も考えられる。これもカメラを街頭に設置する場合とは異なる点であり，警察官が危険な場所に立ち入る場合や犯罪やトラブルに遭遇した場合にのみ撮影できるとすることで，必要な場面・人だけに撮影対象を限定できるかもしれない。[44]

　それゆえ，小型カメラを使用する場合にも，その使用条件を法律で決めておくのが望ましい。特にどのような利益が侵害されるおそれがどの程度ある場合に，どのような場所を撮影でき，どの程度の時間，それを継続してよいのか，そして撮影した映像を保存するのか，どの程度の期間保存でき，その映像を誰がどのような目的で利用できるのかを決めておくことが求められる。例えば警察官が個人の住居に立ち入った場合の撮影・録画の可否や，その条件をあらかじめ定めておく必要がある。

## ④ 顔認証システム

　実際には事件が起きていない段階で監視する技術としては，監視カメラの他に「顔認証システム」も挙げることができる。顔認証システムにおいては，認証システムの器材の前を通過した人々の顔を記録するだけでなく，その画像データを警察が保有するデータと瞬時に照合することができる。**Nシステム**は通過車両のナンバーデータと警察のデータとを照合するものであるが，顔認証システムはそれを人間の検索・追跡に用いるものともいえる。　　　（實原隆志）

▷2　具体的な嫌疑がある者の日常生活を警察官がビデオで撮影したことの正当性が争われた事件（最決平成20年4月15日判時2006号159頁）では，犯人と疑う合理的理由があり，そのうえ防犯ビデオに写っていた人物との同一性を確認するための証拠入手として必要な限度で公道等で撮影したことは，適法な捜査活動と認められた。

▷3　大阪地判平成6年4月27日判時1515号116頁。

▷4　暴動が起こった際の写真撮影については，事実上の「肖像権」の有無が争われたリーディングケースとして京都府学連事件がある。⇨ V-10 「肖像権・パブリシティ権」

▷ Nシステム
⇨ VII-15 「監視社会とプライバシー」

（参考文献）

自由人権協会編『市民的自由の広がり』新評論，2007年，227-242頁。

島田茂『警察法の理論と法治主義』信山社，2017年。

Ⅶ　情報公開法・個人情報保護法

 ICタグと個人情報保護

▷RFID
Radio Frequency IDentification の略。電波により個体を識別するための技術の総称。

### 1　RFID（ICタグ）の普及，個人情報の集積

　RFID（ICタグ）にはICチップが備えられており，ICチップには個々の物を識別するための情報である「ID情報」が入力されている。そしてICチップに保存されている情報はそこに電波を当てることで読み取ることができる。
　ID情報は個々の物を識別するための情報である。物を識別するために，これまでもバーコードが用いられてきたが，バーコードは物の属性しか記録できない。例えば「ミネルヴァ書房が出版した『メディア法』という本」ということは記録できるが，私が持っている『メディア法』とあなたが今読んでいる『メディア法』が，それぞれ別の本であることまでは認識できない。これに対してICタグやID情報を使用すればそこまで瞬時に識別することが可能になる。
　他方で，ID情報を使うことで個々の物を識別できるということは，それを持っている個々人をも識別できるということである。ICチップから情報を読み取る機器を数多く設置しておくことで，ID情報が入力された物を所持している人が，いつ，どこに滞在しており，どのように行動したのかを解明できる。個人の行動履歴は，個人の生活パターンを反映しており，個人の自己情報コントロール権に関わる重要な情報である。このような情報は，公権力がこれらの情報を収集する場合には捜査権限に代表されるような権力の執行に，民間情報が収集する場合であれば顧客への宣伝に活用しうる。そのため，ID情報を活用する際には，個人情報保護との観点で検討すべき事柄が少なくない。

### 2　公権力が情報を収集する場合

　ICタグを用いた情報収集は様々な場面で行われているが，公権力が行う場合と民間部門で行われる場合とに分けられる。以下ではそれぞれの場面でこの技術がどのように活用され，そこにはどのような問題があり，どのように対応すべきか検討する。なお，この技術がもつリスクをなくすための技術的対応も進んでいるが，ここでは法的対応に焦点を絞って検討する。
　国が発行する証明書にICチップを付けることが増えている。その代表例はパスポートであるが，2008年1月からは自動車運転免許証もICカード化されている。これによってそれらの証明書が偽造されたものでないかを簡単に判別

することができる。IC カード化された各種の証明書には大量の個人情報を入力できるが、どのような情報が入力されているかまではわからないため、知らないうちに病歴なども入力されている可能性がある。さらに、それらの情報がどのような目的で収集され、どのような目的で利用されるかもその所有者は知らないことが多い[1]。また、IC タグに入力された情報は電波によって読み取られるため外から見えないものも認識でき、電波の強度を上げれば遠くからでも情報を収集できる。それゆえ、パスポートなどの所有者に気づかれずに IC タグから情報を収集することも技術的には可能である。

このような個人の**自己情報コントロール権**と抵触するおそれがある手段を公権力が使う場合にはその根拠となる個別の具体的な法律が必要である。さらにその法律において IC タグを用いて情報を収集している旨の告知を求め、情報の収集・利用目的を明確に限定しておく必要がある。

### ❸ 民間部門が情報を収集する場合

上で述べたことは民間部門にも当てはまる。例えば目に見えないものを認識する技術を使うことで、カバンの中に万引きされた商品があることを感知できる。万引きの防止という観点からは期待も大きい一方で、自分のカバンに何が入っているか自分が気づかないうちに知られてしまうおそれもある。カバンの中にどのような商品・物が入っているかがわかれば、消費者個々人の消費動向や趣味・嗜好なども推測できる。さらに、IC タグから読み取られた情報がどのように使われるかについても、読み取られた当事者にはわからない。

また、鉄道会社が発行している IC カードも ID 情報を利用した技術の代表例であるが、これも 1 枚 1 枚のカードを識別する技術を用いたものである。それぞれのカードがどこの駅の自動改札を通ったか、どのように移動しているかを確認することで[2]各乗客から運賃を徴収することができる。これは有料道路の通行料金の支払いに使われる ETC カードでも同様である。しかしこのことは、カードを保有している人の動きも追えることを意味する。さらに、カードの保有者が通った場所の近くにどのような施設があるか、どのようなイベントがあったかなどの情報と照らし合わせれば、何をするためにどのように移動したかまで推測できてしまう。

このように IC タグを用いて民間部門において個人情報が収集・利用される場合にも、行政機関が情報を収集する場合と同様の問題があるといえる。それゆえ民間部門においても、情報を収集していることと、その利用目的を明示する必要がある。また、民間部門における情報収集については、**個人情報保護法**や各種のガイドラインが適用される。2004 年 6 月には、総務省と経済産業省によって「電子タグに関するプライバシー保護ガイドライン」も公表されている。

(實原隆志)

▷1　例えば、IC カード化された自動車運転免許証には、免許証の表面に記載された内容が記録されているが、どのような情報が入力され、免許証が IC カード化された目的が偽造防止だけなのかどうかなどは、知らない人が圧倒的に多いはずである。

▷**自己情報コントロール権**
⇨ Ⅶ-7 「自己情報コントロール権と忘れられる権利」

▷2　IC タグが取り付けられた物が読取り機器を次々と通過していくことで、その物が辿ってきた経路を確認できる。IC タグが取り付けられている物がどのような経過で現在の場所にあるのかを調べることができることは「トレーサビリティ」と呼ばれている。これによって例えば、食品の産地偽装対策や物流の効率化にも寄与するといわれている。

▷**個人情報保護法**
⇨ Ⅶ-8 「個人情報保護法の概要」

[ 参考文献 ]
名和小太郎『個人データ保護』みすず書房、2008 年。
小向太郎『情報法入門　第 4 版』NTT 出版、2018 年。

Ⅶ　情報公開法・個人情報保護法

# 監視社会とプライバシー

## 1　情報機器を用いた情報収集：Ｎシステム

　情報機器の発展もあり，様々な技術的な手段が様々な目的で個人の行動を監視するために用いられるようになっている。車両の監視を可能にするシステムはその一例であり，その他にもＮシステム，また，GPSを用いたものがそうした監視方法に含まれる。

　そのうち，Ｎシステムは自動車ナンバー自動読取りシステムの通称である。このシステムは公道上に取り付けられた装置によって装置が設置されている場所を通過した車両を認識・撮影し，それによって取得した画像からナンバーの文字と数字を解析することで始まる。その後，ナンバーデータを警察が所有する捜査記録と自動的に照合し，該当する車両ナンバーが記録内にあった場合には現場に近い部署に適合通知（もしくはヒット通知）が出される（適合事件）。適合通知にはナンバーデータの他，当該車両が通過した場所と時間も追加される。当該車両が盗難車両であった場合や，当該車両の所有者に何らかの犯行容疑がある場合などは車両の停止などの措置が続く▷1。他方で，該当する車両のナンバーが捜査記録内になかった場合は通知は出されず（不適合事件），ナンバー記録は即座に削除される▷2。

## 2　Ｎシステムの問題点

　ナンバーの数字や文字を読み取るだけであれば法的な観点から検討する必要はないと思われるかもしれないが，様々な問題点が指摘されている。1つは不審車両だけでなく，すべての車両が情報収集の対象となることである。これが自動速度取締機，いわゆる「オービス」と異なる点である。警察官がすべての車両に機械を向けてナンバーデータを取得していたら不愉快なはずであり，これをどのように評価すべきかを検討する必要がある。

　また，他の情報と照らし合わせることで様々なことが解明できる。自動車登録データと照らし合わせれば車の所有者が判明するであろうし，読取り機器を多くの場所に設置すれば移動経路を解明でき，それぞれの場所で何かイベントなどがあったのかを調べれば，車の所有者の趣味や人間性も解明できる。これらはいずれもナンバーに含まれている数字・文字データを他のデータと照合した場合の問題である。さらに，Ｎシステムについては利用目的が不明確であ

▷1　ドイツ国内でのヒット率について，バイエルン州の2011年9月までの利用統計では，1カ月で約800万台のナンバーが読み取られており，そのうち該当車両のものは500〜600件だったとされている（第二次Ｎシステム決定〔http://www.bverfg.de/e/rs20181218_1bvr014215.html〕Rn. 8）。

▷2　警察庁の資料では，2017年度までの整備実績として1511件との数値が挙げられている。また，「重要犯罪の検挙率」は2015年度から2017年度にかけて，73.2％，76.7％，82％と推移しているとしている（警察庁「平成29年度　行政事業レビューシート30　自動車ナンバー自動読取装置の整備」）https://www.npa.go.jp/policies/budget/review/h30/reviewsheet/29003000.pdf：最終アクセス2019年1月10日）。ただ，検挙率の上昇と装置の設置・整備の因果関係についての説明はない。

るとの指摘もある。犯罪とは何の関係もない車（人）の動きを，どのような目的から追っているのかが決まっていなければ，いかなる目的でも利用できてしまう。

以前に東京地裁は，Nシステムによって運転者の容貌等は撮影されず，ナンバーデータは一定の期間が経過した後に消去され，画像が記録，保存されることはないとした上で，Nシステムを使用した捜査は憲法に反しないとした[43]。また，ドイツの違憲判決の後に下された東京高裁の判決も，ドイツにおいてシステム自体が違憲とされたわけではないとして，やはり合憲と判断した[44][45]。

東京地裁・東京高裁の判決においては，個別の法律上の根拠自体が要求されなかった。おそらくNシステムの使用は法律上の根拠を要しない任意処分であると理解しているのであろうが，この点については異論もある。

## ③ GPS捜査

Nシステムでは公道上の特定の場所に機器が設置され，その場所を通過する車両のデータが収集されるが，反対に車両の方に機器が取り付けられることもある。GPS用受信器を車両に装着して行われる情報収集がその一例である（GPS捜査）。しかし，Nシステムの場合とは異なり，GPSを用いて車両の所在場所を確認すると，プライバシー性の高い場所にいる車両を検知してしまう可能性もあるため，プライバシーを侵害する危険性がより高くなる。そうしたこともあり2017年に最高裁の大法廷は，令状に基づかずにGPS装置を個人の車両に装着して行われた捜査を違法とした[46]。そこでは，車両の所在場所を随時確認しうるGPS機器を私人の車両に装着することは「私的領域への侵入」となるおそれがあり，憲法35条によって保護される利益を害するため，刑事訴訟法上，令状が必要な強制処分であるとされた。

## ④ 監視社会におけるプライバシー保護

情報技術の発展は社会の生活を便利にするものであり，NシステムやGPSを用いた情報収集は警察にとっては効率的な捜査活動を可能にするものである。しかし，それは同時に，そうした技術が国民を監視する目的でも使えることも意味しており，監視社会化を推し進めるものとなるかもしれない。監視社会化が進めば公権力による活動が野放しにされ，また，個人のプライバシーが侵害される危険性が高まる。そのため，情報の収集・利用目的等を法律で定め，その内容も，諸外国の立法例も参考にしながら適切なものとする必要がある。

（實原隆志）

▷3　東京地判平成13年2月6日判時1748号144頁。
▷4　BVerfGE 120, 378. また，この判決後に制定された複数の州法の規定の一部についても違憲との判断が示されている（第二次Nシステム決定〔前頁側注1〕及び，同日の別の決定〔http://www.bverfg.de/e/rs20181218_1bvr279509.html〕）。
▷5　東京高判平成21年1月29日判タ1295号193頁。

▷6　最大判平成29年3月15日刑集71巻3号13頁。

### 参考文献

警察庁編『昭和60年版　警察白書』大蔵省印刷局，1985年。大野正博「自動車ナンバー自動読取システム（Nシステム）管見」『朝日法学論集』47号，2016年，27頁以下。指宿信編著『GPS捜査とプライバシー保護　位置情報取得捜査に対する規制を考える』現代人文社，2018年。

# コラム-5

## 特定秘密保護法

日本の安全保障に関する情報のうち特に秘匿する必要のある情報を保護するため，2013年12月，「特定秘密の保護に関する法律」（以下では，「特定秘密保護法」）が制定された（参考文献として，青井未帆ほか『逐条解説　特定秘密保護法』〔日本評論社，2015年〕がある）。2014年12月の施行に先立ち，同年10月，この法律の運用基準と政令が閣議決定された。運用基準は，特定秘密の指定や解除のあり方を定め，監視体制などを具体的に規定した。政令によって，特定秘密を指定できる機関が19の行政機関に限定された。

「特定秘密」とは，特定秘密保護法の別表に列挙された事項に関する情報で，公になっていないもののうち，その漏洩が日本の安全保障に対し「著しい支障を与えるおそれがあるため，特に秘匿することが必要なもの」として行政機関の長が指定したものである。安全保障に関する情報とは，具体的には，外交，防衛，スパイ活動防止とテロ防止に関する情報である。

特定秘密保護法については，成立前から，安全保障に関する秘密を今まで以上に強く保護することにより，報道機関の取材活動に萎縮効果が生じるし，国民の知る権利が形骸化されるという強い懸念があった。

その理由の一つが，国家公務員法によって保護されている「秘密」の場合，漏洩に対して科される懲役が1年以下であるのに対し，特定秘密の漏洩には最高で10年の懲役が科されることである。

また別の理由として，特定秘密の指定に5年間以内という期限が設けられているにもかかわらず，例外が緩やかに認められているという問題がある。特定秘密の指定は，やむを得ない場合，内閣の承認により30年を超えて延長できる。この延長は通じて60年を超えることはできないと定められているが，これにも例外が認められている。この仕組みでは，制度の濫用を歴史的に検証することは不可能だと批判されている。

特定秘密保護法は，秘密を漏洩するリスクがある人を，特定秘密を取り

扱う公務員やその業務に関与する民間人から除外するための仕組みとして，「適性評価制度」を導入した。適性評価の対象項目は，個人のプライバシーの中で重要なものをほぼ全面的にカバーしている。このため，秘密漏洩のリスクは，特定秘密を取り扱う者のプライバシーと引き換えによってではなく，技術的な対策により低減されるべきだという指摘もある。

　運用を監視するため，「情報保全諮問会議」が設置された。ただし，委員は特定秘密の内容を見ることはできず，実質的な監視権限は限定的である。関係省庁の次官級でつくる「内閣保全監視委員会」や，内閣府に「独立公文書管理監」とそれを支える「情報保全監察室」が設置されたが，いずれも政府内部の組織であり，これらの機関に十分な監視機能を期待することはできない。この他，国会法の改正により，衆参両院に「情報監視審査会」が設置された。ただし，ここにも制度上の限界があり，政府による恣意的な秘密指定をチェックできないという懸念は残っている。この他に，個人情報・情報公開審査会や会計検査院が秘密指定の適否をチェックする可能性も制度的にはあるが，実際には消極的に運用されるおそれもある。

　だからこそ，報道機関によるチェックが重要になる。取材の自由に配慮して，特定秘密保護法22条は，この法律の適用にあたって，「知る権利の保障に資する報道又は取材の自由に十分に配慮しなければならない」（1項），「出版又は報道の業務に従事する者の取材行為については，専ら公益を図る目的を有し，かつ，法令違反又は著しく不当な方法によるものと認められない限り」，正当業務行為とすると定めた（2項）。取材源秘匿が法律により認められていないため，この規定により取材の自由が十分に保護されたとまで評価することはできないが，報道機関は，それにひるまず特定秘密保護法の運用を監視していくべきである。　　　　（鈴木秀美）

# VIII 放送法

 ## 放送制度の歴史

### ① ラジオ放送の誕生と放送局の全国一元化

かねてより無線電信に関しては，電波ないし周波数帯の有限性ゆえこれを有効利用する必要から，1915年に施行された**無線電信法**によって規律され，放送も無線電信法の下にあった。1920年代に入り，ラジオ放送技術に実用化の目処がつくと，新聞社らを中心に放送許可申請が相次いだ。しかし，電波混信を懸念した逓信省は，東京・大阪・名古屋に各1局しか許可しないこととし，競願状況を解消するために，申請者間での自主的合同を促した（一本化調整）。こうして，1924年に社団法人東京放送局が開局し，その翌年には国内3局体制ができ上がった。その後，放送の全国的普及と放送網の全国統一組織化が目指されるようになると，逓信省の強力なイニシアティブにより，1926年2月，上記3放送局は「社団法人日本放送協会」にまとめられた。この放送局の一元化により，逓信省による放送の監督はそれまで以上に容易となり，これがその後の放送検閲の下地ともなった。

### ② 電波三法の成立と民間放送の誕生

第二次世界大戦後，新憲法の公布に伴い，GHQより電波・放送法制の見直しが指示され，放送の民主化が求められた。そして，CCS（民間通信局）のラティン大佐による**ファイスナー・メモ**では，放送における自由競争を発達させるべく，民間放送の開設に道を開くことが要求された。1950年4月，**放送法**，電波法，電波監理委員会設置法のいわゆる電波三法が成立したが，放送法では，日本放送協会の目的や組織，運営に関する規定が置かれるとともに，わずかではあるが民間放送に関する規定も置かれた。これにより，公共放送と民間放送の併存体制が法的に承認されることとなった。また，放送法の制定により社団法人日本放送協会は解散し，代わって，あまねく全国で受信できるように放送を行うことを目的とする「日本放送協会」（NHK）が特殊法人として新設された。民間ラジオ放送は，1951年の中部日本放送の開局を皮切りに，全国で順次開局し，その後もFM放送が登場するなど，引き続き拡大・発展していった。

### ③ テレビ放送の誕生とその展開

民放ラジオ局の開局の翌年，**電波監理委員会**は日本テレビ放送網に国内初の

---

▷**無線電信法**
無線電信法1条は，「無線電信及無線電話ハ政府之ヲ管掌ス」と定め，2条は，無線電信および無線電話について，「命令ノ定ムル所ニ依リ主務大臣ノ許可ヲ受ケ之ヲ私設スルコトヲ得」とするなど，この法律は，国家による干渉を広く認める内容であった。

▷**ファイスナー・メモ**
ここでは，①放送の自由，放送の不偏不党，公衆に対するサービス，技術適所基準の遵守の四原則に従うべきこと，②放送を管理する機関は，政府，政党，団体から完全に独立した機関であるべきこと，③将来的には公共放送と民間放送とを併存させ，放送における自由競争を発達させるべく民間放送の助長に備えた規定を設けることなどが，主として要求された。

▷**放送法**
2010年，放送法の大きな改正があり，2011年に施行された。本章（VIII）の本文では原則として新放送法を「放送法」と表記し，解説している。

▷**電波監理委員会**
吉田内閣は，行政権は内閣に属するとして，独立行政委員会としての電波監理委員会にはその構想段階より強く抵抗していた。そのた

148

テレビ放送の予備免許を与え，1953年には，NHK 東京テレビジョンと日本テレビが本放送を開始した。1956年に京浜・京阪神・名古屋の三大地区で NHK と民放の併存体制が実現すると，テレビ放送は全国に順次拡大していった。

テレビが普及すると，低俗番組，活字離れ，「一億総白痴化」といった問題が指摘されるようになった。そこで，1959年に，放送法が改正されると，番組編集準則に「善良な風俗」を害してはならない旨が追加され，放送事業者には番組基準の策定と放送番組審議機関の設置が義務づけられた。また，1960年代になると，免許付与に際して，「教育・教養番組30％の編成」が要求されるようになり，免許行政を通じた放送内容の統制も図られた。

その後，多重放送の技術が開発されると，1982年に放送法は改正され，視覚障害者および聴覚障害者に配慮した放送番組をできるだけ多く設けるべきこととなった。そして，音声および文字多重放送は NHK の必須業務となった。

## ④ 放送の多メディア化

放送法制定当時は中波ラジオ放送があるだけだった。その後，FM 放送やテレビ放送，多重放送が登場するなど，放送が著しく多様化したため，この実情に見合うよう1988年に放送法は改正された。従来の放送法は，基本的には NHK の業務や放送番組等を規定し，民放にはこれが「準用」されるだけだったが，改正後は，番組編集準則等の放送番組に関する通則が民放にも「適用」されることになった。

通信衛星による放送（CS 放送）が実用化されると，放送ソフト事業者が重いハード負担を被ることなくソフト市場に参入できるよう，1989年に**受委託放送制度**が導入された。また，デジタル技術が放送分野にも応用され，1996年に CS デジタル放送が，2000年に BS デジタル放送が開始された。2011年7月には地上テレビ放送もデジタル放送に完全移行した。

他方，2000年代以降のデジタル技術の発達やブロードバンドの進展は，インターネットにおける動画コンテンツの普及・発展を促し，「通信と放送の融合」という状況をつくり出した。そこで，2010年に放送法は大改正され，有線ラジオ放送法，有線テレビジョン放送法，電気通信役務利用放送法が，放送法に統合された。この改正により，「放送」の定義から無線・有線の区別がなくなり，「公衆によって直接受信されることを目的とする電気通信の送信」が放送となった。また，ユニバーサルサービス性を有する「基幹放送」とそれ以外の「一般放送」とが区別され，別々の規律が及ぼされるようになるとともに，すべての放送についてハード・ソフト分離が原則とされた。これに伴い，受委託放送制度は廃止された。2014年の改正では，NHK のインターネット業務の拡大が図られ，放送とインターネットでの同時配信が一部番組において可能となった。

（丸山敦裕）

め，電波監理委員会設置法は，テレビ放送の予備免許付与を最後に廃止され，その後の放送免許は，郵政大臣が電波監理審議会の諮問を経て付与することとなった。

▷1　番組調和原則の適用対象は，テレビ放送ならびに NHK の中波および超短波放送に限定された。また，2010年の放送法大改正を経た後は，基幹放送（地上波テレビ，一部の BS 放送）に限定されている。
▷受委託放送制度
⇨ Ⅷ-4 「放送制度の概要(2)」
▷2　高精細度の流れはその後も続き，2018年12月から 4K・8K 放送がスタートしている。
▷3　⇨ コラム6「情報通信法構想」
▷4　2019年中には放送法を改正し，NHK の常時同時配信が実施される予定である。

（参考文献）
鈴木秀美他編『放送制度概論』商事法務，2017年。
鈴木秀美他編『放送法を読みとく』商事法務，2009年。
片岡俊夫『新・放送概論』NHK 出版，2001年。

## Ⅷ 放送法

 放送免許制と規制機関

### 1 日本の放送免許制

　放送局は，総務大臣の監督に服している。放送は多くの国で免許制とされているが，政府の放送に対する政治的圧力を回避するため，政府から独立の規制機関が設立されているのが通常である。日本でも，1950年，連合軍総司令部（GHQ）による占領下で，アメリカの**連邦通信委員会（FCC）**を参考に，電波監理委員会（委員長1人と委員6人）が設置された。この委員会は，**独立行政委員会**として電波監理と放送規制などを所管していた。ところが，1952年に日本が独立を達成すると，電波監理委員会は廃止され，その権限は郵政大臣に移され，郵政大臣の諮問機関として**電波監理審議会**が設置された。これ以降，**放送免許**は，郵政大臣の電波監理審議会への諮問と，それに対する答申という手続を経て，郵政大臣が交付することになった。郵政省は，2001年のいわゆる省庁再編で総務省に統合された。電波監理委員会の廃止以来，独立規制機関を新設する必要性が指摘されてきたが，これまでのところ，大臣による監督体制が維持されている。

### 2 欧米主要国の規制機関

　FCCは，アメリカの放送・通信の基本法である1934年通信法によって設立された放送・通信の規制機関である。FCCは，連邦のどの省にも属さず，連邦議会に対して直接責任を負っている。委員長1人と委員4人からなる（任期5年，再任可能）。FCCの委員長と委員は，連邦議会（上院・下院）の議員や閣僚等が推薦した候補者の中から，大統領が指名し，任命する（上院の同意を要する）。委員長を含め，4人以上が同じ政党に所属することは禁止されている。FCCは，様々な放送規制を行うとともに，**公正原則（フェアネス・ドクトリン）**を採用してきた。しかし，この原則は，言論を促進するより抑止していると批判されるようになり，1987年に廃止された。なお，連邦の通信・放送事業に関する政策立案は，商務省電気通信情報局が担当している。

　イギリスは，2003年，放送・通信に関係する5つの行政機関を統合し，規制機関として**放送通信庁（Ofcom）**を設立した。Ofcomは，政府から独立した公法人であり，アメリカの独立行政委員会型の規制機関とは異なっている。免許の付与，番組規制，市民の苦情対応と裁定などの当初からの権限に加えて，

---

▷ FCC
Federal Communications Commission の略記。

▷独立行政委員会
内閣から独立して，裁決・審決という準司法的作用，規則制定などの準立法的作用，および人事・警察・行政審判などの政治的中立性が高度に要求される行政作用を行うところに特徴がある。

▷電波監理審議会
委員は5人。両議院の同意を得て，総務大臣によって任命される（電波法99条の3）。会長の選任は委員の互選による。

▷放送免許
放送を送信するための無線局に交付される。地上放送の場合，放送局が，放送免許によって，無線局の設置・運営（ハード）と放送業務（ソフト）の両方を行っている（いわゆるハード・ソフト一致の原則）。なお，2010年放送法改正により，施設の「免許」と放送業務の「認定」というハード・ソフト分離の制度が原則となり，一致の制度は特例として認められることになった。

▷公正原則
⇨ⅩⅡ-5「メディア・コングロマリット」

▷Ofcom
Office of Communications の略記。

150

2017年からは英国放送協会（BBC）の規制・監督も行っている。Ofcom には，基本方針を決定する役員会と業務を担当する執行部がある。役員会は，会長を含む非執行役員 6 人と，最高執行責任者（CE）を含む執行役員 3 人の合計 9 人からなる。このうち 6 人の非執行役員（会長を含む）は，公募制で選出される。なお，放送政策の立案はデジタル・文化・メディア・スポーツ省が所管している。

フランスでは，1982年，政権交代を契機に「視聴覚コミュニケーション法」が制定され，公共放送の独占体制から公共放送と民間放送との二元体制に移行した。現行放送法は，1986年に制定され，1989年と2000年に大幅に改正された「コミュニケーション法」である。同法は，公共放送の設立，政府から独立した規制機関である**視聴覚高等評議会（CSA）**の設立，視聴覚コミュニケーション全般について規律している。1989年設立の CSA は，自由で多元的な視聴覚コミュニケーションが行われるよう放送事業を規制監督している。なお，政策の立案・実施は，文化コミュニケーション省が所管している

連邦制のドイツでは，ナチスによる放送の政治利用への歴史的反省から，戦後の放送法制は分権化され，州ごとに放送法が制定されている。全国共通の放送法として，連邦を構成する16州すべての間で締結された「放送とテレメディアに関する州際協定」，「放送財源州際協定」等がある。統一的な放送政策は州首相会議によって決定される。公共放送の独占体制から公共放送と民間放送の二元体制への移行も，1984年以降，州ごとに行われた。公共放送は，協会内に設置された「放送委員会」による内部的監督に服している。民間放送は，独立規制機関として州法によって設立された**州メディア委員会**によって監督されている。州メディア委員会は，連合体（ALM）を組織しており，その中に全国放送に免許を付与し，監督を行う委員会（ZAK）が設けられている。

### ③ 韓国と台湾の規制機関

韓国では，2008年発足のイ・ミョンバク政権の下，韓国放送委員会を改組し，**放送通信委員会（KCC）**と**放送通信審議委員会（KCSC）**が設立された。KCC は大統領直属であるが，放送事業者の許認可等については法律で独立性が保障されている。委員は，委員長を含む 5 人で，大統領が任命する（任期 3 年，再任 1 回）。KCSC は，利用者の求めに応じて放送・通信の内容について審議する。委員 9 人のうち，委員長，副委員長を含む 3 人は常任である。

台湾は，2006年 3 月，メディアからの党派色の排除をめざし，放送と通信の分野に関する独立規制機関として**国家通信放送委員会（NCC）**を設立した。しかし，国民党と民進党の激しい対立を背景に，NCC は発足当初から政争の具にされてきた。現在の委員は 7 人（任期 4 年，再任 1 回）。委員は行政院長（首相）が選考するが，立法院（国会）の同意が必要である。　　　　　（鈴木秀美）

▷ CSA
Conseil Supérieur de l'audiovisuel の略記。当初，委員は 9 人で，大統領と上下両院議長がそれぞれ 3 人を選任していた（任期 6 年，再任不可）。委員長は，大統領が選任した委員の中から指名されていた。2013年の法改正により，大統領による指名は委員長 1 人のみ，委員は全部で 7 人とされた。

▷ 州メディア委員会
(Landesmedienanstalt)
隣接する 2 つの州が共同で設立している場合もあるため，全国に14の州メディア委員会がある。具体的な名称，組織形態，委員の数は州によって異なっている。

▷ KCC
Korea Communications Commission の略記。

▷ KCSC
Korea Communications Standards Commission の略記。

▷ NCC
National Communications Commission の略記。

参考文献

NHK 放送文化研究所編『データブック世界の放送2018』日本放送出版協会，2018年。

Ⅷ 放送法

 放送制度の概要(1)：地上放送を中心として

### 1 放送制度

放送はその形態によって，国営放送，公共放送，民間放送などに分けることができる。また，送信方法に応じて，地上放送，有線放送，衛星放送や，インターネットを利用した放送などに分けることもできる。これらの組み合わせで成り立つ放送制度は，それぞれの国や地域の歴史や地理，政治，文化，技術などの様々な条件の下で形成されてきた。ここでは，現在の日本において視聴世帯数や市場規模でいまだ主役の座を占める**地上放送**，中でも地上テレビ放送を中心に制度を概観する。

### 2 法概念としての放送

放送を誰もが自由に行えるのであれば，放送とは何かを厳密に定義する必要性は薄いかもしれない。しかし後で述べるように，放送に対しては免許制や内容に対する規制が課せられる。したがって，こうした規制の対象となる「放送」とは何かを法的な意味で定義することが重要となるのである。日本においては，放送とは「公衆によって直接受信されることを目的とする電気通信の送信」と定義されている（**放送法**2条1号）。従来，放送は，無線＝電波を用いるという伝送路と，公衆＝不特定多数による直接受信という目的によって，その他の電気通信から区別されてきたが，フルデジタル化に伴い通信と放送の融合状況がみられる中，2010年の放送法改正によって，伝送路による区別が取り払われた。日本国憲法21条で保障される表現は，その伝達手段を問わないので，本来であれば誰もが自由に放送を用いて表現活動を行えるはずである。しかしメディアの特性から，新聞など印刷メディアに対してはみられない特別な法的規制が，一部の放送に関しては正当化されている。

すなわち，地上放送は電波を用いて行われるが，放送のために使用できる電波の周波数帯には限りがある。そこで，有限稀少な放送用電波の効率的利用のために，周波数帯の割り当てが必要となってくる。また，電波によって不特定多数が直接受信するため，他のメディアと比較して大きな社会的影響力をもつとされる。こうした理由から，電波というハード面から規律する電波法と，主に番組内容や組織といったソフト面から規律する放送法という2つの法律により，次のような法的規制が課せられる。

▷地上放送

地上に設置された送信所から電波を送信し，各家庭に放送を届ける方式。テレビについてみれば2018年12月現在，公共放送であるNHKと，127社の民間放送事業者が存在している。

▷放送法

2010年，60年ぶりの大きな改正が行われ，放送概念が「公衆・直接受信・電気通信」の三要件に変更された（従来は「無線」通信の送信）。さらに，放送を，地上テレビ，BS，110度CS，AM，FM，短波からなる「基幹放送」と，その他のCSやケーブル等からなる「一般放送」に分けたのが2010年改正の大きな特徴である。特に重要な社会的役割を果たすことを期待される基幹放送に対しては，後述の法的規制が課せられるのに対して，一般放送を行う場合には登録または届出で足り，番組調和原則などの適用もない。

## ③ 放送局への規制

　無線局を開設しようとする場合，電波法に基づき総務大臣の免許を受ける必要がある（電波法4条）。免許期間は5年で，その後は5年ごとに再免許を受けなければならない（同13条）。無線＝電波を用いる地上放送においては長らく，電波法に基づく放送局開設の免許を得た事業者が，同時に放送番組の制作・編集を行うというハード・ソフト一致の原則がとられてきた。これによって，放送対象地域において放送が広く普及すると同時に，多様な放送番組を視聴者に責任をもって届けることできるといわれる。しかし，すでに衛星放送などではハード事業者とソフト事業者は分離されており，2010年の放送法改正で，この分離原則が地上放送をはじめとする基幹放送に採用されることになった。すなわち，放送施設についてはハード事業者が「免許」を，番組制作・供給等についてはソフト事業者が総務大臣の「認定」を受ける必要がある（放送法93条）。ただし，地上放送については，従来どおりの免許のみで放送ができる「特定地上基幹放送」という特例が認められている（同2条22号）。

　また，放送法は，番組の編集にあたっては「政治的に公正であること」，「できるだけ多くの角度から論点を明らかにすること」などの番組編集準則（同4条），教養・教育・報道・娯楽番組を設けて相互の調和を保つようにすべしという番組調和原則（同106条）などに従うことを求めている。さらに，マス・メディアに関する集中排除原則も設けられている。

## ④ 放送の二元体制

　放送は有限稀少な電波を半ば独占的に利用して行われ，また大きな社会的影響力をもつことから，極めて高い公共性を有するとされる。では，放送による表現の自由を確保しつつ公共性を実現するためには，どのような放送制度がふさわしいのか。この問いへの対応は国により様々である。日本の場合，その放送制度の根幹をなしているのは，公共放送（NHK）と民間放送（民放）の併存という二元体制である。すなわち，受信料を財源とする全国放送であるNHKと，広告料を財源とする地域放送である民放を併存させ，それぞれが特性を活かして番組の質や多様性，そしてそれらを向上させるために場合によっては視聴率などに関して競争し，かつ補完し合うことによって，全体として放送の公共性を実現することが期待されているのである。

　こうした二元体制は，日本の放送を発展させ今日の放送の隆盛をもたらしたと評価される一方，その前提条件は失われ，両者の単なるもたれ合いになっているといった厳しい批判もある。放送を取り巻く環境が大きく変わろうとしている現在，放送による表現の自由を確保しつつ公共性を実現する，という課題に立ち返って放送制度全体を考えていく必要があるだろう。　　　　　（中村英樹）

▷1　電波法7条5項に基づいて，総務大臣は「基幹放送用周波数使用計画」（チャンネルプラン）を策定し，周波数の割り当てを行っている。また，同じく総務大臣は，放送法91条に基づいて「基幹放送普及計画」を策定する。これは，放送の計画的な普及と健全な発達を図ることを目的として，放送区分ごとの放送対象地域やそれぞれの置局の目標数などを具体的に定めるものである。

▷2　⇨コラム6「情報通信法構想」

▷3　⇨Ⅷ-5「放送の自由」

▷4　⇨Ⅷ-7「民間放送」

▷5　最高裁は二元体制について，「各々その長所を発揮するとともに，互いに他を啓もうし，各々その欠点を補い，放送により国民が十分福祉を享受することができるように図るべく」採用されたものとする（最大判平成29年12月6日民集71巻10号1817頁）。⇨Ⅷ-6「公共放送」，Ⅷ-7「民間放送」

### 参考文献

金沢薫『放送法逐条解説（改訂版）』電気通信振興会，2012年。

鈴木秀美他編『放送制度概論』商事法務，2017年。

# Ⅷ 放送法

##  4 放送制度の概要(2)：ケーブルテレビ，衛星放送など

### 1 ケーブルテレビ

　当初は地上テレビ放送の難視聴対策としてスタートした日本のケーブルテレビ（CATV）だが，技術の進歩に伴って多チャンネル化が可能となり，またケーブル局独自の自主番組の送信も行われるようになった。ところが，有線（ケーブル）を用いてサービス提供を行うケーブルテレビは，当時は無線通信の送信と定義されていた「放送」には該当しなかったため，1972年に有線テレビジョン放送法が新たに制定された。この法律により，「公衆によって直接受信されることを目的とする有線電気通信の送信」と定義された有線放送のうち有線テレビジョン放送については，それが公衆（不特定多数）に向けられていることから生じる社会的影響力の大きさ，そして独占の弊害を防ぐという理由から，次のような規制や放送法の準用が行われてきた経緯がある。

　すなわち，有線テレビジョン放送施設を設置し業務を行おうとする場合は，総務大臣の許可が必要とされ，計画の合理性や経理的・技術的基準などとともに，施設設置が「その地域における自然的社会的文化的諸事情に照らし」必要・適切であることが求められた。また，放送法上の番組編集の自由の原則とともに，番組編集準則も準用されていた。2010年法改正により有線テレビジョン法および有線ラジオ放送業務の運用の規正に関する法律は放送法に統合され，「基幹放送以外の放送」と消極的に定義される「一般放送」（放送法2条3号）の中の「有線一般放送」（放送法施行規則2条4号）に位置づけられた。501端子以上の有線テレビ放送は総務大臣の登録，それ未満の有線テレビ放送や有線ラジオ放送は届出が必要となる。登録となる有線テレビ放送についても，マスメディア集中排除原則が適用除外となり，原則として業務区域設定の制約もなくなった。

### 2 衛星放送

　人工衛星から電波を送信して全国をカバーする衛星放送には，放送衛星を使ったBS放送と，通信衛星を使ったCS放送がある。本来両者の区別は，主にトランスポンダ（中継器）の出力の違いという技術的なものであったが，日本においては各々に異なった法制度を適用したため，しくみが複雑となった。

　BS（アナログ）放送として始まった衛星放送に対しては当初，放送法がその

▷1　かつては，旧郵政省の指導により，ケーブルテレビの事業主体は地元に活動基盤を有していることが求められ，施設区域も原則として市町村単位とされてきた。また，地上放送と同様，複数の事業計画者があっても「一本化調整」により，事実上一地域一事業者を原則とする制度運用が行われてきた。

▷2　ケーブル敷設のために道路占有や電柱共架といった物理的制約も多く，地域的独占の傾向も強いため，そうした弊害を防止して受信者の利益を保護するためであるとされてきた。

まま適用された。その後，CS放送が開始されるにあたり，新規参入を促すために電波法および放送法が改正されて（1989年），新たに受委託放送制度が導入された（旧放送法52条の9以下）。すなわちCS放送の場合，放送設備である衛星を所有する事業者を「受託放送事業者」（ハード事業者），番組を供給する事業者を「委託放送事業者」（ソフト事業者）として分離し，後者が前者に番組の放送を委託するというしくみである（ハード・ソフトの分離）。そして，受託放送事業者には地上放送と同じく電波法上の免許が要求される一方，委託放送事業者には総務大臣の認定が必要とされ，番組編集準則が適用された。こうしたハードとソフトの分離により，設備の所有が困難な事業者であっても参入が容易となり，2000年から始まったBSデジタル放送についても同制度が適用された。

2010年の放送法改正によって，BS放送と東経110度CS放送は基幹放送に，それ以外のCS放送は「衛星一般放送」（放送法施行規則2条3号）に区分された。衛星一般放送は登録制となり，マスメディア集中排除原則が適用除外となった。

## ❸ インターネット利用の放送など

通信衛星や光ファイバー網など（本来は放送用ではない）通信用伝送路を利用した放送サービスを制度化し，さらなる参入促進を図るために，2002年1月の電気通信役務利用放送法の施行によって導入されたのが，電気通信役務利用放送である。「公衆によって直接受信されることを目的とする電気通信の送信であって，その全部又は一部を電気通信事業を営む者が提供する電気通信役務を利用して行うもの」と定義され，衛星を利用する衛星役務利用放送と，ブロードバンドなどを利用する有線役務利用放送とに分けられた。事業者に一定の適格性があれば放送が可能となる登録制がとられ，外資規制もないことから，より参入が容易であった。2010年改正に伴い，同法は放送法に統合され，この放送は主として「一般放送」として扱われることになった。

これとは別に，ラジオについてはインターネット配信が急速に進んでいる。2010年には，民放ラジオ放送をインターネットで同時にサイマル配信するサービス「radiko」（ラジコ）が開始された。またNHKは，全国向けのラジオ各波のネット同時配信が2011年3月9日に認可され，本来は同年10月から試験配信する予定であったが，3月11日の東日本大震災への対応として，一時的に予定を繰り上げてNHKウェブサイトを経由して実施した。

ところで，有線一般放送，衛星一般放送などの「一般放送」は，柔軟な周波数利用等を可能とすることによって放送の社会的な役割の実現を市場原理に委ねるものといわれる。しかし，放送法上は「基幹放送以外の放送」と定義されるにとどまり範囲が不明確なこと，また，法文上，総務大臣の判断のみで業務停止命令が可能であること（放送法174条）などが問題視されている。

（中村英樹）

▷3　ここでの「認定」とは，法定の基準に適合していることについての確認であるとされる。届出制と異なり比較審査が行われる。この認定は5年ごとに更新が必要であった（旧放送法52条の16）。この制度が新放送法に引き継がれ，放送の一般原則となった（放送法93条以下）。

▷4　東経110度CS放送とは，放送衛星と同じ東経110度に位置する通信衛星を用いたCS放送であり，BSデジタル放送とアンテナを共用可能な点が事業者にとって魅力となる。この衛星については，利用可能な周波数に比して参入希望が多いこと，社会的影響が大きいことから，放送法改正でBS放送と同じ基幹放送に分類された。

▷5　テレビについても，民放テレビ各局が連携した公式ポータルサイト「TVer」で，番組配信（見逃し視聴）を実施している。

# コラム−6

## 情報通信法構想

　小泉純一郎首相時代に竹中平蔵総務大臣の下で構想された，通信と放送の融合をめざした法構想である。2005年に設置された「通信と放送の在り方に関する懇談会」(竹中懇) は半年後に報告書を提出，小泉構造改革の旗印の下でコンテンツ・情報産業化への傾斜が一気に高まった。2006年6月には「通信・放送の在り方に関する政府与党合意」が締結され，同年9月には「通信・放送分野の改革に関する工程プログラム」が発表された。

　大臣が替わった後も路線は継承され，「放送・通信の総合的法体系に関する研究会」は2007年12月，現在9つある通信・放送法制を「情報通信法 (仮称)」として一本化することが明記された。与党合意で，「基幹放送概念の維持を前提に，2010年までに結論を得る」としたものが，まさに2010年の放送法改正につながっている。

　同構想の大きな特徴は，従来の縦割り型の法構造から「コンテンツ・プラットフォーム・インフラ」の横串 (横割り) のレイヤー区分へ変更することと，それに伴うハード・ソフトの分離，コンテンツ規制のあり方として，放送概念をなくし通信・放送共通のメディアサービスとして，社会的影響力などの基準によって規制の強弱をつけることとした点にある。なお，影響力を有するものを「メディアサービス」，有しないものを「オープンメディアコンテンツ」と分け，前者はさらに現行の放送をイメージした「特別」とその他の「一般」に分類した。

　しかしその後の議論の中で，コンテンツ規制について強い批判が示され，2010年3月に成文化された法案は，既存の放送法を中核として，ケーブルテレビを対象とした有線テレビジョン放送法，ラジオを対象とした有線ラジオ放送法，IPTVなどパソコン経由の不特定多数向けの情報配信を対象とした電気通信役務利用放送法を「大」放送法に一本化するにとどまり，2010年末に国会を通過した。

　これによって，法律上は放送設備を持つハード事業者は「免許」を，コ

ンテンツ供給者であるソフト事業者は「認定」を受けることになったが，特例的に既存の地上放送局の場合は，ハード免許があれば自動的に放送番組の供給もできる従来のしくみも認められることになった。

　また，新たな放送法制として，放送を「基幹放送」と「一般放送」に分け，前者は地上テレビ，BS，110度 CS，AM，FM，短波を指し，後者にはそれ以外の CS，ケーブルテレビや有線ラジオが含まれるとする。基幹放送事業者は，上記の放送法上の認定か電波法上の免許を取得し，事業を行うことになる一方，一般放送事業者は登録や届出といった簡便な方法によって事業参入が可能である。

　従来の有線か無線かといった伝送路別から CS 分だけ多少変更されたといえるが，実質的には現行の法体系と大きな違いはない。これらの点からすると，当初の大きな目的であった縦割りの法体系からの抜本的な変更も，融合化の中での包括的なコンテンツ規律も法構造は不明確なまま，放送法それ自体はこれまで以上に大部で複雑な法体系になり，結果として行政権限の拡大がみられるとの指摘もある。ハード・ソフトの分離による経営の流動性と新規参入の拡大，さらには国際競争力のある企業の誕生がアイデアの中核として企図されたものであるとするならば，分離メリットが生まれるかどうかを判断するには，相当な時間が必要と思われる。

　こうした議論とは別に，民主党への政権交代で急浮上したのが，マスメディア集中排除原則の緩和と強化の同時推進である。これまで省令で定められていたマスメディア集中排除原則について法制化することで，新聞・テレビ等の兼業禁止を厳格化する方向を示す一方，地方局，とりわけラジオ局の救済を目的として放送局同士の合併を促進しやすい環境整備を行うとした。その後も2018年には民法撤廃論が急浮上するなど，通信・放送統合の動きは続いている。

（山田健太）

# Ⅷ 放送法

 ## 放送の自由

▷**番組編集準則**
①公安・善良な風俗を害しない、②政治的公平、③報道は事実をまげない、④多角的な論点の解明という4つの準則。

▷**社会的影響力論**
放送は、第一に、広範な地域に即時かつ同時に視覚に訴える映像を伝達する点で、第二に、家庭のテレビジョンセットに直接つながり、子どもでも容易に視聴可能である点で、他の媒体に見られない強い影響力を及ぼす、したがって、放送には特別な規制が許されるという考え方。「衝撃説」、「お茶の間理論」とも呼ばれる。

▷**電波公物説**
電波を、国民公有の財産、または共有もしくは共通の財産とみることにより、公的管理を正当化する考え方。

▷**番組画一説**
放送（民放）では、放送番組が不連続の時間帯として広告主（スポンサー）に売られるので、番組編成が大衆受けする通俗的なものに画一化する傾向がみられる。したがって、放送においては、情報の多様性を確保する観点からの規制が許されるという考え方。

▷**国民の知る権利論**
最高裁は、放送法の目的を、国民の知る権利の実質的な充足に見出している（最大判平成29年12月6日民集71巻10号1817頁）。

### 1 放送法制と表現の自由

　放送による言論は、憲法21条による保障を受ける。しかし放送事業に対しては、表現の自由の考え方によれば本来許されない免許制や**番組編集準則**（放送法4条）のような表現内容規制などが課されている。こうした規制は、表現の自由の一類型である放送の自由によって正当化されるのか、問題となる。

### 2 放送規制の正当化根拠

　放送規制の正当化根拠として、**社会的影響力論**、**電波公物説**、周波数稀少説、**番組画一説**、**国民の知る権利論**を基軸にして電波公物説以外の諸説をも考慮する総合論、などがある。裁判所も、放送事業者は「限られた電波の使用の免許を受けた者」（最判昭和62年4月24日民集41巻3号490頁）であり、「直接かつ即時に全国の視聴者に到達して強い影響力を有している」（最判平成2年4月17日民集44巻3号547頁）、「テレビジョン放送をされる報道番組においては、新聞記事等の場合とは異なり、視聴者は、音声及び映像により次々と提供される情報を瞬時に理解することを余儀なくされる」（最判平成15年10月16日民集57巻9号1075頁）などと述べている。

　このうち、学説が最も強力に主張してきたのが周波数稀少説である。この説による放送規制の説明は次の通りである。第一に、放送用周波数は稀少であるのにその利用希望者は多数にのぼるため、公権力による免許制が正当化される。第二に、放送免許を受けた者は、選ばれなかった者も含め国民の多様な声の代弁者として活動することが求められる。したがって、「政治的に公平であること」といった公正原則（番組編集準則の一内容）も正当化される。

　しかし、周波数の稀少性から直接、公権力による免許制を導くことができるのか疑問であるのに加え、メディア技術の進展により周波数の稀少性の解消が現実味を帯びつつある。このようなメディア環境の変容に直面して、学説は2つの方向に分かれつつある。

　1つの方向は、マス・メディア（放送）が果たしてきた社会的役割の視点からこの自由を捉え直す考え方である。それによれば、周波数の稀少性といった技術事情に左右されずに、あくまでもマス・メディア（放送）の社会的役割の実現のため放送法制は正当化される。その代表的学説として、放送に関しては、

印刷メディアとの憲法的伝統の相違により表現の自由の主観的側面の行使（各人による自由な表現活動）が客観的側面（多様な情報の流通）につながるという規範意識が人々の間に根づいていない一点を捉えて，放送の自由を「未成熟な基本権」として性格づける説，憲法が保障する権利を「切り札」としての権利と公共財としての性格ゆえに保障されている権利とに分けた上で，マス・メディアの自由は社会で共有されるべき「基本的情報」の提供のために認められる後者の権利のみに属し，したがって「基本的情報」の確保のために個人には認められない特権および制約が許されるとする説がある。この説は，**部分規制論**により放送規制を正当化しようとする。

　もう1つの方向としては，周波数の稀少性という特殊事情が存在しない以上，放送の自由に対しても「国家からの自由」としての表現の自由の原則が妥当するとの見解がある。この見解に立つと，免許制や番組編集準則は違憲となる。

## ❸ 倫理規定としての番組編集準則

　もっとも，憲法上，放送規制を正当化する学説の多くは，とりわけ番組編集準則について，それを事業者が破ったからといって法的に咎められることはない「倫理規定」として解釈している。番組編集準則の遵守はあくまで事業者の自律に委ねられている。

　このように考える背景として，放送法などの違反を理由とした，総務大臣による無線局の運用停止，運用制限ひいては免許取消しを規定している電波法76条の存在がある。形式的に考えると，放送法の番組編集準則の違反を理由に，総務大臣は以上の処分を行うことができる。そこで，総務大臣の処分の根拠とならないように，番組編集準則の法的拘束力をなくそうとしたのである。

　郵政省（当時）も，番組編集準則違反を理由とする電波法76条の適用には慎重な姿勢を示してきた。ところが，**椿発言事件**（1993年）に関連して郵政省は，一定の場合には番組編集準則違反を理由に電波法76条に基づき放送局の運用停止を命じることができるとした。その後は，番組編集準則違反を理由とする「厳重注意」や「注意」といった**行政指導**が繰り返されている。2007年の「**発掘！あるある大事典Ⅱ**」事件では，総務省は「報道は事実をまげない」という番組編集準則などの違反を理由として，行政指導としては最も重い「警告」を行い，再発防止措置やその実施状況について報告を求めた上，今後の再発には「法令に基づき厳正に対処する」として，電波法76条の現実の適用を示唆するまでに至っている。また，2016年2月には「政治的公平」については一つの番組でも評価することがありうるとの政府統一見解が公表されてもいる。事業者の自律を強調する学説は，番組編集準則を法的拘束力のある規定とみなすのみならず，その違反を理由とした行政指導も，事業者の萎縮を理由に問題視している。

（西土彰一郎）

---

▷部分規制論
部分規制論については様々な主張がなされている。その中でも最近有力なのが，本文で述べた「基本的情報」と関連づけて把握する見解である。すなわち，マス・メディアの一部にのみ規制を課すことにより，それと規制のないメディアとの相互均衡による「基本的情報」の実効的な提供を，マス・メディア全体として実現しようとする。

▷1　2010年改正により，放送法に放送業務の停止条項（174条）が新設された。国会答弁等で否定はされているものの，形式的には電波法と同様の解釈がありうる。

▷椿発言事件
椿テレビ朝日報道局長（当時）が非公開の民放連放送番組調査会（民放関係者の私的な会合）にゲストとして出席して，非自民連立政権樹立に向けて衆議院議員総選挙を報道したともとれる発言をしたことが産経新聞に報じられ，テレビ朝日の報道は番組編集準則に違反しないかが問題とされた事件。

▷行政指導
⇨ Ⅷ-8 「放送による報道の正確さ」

▷「発掘！あるある大事典Ⅱ」事件
⇨ Ⅷ-8 「放送による報道の正確さ」

# Ⅷ 放送法

## 6 公共放送

### 1 二元体制

多くの国では，営利企業である民間放送と，公的なイニシアティブ・財源に基づき設立された公共放送の，2本立てで放送が行われている。早くから商業放送が発展したアメリカでは，非営利団体であるPBSが，連邦政府の交付金を受けながら，加盟局に教育・教養番組を提供している。これに対してヨーロッパ諸国では，公共放送が先行した後に，民間放送へ放送市場が開放されてきた伝統があり，現在でもイギリスのBBCやドイツのARD（ドイツ公共放送連盟）は，放送のあり方を特徴づけるほどの強力な地位を維持している。

このように二元体制の現実は国により様々であるが，その正当化根拠（公共放送の役割）は，概ね次の3点にある。①広告料収入を主な財源とする民間放送の番組が画一化する傾向に対して，公共放送は，異なる財源に基づき，番組の多様性を確保する。②民主主義社会における生活に不可欠な様々な「基本的情報」を全国にあまねく公平に提供する。③民間放送との「ジャーナリズム的競争」を通じて，質の高い放送文化の向上に寄与する。

### 2 日本の公共放送

放送法は3章で日本放送協会（NHK），5章以下で民間放送について定め，二元体制を明確にしている。**放送政策懇談会**報告書は，日本の二元体制の特徴を，**受信料**を財源とした公共放送事業体であるNHKと，広告料収入等を財源とする自由な民間放送の併存に求めている。

NHKは，社団法人日本放送協会を前身とする**特殊法人**である。NHKの目的は，①「あまねく日本全国において受信できる」「豊かで，かつ，良い放送番組」の放送，②放送・受信の進歩発達に必要な業務，③国際放送を行うことである（15条）。NHKの放送の編集には一般の**番組編集準則**に加えて，放送を通じて「公衆の要望を満たすとともに文化水準の向上に寄与する」努力，全国番組と地方番組の放送，文化の保存・育成および普及への貢献が，求められており（81条），①で見た公共放送の役割が，法律上も期待されている。

### 3 NHKの業務

NHKの業務のうち，①必須業務は，国内基幹放送（AM・FM・テレビ放送）

---

▷**放送政策懇談会**
郵政大臣の私的懇談会で，正式名称は「ニューメディア時代における放送に関する懇談会」。1987年にまとめられた報告書には，放送と通信の中間的なサービスの規律やNHKのあり方など，その後長く国の放送政策の基礎となる考え方が，示されている。

▷**受信料**
⇨ コラム7「受信料」

▷**特殊法人**
法律により直接に設立された法人または特別の法律により特別の設立行為をもって設立された法人をいう。NHKは放送法によって設立された特殊法人である（16条）。特殊法人は一般に本来は国家の事務でありうるような事業を行う反面，国の強い監督の対象である。これに対して，NHKは国家の干渉を受けてはならない報道・言論を任務とする点で，特殊な「特殊法人」である。

▷**番組編集準則**
⇨ Ⅷ-5「放送の自由」

の他，放送・受信の調査研究，国際放送・協会国際衛星放送である。2007年の法改正により，外国人向け国際放送が邦人向けから分離され，日本の国際発信力強化の一翼を担うことが期待されている（20条1項）。②任意業務には，中継国際放送，放送番組等の提供の他，必須業務に伴う附帯業務，放送・受信の進歩発達に特に必要な業務等が含まれる（同条2項）。この他，③NHKの施設・設備やノウハウの有効利用等の目的外法定業務があり（同条3項），副次収入が期待されている。もっとも，受信料を財源とし放送を本来の業務とするNHKの性格に反しないよう，営利目的の業務遂行は禁止される（同条4項）。

## ④ NHKのガバナンス

NHKのガバナンスの特徴は経営委員会制度にある。経営委員会は，法の定める事項を議決するが，直接業務執行を行う立場になく，会長以下を監督するにとどまる（29条）。経営委員（12名）は両議院の同意を得て内閣総理大臣が任命する（31条）。これは，財源が受信料であることに鑑みて一定の民主的コントロールを要する一方で，自律的な言論・報道機関として直接の国家介入を極力排除しなければならないという，NHKの二重の性格に配慮したものといえよう。会長は，経営委員会によって任命され，NHKを対外的に代表し業務を総理する（51条，52条）。会長，副会長，理事を構成員とする理事会は審議機関であるにとどまるため（50条），会長は業務執行上，強力な地位にある。

また，NHKの収支予算・事業計画・資金計画は国会承認事項であり（70条），総務大臣がNHKの業務報告書を国会に報告する（72条），会計検査院がNHKの会計を検査する（79条）等，様々なコントロールが法定されている。

2004年以降の不正経理等の不祥事を受けて，2007年には従来の監事制度を改めて，経営委員のうち3名以上で構成する監査委員会による監査のしくみが導入された（42条以下）。また，経営委員会の権限強化に対応して，経営委員が番組編集の自律を侵してはならないことが明記された（32条2項）。

## ⑤ デジタル時代の公共放送

デジタル化の進展とともに，各国の公共放送がインターネットへ進出し，それを民放や他のメディア事業者が警戒するといった現象が，各国で生じている。総務省の「放送を巡る諸課題に関する検討会」も2018年，放送番組のインターネットでの常時同時配信をNHKの業務として認めるとともに，一層のガバナンス改革を求める報告書をまとめた。そこでは，NHKが放送の補完として常時同時配信を行うことは一定の合理性・妥当性があるが，NHKの目的や受信料制度の趣旨に沿って適切に実施されるためには国民・視聴者の信頼の確保が必要である，との考えが示されている。

（宍戸常寿）

▷1　NHKは，地上テレビ2波（総合・教育），ラジオ3波（ラジオ第1・第2，FM），衛星2波（BS1・BSプレミアム）を保有していたが，2018年からは新たに4K・8K衛星放送を開始した。

▷2　2007年改正前の放送法は，総務大臣がNHKに国としての国際放送等を命令する制度を定めていた。ところが，北朝鮮による日本人拉致問題に言及した2007年度の実施命令が，NHKの番組編集の自律を害するものではないかが大きな議論を呼んだ結果，命令放送制度は要請放送制度へと改められた（65条）。

▷3　2014年の放送法改正により，NHKは自ら実施基準を定めて総務大臣の認可を受けることにより，インターネットで番組を提供することが可能となった（ただし常時同時配信はできない）。認可の基準は法定されており，NHKの自主性が尊重されている半面，定期的な事後評価や他の業務との区分経理が求められている。

# コラム-7

## 受信料

　NHK は，営利を目的とした業務遂行，とりわけ広告放送を行うことが禁止されている（放送法20条4項，83条）。この点は，同じ公共放送である BBC が，広告放送，有料放送等を条件付きで行うことができるのとは，大きな違いである。その結果，NHK の財源は，視聴者からの受信料収入に依拠している。例えば，2017年度決算では，事業収入7202億円のうち，受信料収入（6913億円）は実にその96％を占める。広告料収入でも国からの交付金でもなく，受信料が主たる財源であることは，NHK が放送の自主・自律を維持するための要となるしくみである。

　NHK の放送を受信できる受信設備を設置した者は，NHK と受信契約を締結しなければならない（現在は地上契約・衛星契約・特別契約の3種の契約種別がある）。視聴者は総務大臣の認可した NHK 放送受信規約に従って，同じく認可を受けた NHK 放送受信料免除規約の定める場合を除き，受信料を徴収される（64条）。受信料は，NHK の業務・運営維持のための特殊な負担金であると説明されている。つまり，建前としては受信料は NHK の番組視聴に対する対価ではなく，テレビを保有している限り NHK に受信料を支払わねばならない。放送法70条4項は，受信料が強制的に徴収されるものであることに配慮して，国会が収支予算の承認を通じて月額を定める，としている（憲法83条，84条参照）。他方，受信料支払いを直接法律で義務づける試みはこれまであったものの，現在のところ法律上は契約締結が義務づけられるのみで，不払いに対する罰則も定められていない。

　受信料制度は，これまで NHK の番組・営業努力と，視聴者の善意によって支えられてきた。しかし2004年に番組制作費の横領等，NHK の不祥

事が明るみに出たのを契機に，受信料の不払いが急増し，その件数は2005年には100万件を超えた。その後のNHKの信頼回復の試みや，受信料不払い者に対する支払督促の申立て（2006年10月開始），さらには未契約者に対する契約締結を求める訴えなどの営業努力によって，現在では受信料の収納状況は改善されている（2018年3月現在で，受信料支払率は80.4%）。最高裁は，放送法64条の趣旨が受信設備の設置者にNHKとの受信契約の締結を強制することにあり，NHKは契約締結を拒否する者に対して承諾の意思表示を命ずる判決を求めることができると述べた。そして，受信料制度は国民の知る権利を実質的に充足するための立法裁量の範囲内にあり，契約の自由，知る権利および財産権を侵害するものではないと判断した（最大判平成29年12月6日民集71巻1号1817頁）。

　受信料額をめぐっては，経営委員会が引下げの約束を求めて執行部の中期経営計画案を否決する（2008年）等の経緯を経て，2012年10月から引き下げが実施された。メディアの多様化をふまえ，支払義務化やスクランブル化，ドイツの放送負担金のようにテレビを設置していない世帯にも受信料の負担を求める動きもある。視聴者の公平な負担によって基本的情報が社会の隅々に行き届くという公共放送の理念は，大きな試練を迎えている。総務省の「放送をめぐる諸課題に関する検討会」は，NHKによるインターネット常時同時配信を認める方向性を打ち出したが，それはあくまで放送の補完という位置づけにとどまる。したがって，インターネットに接続できる端末を保有しているだけで受信契約の締結を強制されたり受信料を徴収されたりという事態は想定されていない。　　　　　　　　　　（宍戸常寿）

# Ⅷ 放送法

## 民間放送

### 1 民間放送の県域免許と系列ネットワーク

一般にいう民間放送（民放）は，商業放送とも呼ばれるように，営利企業によって行われる放送で，広告放送による収入を主な収益源として無料で視聴できる放送（地上放送）と，加入料や視聴料を支払って視聴する有料放送（衛星放送の大部分）がある。

政府の放送政策により，地上民放局の免許は原則として県域を単位としている。放送法91条および同法施行規則，それらを受けた基幹放送普及計画やチャンネルプランにおいて，県域を原則とした「放送対象地域」が規定されている。また，主たる出資者や役員，審議機関の委員はできるだけ放送対象地域に住所を有していることが求められている。

地上民放が地域免許であるにもかかわらず全国に向けた放送を実現するために，民放局の多くは，いわゆる在京キー局を中心とした系列関係を構築している。これが**系列ネットワーク**である。もともとは全国的な取材・報道のための協力体制として生まれたが，次第に在京キー局への地方局の依存が強まり，現在では全国で放送される番組の大部分が，キー局発信となっている。したがって多くの場合，スポンサーから広告会社を経て番組料金を受け取ったキー局（発局）が，番組制作費やネット費などを差し引いた上で，残りを系列各局にネットワーク配分金として割り振っていくしくみとなっている。

こうしたネットワークの存在により，系列ぐるみの番組制作が可能になり，ナショナルスポンサーの全国展開の要請にも応えられるなど，編成面，営業面で大きなメリットがある反面，地方局の番組編成が制約され，自社制作番組が少なくなるなどのデメリットもあるとされる。

### 2 マスメディア集中排除原則

放送は有限稀少な電波を使用し，またその社会的影響力も大きいことから，同一の者が所有または経営支配することのできる放送系の数を制限する措置がとられている（単純化すると，複数基幹放送局支配の禁止）。これを「マスメディア集中排除原則」と呼ぶ。放送法91条は，基幹放送普及計画を策定するにあたっては，「基幹放送をすることができる機会をできるだけ多くの者に対し確保すること」を求めており，放送免許審査の基準の1つとなる「基幹放送の業務

---

▷1　2010年の放送法改正までは，NHKおよび放送大学学園以外の放送事業者を「一般放送事業者」と呼んでいた（旧放送法2条3号の3）。現在の放送法は放送を「基幹」と「一般」に区分しており，ここでいう一般放送を担う「一般放送事業者」は旧来の意味とは全く異なる。

▷2　関東，近畿，中京地方は例外で，それぞれ東京，大阪，愛知の局が広域放送を行っている。また，自然的あるいは経済的理由から，岡山県と香川県，島根県と鳥取県でも2県にまたがる免許となっている。

▷系列ネットワーク
テレビ放送については，NNN（日本テレビ系列），JNN（TBS系列），FNN（フジテレビ系列），ANN（テレビ朝日系列），TXN（テレビ東京系列）がある。

▷3　「特定の者からのみ放送番組の供給を受けることとなる条項を含む放送番組の供給に関する協定を締結してはならない」と規定する放送法110条に配慮して，業務協定は各局の主体性を尊重する文言になっている。しかし実態として，準キー局を除いた地方局の自社制作比率10％前後という低さは，かねてより問題となってきた。これは，キ

に係る表現の自由享有基準に関する省令」（総務省令）が，具体的な出資規制，議決権制限を規定している。また，同省令は，同一の者がテレビ，ラジオ，新聞の三事業を支配することを，原則禁止している。しかしこれら集中排除原則は，多メディア・多チャンネル化などの環境変化を受けて，近年次第に緩和されてきている。

## ③ 変革期の民間放送

こうした流れの中で，2007年の放送法改正により導入されたのが，認定放送持株会社の制度である。これは，複数の地上波・BS・CS放送局が総務大臣の認定を受けた純粋持株会社の子会社となることにより，複数局支配禁止の例外を認めるものである。この制度導入の背景として，「総務省　規制の事前評価書（認定放送持株会社の導入）」は，①地デジ対応のための多額の資金需要，②経営の効率化の必要性，③通信との連携強化の不可避性を挙げていた。こうした環境変化自体，政府主導によるところが大きいともいえるが，現在，5つのキー局すべてが認定放送持株会社を設立している。2014年には，傘下に置くことのできる放送局の要件などを緩和する放送法改正が行われた。

また，各キー局・準キー局は，パソコンやスマートフォンで視聴できる放送・通信融合のオンデマンドサービスを提供したり，2015年には番組を広告つきで無料配信するポータルサイト「TVer」を共同で立ち上げるなど，環境変化への対応を進めている。こうした変革期にあって，重要なのは放送の地域性そのものではなく，情報の多様性であるという指摘もある。民放が「地域放送」であることの意義が，改めて問われている。

## ④ ケーブルテレビ（CATV）による区域外再放送問題

地方局特有の問題として，地上波で視聴できるチャンネル数が少ない地域において，CATVを介して県域外から他系列番組が再放送（再送信）されるという問題が存在する。こうした区域外再放送は，CATV事業者にとってみればビジネス・チャンスであり，視聴者にとってもチャンネル数の地域間格差を埋め合わせる有益性が見出される。他方，当該区域の民放局にとっては，そうした番組を別途購入して放送している意義が失われる上に，区域外の番組が自局の番組の視聴率を押し下げることで，経営を脅かす問題ともなる。この問題も，民放が基盤とすべき「地域」とは何かを正面から問いかけている。放送法には，旧有線テレビジョン放送法から引き継がれた総務大臣による「裁定」（144条）に加え，電気通信紛争処理委員会による「あっせん」および「仲裁」（142条，143条）が用意されている。 　　　　　　　　　　　　　　　　　（中村英樹）

一局から提供される番組をそのまま流すほどに収益が上がるという，現在のビジネス・モデルの問題でもある。

▷4　マスメディア集中排除原則の目的は，言論，情報の多様性の確保にあるといわれるが，むしろ眼目は，情報源の多元性の確保にあると考えるべきであろう。

▷5　関連して，日本で広く見られる放送局と新聞社の系列化も問題となる。これは，マス・メディアの寡占化と同時に，放送規制を通じて政府が新聞をも間接的に規制する危険性を孕むからである。⇨コラム6「情報通信法構想」

## Ⅷ 放送法

 放送による報道の正確さ

### 1 「報道」の意味

　放送法4条1項（いわゆる番組編集準則）は，3号で「報道は事実をまげないですること」と規定している。この規定は放送による報道の正確さの確保を目的としており，放送法の原則である真実の保障を具体化したものである。国民の知る権利のために報道には正確さが要求される。

　この規定の「報道」の意味については，「いわゆるニュースだけではなく社会的な事象を事実として伝えるあらゆる放送番組を指す」という理解がある。総務省も報道をこのように広く理解している。この場合，放送で事実を事実として伝えることすべてが「報道」に該当することになる。これは，2003年の「個人情報の保護に関する法律」の「報道」の定義にも対応している。同法において，報道は「不特定かつ多数の者に対して客観的事実を事実として知らせること（これに基づいて意見又は見解を述べることを含む。）」である（76条2項）。

　個人情報保護法76条1項のように，憲法が保障する報道の自由に配慮して，同法が民間部門に課した義務につき**メディア適用除外**を認める場合，報道を広義に解することに意義がある。これに対し，番組編集準則の場合，放送番組に対する内容規制であるため，報道を広義に解すると，定時のニュース番組やドキュメンタリーだけでなく，娯楽のためのいわゆるバラエティー番組や情報番組までが報道に該当することになってしまうという問題がある。

　番組編集準則について学説では，放送事業者の自律，表現・報道の自由への配慮から，法的拘束力のない訓示的規定・倫理的規定と理解するのが多数説である。しかし，総務省は，番組編集準則に法的意味を認めており，一定の要件を満たす例外的な場合に，番組編集準則違反を理由に電波法76条に基づき放送事業者に放送局の運用停止等を命じることができると考えている。また，総務省は，番組編集準則に違反したことを理由に**行政指導**を繰り返している。

　もし番組編集準則に法的意味を認めるとすれば，放送事業者の表現・報道の自由に配慮して，「報道」の概念を限定的に解釈する必要がある。例えば，1986年に民放連が定めた「放送事項別分類項目」によれば，番組は，「報道」，「教育」，「教養」，「娯楽」，「広告」，「その他」に分類され，そのうち「報道」については，「社会にとって重要あるいは関心のある時事的な出来事や動きを報ずる番組。ただし，教育もしくは教養的意図をもって制作したものを除

▷**メディア適用除外**
⇨ Ⅳ-12「メディア適用除外・メディア優遇策」
▷1　番組編集準則の法的拘束力については，Ⅷ-5「放送の自由」を参照。

▷**行政指導**
番組内容に対する行政指導は1985年から行われるようになり，特に2004年からの4年間は毎年数件の行政指導が行われた。行政指導には，任意の行政措置で，強制力がない。ある番組について，政治的偏向や捏造などの疑いが生じた場合，まず放送事業者がその番組について調査を行い，総務省に報告する。総務省は，その調査の方法や内容の公正さについて検討した上で行政指導を行う。行政指導には，「警告」「厳重注意」「注意」「口頭注意」の4ランクがあり，その責任者も「大臣」「放送行政担当の政策統括官・局長」「各総合通信局長」の3ランクに分かれている。最も重いのは「大臣による警告」である。

く」とされている。放送法における「報道」をこのように限定的に解釈すれば，少なくとも演出の手法を用いて視聴者の興味と関心に応えようとするバラエティー番組は，番組編集準則における「報道」にはあたらなくなるだろう。

## ② 「事実をまげない」の意味

「事実をまげない」の意味については，放送する事項が事実であることを義務づけ，虚偽の放送を行うことを禁止しているという理解がある。たしかに放送による報道は，正確で，事実に即したものでなければならないが，報道の事実性・真実性は，取材と裏付けの繰り返しのプロセスの中で達成されるものである。新聞記事や放送のニュース番組のように定期的な報道の場合には，取材に費やすことのできる時間の制約があり，社会にとって重要な時事的な出来事を報道するためには，核心部分さえ裏付けがとれたら報道に踏み切るべき場合もある。法的制裁を伴って報道の細部にわたって真実性を厳しく要求することは，報道に萎縮効果を及ぼすことになる。放送法は，**訂正放送**（9条）について，真実性の判断を放送事業者の自律に委ねていることから，「事実をまげない」についての判断も同じく放送事業者の自律に委ねられていると考えられる。なお，放送法は報道の正確さに関連して「事実」と「真実」という言葉を用いているが，両者がどのように使い分けられているかは明らかではない。

## ③ 虚偽放送に対する行政処分の合憲性

2007年，**関西テレビの番組捏造事件**に社会の注目が集まった。当時の総務大臣は，これを契機に放送法を改正し，虚偽放送に対する制裁として，電波法に基づく免許取消や停波といった行政処分と，法的拘束力のない行政指導の中間に位置する新たな行政処分を導入しようとした。「虚偽の説明により事実でない事項を事実であると誤解させるような放送であって，国民経済又は国民生活に悪影響を及ぼし，又は及ぼすおそれがあるもの」について，総務大臣は，放送事業者に再発防止計画の策定と提出を求め，この計画を受理したときは，これに意見を付し，公表するというものである。

この行政処分が**再発防止計画の提出**という比較的軽微なものであったとしても，「国民経済又は国民生活に悪影響を及ぼし，又は及ぼすおそれ」といった漠然とした概念による内容規制は，真実性の判断を総務大臣（総務省）に委ねるもので，放送に萎縮効果を及ぼすため，憲法上重大な問題があった。当時の総務大臣は，国会審議において，放送事業者に報告を求め，放送事業者が自ら捏造を認めた場合，故意または重過失に限って，再発防止計画の策定と提出を求めると説明したが，法案の規定にそのような限定は明文化されていなかった。国会審議の結果，この行政処分は導入されないことになった。なお，BPOの倫理検証委員会に同じような権限が与えられている。　　　　（鈴木秀美）

▷訂正放送
⇨ Ⅷ-9 「訂正・取消放送」

▷2　名誉毀損法制においては，「事実」と「真実」という言葉は異なる意味で用いられている。⇨ Ⅴ-3 「免責要件(2)」。

▷関西テレビの番組捏造事件
2007年1月，関西テレビが制作し，フジテレビ系列でゴールデンタイムに全国放送されていた番組「発掘！あるある大事典Ⅱ」で，番組中の実験データや海外の専門家のインタビュー内容などを捏造していたことが明らかになった。総務省は関西テレビに対し，このような番組を放送したことが「報道は事実をまげない」という放送法の規定に違反したとして総務大臣による警告を行い，再発防止計画の提出を求めた。⇨コラム8「オンブズ・カンテレ委員会」

▷再発防止計画の提出
⇨ Ⅷ-11 「BPO」

## VIII 放送法

 訂正・取消放送

### 1 訂正・取消放送のしくみ

　放送法9条1項は,「放送事業者が真実でない事項の放送をしたという理由によつて, その放送により権利の侵害を受けた本人又はその直接関係人から, 放送のあつた日から3箇月以内に請求があったときは, 放送事業者は, 遅滞なくその放送をした事項が真実でないかどうかを調査して, その真実でないことが判明したときは, 判明した日から2日以内に, その放送をした放送設備と同等の放送設備により, 相当の方法で, 訂正又は取消しの放送をしなければならない」と規定する。この規定に反した場合には, 放送事業者に対して50万円以下の罰金が科される (186条1項)。訂正・取消放送は, クレームを受けた場合だけではなく, 放送事業者が自ら事実でないことを発見した場合にも, 同様に行わなければならない (9条2項)。また被害者は, 訂正・取消放送と関わりなく, 民法に基づく損害賠償請求を行うことも当然認められる (同条3項)。

### 2 訂正・取消放送を求める「権利」？

　では放送法9条1項の規定を, マス・メディアに対する**アクセス権**や**反論権**の文脈に位置づけることは可能であろうか。すなわち, この規定により, 被害者は放送事業者に対して訂正・取消放送を求める私法上の権利を有する, と考えることができるであろうか。一般には,「報道被害を受けたのだから当然だ」と思われるかもしれないが, 問題はそう簡単ではない。

　権利を有することを肯定する論拠としては, ①9条1項は「請求」という語を用いており, 請求権を認めたと解するのが自然, ②（後述するように）放送法10条（旧5条）に基づく確認閲覧請求については私法上の権利を認めたものとする判例があり, 9条についても同様に解すべき, ③訂正放送が認められる範囲が不当に拡がりすぎるという懸念があるが, 民法上の不法行為の成立要件を満たす場合に限って訂正放送の請求権が認められると解すれば問題ない, といった点がある。

　それに対して, これを否定する論拠としては, ①放送法には, 裁判所が訂正放送を命ずることができる旨の規定はない, ②立法のモデルになったとされる旧新聞紙法17条は, 掲載事項の誤りを訂正すべき公法上の（＝国に対しての）義務を認めていたものであり, 訂正放送についても同様に解すべき, ③私法上の

▷ 1　放送法9条（旧4条）1項の規定は, 1909年に制定され, 第二次世界大戦後の1949年に廃止された新聞統制立法である旧新聞紙法の17条をモデルに立法された。また, 1995年の法改正により, 被害者から請求が可能な期間が, 2週間以内から3カ月以内へと延長された。
▷**アクセス権・反論権**
⇨ VI-3 「アクセス権と反論文の掲載」

請求権を認めれば，放送事業者の番組編集の自由に対する重大な侵害となる，④放送事業者が真実でない放送をして私人の権利を侵害した場合には，不法行為が成立しなくても一律に訂正放送等が義務づけられることになり，不法行為の成立を前提とする民法723条の名誉回復処分とのバランスを失する，といった点がある。

## ③ 「生活ほっとモーニング」事件

上記の問題が正面から争われたのが，**「生活ほっとモーニング」事件**である。この事件の一審判決は，名誉毀損等の成立を否定して原告の請求をすべて棄却したが，控訴審判決は，名誉毀損とプライバシー侵害を認めて損害賠償請求を一部認容するとともに，放送法4条（現9条）1項の規定を私法上の請求権を認めたものと解して，NHKに対して判決文記載文書を読み上げるかたちでの訂正放送を命じた。これに対し最高裁判決は，被害者は放送法に基づく訂正放送等を求める私法上の権利を有しないとして，否定説を採用した。その理由としては，①放送法の全体的な枠組みと趣旨に基づいて解釈すれば，放送の自律性の保障の理念をふまえた上で，放送の真実性の理念を具体化するための規定であると解されること，②放送をした事項が真実でないことが放送事業者に判明したときに訂正放送等を行うことを義務づけているだけであって，訂正放送等に関する裁判所の関与を規定していないこと，③同項所定の義務違反について罰則が定められていること，を挙げている。そして，学説の多くも最高裁判決を支持している。

もっとも今後，新たな法整備により反論権のような制度が放送に導入される可能性もある。その際には，録画視聴の一般化や動画投稿サイトの隆盛など放送をめぐる環境変化によって，かつての「放送の一回性」という前提が変化していることも考慮されるかもしれない。しかし，自らの意思に関わりなく特定内容を表現するよう強制する「強制された言論」は，表現の自由に対する最も強い制約であるとする指摘も忘れてはならない。

## ④ 放送番組の保存

放送法10条は，放送事業者は放送番組の放送後3カ月間は，放送番組審議機関や訂正・取消放送の関係者が確認することができるように放送番組を保存しなければならないと規定する。同条に基づく放送番組の確認（閲覧）請求権が認められるかが争われた事例につき，東京高裁は，私法上の確認（閲覧）請求権を認めたものであると判示し，確定している。この場合は，訂正・取消放送の場合とは異なり，それ自体が放送番組編集の自由に直ちに触れるものではない点で，9条1項とは別の判断もありうるであろう。　　　　　（中村英樹）

▷ 「生活ほっとモーニング」事件
NHKが，自らの離婚の経緯や原因に関するある男性の発言を，1996年6月8日，NHK総合テレビジョン番組「生活ほっとモーニング」内の特集「妻からの離縁状・突然の別れに戸惑う夫たち」において放送したところ，この男性の元妻が，離婚の経緯や原因について真実でない放送がなされたことによって名誉を毀損され，プライバシーを侵害されたとして，民法709条，710条に基づく慰謝料等の支払い，同法723条に基づく謝罪放送および旧放送法4条1項に基づく訂正放送を求めたという事件である（東京地判平成10年11月19日民集58巻8号2345頁，東京高判平成13年7月18日民集58巻8号2362頁，最判平成16年11月25日民集58巻8号2326頁）。

▷ 2　これは，1995年改正（この改正により，保存期間が2週間から3カ月へ延長された）前の5条に関する案件である（東京地判平成7年4月28日判時1558号43頁，東京高判平成8年6月27日判時1571号30頁）。

# Ⅷ 放送法

 ## 番組基準・番組審議機関

### 1 放送法による義務づけ

　放送法は，放送番組の編集基準（番組基準）の策定と公開（5条），および放送番組審議機関（番審）の設置（6条）を，各放送局に義務づけている。いずれも，視聴者の参加と監視によって放送番組の公平性を担保し，放送局の信頼を高めることに寄与する制度であると理解される。これらの規定は当初なかったが，後から追加されたもので，とりわけ番審は形骸化批判の中で，その規定が詳細化してきている傾向にある。

　前者の番組基準は，視聴者に対し，自局が放送する番組の「品質」基準を約束するものと解することができるのであって，編集・編成の基本方針ということもできる。ただし実態としては，民放局の多くは，全国の民放がすべて加盟する民放連（日本民間放送連盟）が策定した「放送基準」に準拠しており，独自性を示すものは多くない（『民放連 放送基準解説書2014 2017補正版』2017年12月）。

　また，キー局を中心に大手局においては，基準とは別に報道あるいは番組制作上の注意を記したハンドブック（行動基準）を策定している場合も少なくないが，その多くは非公開である。その中で関西テレビは**「発掘！あるある大事典Ⅱ」事件**を契機に「番組制作ハンドブック」を策定し公表している（ウェブサイト上で閲覧可能）。**BPO**は，2009年の日本テレビの**「バンキシャ！」捏造報道**を受け，バラエティ番組の制作基準を設けることを民放連に対して求めている。

　一方でNHKの場合は，受信契約者への義務という側面も併せもち，民放局に比して詳細な基準の公表を行っている（『NHK放送ガイドライン2015 追補』2016年2月）。しかしそれでも，イギリスの公共放送であるBBCがもつ『エディトリアル・ハンドブック』と比べると，その基準の公開度は低いといわざるをえない。なお，NHKの場合は，独立行政法人情報公開法制定論議の中で，当初，情報公開法の対象機関として想定されたことから，放送の自由を守るためには対象からはずすべきとの意見が出されたことを受け，自主的な情報公開制度を作り，運用している。

### 2 番組基準

　番組基準の公開方法は，自局の放送で行うほか，自局に備え付けて訪問者に対し閲覧に供する，新聞等で公知する，の3つで行うことが決まっている。今

---

▷「発掘！あるある大事典Ⅱ」事件
⇨ Ⅷ-8 「放送による報道の正確さ」
▷ BPO
⇨ Ⅷ-11 「BPO」
▷「バンキシャ！」捏造報道
　日本テレビ2008年11月23日放送「真相報道　バンキシャ！」の中で扱った，岐阜県裏金作りに関する「独占証言」が，後日まったくの虚偽であったことが明らかになり，社長が辞任するほか担当者の処分がなされた。日本テレビ自身の内部調査のほか，BPOが09年7月30日に検証番組の制作，検証結果の公表，訂正放送のあり方の検討を求める勧告を出した。検証番組は8月23・24両日放映されたほか，検証結果はウェブサイトで公表された。
▷毎日放送喫茶店廃業報道事件
　毎日放送2005年5月9日放送「VOICE」の特集「憤懣本舗：嫌がらせの『屋台』・無神経な『役所』」で取り

VIII-10 番組基準・番組審議機関

日では，ホームページ上の掲載が一般的である。1990年代においては法の定めがあるにもかかわらず，公表を拒む企業もあったが，放送番組への批判が強まる中で基準の公表は一般化したといってよい状況にある。

裁判所の判決の中には，放送番組基準違反を理由に違法性を問うものがある（毎日放送喫茶店廃業報道事件）。しかし，基準の策定の公表は法的義務であるものの，その内容は冒頭に述べたように視聴者への倫理的な義務（約束）と考えるのが適当であって，違法基準にはなりえないと考えられる。また，一般に放送法の規定は公法上の義務を定めるものであって，私人間の争いに適用される私法上の義務を定めるものではないと解されているのであって，この点からも司法判断は妥当性を欠くのではないかと思われる。

## ③ 番組審議機関

放送番組審議機関は，民放は放送法7条で，NHKは82条に別途規定をもち，若干異なった構成となっている。具体的には，NHKには中央，地方，国際と3つの放送番組審議会が置かれ，委員は会長が依嘱し，さらに中央と国際については経営委員会の同意が必要である。地方は施行令により，8地域に置かれている。民放規定は，人数の定めがあるだけである。

番審に関し放送事業者が求められている事項としては，諮問事項としての番組基準と放送番組編集の基本計画および放送番組種別の基準，番審が決定した「意見」の尊重，報告事項としての訂正・取消放送の実施状況と放送番組に関する意見，議事概要や放送番組の種別ごと放送時間の公表の4つがある。ただし，実際の運用は放送事業者の自主性に委ねられているといってよい。その審議対象が，単に番組内容だけにとどまるのか，経営問題についても意見具申が可能なのかについては特段の定めはないが，多くの番審は，番組内容のみを審議対象としているのが実態である。一方で，番審とは別に，通常の番組講評とは別の視点で放送局のあり方を第三者機関として検討する組織も一部でできつつある。

組織構成は，民放の場合，7人以上の外部委員と当該局の役員クラス（多くの場合は社長を含む）で構成され，月に1回程度の定期的な会合をもつのが一般的である。複数局が合同で設置することを妨げるものではないので，例えば同一地域の局が共同で番審をもつことも可能であるが，そのような実例はない。また，今後は持株会社間や系列局で共同設置する場合も想定される。

番審の意義については，単なる地域のご意見番の集まりで，放送局への反映も少ないなどの批判も少なからずある。ただし，制度として視聴者との双方向性を実現し，経営・制作幹部に直接，外部の意見を伝える場としての意義は大きいであろう。制度の問題というより運用上の問題として，むしろ，放送局側が積極的に活用する気構えをもつかどうかにかかっている。　　　　（山田健太）

上げられた喫茶店店主が，報道内容の主要な部分が事実ではなく名誉毀損である点と，隠し撮りによる取材が人格権侵害であるとして放送局を訴えた事案。神戸地裁（平成19年10月31日判決）は名誉毀損を認容，大阪高裁（平成20年9月19日判決）は肖像権侵害があったとし，最高裁（平成21年2月13日決定）は申立て不受理で確定した。この控訴審判決の中で違法性の理由付けとして，民放連報道指針（3・人権の尊重）を引用し，「報道指針の上記各規定のように社会的に自明というべき部分は，民事訴訟による不法行為の成否の判断に当たっても，大いに参酌することができ……放送倫理上の問題であるにとどまらず，特段の事情のない限り，報道を行う者に対する法的義務となり得る」とした。

▷1　放送番組審議機関に係る規定のうち，放送法6条は旧放送法3条の4と原則変更はない。ただし，2010年改正で，3条の4に規定されていた「番組調和原則」が放送法106条に移され，「基幹放送の業務」として位置づけられた結果，同法107条において，調和原則の実施状況の報告が番組審議会の諮問事項として定められることとなった。これによって，放送局は番組種別ごとの放送時間を公表する必要が生じることになった。なお，7条の規定も条文番号の変更と，放送定義の変更に伴う改正であって，内容において原則変更はない。

▷2　⇨コラム8「オンブズ・カンテレ委員会」

# Ⅷ 放送法

 BPO

## 1 BPOとは

　放送倫理・番組向上機構（BPO）は，言論・表現の自由の確保と視聴者の基本的人権の擁護を目的として，放送に対する苦情や放送倫理の諸問題を取り扱う第三者機関である。NHKと日本民間放送連盟（民放連）によって設立された，日本の放送界の自主規制機関であり，2003年，それまでの「放送番組向上協議会」と「放送と人権等権利に関する委員会機構（BRO）」を統合し誕生した。BPO内部には，「放送倫理検証委員会」「放送と人権等権利に関する委員会（放送人権委員会）」「放送と青少年に関する委員会（青少年委員会）」の3委員会が設置されている。

　BPOおよび3委員会は，放送への苦情や放送倫理上の問題を審理・審議した結果をBPOの構成員であるNHKおよび民放各局に報告するとともに，記者会見やウェブ上で公表する。他方，放送各局は，BPOおよび3委員会の審議・審理等に協力し，それらの出した見解・要望等を尊重し，勧告を遵守しなければならない。また，政府等からの独立性を担保するためにも，BPOは構成員による会費によって運営されている。

## 2 各委員会の役割と活動

### ○放送倫理検証委員会

　2007年1月，関西テレビの「発掘！あるある大事典Ⅱ」事件が発覚し，これをきっかけに，虚偽放送が行われた際に総務大臣が放送事業者に再発防止計画を求めることができる権限を盛り込んだ放送法改正論議が起こった。他方，法規制に対する社会的批判も起こり，これらの論議を受けて，同年5月，NHKと民放連はBPO内に放送倫理検証委員会を新設した。

　同委員会は，「虚偽の疑いがある番組が放送されたことにより，視聴者に著しい誤解を与えた疑いがあると判断した場合」（放送倫理・番組向上機構規約4条），放送倫理上の問題があったかどうかについて調査・審理を行い，その結果を「勧告」または「見解」として公表することになっている。また，必要に応じて，当該放送事業者に対して，再発防止計画の提出を求めることもできる。

### ○放送人権委員会

　放送人権委員会の前身は，BPOに統合する前のBRO内に設置された「放送

▷1　BPOの第三者性を担保するため，3委員会の委員は，BPOに設置された評議員会によって，放送事業者の役職者以外の有識者（弁護士，学者，評論家，映画監督，小説家など）から選任される。また，評議員会自体も放送事業者の役職者以外の有識者から構成されている。
▷見解・勧告
BPOによると，「勧告」は，検証の結果，委員会が強く放送局に改善を促すものであり，「見解」は，勧告までには至らないが，委員会が何らかの考え方を示したものとされている。
▷「発掘！あるある大事典Ⅱ」事件
⇨Ⅷ-8　「放送による報道の正確さ」
▷2　なお，同委員会は，2018年11月時点で，29事案について審理・審議を行い，委員会決定を出している。そのうち，「見解」2件，「勧告」1件，「意見」25件，「提言」1件となっている。

と人権等権利に関する委員会（BRC）」である。1997年に，人権侵害等，放送への苦情処理を目的とした，日本で初めての本格的な第三者による自主規制機関として発足し，法的救済である裁判以外での紛争解決手段として注目を集めた。ただし，その発足の背景には，郵政省の「多チャンネル時代における視聴者と放送に関する懇談会（多チャンネル懇）」による苦情対応機関の設置提言があり，そこでは法定機関の設置も視野に入れた議論が行われており，放送界としては法的規制の回避が急務であった。

同委員会は，名誉，信用，プライバシー・肖像等の権利侵害および放送倫理違反に関する苦情の審理を扱ってきたが，2007年7月からは，公平・公正さを欠いた放送事案についても取り扱うことができるように委員会の運営規則を改めた。審理結果は，「勧告」または「見解」として公表される。[3]

### ○青少年委員会

1990年代後半，郵政省の多チャンネル懇や中央教育審議会における青少年の健全育成を目的としたメディア規制の議論を背景に，2000年，BPOに統合する前の放送番組向上協議会内に放送と青少年に関する委員会が設置された。

同委員会は，放送と青少年に関する視聴者の意見の把握，審議，調査研究を主な役割としている。これまでに12件の「見解」「提言」などを公表し（2018年11月時点），また，中学生モニターによる報告や会議，フォーラムなども開催している。

なお，BPO自体としても，これまでに3件の見解・提言・声明を公表している。

## ③ BPOの課題

BPOの課題について，以下の3点を指摘しておきたい。

第一に，BPOは，放送倫理の向上を図ることによって，公権力による放送規制の「防波堤」としての役割が重要となる。しかし，設立の契機が3委員会を含め公権力による圧力という歴史に鑑みると，BPO自体が放送界にとっての「監視機関」となる危険性もある。「後手」の対応ではなく，放送界による真の自主・自立・自律の対応が今後とも望まれよう。

第二に，自主規制機関の宿命として，強制力の限界が問題となる。しかし，制裁を伴った「規制者」ではなく，見解・勧告・提言などの言論を通して，放送メディアの自律の支援と，視聴者と放送メディアを結ぶ「回路」としての役割が今後とも望まれよう。そのことが結果的には，視聴者・放送メディア双方との信頼関係を構築する最善の手段となるであろう。

そのためにも，第三に，BPOの審理・審議における判断基準となる放送コードの形成と公表が望まれよう。このことは，放送メディア・視聴者双方への説明責任と自らの透明性・公開性の観点からも求められている。（後藤　登）

▷3　なお，同委員会は，2018年11月時点で，64事案68件の審理を行い，「勧告」（人権侵害または重大な放送倫理違反）17件，「見解」（放送倫理違反，放送倫理上問題あり，要望，問題なし）51件を出している。

▷4　例えば，BPO放送と人権等権利に関する委員会編『放送人権委員会　判断ガイド2018』2018年。

**（参考文献）**

BPO（放送倫理・番組向上機構）HP（http://www.bpo.gr.jp/）。
清水英夫『表現の自由と第三者機関：透明性と説明責任のために』小学館，2009年。

# コラム-8

## オンブズ・カンテレ委員会

　放送の自主規制機関としては，2003年に設立された放送倫理・番組向上機構（BPO）（⇨Ⅷ-11「BPO」）が有名であるが，名古屋テレビの「オンブズ6」や関西テレビの「オンブズ・カンテレ委員会」のように，放送局が独自に自主規制機関を設置している例がある。放送界では1997年に日本放送協会（NHK）と日本民間放送連盟が第三者機関「放送と人権等権利に関する委員会（BRC）」を設置し，視聴者からの権利侵害についての苦情を受け付け，その解決を図っていた。しかし，名古屋テレビは，より迅速かつ積極的，自主的に視聴者から寄せられる苦情に対応することが必要だと判断して，2002年に3人の外部委員からなるオンブズ6を設置した（オンブズ6の「6」は，名古屋テレビのチャンネル番号を表している）。オンブズ6は，視聴者からの苦情に対応するだけでなく，人権侵害や報道被害に関し第三者の立場で放送に目を光らせ，被害が生じた場合は，社会通念や放送基準，各種法令に基づいて是正勧告を行うなどオンブズマンとしての役割を担っている。

　関西テレビのオンブズ・カンテレ委員会は，2007年に設置された「活性化委員会」が2009年に改組・改称されたものである。この委員会の特徴は，視聴者からの意見や苦情を第三者の視点から検討するオンブズマンとしての活動に加えて，番組制作者に内部的自由（⇨Ⅳ-9「編集権と内部的自由」）を保障するため，関西テレビの報道や番組制作に携わる者が自己の良心に反する業務を命じられた場合，当事者からの救済の申し出を受け付け，調査を行う点にある。現場からの「駆け込み寺」としての役割を担う委員会の設置は，日本の放送局としては初めての試みである。

　関西テレビでは，同社が制作し，フジテレビ系列で全国放送されていた人気番組「発掘！あるある大事典Ⅱ」で，2007年1月に放送された番組だ

けでなく，それまでに放送された番組の中で，VTR部分の制作を担当していた制作会社の社員が，実験データや外国の専門家のインタビュー内容について「結論ありき」の不適切な番組制作を何度も行っていたことが明らかとなり，視聴者の信頼が大きく低下した（関西テレビの番組捏造事件）。

　関西テレビは，再発防止のために様々な対策を講じたが，その1つとして活性化委員会を設置した。活性化委員会が与えられた権限は，①オンブズマン機能，②内部的自由の保障，③「活性化委員会特選賞」の選奨，④関西テレビの再発防止策の実施状況の評価だった。活性化委員会の委員は外部有識者6人で，その中に公益代表の社外取締役，番組審議会委員，コンプライアンス・ラインの社外通報窓口を担当する弁護士を含むことで，取締役会，番組審議会，コンプライアンス・ラインと活性化委員会が，情報を共有し，各組織の相互連携が円滑かつ効率的に進むことが期待されていた。活性化委員会には，その見解を社会に表明する場として，関西テレビの自己検証番組における発言権が与えられ，また，関西テレビのウェブサイトに活性化委員会が編集する専用サイトが設けられた。2009年7月，活性化委員会は，関西テレビが番組捏造事件を克服し，放送局としての信頼をある程度まで回復することができたという理由から改組・改称され，再発防止策の実施状況を評価する権限をもたないオンブズ・カンテレ委員会（委員3人）となった。

　放送局独自のオンブズマンは，有識者の意見を番組に反映させるため，放送法で設置（6条）や議事概要等の総務省への報告（175条）が義務づけられている番組審議会と異なり，法的規律から自由な存在として，BPOに設置された3つの委員会の活動と並行して，各放送局と地元の視聴者の回路になることを期待されている。

（鈴木秀美）

# Ⅸ　通信法・インターネット法

 **通信の秘密**

### 1　通信の秘密の意義

通信の秘密は，憲法21条2項により保障される。この権利は，第一に，その規定位置から，人々のコミュニケーション過程を保護するものと考えられる。第二に，それにとどまらず，特定少数者間の私的接触を可能ならしめることから，プライバシー保護の側面をも有するものであると解されている。

通信の秘密の保護は，通信の内容だけでなく，通信の存在それ自体（通信が行われたのかどうか，その日時・回数，発受信人の住所・氏名等）にも及ぶと解されている。それらの情報から通信内容が推知されることにより個人のプライバシーが害され，また通信を用いた表現行為を萎縮させる可能性があるからである。

通信の秘密が保障されることにより，公権力による，通信に関わる情報の収集やその前提としての探索が禁止され，職務を行う上で知りえた通信に関わる事項に対しては，守秘義務が課される。さらに通信の秘密は，法律を通じて，通信に携わる民間事業者等に対しても及ぶ一方，その媒介した通信内容から生じた被害（例えば，電話を用いた詐欺や脅迫）等について責任を課さない。

### 2　通信の秘密の制約

通信の秘密に対しては，例えば，受刑者等の発受する信書について検閲や差止め等が認められ，刑事被告人について郵便物の差押えが認められ，また，裁判所は破産者宛の郵便物等を破産管財人宛に配達させることができ，受け取った管財人はそれを開いて見ることができるなどといった制約が加えられている。

通信の秘密の限界に関し特に重大な問題を提起するのが，捜査のための電話傍受である。最高裁はかつて，**電話傍受捜査事件**において，「重大な犯罪に係る被疑事件について，被疑者が罪を犯したと疑うに足りる十分な理由があり，かつ，当該電話により被疑事実に関連する通話の行われる蓋然性があるとともに，電話傍受以外の方法によってはその罪に関する重要かつ必要な証拠を得ることが著しく困難であるなどの事情が存する場合において，電話傍受により侵害される利益の内容，程度を慎重に考慮した上で，なお電話傍受を行うことが犯罪の捜査上真にやむをえないと認められるときには，法律の定める手続に従ってこれを行うことも憲法上許される」との判断を示した。

1999年8月に制定された**犯罪捜査のための通信傍受に関する法律**は，組織的

▷1　例えば，郵便事業株式会社に対しては郵便法7条および8条が，固定・携帯電話事業者等に対しては電気通信事業法3条および4条が，それぞれ検閲の禁止や信書・通信の秘密を規定している。
▷2　刑事収容施設及び被収容者等の処遇に関する法律126-144条。⇨Ⅲ-12「被収容者の表現の自由」
▷3　刑事訴訟法100条。
▷4　破産法81-82条。
▷**電話傍受捜査事件**
最決平成11年12月16日刑集53巻9号1327頁。覚せい剤取締法違反事件の捜査において，検証令状に基づいて実施された電話傍受の違憲・違法が争われた事件（最高裁は適法判断を下した）。
▷**犯罪捜査のための通信傍受に関する法律**
略して通信傍受法，あるいは批判的意味を込めて「盗聴法」とも呼ばれる。上述の最高裁決定は，事件自体は法制定前のものであるため，本法の適用はない。

*176*

な重大犯罪の解明のため，電話等の通信を傍受する手続を定めたものであり，その３条によれば，薬物や銃器の取引，組織的殺人等の実行に関連する事項を内容とする通信が「行われると疑うに足りる状況があり，かつ，他の方法によっては，犯人を特定し，又は犯行の状況若しくは内容を明らかにすることが著しく困難であるとき」に，裁判官の発する令状に基づいて通信を傍受することができる。傍受にあたっては，同法12条は通信手段を管理する者等の立会いを求め，また29条は，政府に対し，傍受に係る件数や罪名，逮捕者数などを毎年国会に報告し，公表することを求めている。他方，13条は，傍受すべき通信に該当するかどうかを判断するための傍受（予備傍受）を，また14条は，傍受実施中に被疑事実以外の犯罪の実行に関わる内容の通信が行われた場合の傍受（別件傍受）をも認めており，学界から多くの疑問が呈されている。

## ❸ 高度情報通信社会と通信の秘密

インターネット上の情報発信行為が匿名でなされることによって生じた権利侵害に関し，権利侵害が明白であるなど一定の場合に，被害者がプロバイダ等に発信者情報の開示を請求できる旨が法定された[45]。法律上の要件を充足する限りで守秘義務が解除されるのである。他方，権利侵害の有無や明白性などの判断は困難であるため，誤った不開示判断により開示請求者に生じた損害については，故意・重過失がない限り責任を負わないなどの配慮もなされている[46]。

通信の秘密の保護と，犯罪に関する証拠保全の必要性とに関し，サイバー犯罪条約は締約国に対し，通信記録を含むコンピュータデータの保全や提出命令，捜索，押収，傍受等について必要な措置を講ずべきことを求めている。日本では，警察等がプロバイダに対し，30日を超えない期間を定めて通信記録を削除しないよう求めることができるなどといった措置がとられている[47]。

児童ポルノ等の流通を阻止するため，プロバイダ等がブロッキングを行うことについては，児童の権利保護のため，検挙や削除等，他に採るべき手段がない場合に限り，緊急避難の法理により許容されるとする見解[48]が説得的であろう。他方で，近年似て非なる問題を提起しているのが，いわゆる海賊版サイトに対するブロッキングである。緊急避難の法理は，①現在の危難を避けるため，②やむを得ずした行為であって，③これによって生じた害が避けようとした害の程度を超えなかった場合に認められるが，特に②と③に重大な問題が提起されている。政府は立法へ向け，知的財産戦略本部に検討会議を設け議論を進めてきたが，法制化は見送られた[49]。ブロッキングは，当該サイトへアクセスしようとしていないか，すべての利用者を検知対象とする必要があり，通信の秘密の観点からは重大な問題を提起する。著作権侵害を皮切りに，様々な権利侵害へと拡大するおそれも否定できず，通信の秘密の価値を踏まえた慎重な検討が求められよう。

（福島力洋）

▷5　プロバイダ責任制限法４条。開示対象情報は，総務省令により，送信者の氏名や住所，メールアドレス，IPアドレス，タイムスタンプ，SIMカード識別番号等とされている。⇨Ⅸ-6 「プロバイダ責任制限法」

▷6　４条４項。この限りでは，開示の可否判断を裁判所に委ねる方向へ誘導する効果をもつことになる。

▷7　刑事訴訟法197条３項。

▷8　安心ネットづくり促進協議会児童ポルノ対策作業部会法的問題検討サブワーキング報告書（http://good-net.jp/files/original/201711012219018083684.pdf）。⇨Ⅲ-2 「子どもポルノ」

▷9　政府は代替案として，違法にアップロードされた静止画について，そのダウンロード行為を禁止する著作権法改正を目指したが（動画・音楽については施行済み），反論も強く，第198回国会への法案提出は見送りとなった。

## IX 通信法・インターネット法

 **電気通信事業法**

### 1 電気通信事業法制定までの経緯と規律枠組み

　日本の電気通信は，1869年に横浜灯台役所と横浜裁判所との間に官用通信専用の有線電信設備が設置されたことに遡る。公衆の利用は，1885年の電信条例により認められるようになった。当初より，（国内）電気通信に関しては官営体制がとられ，1900年の電信法は，明文で電信電話を政府（逓信省）の管轄に置いた（1条）。戦後の新憲法制定に伴い，国民が電気通信サービスの利便性を広く享受できるようにするため，1953年，有線電気通信設備に関する有線電気通信法，および公衆電気通信業務に関する公衆電気通信法が制定された。

　1952年以来，国内電気通信は日本電信電話公社（電電公社）の独占の下で営まれ，戦後の電気通信ネットワークの復興が図られた。その後，高度成長期を経て1978年に**積滞**が解消するに至った。他方で，電気通信技術の進展に伴い，電話を越えた多種多様なサービスニーズに応える必要性が生じてきた。そこで，電気通信事業に競争原理を導入し，民間活力の活用を図るため，1984年に制定されたのが電気通信事業法であり，同時に，旧電電公社は日本電信電話株式会社法により民営化され，電気通信の自由化が図られることとなった。

　電気通信事業法制定当時，電気通信事業者は，自ら電気通信設備を設置する第一種，第一種以外で一定以上の規模を有する特別第二種，それ以外の一般第二種に分類され，それぞれの事業区分ごとに異なる強度の規制が加えられていた。その後数次の改正により漸次規制が緩和され，2003年にこの区分は廃止された。流れとしては，事業区分ごとの一律の規律から，参入・退出や業務，設備，土地の使用といった規律を必要な事業者に課すというものへ，また全体として事前規制から事後規制への転換が図られてきた（**基礎的電気通信役務**を提供する事業者に対する契約約款の事前届出義務など，事前規制的なものも残存している）。

### 2 主な規定内容

#### ○検閲の禁止，通信の秘密と差別的取扱いの禁止

　人間は，他者との関わり合いの中で初めて社会的存在となりうる。他者との関わり合い方として，オープンなコミュニケーションが適切な場合もあれば，何者にも干渉されない，閉じられた意思疎通が必要な場合もある。このような観点から，日本国憲法はその21条において表現の自由（1項）とともに検閲の

---

▷1　電気通信関係法コンメンタール編集委員会編『電気通信関係法詳解（上巻）』一二三書房，1973年，3頁。

▷2　通信省の名称に由来するのが「〒」（←「テイシン」の「テ」）である。

▷**積滞**
加入電話への申込み後も直ちには加入できない，供給不足状態のこと。

▷3　参入規制を例にとれば，第一種には許可制，特別第二種には登録制，一般第二種には届出制がとられていた。

▷**基礎的電気通信役務**
「国民生活に不可欠であるためあまねく日本全国における提供が確保されるべきものとして総務省令で定める電気通信役務」をいう（7条）。

178

禁止・通信の秘密（2項）を保障する。同様の趣旨から，本法も，電気通信事業者の取扱中に係る通信の検閲を禁止し（3条），その**通信の秘密**（4条）を定める。また，電気通信事業者はその役務提供に関して不当な差別的取扱いをすることが禁止される（6条）。特に，基礎的電気通信役務を提供する電気通信事業者に対しては，役務を適切，公平，かつ安定的に提供する努力義務が課せられ（7条），正当な理由のない役務提供の拒絶が禁止されている（25条1項）。

### ○重要通信の確保

通信は，公共的な情報流通インフラとしても極めて重要な意義を有するため，本法は重要通信を確保するための規定を置く（8条）。災害発生時等，一時的に通信需要が増大する中では，救援や秩序維持等のための通信を優先的に取り扱うべきことが求められているのである。そのために必要な限りにおいては，その他のサービス提供を停止することもできる（同条2項）。このような場合には，6条により禁止される不当な差別的取扱いを行ったことにはならない。

### ○自由化，公正競争とユニバーサルサービス

電気通信は，巨額の設備投資の必要性や，全国にあまねくサービスを提供する必要性等から，自由競争にはなじまないものとされてきた。そこに競争原理を導入するにあたって，本法は事業者間の接続義務を定め（32条），業務区域内において交渉上優位に立ちうる事業者に対しては，接続条件に総務大臣の認可を求めている（33-34条）。他方で，事業者間紛争の解決のための紛争処理委員会を設置し，あっせん・仲裁手続も定められた（144-162条）。また，競争の激化により採算地域の収益を不採算地域の費用に充てることが困難になる中で，ユニバーサルサービスを確保するため，一定規模以上の事業者から負担金を徴収し，総務大臣の指定に係る基礎的電気通信役務を提供する事業者に，適切な額の交付金を算定・付与するための支援機関を設けている（106-116条）。

## 3 メディア横断的な規律に向けて

従来，電気通信に関してはメディアとサービスとが1対1の対応をなし，サービス毎に異なる法律により規律されていた。だが，このような状況下ではメディア横断的なサービス展開が妨げられ，利用者にとっての効用が損なわれることが問題とされるようになってきた。そうした中，情報通信法制に関し，従来の縦割り型規律から，横割り（レイヤー）型規律への転換を指向する「**情報通信法**」**構想**が持ち上がった。そこでは，「伝送サービス」レイヤーに関し，本法を核とした再構成がめざされていた。しかし結果的には，2010年の放送法改正に伴い，関連法としての有線放送電話に関する法律が廃止された他，本法自体の改正は小幅なものにとどまった。その後も，公正な競争の促進等（2015年），ないしサイバー攻撃又はそのおそれへの対処等（2018年）の観点からの改正等が加えられているが，大規模な見直しには至っていない。　　　　（福島力洋）

▷ 通信の秘密
⇨ IX-1 「通信の秘密」

▷ 4　正当業務行為（あるいは緊急避難）の法理により違法性が阻却されるものと考えられている。

▷ユニバーサルサービス
全国民が公平，安定的に享受できるサービスで，①どこでも，②誰でも，③負担可能な料金で，④均一なサービスを受けることができるものをいう。電気やガス等のサービスもこれに該当する。

▷ 「情報通信法」構想
⇨ Ⅷ-1 「放送制度の歴史」，コラム6「情報通信法構想」

▷ 5　その他の主たる改正点としては，電気通信事業紛争処理委員会が電気通信紛争処理委員会に改組され，処理機能の拡充がなされた。

▷ 6　総務省では2015年より，「放送を巡る諸課題検討会」を設置し，放送をめぐる社会環境の変化に対応するための検討を開始している。

## IX 通信法・インターネット法

 # インターネット上の表現の自由

### 1 インターネットの歴史・技術的特徴

世界で約40億人に利用されている[注1]インターネットは，従来のマス・メディアなどとは比較にならないほどの質・量をもつ表現が伝達可能であることから，表現の自由を（真の意味で）実現する表現媒体であるともいわれている。このことは，インターネットの歴史と技術的特徴に帰因する。

#### ○歴　史

インターネットの起源は，人類初の人工衛星「スプートニク１号」の打ち上げにソ連（当時）が成功したことにショックを受けたアメリカ国防総省（正確には，高等研究計画局〔ARPA〕）が，軍事研究のためにカリフォルニア大学ロサンゼルス校（UCLA）など４つの大学・研究機関をコンピュータで相互に接続したARPANETに求められる（1969年）。その後，軍事研究の色彩を薄めることにより，その他の大学・研究機関でもARPANETへの接続が進んだ。また，アメリカ国立科学財団（NSF）によっても高速通信を可能にする基幹通信回線（バックボーン）を備えたネットワーク（NSFNET）が形成され（1986年），NSF-NETのバックボーンがARPANETのそれに取って代わることになった（1990年）。このNSFNETは公的資金による学術研究ネットワークという性質上，商用利用は認められていなかったが，商用実験が始まり（1991年頃から本格化），バックボーンがさらに民間へと移管される（1995年）ことにより，現在のインターネットが形作られた[注2]。

#### ○技術的特徴

ARPANETが当初有していた軍事目的は，インターネットの技術的特徴からも見て取れる。インターネットは自律分散型システムをとっているが，このシステムを支えている技術がパケット交換方式である。ネットワークの片端にあるコンピュータがデータをパケットに分割し，「ネットワークのネットワーク」を通して順不同に到達させるとともに，もう片端にあるコンピュータが到達したパケットを元の順番に組み直すというものである。これは，ソ連軍の核ミサイル攻撃による被害から，国家の機能・軍の指揮命令系統を守るために考案されたと一般的にいわれているが，ベトナム戦争においてアメリカ軍の通信網がベトナム人民軍の格好のターゲットとなった反省に基づくものとの指摘もある。

---

▷1　国際電気通信連合（ITU）によると，インターネット利用者数が2018年末までに史上初めて総人口約76億人の過半を超えると発表（ITU, MEASURING THE INFORMATION SOCIETY REPORT 2018-Vol.1, p. 13〔ITU Publications 2018〕）。日本の利用者は1億84万人，人口普及率は83.5％と推計されている（2016年末現在）。端末別の利用状況は，パソコン（58.6％），スマートフォン（57.9％），タブレット型端末（23.6％），携帯電話・PHS（13.3％），家庭用ゲーム機（9.2％），テレビ受像機（6.8％）となっている。

▷2　日本からの接続は，東京工業大学・慶應義塾大学・東京大学を中心に組織されたJUNETにより初めて行われた（1984年）。商用利用は，パソコン通信のニフティサーブ（後の@nifty）やPC-VAN（後のBIGLOBE）の実験的な接続（1992年），日本最初のインターネットサービスプロバイダであるインターネットイニシアチブ（IIJ）の設立（1993年）に始まり，現在に至っている。

▷アクセス権
　⇨ Ⅵ-3 「アクセス権と反論文の掲載」

▷集会の自由
　⇨ Ⅱ-5 「集会の自由」

## ❷ 表現の自由を実現するインターネット

　表現の自由は，「送り手」と「受け手」が常に入れ替わりうることを前提に，「送り手」の自由として構成されたが，大量の情報を「一方向」に伝達する（新聞・雑誌・ラジオ・テレビに代表される）マス・メディアの登場によって，一般国民は「受け手」の立場に固定化された。もちろん，街頭でハンドマイクを持って演説をしたり，ビラを配ったりすることによって，一般国民も「送り手」になることはできたが，街頭での演説は声が届く範囲に限定され，ビラの配布範囲も限定的であることからもわかるように，不十分なものでしかなかった。そのため，マス・メディアに自分たちの表現を伝達するよう要求する**アクセス権**が主張されたり，**集会の自由**や**集団行動の自由**の重要性が指摘されていた。

　マス・メディアは「送り手」から「受け手」への「一方向」のものであるのに対して，インターネットは「送り手」と「受け手」の「双方向」を実現する表現媒体である。先に述べたインターネットの技術的特徴が利用者（のコンピュータ）間の直截な情報伝達を可能にしているとともに，「送り手」となるためのコストが非常に低い点も後押しをしているといえよう。マス・メディアは多くの資本を必要とするが，インターネットにおいてはパソコンとプロバイダ契約のための費用さえあれば世界の人々に対して表現を行うことが可能となる。この「参入障壁」の低さは**名誉毀損的表現**・わいせつな表現・差別的表現などがインターネット上で流通する原因の１つともなっているが，一般国民の誰もが十全な「送り手」となれるようになったことは高く評価されるべきである。

　このように考えると，インターネットは，言論には言論で対抗することが原則とされ，**思想の自由市場**で淘汰することのできない表現に限って国家の規制が許されるとする古典的な法理の適用にふさわしい「スペース（場）」といえるが，インターネットに適用するにあたって，法理の修正を検討すべきものもある。インターネットや**パソコン通信**では表現者と表現媒体の所有者・管理者の分離が顕著であり，アメリカにおける（名誉毀損的表現に関する）初期の議論では，①マス・メディアなどのパブリッシャー（publisher）は表現者と同様の責任を負い，②図書館・書店といった第三者による発行物を配布するディストリビューター（distributor）は表現の存在を「知っていた」か，もしくは「知り得べきであった」場合にのみ責任を負うとする法理をプロバイダ等に適用しようとしていた。しかし，アメリカ連邦最高裁は（プロバイダ等が好ましくないと判断した表現を削除しても責任を負わないとするとともに，プロバイダ等をパブリッシャーとはみなさないと1996年電気通信法230条は規定しているが），ディストリビューターとしての責任も負わないとして完全な免責を認めた。これは，プロバイダ等に責任を課すと責任回避のために自己検閲を行わせてしまう結果として，思想の自由市場が損なわれることを考慮してのことである。　　　（小倉一志）

---

▷**集団行動の自由**
集団行進・集団示威運動（デモ行進）を行う自由を指す。「動く集会」と解することにより「集会の自由」に含めて保障する立場と，「その他一切の表現の自由」として保障する立場があるが，いずれにしても憲法21条１項によって保障されることに変わりはない。

▷**名誉毀損的表現**
⇨ IX-5「インターネット上の名誉毀損」

▷**思想の自由市場**
⇨ II-2「表現の自由の意義」

▷ 3　⇨ IX-5「インターネット上の名誉毀損」

▷**パソコン通信**
電子メール・電子掲示板・チャット・データベース検索・データのダウンロードなどインターネット類似のサービスが利用できたため，インターネットの初期形態とみなされることもあるが，ホストコンピュータを中心とした中央集権型システムである点で，自律分散型のインターネットとは大きく異なっていた。

▷ 4　⇨ IX-6「プロバイダ責任制限法」

**参考文献**
総務省編『平成29年度版情報通信白書』日経印刷，2017年。
松井茂記・鈴木秀美・山口いつ子編『インターネット法』有斐閣，2015年。
松井茂記『インターネットの憲法学〔新版〕』岩波書店，2014年。
関原秀行『基本講義　プロバイダ責任制限法』日本加除出版，2016年。

## IX 通信法・インターネット法

#  インターネット上の表現規制

### 1 インターネットと表現の自由

　インターネットは，われわれの日常生活にとって極めて重要かつ必要不可欠な情報通信プラットフォームとなった。インターネットと表現の自由との関係は，かねて社会における情報流通の役割分化という現象が指摘されてきた中で，市民に表現者としての地位を取り戻させ，あるいは民主主義を活性化させる可能性など，初期の段階からその親和性が説かれていた。

　他方で，情報発信者の総数の増加は，（その程度はさておき）匿名性と相まって，従前より違法とされてきた他人の権利を侵害するような情報や，流通させることが必ずしも好ましくない情報の発信を多数招くこととなった。

### 2 コンテンツ規制

　インターネット上の空間においても，そこで行動するのも影響を受けるのも実在の人間である限りにおいて，現実世界における法が妥当する可能性は排除されない。ゆえに，プライバシー侵害や名誉毀損等，従前より合憲的に表現の自由を制約すると考えられている諸規定は，原則としてインターネット上の表現行為に対しても適用される。他方で，著作者の権利としての「自動公衆送信権」等の新設や，インターネット上のわいせつな映像・画像の「電気通信の送信による電磁的記録の頒布」としての捉えなおしなどの対応も採られている。

　さらに，従前の制度枠組みでは対応が難しいとされてきたいわゆるヘイトスピーチなどは，インターネット上の情報の拡散力と相まって，その著しい問題性が認識されるようになってきた。大阪市や東京都などでは条例が制定され，発言者の氏名等が公表されたり，公共施設の利用を制限したりするなどの対策が採られるようになった。立法措置もなされたが，その内容は，相談体制の整備や教育の充実，啓発活動への取組みといった穏健なものにとどまっている。

### 3 アクセス規制

　上述のような，表現の内容それ自体が違法であるとして規制対象とされているものの他，それ自体としては違法ではないが，そのような表現に接することが望ましくない人々を保護するという観点から，当該情報にアクセスできないようにする，といった規制が加えられることがある。

▷1　著作権法2条1項9号の4，23条
▷2　刑法175条（2011年改正）⇨ Ⅲ-1 「わいせつ表現」
▷3　本邦外出身者に対する不当な差別的言動の解消に向けた取組の推進に関する法律（平成28年法律第68号）⇨ Ⅴ-6 「差別的表現・ヘイトスピーチ」

182

例えば風俗営業法は，インターネット上でのポルノ映像送信を「映像送信型性風俗特殊営業」として18歳未満の者を客としてはならないなどの規制を加え，出会い系サイト規制法は性交等への児童の誘引を禁止する。また，2007年成立の**青少年インターネット環境整備法**は，携帯電話を用いたインターネット接続について，フィルタリング技術を通じての保護を図ったものの，スマートフォンやアプリ・公衆無線LAN経由のインターネット接続が普及する中で利用率が伸び悩んだ。その後，2017年の改正により，端末製造事業者がフィルタリング容易化措置を義務づけられ，契約代理店等については，契約名義を問わず，子どもが使用する場合には本人または保護者への説明が義務づけられた。

他方で，その内容自体も違法だが，コンテンツ規制のみでは実効的な権利保護が図りにくいような問題に対してもアクセス規制が試みられることがある。子どもポルノを掲載したサイトや，いわゆる海賊版サイト等に対し，サイト自体へのアクセスをブロックするのもアクセス規制の一態様と捉えることができる。

▷**青少年インターネット環境整備法**
⇨ IX-7 「インターネットと青少年保護」

▷4　ただし，通信の秘密との関係では重大な問題を提起する。⇨ IX-1 「通信の秘密」

## 4　共同規制

インターネット上の情報流通に起因する諸問題に対し，古典的手法としての公的規制が重要な役割を果たすことはもちろんであるが，特に立法による対応は時間がかかり，硬直的なものとなりがちなことから，技術変化への適応が難しく，またイノベーションの芽を摘む可能性がある。そこで，問題解決にあたって自主的な規制・取組みを核に据え，公権力の側は，そのための枠組みの設定と，自主的な取組みが実効的でない，あるいは副作用をもたらす場合にその役割が限定されるとする，「共同規制」という手法が採用されることがある。上述の青少年保護のためのフィルタリングもその一例といえ，事業者等に諸義務を課しつつ，他方でフィルタリングの内容は民間団体が決定し，政府の介入は想定されていない。また，子どもの成育に第一義的責任を負うべき保護者の**オプトアウト**も認められているなど，複合的なアプローチが採用されている。

▷5　池貝直人「インターネットの自主規制・共同規制」ドイツ憲法判例研究会編『憲法の既判力とメディア法』信山社，2015年，63頁，曽我部真裕「共同規制：携帯電話におけるフィルタリングの事例」同上書，87頁参照。
▷**オプトアウト**
様々なサービスの利用やメールの送信，個人データの第三者提供等について，拒否の意思表示をしない限り，同意があるものとして扱う制度枠組み。対概念として「オプトイン」がある。

## 5　アーキテクチャによる規制

ところで，情報流通のあり方は，物理的環境に大きく依存する。音声や紙，電波などを用いることにより，情報の流通が可能となると同時に，各媒体の有する物理的特性から，永続性や伝播性などに限界も生ずる。同様に，インターネット上の情報流通も，技術的・物理的環境に大きく左右されることとなるが，その環境の設計次第では，情報流通に対する大きな制約要因となりうると同時に，国家以外の，情報流通の媒介者が情報流通の制約主体として現れることとなる。インターネットにおける，表現の自由の憲法的保障を考えるにあたっては，このような「アーキテクチャによる規制」という視点からの考察も求められるようになっている。

（福島力洋）

▷6　さしあたり，成原慧『表現の自由とアーキテクチャ』勁草書房，2016年，松尾陽編『アーキテクチャと法』弘文堂，2017年参照。

## IX 通信法・インターネット法

 インターネット上の名誉毀損

### 1 判例にみる名誉毀損事例

インターネットは，利用者の誰もが表現者[1]となりうるとともに，広範な伝達を可能にするメディアである。ここでの表現は，有用なものも多いが，名誉毀損的表現のように，他者の権利を侵害するものも少なからず見られる。

この点に関する主要な判例としては，次のものがある。なかでも初期の判例は（表現者が明らかであれば）表現者の責任を認める一方で，プロバイダ等（パソコン通信のシステムオペレーター〔シスオペ〕・サーバーの管理者・インターネット掲示板の運営者を含む）の責任については，慎重な立場をとる傾向にあった。

#### ○ニフティサーブ（現代思想フォーラム）事件[2]

東京地裁（東京地判平成9年5月26日判時1610号22頁）は，①表現者による書き込み内容は個人攻撃的な色彩が強く，社会的評価を低下させるのに十分なものであること，②シスオペは，他人の名誉を毀損する表現が書き込まれたことを具体的に知ったと認められる場合に，名誉が不当に侵害されないよう削除する義務を負うことを示し，表現者とシスオペの責任を認めた。東京高裁（東京高判平成13年9月5日判時1786号80頁）は，①社会的評価を低下させる表現であり名誉を毀損するとしたが，②シスオペが削除する義務を負うのは，管理者としての権限を行使する上で必要であり，標的とされた者が自己を守るための有効な救済手段を有しておらず，会員等からの指摘に基づき対策を講じても功を奏しない場合などに限られるとし，シスオペの責任を否定した。

#### ○都立大学事件[3]

東京地裁（東京地判平成11年9月24日判時1707号139頁）は，①大学のサーバー上に開設された学生個人のウェブサイトによって社会的評価が低下したとして名誉毀損を認めたが，②管理者である大学が責任を負うのは，名誉毀損に該当すること，加害行為の態様が著しく悪質であることおよび被害の程度も甚大であることが一見して明白であるような，極めて例外的な場合に限られるとし，大学の責任を否定した。

#### ○ニフティサーブ（本と雑誌フォーラム）事件[4]

東京地裁（東京地判平成13年8月27日判時1778号90頁）は，「言論による侵害に対しては，言論で対抗する」のが表現の自由の基本原理であり，被害者が十分な反論を行えた場合には（社会的評価が低下しないことから）名誉毀損は成立し

▷1 プロバイダ責任制限法は「発信者」（2条4号）とする。

▷2 表現者，シスオペのみならず，ニフティサーブの責任が追及された。ニフティサーブの責任については，（地裁判決・高裁判決のいずれも）シスオペとニフティサーブが「実質的な指揮監督関係」にあることから，使用者責任（民法715条）の問題として処理している。これによりシスオペの責任とニフティサーブの責任がリンクすることになる。

▷3 本件では，大学のサーバーに開設された学生個人のウェブサイトに対して，表現者（である学生）とともに，大学の責任が追及された。

▷4 本件では，ニフティサーブの責任が追及されるとともに，表現者の情報（氏名・住所）の開示が請求された。地裁判決では，名誉毀損にはあたらないとされたため，表現者の情報開示も認められなかった。なお，高裁（東京高判平成14年7月31日）も概ね同様の判断を行っている。

ないこと，被害者の議論誘発的な表現に対する応答としてなされた表現は違法性が阻却される場合があることを示し，表現者の書き込み内容は名誉毀損にあたらないことから，ニフティサーブの責任を否定した。

### ○ ２ちゃんねる（動物病院）事件[45]

東京地裁（東京地判平成14年6月26日判時1810号78頁）は，２ちゃんねるの運営者も削除権限を有するとした上で，他人の名誉を毀損する表現がなされたことを知り，または知り得た場合には（直ちに）削除する義務を負うことを示し，運営者の責任（と表現の削除）を認めた（この立場は，２ちゃんねる〔女性麻雀士〕事件・東京地判平成15年6月25日判時1869号54頁[46]，２ちゃんねる〔DHC〕事件[47]・東京地判平成15年7月17日判時1869号46頁でもとられている）。

## ② 「対抗言論」の理論の適用

表現の自由に関する法理がインターネットにも適用されることは学説も支持しているが，それと同時に，「表現の双方向性」「表現のコストの低さ」などのインターネットの特性を考慮に入れる必要があると考えられている[48]。

表現者の責任について学説は，インターネットを「対抗言論（more speech）」の理論がよりよく機能する「スペース（場）」[49]と捉えることにより，名誉毀損が成立する場合を限定している。この「対抗言論」の理論とは，名誉を毀損する表現がなされた場合には「対抗言論」によって名誉を回復することが原則であり，①両者が対等な言論手段を有していること，②「対抗言論」を要求しても不公平とはならないこと（例えば，(a)議論誘発的な表現を行うなど，批判・攻撃を受けることが予想される立場に自分から進んでなった場合，(b)同じ批判・攻撃を執拗に受け続けるなど，「対抗言論」での対応を要求することが酷ではない場合など）を満たしている限り，国家（裁判所）による介入は行われるべきではないとするものである。ニフティサーブ（現代思想フォーラム）事件は「対抗言論」の理論が適用可能な事案であったが，東京地裁および東京高裁は（この点を考慮せず）名誉毀損の成立を認めたため，学説から批判されている。

判例の中にはニフティサーブ（本と雑誌フォーラム）事件東京地裁判決のように，「対抗言論」の理論を示唆するものがある（ただし，学説が主張する「対抗言論」の理論は，「対抗言論」が効果的になされたか否かに関わりなく，自分の意思で「スペース（場）」に参加したことをもって違法性阻却を認める点で同判決とは異なる）。ラーメンフランチャイズ事件[410]東京地裁判決でも，個人利用者の表現行為の場合，「確実な資料，証拠」に基づいていなくても「利用者として要求される水準を満たす調査」を行っていれば名誉毀損の罪責は問い得ないとする根拠（の1つ）として，「対抗言論」の理論をあげていた。しかし，東京高裁判決および最高裁決定では（このような考えは）支持されなかった。 （小倉一志）

▷5 運営者の責任追及とともに，表現の削除が求められた。高裁（東京高判平成14年12月25日判時1816号52頁）も概ね同様の判断を行っている（なお，最高裁〔最決平成17年10月7日〕により運営者の敗訴が確定した）。

▷6 運営者の責任追及とともに，表現の削除と発信者情報の開示が求められた。発信者情報開示は，運営者がIPアドレス等を保有していないことを理由に認められなかった。

▷7 運営者の責任追及とともに，表現の削除が求められた。表現の削除については，残存していないとして認められなかった。

▷8 ⇒IX-3「インターネット上の表現の自由」

▷9 ただし，インターネットのすべてがあてはまるのではなく，利用者同士が「対抗」可能な「スペース（場）」に限定されよう。プロバイダ等の責任については，IX-6「プロバイダ責任制限法」参照。

▷10 ラーメンフランチャイズの運営会社を批判した個人利用者が名誉毀損罪（刑法230条）に問われた。地裁（東京地判平成20年2月29日判時2009号151頁）は，真実相当性の判断基準を緩和して，無罪としたが，高裁（東京高判平成21年1月30日判タ1309号91頁）と最高裁（最決平成22年3月15日刑集64巻2号1頁）は，通常のメディアの場合と別異に扱う必要はないとして有罪とした。

## IX 通信法・インターネット法

#  プロバイダ責任制限法

### 1 プロバイダ責任制限法の内容

　プロバイダ責任制限法（正式名称は，「特定電気通信役務提供者の損害賠償責任の制限及び発信者情報の開示に関する法律」）は，①プロバイダ等の損害賠償責任（の制限），②プロバイダ等に対する発信者情報の開示請求について規定している。同法の第一の目的は，名誉毀損的表現がインターネット上に書き込まれた場合，その情報を放置すると被害者から損害賠償責任が追及される一方で，他人の権利を侵害しているとまでいえない情報を削除してしまった場合には発信者から損害賠償責任が追及されるというジレンマに対処すること。第二の目的は，「通信の秘密」を守る義務がプロバイダ等に課せられている一方で，訴訟の提起のためには発信者が誰なのかを被害者が知る必要があるため，被害者の発信者情報開示請求権を創設し，プロバイダ等が例外的に開示できる場合を定めることにある。

#### ○プロバイダ等の損害賠償責任

　プロバイダ等の損害賠償責任は，被害者との場面と発信者との場面に分けられる。被害者に対してプロバイダ等が免責されるのは，情報の削除等の送信防止措置をとることが技術的に可能であるとともに，(a)プロバイダ等が情報の流通により他人の権利を侵害していることを知っていたとき，あるいは，(b)情報の流通を知っており，他人の権利を侵害していることを知ることができたと認めるに足りる相当の理由があるとき，に該当しない場合である（3条1項）。発信者に対してプロバイダ等が免責されるのは，送信防止措置が必要な限度で行われたものであるとともに，(a)プロバイダ等が情報の流通によって他人の権利が不当に侵害されていると信ずるに足りる相当の理由があったとき，あるいは，(b)権利を侵害されたとする者から送信防止措置の申出（権利を侵害したとする情報，侵害されたとする権利および権利が侵害されたとする理由を具体的に示す必要がある）があったことを発信者に通知し，7日を経過しても送信防止措置に同意しない旨の応答がなかったときに行われた場合である（同条2項）。

#### ○発信者情報の開示請求

　プロバイダ等に対する発信者情報の開示請求は，(a)情報の流通によって開示を請求する者の権利が侵害されたことが明らかであるとともに，(b)損害賠償責任を追及する場合など正当な理由があるときに認められる（4条1項）。プロバ

---

▷1　正式には「特定電気通信役務提供者」という（2条3号）。インターネットサービスプロバイダ・サーバーの管理者・インターネット掲示板の運営者や管理者，かつてのパソコン通信業者やシステムオペレータ（シスオペ）なども含まれる。

▷2　プロバイダ等が損害賠償責任を「負う場合」は民法等により決まり，プロバイダ責任制限法は「負わない場合」を規定している。

▷3　総務省令では，発信者等の氏名または名称・住所・電子メールアドレス，侵害情報に係るIPアドレスおよびポート番号・SIMカード識別番号・送信日時が開示対象とされている。

▷4　同法の成立後，プロバイダ等の団体を中心に構成された「プロバイダ責任制限法ガイドライン等検討協議会」において，具体的にプロバイダ等がとるべき行動基準（「名誉毀損・プライバシー関係ガイドライン」〔初版：2002年5月，第4版：2018年3月〕，「発信者情報開示関係ガイドライン」〔初版：2007年2月，第7版：2020年3月〕など）が策定されている。

▷5　インターネットを利用した選挙運動の解禁に伴い，公職の候補者・名簿届出政党に対する名誉毀損的

186

イダ等が開示請求を受けたときは原則として発信者の意見を聞くことになっているが（同条2項），プロバイダ等に故意または重大な過失がない限り，開示を拒否したことによって生じた損害を賠償する必要はない（同条4項）。

## ② プロバイダ責任制限法による変化

同法は，①プロバイダ等の（被害者に対する）損害賠償責任と②発信者情報の開示請求に関する判例や運用に新たな変化を生じさせるものであった。

### ○プロバイダ等の損害賠償責任

プロバイダ等に損害賠償責任が生じる場合につき，ニフティサーブ（現代思想フォーラム）事件東京高裁判決や都立大学事件東京地裁判決は限定的に解していたが，2ちゃんねる（動物病院）事件地裁判決などでは（法施行前ではあったが）同法3条1項に則し，名誉毀損的表現の存在を「知り，又は知り得た」場合に削除する義務を負うとした。[46]

学説においては，3条1項に責任のレベルを合わせる判決を支持する立場が一般的であるが，その一方で，プロバイダ等の責任を限定的に解する従来の判決を支持する立場，違法な情報であることを知っていたか，あるいはそれを全く顧慮しなかったような「現実的悪意（actual malice）」のある場合に限定して責任を問いうるとする立場，さらには，アメリカ連邦最高裁判決のように完全な免責を認めようとする立場も見られた。プロバイダ等は「情報のボトルネック」としての役割を果たしていることから，被害者救済を第一義と考えるのであればプロバイダ等に責任を負わせるのが効果的であろう。しかし，プロバイダ等に責任を負わせると，（責任を避けるために）情報の削除を広汎に行わせてしまうことになる点にアンビバレントな問題がある。

### ○発信者情報の開示請求

インターネット上の情報は匿名もしくはハンドルネームなどの仮名によることが多いことから発信者を特定できない場合があり，また，発信者に係る情報をもつプロバイダ等も「通信の秘密」を守ることが法律上要求されているために，発信者情報を開示することは一般的ではなかった。[48] 実際，ニフティサーブ（本と雑誌フォーラム）事件や2ちゃんねる（動物病院）事件などでは発信者を特定できず，ニフティサーブ（現代思想フォーラム）事件においても発信者の特定に時間がかかり，被害者救済が遅れたといわれている。

発信者情報開示請求権の創設により，プロバイダ等に対して開示を請求できるほか，裁判所に対して開示請求すること（開示請求の訴え）も可能になった。[49] 発信者情報の開示は学説によっても支持されているが，プロバイダ等に対する（裁判外の）請求については，「権利侵害の明白性」「開示を受けるべき正当な理由の有無」という難しい判断をプロバイダ等が行うことになるため，学説からの批判がある。

（小倉一志）

表現（名誉侵害情報）については，応答期間を2日に短縮するとともに，発信者のメールアドレスが正しく表示されていない場合等の送信防止措置についても，免責されることになった（3条の2）。また，リベンジポルノ（私事性的画像記録に係る情報）についても，応答期間の短縮・送信防止措置を講じた場合の免責が規定された（リベンジポルノ防止法4条）。

▷6 この点に関して最高裁は，「権利侵害が明白であることなど」開示請求が4条1項各号の「要件のいずれにも該当することを認識し，又は上記要件のいずれにも該当することが一見明白であり，その旨認識することができなかったことにつき重大な過失がある場合にのみ」損害賠償責任を負うとしている（最判平成22年4月13日民集64巻3号758頁）。

▷7 削除する義務を負っているにもかかわらず，措置を講じなかった場合に損害賠償責任が生じる。⇨ Ⅸ-5 「インターネット上の名誉毀損」，Ⅸ-3 「インターネット上の表現の自由」

▷8 ⇨ Ⅸ-1 「通信の秘密」

▷9 開示を認めた初期の判例として，眼科医事件東京地裁判決（東京地判平成15年3月31日判時1817号84頁），羽田タートルサービス事件東京地裁判決（東京地判平成15年9月17日判タ1152号276頁）および東京高裁判決（東京高判平成16年1月29日）などがある。

## IX 通信法・インターネット法

 **インターネットと青少年保護**

### ① インターネットの普及と青少年への影響

近年のインターネットの急速な普及は，成人だけでなく青少年に対しても深刻な問題を引き起こしている。とりわけ携帯電話の青少年への普及により，インターネットの掲示板を通じての陰惨なイジメや青少年のヴァーチャルな世界への耽溺といった問題が生じ，さらに，殺人・強盗等の共犯者を募るサイト，自殺サイト，薬物・銃器の取引を誘引するサイト，爆弾の製造方法やハッキング技術を公開するサイト，出会い系サイトなどにアクセスすることにより，しばしば青少年が重大な事件に巻き込まれるといった事態も生じている。こうした情報は，それ自体は違法な情報ではないため，従来は直接取締りの対象とはされていなかったが，インターネットの利便性が高まり青少年に深刻な影響が顕著になる中で，青少年をこうした情報から守るための法整備が要求された。このような流れの中で制定された規制のうち，以下では，出会い系サイト規制法と，青少年インターネット環境整備法を取り上げる。

### ② 出会い系サイト規制法

出会い系サイトに起因する「児童買春」や強姦等の犯罪の急増を阻止するために，2003年に出会い系サイト規制法が制定・施行されたが，その後もこうした事件はさほど減少せず大きな変化はみられなかった。そこで2008年に，インターネット異性紹介事業者に対する規制強化を盛り込んだ改正案が国会に提出され，同年6月に改正法が成立した。

#### ○出会い系サイト事業者，携帯電話事業者，保護者の責務

同法は，まず，「インターネット異性紹介事業者」，すなわち出会い系サイト事業者は児童による出会い系サイト利用の防止に努めなければならないとして，責任の所在を明確にした（3条1項）。さらに「インターネット異性紹介事業に必要な電気通信役務を提供する事業者」つまり携帯電話事業者，および保護者に対しては，そうしたサイトへのアクセスを制限するフィルタリングソフトの提供と利用に関する努力義務が課せられた（3条2項，4条）。

#### ○出会い系サイト事業者の届出と欠格事由

都道府県公安委員会が出会い系サイト事業者の連絡先を把握できるようにするために，同サイトを営むすべての事業者に対して，所在地を管轄する公安委

▷1 正式名称は，「インターネット異性紹介事業を利用して児童を誘引する行為の規制等に関する法律」という。

▷2 正式名称は，「青少年が安全に安心してインターネットを利用できる環境の整備等に関する法律」という。⇨IX-4「インターネット上の表現規制」も参照。

▷3 2008年の改正法による規制強化によって，出会い系サイトによる青少年の児童買春や強姦の被害は，1年で4割弱減少したという。しかしながら，出会い系サイト以外のサイトを利用して被害に遭った青少年は4割強増えている。つまり，青少年の被害が非出会い系サイトへシフトしていることになる。このような非出会い系サイトの中には，第三者機関が「健全」と認めたサイトもあったという。

員会への届出が義務づけられた（7条）。無届けで同サイトを運営した者は処罰される（32条1号）。さらに，暴力団員やかつて5年以内暴力団員であった者は出会い系サイト事業を行ってはならないとされた（8条）。

### ○禁止誘引行為の防止義務

児童の被害の拡大を阻止するために，出会い系サイト事業者は，同サイトを利用して禁止誘引行為が行われていることを知ったときは，当該禁止誘引行為に係る異性交際に関する情報を公衆が閲覧できないようにするための措置をとることを義務づけられた（12条1項）。

### ○事業者に対する監督措置

公安委員会は，出会い系サイト事業者の行為が「児童の健全な育成に障害を及ぼすおそれがあると認めるときは」必要な指示をすることができ（13条），さらに，一定の犯罪に該当する行為を行った事業者に対しては事業の停止を命ずることができるとされた（14条）。

## ❸ 青少年インターネット環境整備法

出会い系サイト規制法においてフィルタリングソフトの提供と利用に努力義務が規定されたことは，青少年インターネット環境整備法につながる。

### ○目的および青少年有害情報の定義

本法の目的は，青少年（18歳未満）が安全にインターネットを利用できるように，**フィルタリングソフトウェア**の性質を向上させ，その利用を普及させることを国や事業者に求めることにある（1条）。本法にいう「青少年有害情報」とは，「インターネットを利用して公衆の閲覧……に供されている情報であって青少年の健全な成長を著しく阻害するもの」をいう。そうした青少年有害情報として，犯罪や自殺を誘引する情報，著しく性欲を興奮・刺激する情報，殺人・処刑・虐待の描写のような著しく残虐な内容の情報等が例示されている（2条）。

### ○基本計画に基づくインターネット青少年有害情報対策

同法8条に基づき，内閣府に設置されている子ども・若者育成支援推進本部は，「青少年が安全に安心してインターネットを利用できるようにするための施策に関する基本的な計画」（基本計画）を定めその実施を推進する。

### ○携帯電話会社，インターネット接続事業者，パソコンメーカー

携帯電話会社には，青少年の携帯電話に対して，**フィルタリングサービス**の提供が義務づけられた（16条）。これに加えて，インターネット接続事業者にも，利用者から求められた場合には，パソコンに対するフィルタリングサービスの提供が義務づけられ（17条），さらにプログラム開発事業者は，フィルタリングソフトやフィルタリングサービスの利用を容易にする措置が円滑に講ぜられるように，当該プログラムを開発するよう努めなければならない，とされた。（19条）。

（杉原周治）

---

▷**フィルタリングソフトウェア**
「インターネットを利用して公衆の閲覧に供されている情報を一定の基準に基づき選別した上インターネットを利用する者の青少年有害情報の閲覧を制限するためのプログラム」をいう（2条9号）。

▷**フィルタリングサービス**
「インターネットを利用して公衆の閲覧に供されている情報を一定の基準に基づき選別した上インターネットを利用する者の青少年有害情報の閲覧を制限するための役務又は青少年有害情報フィルタリングソフトウェアによって青少年有害情報の閲覧を制限するために必要な情報を当該青少年有害情報フィルタリングソフトウェアを作動させる者に対してインターネットにより継続的に提供する役務をいう」（2条10号）。保護者はこれを拒否することができる。

▷4 サーバー管理者に対しても，当該サーバーを介して有害情報が発信されたことを知ったときには青少年の閲覧防止に努めることが義務づけられた（21条）。

## IX　通信法・インターネット法

# サイバー犯罪条約

### 1　サイバー犯罪条約の概要

　欧州評議会サイバー犯罪に関する条約（以下，**サイバー犯罪条約**）は，2001年11月8日，欧州評議会閣僚委員会で採択された。起草委員国として参加していた日本も，同年11月23日にブダペストで開催された署名式典において，他の30カ国とともに本条約に署名した。日本では，これに先立って，2004年4月21日に国会でサイバー犯罪条約が承認され，2012年7月3日に承諾書が欧州評議会の事務局長に寄託された後，2012年11月1日に日本において本条約が発効した。

　サイバー犯罪条約の目的は，第一に，各締約国のサイバー犯罪に関する国内法を統一化させること，第二に，サイバー犯罪に関する各国の捜査方法を整備すること，第三に，サイバー犯罪に対する迅速な国際協力の方法を規定すること，にあるとされる。ここでいう「サイバー犯罪」とは，1条で定義される**コンピュータ・システム**に関わる犯罪であるとされ，コンピュータ・システムは，ネットワーク上に存在するものだけでなく，独立したコンピュータ・システムをも含んでいるとされる。

　サイバー犯罪条約は，刑事実体法と手続法の双方を含み，そのうち前者については2つの犯罪類型に区分される。第一は，コンピュータ・システムを侵害するサイバー犯罪であり，第二は，コンピュータ・システムを利用したサイバー犯罪である。以下，これらの規定につき概説しておく。

### 2　コンピュータ・システムを侵害するサイバー犯罪

#### ○違法なアクセス（2条）

　締約国は，コンピュータ・システムへのアクセスが「権限なしに」，「故意に」，行われることを国内法上の犯罪とするために必要な立法措置をとることを求められる。ただし締約国は，同犯罪がセキュリティ装置を侵害することによって行われること，データ取得などの不正な意図をもって行われること，他のコンピュータ・システムに接続されたコンピュータ・システムに関連して行われることをこの犯罪の要件とすることができる。

#### ○違法な傍受（3条）

　締約国は，コンピュータ・データの非公開送信を権限なく故意に傍受することを国内法上の犯罪とするために必要な措置をとることを求められる。ただし

---

▷サイバー犯罪条約
(Council of Europe Convention on Cybercrime)
本条約は，欧州評議会加盟国のうち少なくとも3カ国を含む5カ国が批准を表明した後3カ月経過すると効力を生ずると定めており（36条3項），同条項に基づき，結局，2004年7月1日に発効することとなった。外務省によれば，2016年2月の時点で，締約国は48カ国（すべてのG7諸国を含む），署名済み未締約国は6カ国となっている。

▷コンピュータ・システム
「プログラムに従ってデータの自動処理を行う装置又は相互に接続された若しくは関連する一群の装置であってそのうちの一若しくは二以上の装置がプログラムに従ってデータの自動処理を行うものをいう」。

▷1　2004年の電波法改正により，暗号化された無線LANの不正傍受は処罰の対象になった。

190

締約国は，同傍受が不正な意図をもって行われること，または他のコンピュータ・システムに接続されたコンピュータ・システムに関連して行われることをこの犯罪の要件とすることができる。

### ◯データ妨害・システム妨害（4条，5条）

締約国は，コンピュータ・データの破損，削除，劣化，改ざん，隠蔽が違法に行われること，またコンピュータ・データの入力，送信，破損，削除，劣化，改ざん，隠蔽によりコンピュータ・システムの機能を違法に妨害すること（例えば DoS ないし DDoS 攻撃），国内法上の犯罪とするために必要な立法措置をとることを求められる。

### ◯装置の濫用（6条）

2条から5条にいう犯罪を行うために使用する目的で設計もしくは改造されたコンピュータ・プログラムや装置（例えば不正プログラムやコンピュータ・ウイルス），またはコンピュータ・システムの全部もしくは一部へのアクセスを可能とするコンピュータ・パスワード，アクセス・コード等を製造・販売・保持・輸入・頒布する行為を犯罪とするために，締約国は必要な措置をとる。

## ③ コンピュータ・システムを利用したサイバー犯罪

### ◯コンピュータに関連する偽造および詐欺（7条，8条）

同条によれば，締約国は，コンピュータ・データの入力，改ざん，削除，隠蔽を違法に行い，その結果，真正でないデータを生じさせる行為，またはコンピュータ・データの入力，改ざん，削除，隠蔽，もしくはコンピュータ・システムの機能に対する妨害が，詐欺的にもしくは不誠実に行われることにより他人の財産上の損害を生じさせる行為を犯罪化することを求められる。

### ◯児童ポルノに関連する犯罪（9条）

締約国は，コンピュータ・システムを通じて違法に行われる「児童ポルノ」の製造，提供の申し出，利用可能化，頒布，送信，取得，保有を国内法上の犯罪とするために必要な措置をとる。ここでいう「児童ポルノ」とは，「性的にあからさまな行為を行う」18歳未満の未成年者を視覚的に描写するポルノをいうが，外見上未成年者と認められる者や「写実的影像」もここでいう「未成年者」に該当するとされる。

### ◯著作権の侵害に関する罪（10条）

締約国は，著作権および著作隣接権の侵害が，商業的規模で，かつコンピュータ・システムによって故意に行われることを国内法上の犯罪とするために必要な措置をとる。

（杉原周治）

> **▷ DoS ないし DDoS 攻撃**
> DoS 攻撃（Denial of Service Attack）とは，ネットワークに接続されたコンピュータに，大量のデータや不正パケットを送りつけて過剰な負担をかけるか，ソフトウェアのバグを攻略するなどして，攻撃対象となるサーバのサービスを不能にする攻撃をいう。サービス妨害攻撃またはサービス停止攻撃などともいわれる。DDoS 攻撃（Distributed Denial of Service Attack）とは，第三者のマシンを踏み台にクラッキング・ツールを仕掛け，それらの複数のマシンから攻撃対象となるひとつのサーバに負荷をかけてサービスを不能にする攻撃をいう。攻撃元が複数ある点で DoS 攻撃と異なる。

> **▷児童ポルノ**
> ⇨ Ⅲ-2 「子どもポルノ」

# コラム-9

## グーグルの光と影

　現在ではブラウザにも組み込まれ，当たり前のように利用されている検索エンジンであるが，20年ほど前までは「ポータルサイト」（そこでは，様々なカテゴリーごとに分類されたウェブサイトのリストが提供されていた）を経由してウェブサイトにアクセスすることが一般的であった。そのため，ユーザが入力したキーワードの検索結果から直接アクセスできる検索エンジンは，非常に画期的なサービスであった。

　この検索エンジンを提供する会社として1998年に設立されたのが，グーグル（Google）である（日本法人は2001年に設立）。グーグルは「グーグルボット」と呼ばれる自動巡回プログラム（クローラー）を用いてインターネット上のデータをグーグルの中央サーバに集積・解析し，そのデータの内容・重要度・リンクなどを数値化した検索アルゴリズムを用いてページランク（検索順位）を決定している。検索結果が他の検索エンジンと比べて「正確」であることから世界中のユーザの支持を受けてきた。グーグルはこの市場優位性を用いて，検索エンジンで入力されたキーワードに応じて（検索結果の上部や横などに）広告を表示させる「グーグルアドワーズ」，ウェブサイトやブログの内容に応じた広告をこれらと並んで表示できるように配信する「グーグルアドセンス」によって巨額の広告収入を得ている。グーグルは他にも「Gmail（ジーメール）」「グーグルマップ」「アンドロイド」をはじめとする多くの無料サービス，アプリケーション，プラットホームを開発・提供しているが，これらは「グーグルアドワーズ」「グーグルアドセンス」の広告収入により実現されている。

　一見するとグーグルの事業は好い事ずくめであるようにも思えるが，様々な問題が以前より指摘されていた。例えば，ページランクに関する問題である。ページランクはコンピュータにより自動的に決定されるが，そ

のランクを決定する基となる検索アルゴリズムは公表されていない（実は，グーグル内部でも，詳細まで把握している人は数えるほどしかいないといわれている）。公表されないのは，ページランクの不正操作を避けるためであるが，公表されないがゆえに，検索結果が本当に「正確」であるかを検証することも不可能となる。日本やアメリカでは，グーグルの検索結果から理由もなく除外される「グーグル八分」「グーグル検閲（Google Censorship）」の存在がささやかれている。また，グーグルが中国版において「天安門事件」「法輪功」「チベット問題」などを扱ったウェブサイトを検索結果に表示しない仕様としたことについて，「公平で中立な検索エンジンを提供するのがわれわれの使命」としてきた従来の立場を経済的誘因によって（部分的であれ）放棄したものとの批判がなされたこともあった。

　さらに，「世界中のデータをオーガナイズ（体系化）する」というグーグルのミッションに起因する問題もある。各国の大学や公立図書館の蔵書をデジタル公開する「グーグルブックサーチ」について，著作権との兼ね合いが指摘されたり，「グーグルマップ」に組み込まれた「ストリートビュー」機能（地図上で選択した地点をパノラマ画像で閲覧できるサービス）について，プライバシー保護の観点から異論が出されることもあった。さらに，利用者の個人情報を外部提供することについての議論も起きている。

　グーグルのサービスが，われわれに利便性を与えていることは紛れもない事実である。しかし，グーグルは「企業」であり，「企業」である以上は利潤の追求が組織の目的・存在意義であること，利便性とトレードオフの関係として様々な法的問題を生じさせていることには留意する必要があろう。

（小倉一志）

## Ⅹ 著作権法

 **著作権法の概観**

### 1 著作権法の趣旨・目的

　著作権は，著作物の創作によって発生する権利であり，その著作物について生じる排他的な独占権である。そのような著作権を保護する法律が著作権法であり，著作物との関係において著作者の人格的権利や財産的権利を保護し，それが文化の発展に寄与することを目的としている（著作権法1条）。著作権法は，「著作者の権利」として，一定期間，著作者に独占的な権利を認めるが，その期間経過後，著作物は公有（public domain）となり，誰もが自由に利用することができるようになる。

　著作権法は，文芸，学術，美術，音楽，映画などの伝統的な著作物だけでなく，コンピュータ・プログラムや，インターネット上のデジタル化された著作物をも保護している。著作権によって保護されるのは，アイデアに基づいた「表現」である。アイデアそのものは保護されない。また，著作権の保護対象は，著作物という無体物であり，所有権の対象である有体物とは区別される。例えば本や音楽CDを購入する場合，所有権を取得するが，著作権を取得することにはならない。したがって，自ら購入したその本や音楽CDを所有権の権能として破壊したり処分したりすることは可能であるが，無断で複写したり，録音したりすると著作権侵害の可能性がある。

### 2 保護される著作物

　著作権法によって保護される著作物は，著作者の思想・感情が創作的に表現された文芸・学術・美術・音楽の範囲に属するものである（2条1項1号）。小説や論文，講演などの言語の著作物，音楽の著作物，舞踊の著作物，絵画，彫刻などの美術の著作物，建築の著作物，地図や図面，図表などの図形の著作物，映画の著作物，写真の著作物およびプログラムの著作物などが例示されている（10条1項）。

　その他，外国語の小説を日本語に翻訳したり，原作小説を映画化（翻案）する場合のように，原著作物を翻訳・翻案することによって創作される**二次的著作物**（2条1項11号）や，複数の著作者が共同して創作した**共同著作物**（同条同項12号）などがある。

▷1　著作権は，特許権，意匠権，商標権などの産業財産権（工業所有権）とともに，知的財産権の1つであって，著作権法は，知的財産法として分類されているが，その保護対象は出版や放送などの情報伝達媒体との関わりが深く，メディア法としての性格を有している。

▷2　著作権法の目的（著作権法1条）「この法律は，著作物並びに実演，レコード，放送及び有線放送に関し著作者の権利及びこれに隣接する権利を定め，これらの文化的所産の公正な利用に留意しつつ，著作者等の権利の保護を図り，もつて文化の発展に寄与することを目的とする。」

▷3　1886年，著作権に関するベルヌ条約が成立した。権利の発生に関する無方式主義，国家間の相互保護に関する内国民待遇の原則，著作者の死後50年までを最低限の保護期間として定めている。その他，WTO（世界貿易機関）TRIPS協定や，インターネット上の著作物の保護を目的としたWIPO著作権条約などがある。

▷4　著作物の例示（10条1項）
①小説，脚本，論文，講演その他の言語の著作物
②音楽の著作物

194

## 3 著作者の権利

著作物の創作者である著作者は，著作者の権利として，著作者人格権と著作権を享有する（17条1項）。著作者の権利は，著作者が著作物を創作することによって発生し，何ら手続や方式を必要としない（無方式主義，同条2項）。

著作者は，著作者人格権として，自ら創作した著作物を公表する権利（公表権，18条），著作物の著作者であることを主張し，著作物にその氏名を付することができる権利（氏名表示権，19条），および著作物についてその意に反する改変を加えることを禁止する権利（同一性保持権，20条）を享有し，著作権として，複写・録音・録画に関する複製権（21条），楽器による演奏，音楽CDやカラオケの再生に関する演奏権（22条），放送やインターネットに関する公衆送信権（23条），映画やゲームソフトに関する頒布権（26条），書籍や音楽CDのレンタルに関する貸与権（26条の3）などの権利を享有する。

## 4 著作物の利用，著作権の制限および保護期間

著作物を利用する場合には，原則として著作権者の許諾を必要とする。著作物の利用の態様や期間など，著作物の利用に関する具体的な内容は，著作権者と利用者との間で締結される著作物利用許諾契約において定められる。音楽著作権のように，権利管理団体による権利集中管理制度が整備されている場合は，権利者の許諾を得ることなく，一定の著作権使用料を支払うことによって利用することができる。また，著作権法に定められている著作権の制限規定（30-49条）に該当する場合は，著作権者の許諾を得ることなく，その著作物を自由に利用することができる。例えば，個人的に利用するときや，学校の授業において教育的に，あるいは特定の施設において福祉目的で利用するときなどは，著作物の複写・録音・録画などの複製が許される場合がある。

著作権は，著作物の創作のときに権利が発生し，原則として著作者の死後70年まで存続する（保護期間，51条）。2018年12月30日のTPP協定の発効により，保護期間を死後50年から70年に延長する改正著作権法が施行された。

## 5 権利侵害と救済方法

著作者人格権や著作権が侵害された場合，民事的救済として，著作者・著作権者は，侵害者に対してその侵害の停止や事前にその予防を請求することができる（差止請求権，112条1項）。この差止請求権は，他の知的財産権や物権と同様に，排他的独占権としての性質から生じる最も強力な効果を発揮する権利である。著作者・著作権者は，民法709条の不法行為の規定に基づき損害賠償を請求することができる（損害賠償請求権）。また，著作権や著作者人格権を侵害した者に対しては刑事罰が科されることがある。　　　（三浦正広）

③舞踊・無言劇の著作物
④絵画，版画，彫刻その他の美術の著作物
⑤建築の著作物
⑥地図または学術的な性質を有する図面，図表，模型その他の図形の著作物
⑦映画の著作物
⑧写真の著作物
⑨プログラムの著作物

▷二次的著作物
「著作物を翻訳し，編曲し，若しくは変形し，又は脚色し，映画化し，その他翻案することにより創作した著作物をいう」（2条1項11号）。

▷共同著作物
「二人以上の者が共同して創作した著作物であって，その各人の寄与を分離して個別的に利用することができないものをいう」（同条同項12号）。

▷5　著作者の権利
○著作者人格権
・公表権
・氏名表示権
・同一性保持権
○著作権
・複製権
・上演権・演奏権
・上映権
・公衆送信権
・口述権
・展示権
・頒布権
・譲渡権
・貸与権
・翻訳権・翻案権等

▷6　著作権を侵害した者に対しては10年以下の懲役もしくは1000万円以下の罰金，著作者人格権を侵害した者に対しては5年以下の懲役もしくは500万円以下の罰金が科される（著作権法119条以下）。

## X　著作権法

# 2　新聞と著作権

## 1　表現の自由と著作権

　著作権の保護対象である思想・感情の創作的な表現は，文芸，学術，音楽や美術の領域における自由な表現活動を前提とするものであり，憲法によって保障されている表現の自由（憲法21条）をその根拠とするものであるといえる。新聞は，報道の自由に基づいて，情報を広く公衆に伝達することにより国民の知る権利のために機能するという重要な役割を担う一方で，その表現は著作物として保護される。その場合，著作権によって保護されるのは，情報自体ではなく，情報としての表現であるということになる。

　著作物が情報公開法による開示請求の対象となる場合，情報公開法と著作権法の調整が図られ，私権である著作者の権利は，公共の利益のために，国民の知る権利とのバランスにおいて制限される場合がある。[1]

　また，新聞の公共性により，新聞などのニュース報道における著作物の利用は，公正な利用として著作権が制限されることがある。例えば，新聞・雑誌に掲載して発行された政治上，経済上，社会上の時事問題に関する論説は，他の新聞・雑誌に転載して利用することができる[2]（著作権法39条１項）。

## 2　新聞の著作物性

　新聞は，記事，見出し，写真，広告，コラム，テレビ・ラジオ番組欄，株式市況など様々な素材によって構成されている。新聞は，紙面を構成する記事や写真などの素材の選択や配列に創作性が認められ，新聞全体が**編集著作物**[3]（12条）として保護されるが，個々の素材すべてが著作権法によって保護される著作物であるとは限らず，権利関係は一様ではない。編集著作物としての新聞の著作権は新聞社にあり，新聞記者が書いた個々の記事の著作権は一般に新聞社に帰属すると考えてよいが（職務著作），専門家による論評のような外部からの投稿記事の著作権は，新聞社にではなく個々の執筆者に帰属する。事実を伝えるだけの短いニュース，人事異動や死亡記事などのように，単なる情報の伝達にすぎない雑報や時事の報道には著作権の保護が及ばない（10条２項）。新聞紙面を構成するそれぞれの素材が保護される著作物であるかどうかは，各素材に著作物性が認められるかどうかによって判断される。

　新聞記者が書いた新聞記事本体は，一般に思想・感情が創作的に表現された

▷1　著作者人格権のうち，公表権と氏名表示権は情報公開法による制限を受ける（著作18条３項，４項および19条４項）。

▷2　ここで「論説」とは，新聞社の社説など，報道機関としての見解を主張するものを意味し，単なる時事問題の解説に過ぎないものは除かれる。また，時事問題に関する論評など「学術的な性質を有するもの」や「禁転載」などの利用禁止の表示がある場合も除外される。

▷**編集著作物**
「編集物（データベースに該当するものを除く。以下同じ。）でその素材の選択又は配列によって創作性を有するもの」は，編集著作物として保護される（著作権法12条１項）。個々の素材が著作物である詩集，写真集，論文集などや，個々の素材は著作物ではない職業別電話帳なども編集著作物である。

著作物であると考えられるが，記事の見出し自体に著作物性はないとするのが支配的な見解である。

新聞に掲載される報道写真は，記事と同様に，基本的に職務著作であると考えることができるが，写真に著作者名や権利者名が表示されているときは，独立した著作物として保護されうる。肖像写真については，撮影者である著作者の権利に加え，被写体である肖像本人の**肖像権**がはたらく。

新聞記者が職務上作成する新聞記事は，原則として法人著作となり，その記事の著作者は記者個人ではなく新聞社ということになる（著作権法15条1項）。著作権だけではなく，著作者人格権も新聞社に原始的に帰属する。署名入り記事についても，権利の帰属を明らかにするものではなく，記事を書いた記者を明らかにする程度の意味を有するにとどまる。

## ③ 新聞記事の利用

新聞記事には著作物性が認められる場合が多いと考えられるので，クリッピング・サービスや，研修，講習などにおいて新聞記事を複製して利用する場合には，原則として新聞社や記事の寄稿者など著作権者の許諾が必要となる。ただし，私的にコピーして利用する場合や，学校の授業において利用する場合など，著作権の制限規定に該当する場合は，著作権者の許諾なくして自由に利用することができる。

新聞の縮刷版への掲載は，著作物の複製による利用にあたり，原則として著作権者の許諾が必要である。従来，縮刷版は必ずしも適切な権利処理がなされないまま，慣習的に発行されてきた経緯がある。縮刷版は，資料的な価値があるといえるが，報道的価値は低く，著作権が制限を受ける根拠は乏しい。

教育の現場では新聞記事が利用されることが多いが，新聞記事（著作物）の教育的利用に関しては著作権が制限される場合が多い。例えば，学校の授業に必要な範囲でクラス人数分の著作物を複製して利用する場合（著作権法33条1項）や，入学試験問題として記事を複製して利用する場合（著作権法36条1項）は，著作権者の許諾なしに利用できることがある。

新聞記事の見出しに著作物性は認められていないが，ウェブニュース配信会社が新聞社のウェブサイト上の記事見出しをそのサイト上に無断で複製して利用したケースについて，著作権侵害は認められないものの，見出しの無断利用行為は社会的に許容される限度を超えるものであるとして不法行為（民法709条）の成立を認めた裁判例がある。 　　　　　　　　　　（三浦正広）

▷**肖像権**
肖像権とは，自己の肖像をみだりに作成されない権利，および同意を得て作成された肖像の利用に関する権利である。名誉権や氏名権などとともに，判例法上承認されている人格権の1つである（京都府学連事件）。
⇨ Ⅴ-10「肖像権・パブリシティ権」
▷3 「法人その他使用者（以下この条において「法人等」という。）の発意に基づきその法人等の業務に従事する者が職務上作成する著作物（プログラムの著作物を除く。）で，その法人等が自己の著作の名義の下に公表するものの著作者は，その作成の時における契約，勤務規則その他に別段の定めがない限り，その法人等とする」（15条1項）。

▷4 YOMIURI ON-LINE事件（知財高判平成17年10月6日，一審・東京地判平成16年3月24日判時1857号108頁）。

# X 著作権法

 出版と著作権

▷1 ヨーロッパでは15世紀半ばのグーテンベルクによる活版印刷術の発明がメディア著作権の萌芽とされるが、日本では中国から朝鮮を経て伝わった木版印刷が江戸時代末期まで続いた。

▷2 日本でも商業出版が栄えた江戸時代に、町奉行の大岡越前守は、著作物の海賊版を防止するために、新しく発行する書物の奥書（奥付）に作者と板元の実名を表示することを義務づけた（出版条目：1722〔享保7〕年）。この出版慣行は現在においても続いている。

▷3 江戸時代から明治時代にかけて公布された出版条例や出版法は、著作権の保護というよりは、言論・出版の統制を主たる目的とするものであった。1887（明治20）年、出版条例と版権の保護に関する版権条例とが分離する。

▷4 1875（明治8）年の出版条例では図書の専売権を意味する「版権」の語が初めて用いられる。「版権」は、福澤諭吉による英語 copyright の訳語であるとされる。1899（明治32）年、旧著作権法の制定により、「版権」は「著作権」に取って代わられる。

▷5 契約報酬の支払いに基づく分類として、著作者に対する報酬が、著作物の

## 1 歴史的経緯

出版は、最も古典的な著作物の利用方法である。様々な種類の著作物があり、その利用方法は多種多様であるが、著作権法には出版に関してのみ特別な規定が置かれている。出版は、一般的には著作者と出版者との間の出版契約により行われる。欧州各国の著作権法に規定されている出版契約では契約の自由が制限され、契約の成立には契約書面の作成が要求されるなど、著作者は、出版者との関係において経済的弱者と位置づけられ、著作者保護の原理がはたらいている（著作者契約法）。また、著作者と出版者の関係は、単なる契約関係にとどまらず、言論・出版の自由の担い手としての社会的責任を有する信頼関係に基づくものであると認識されている。出版契約の規範は、出版以外の利用に関する著作権契約のモデル契約となっている。

著作権制度が確立される以前、原稿の所有権およびその出版・発行に関する権限は、原稿（著作物）の引渡しによって作成者（著作者）から出版業者（板元）に移転した。出版業者らは、海賊版の流布により被る不利益を回避するために、国家権力による営業上の特権（独占権）を取得する。ところが18世紀以降、自然権思想の普及とともに、著作者を保護する著作権制度が確立されるようになると、出版者と著作者の契約上の地位が逆転し、出版者は、著作者との契約において出版権を取得することによって出版を行うことができるようになった。出版権は、著作者の利益保護のために設定される権利であるが、第三者との関係においては出版者を保護する権利としても機能する。その場合、出版者の利益を保護することが、著作者の利益保護につながると考えることができる。

## 2 出版契約および出版権

出版契約は、著作物の出版に関して著作者（著作権者または複製権者）と出版者との意思表示の合致によって成立する諾成契約であるとされ、民法上の典型契約とは異なる特殊の契約として位置づけられる。著作者は出版者に対し著作物を利用させる義務を負う一方で、出版者は、著作物の複製・頒布について利用権限を取得し、著作者に対し、自己の計算において著作物を複製し頒布する義務を負う。著作者に対して支払われる報酬は契約の約定による義務にすぎず、契約の成立要件とはなっていない。

出版契約において出版権の設定は必ずしも必要ではないが，出版権は，著作権と同様に排他的効力をもつ権利であり，設定を受ける出版者は，第三者に対してだけではなく，著作者に対してもその効力を主張することができる[46]。

著作権法には，出版契約に関する規定はないが，出版権に関する規定が置かれている。著作者との契約により出版権の設定を受けた出版権者は，複製権者（著作者）から著作物を複製するために必要な原稿その他の原品等の引渡しを受けた日から6カ月以内に出版する義務を負う（著作権法81条1号）。また，出版権の存続期間中，出版権者は，慣行に従い，増刷や再版など著作物を継続して出版する義務を負う（81条2号）。出版権の存続期間は契約で定められるが，定めがないときは最初の出版から3年で消滅する（83条）。契約に基づいて出版者に出版権が設定されている場合であっても，著作者の人格的利益を保護するために，修正・増減権（82条）と出版権消滅請求権（84条）に関する規定が置かれている[47]。出版権者が著作物をあらためて複製する場合，著作者は，正当な範囲内において著作物に修正・増減を加えることができる（82条1項）。また，著作物の内容が自己の確信に適合しなくなったとき（84条3項），著作者は，出版権者に通知して，出版権を消滅させることができる。ただし，それによって生じる損害は著作者が賠償責任を負うこととなる[48]。

## 3 電子出版権

デジタル・ネットワーク環境の進展に伴い，著作物の電子書籍化がすすむ一方で，それらの違法複製物がインターネット上を流通し，著作権の侵害が増大している。そこで，従来の紙媒体による出版のみを対象とした出版権制度を見直し，電子書籍に対応した出版権の整備を行うという趣旨のもとで著作権法が改正され，出版権の概念が拡大された（平成26年法律35号）。

改正前，出版権の設定は，著作物を「文書又は図画」として出版する場合を対象としていたが，改正後は，記録媒体に記録された著作物をインターネット送信する場合も対象とされることとなった（著作権法79条）。したがって，出版権の内容も，頒布の目的をもって，文書または図画として複製する権利に加え，記録媒体に記録された電磁的記録として複製する権利，およびその記録された著作物の複製物を用いてインターネット送信を行う権利に拡大された（80条）。これに合わせて，出版権者が出版権の設定により負う義務の範囲も拡大されている（81条）。

しかし，元来，出版権は著作権者（著作者）と出版者の間の出版契約において設定される権利であるので，出版権の対象範囲が拡大されても，当事者間に合意がなければ，そもそもその効果は生じない。 （三浦正広）

発行部数等に応じて支払われる印税契約と，発行部数に関係なく，原稿の枚数に応じて原稿料として支払われる原稿買取契約がある。

▷6 実務上，出版契約は通常の出版契約（出版許諾契約）と出版権の設定を伴なう出版権設定契約に分類される。

▷7 日本の出版契約実務では，出版権が設定されるケースは決して多くはない。実務上，出版契約においては出版契約書のひな型を用いる場合が一般的である。

▷8 ヨーロッパ各国（ドイツ，フランス等）の著作権法には撤回権が規定されており，著作者の信条が変化した場合等の理由により，著作者は，契約期間中であっても設定された出版権（または利用権）を撤回することができる。

▷9 なお，著作権の1つとして定められている「貸与権」について，出版物はながらく適用が除外されていたが，マンガ喫茶などの拡大を受け2005年の法改正で経過措置が終了した。

# X　著作権法

 放送と著作権

### 1　放送・放送番組と著作物

　放送は，著作物の利用行為の一態様である。著作物が放送される際に著作権がはたらくに過ぎず，放送そのものが著作物ということではないが，家庭等で録音・録画された放送番組は「映画の著作物」に該当すると考えられる。生放送は映画の著作物の要件を満たしていないが，それが放送とともに録音・録画されるとき，その放送番組は著作物とみなされることがある。放送が著作物であるかどうかに関わりなく，録音・録画の対象となる放送における音や映像は，**著作隣接権**における放送事業者の権利によって保護される。

▷ **著作隣接権**
⇨ X-6 「著作隣接権」

　著作権法における放送の主体は，NHK（日本放送協会）および各民間放送などの「放送事業者」である。放送事業者は，自ら著作物を創作する場合は著作者として，また，放送による著作物の伝達を担う著作隣接権者として保護を受ける。

　放送に関する著作権は，「公衆送信権」概念に包摂される。従来は，ラジオ放送やテレビ放送のような無線送信に関する「放送権」と，有線音楽放送やケーブル・テレビ（CATV）のような有線電気通信に関する「有線放送権」（後に「有線送信権」）が規定されていた。その後，インターネットによるインタラクティブ送信について「自動公衆送信権」および「送信可能化権」概念が加えられることになる。

▷ 1　1970（昭和45）年の現行著作権法制定当初は，「放送権」および「有線放送権」概念が用いられていたが，1997（平成9）年著作権法改正により，「公衆送信権」が創設された。2010年の放送法改正により，「放送」概念の変更があったため，著作権法にいう「放送」とは一致しない。

▷ 2　「公衆」は，通常は不特定多数の者を意味するが，著作権法上は「特定かつ多数の者」も含まれる（著作権法2条5項）。

　放送における著作物の利用について，ラジオ放送で音楽CDを再生して放送する場合のように，商業用レコードを放送において利用する場合，放送事業者は，そのレコードの歌手・演奏家などの実演家およびレコード製作者に対して，二次使用料を支払わなければならない（商業用レコードの二次使用料請求権，著作権法95条および97条の2）。

　また，映画をテレビ放送する場合に行われる画面のトリミングについて，東京地裁は，著作権法20条2項4号の「著作物の性質並びに利用の目的及び態様に照らしやむを得ないと認められる改変」にあたるとして，トリミングが同一性保持権の侵害とはならないと判示した。

▷ 3　「スウィートホーム」事件（東京地判平成7年7月31日知的裁集27巻3号520頁，東京高判平成10年7月13日知的裁集30巻3号427頁）。

### 2　放送における著作物の自由利用

　放送における著作物の利用は，公衆への情報の伝達という観点から，著作権

▷ 4　山口組五代目継承式

が制限される場合が多い。

①学校向けの放送番組・有線放送番組において，公表された著作物を，学校教育の目的上必要と認められる範囲で放送・有線放送することができる。そして，その番組用の教材に掲載することができる（34条1項）。すべての教育番組が対象となるわけではなく，その内容は，放送番組の編集について規定している放送法3条の2第3項との関連において，「学校教育に関する法令の定める教育課程の基準に準拠した学校向けの放送番組又は有線放送番組」に限定されている（34条1項本文）。

②放送される著作物は，営利を目的とせず，かつ，聴衆や観衆から料金を受けない場合には，テレビやスクリーンなどの受信装置を用いて公に伝達することができる（38条3項前段）。ただし，いったん録音録画したものを再生して伝達する行為はこれには該当しない。「通常の家庭用受信装置」であるラジオやテレビを用いる場合は，営利を目的とし，聴衆や観衆から料金を受け取る場合であっても著作物を公に伝達することができる（38条3項後段）。

③放送等によって時事の事件を報道する場合には，当該事件を構成する著作物，および当該事件の過程において見られ，聞かれる著作物は，報道の目的上正当な範囲内において，その報道に伴って利用することができる（41条）。公共の利益を図ることを目的とする報道において著作権は制限を受け，放送局は自由に利用できる。著作物そのものが事件の対象となっている場合だけでなく，ある事件の報道に際して付随的に，演奏されている音楽が流れたり，絵画などの美術品が映し出されたりしても，報道の目的上正当な範囲内であれば許される。

## ③ テレビ番組録画配信サービスと著作権

主に海外赴任者向けに，日本国内で放送されたテレビ番組を視聴するために，放送されるテレビ番組を録画し，契約者に配信するサービスが著作権侵害にあたるかが議論された。利用者自らが録画機器を用いてテレビ番組を録画して視聴する場合は，私的使用のための複製（著作権法30条1項）に該当し，著作権法上許容されている。しかし，サービス提供業者が利用者と契約を締結して，録画したテレビ番組をインターネットを通じて契約者に配信するサービスが適法か否かが争われた。知財高裁は，このような行為は違法ではないと判断したが，最高裁は，サービス提供業者が複製行為に関与している以上，私的複製にはあたらず，著作権侵害を構成すると判示した。その後，放送局自身が放送した番組をインターネットで送信するサービスを始まっている。　　　（三浦正広）

事件。山口組がその五代目組長の継承式を撮影したビデオ（約1時間27分）の一部を，テレビのニュース報道番組が約4分間にわたって放送したことについて，裁判所は，著作権法41条所定の当該事件を構成する著作物を報道に伴って利用することに該当すると判示している（大阪地判平成5年3月23日判時1464号139頁）。

▷5　その他，放送に関する著作権の制限として，放送される著作物の録音・録画の問題は，放送事業者と権利者との間の契約によって処理されることになるが，ラジオやテレビ放送においては，生放送ではなく，録音・録画した番組を放送するという利用形態が一般に行われていることから，著作権法は，このような放送番組の利用形態に対応するために，著作物を一時的に録音・録画することを認めている（44条1項）。スターデジオ事件では，通信衛星を利用したデジタル放送における音楽データの保有サーバーへの蓄積は，放送後に消去されることが予定され，放送に必要な範囲内で行われるものであるから，「放送のための一時的な録音」（44条1項）に当たり，複製権侵害とはならないとされた（東京地判平成12年5月16日判時1751号128頁）。

▷6　まねきTV事件：知財高判平成20年12月15日民集65巻1号353頁，最判平成23年1月18日民集65巻1号121頁，ロクラクⅡ事件：知財高判平成21年1月27日民集65巻1号632頁，最判平成23年1月20日民集65巻1号399頁。

X　著作権法

# 5　インターネットと著作権

## 1　インターネットをめぐる権利関係

　従来の放送，有線放送および有線送信に加え，インターネットが登場して著作権概念が拡大され，公衆からのアクセスによって自動的に行われる送信（インタラクティブ送信）について「自動公衆送信権」概念が導入された。公衆への同時送信を前提とする従来の放送権，有線放送権および公衆からのアクセスに応じて個別的に送信される有線送信権概念に加え，公衆からのアクセスに応じて自動的に送信されるインタラクティブ送信は，「自動公衆送信」および「送信可能化」として認識される。したがって，自己のホームページやファイル共有ソフトを通じて，他人の著作物を無断でインターネット上に送信する行為は公衆送信権侵害となる。また，サーバーやホストコンピュータに記録されている情報をインタラクティブ送信できるようにすることが送信可能化であり，インターネット上のサーバーなどに著作物をアップロードする行為がこれにあたる。したがって，ユーザーからのアクセスがなくても著作物をアップロードした段階で公衆送信権がはたらく。

　いわゆる「インターネット放送」は，同一の内容の送信が同時に受信されることを目的としているわけではないので，放送ではなく，自動公衆送信ということになる。

　大学のキャンパス内のように，同一構内において有線送信が行われる場合は，原則として公衆送信権は及ばない（著作権法2条1項7号の2かっこ書）。さらに，地上デジタル放送を補完するIPマルチキャスト放送における「放送される実演」の送信について，許諾を必要としない有線放送とのバランスをとるために，実演家の権利を制限し，有線放送事業者はその許諾を得ることなく送信可能化することができるように法改正された（94条の2）。

## 2　技術的保護手段の回避，権利管理情報の改変

　インターネット上におけるデジタル化された著作物の流通により，極めて容易となった複製から著作物を保護するために，著作物に電子信号として記録されている技術的保護手段を回避して行う複製は，**私的使用のための複製**にはあたらないこととした（30条1項2号）。「技術的保護手段」とは，音楽CD，DVDなどの記録媒体や，インターネットで送信されるデジタル形式の著作物に，著

▷1　インターネットに関する権利関係は，従来は放送権と有線送信権しかなかったが，インターネットや携帯電話の登場により技術的にも放送と通信の融合がすすみ，新たに自動公衆送信権（送信可能化権を含む）が加えられ，1997年著作権法改正により，「公衆送信権」として構成されている。

▷私的使用のための複製
著作物を「個人的に又は家庭内その他これに準ずる限られた範囲内において」複製することが許される場合が，「私的使用のための複製」である（30条1項）。

作権侵害を防止するために記録された電子的または磁気的な信号をいう（2条1項20号参照）。

また，デジタル形式の音楽や映像などの著作物のデータに埋め込まれた権利管理情報を改変する行為は権利侵害行為とみなされる（113条3項）。「権利管理情報」とは，電磁的方法により著作物・実演・レコード・放送・有線放送における音・映像とともに記録媒体に記録・送信される情報であり，著作者人格権，著作権および著作隣接権等に関する特定の情報である（2条1項21号）。そして，①権利管理情報として虚偽の情報を故意に付加する行為，②権利管理情報を故意に除去・改変する行為，および③権利管理情報の改変等が行われた著作物や実演等の複製物を，情を知って，頒布，頒布目的の輸入・所持，公衆送信，送信可能化する行為は，著作者人格権，著作権，実演家人格権，著作隣接権を侵害する行為とみなされる。

### ③ 違法複製物のダウンロード

インターネット上には，音楽や映像などの様々な著作物が流れている。かつては，個人的に利用する場合であれば，これらの著作物をダウンロード（複製）して利用することは許されていたが，2009年著作権法改正により，違法にアップロードされている著作物であることを知りながらダウンロードする場合は，私的に利用する場合であっても認められなくなった[2]。さらに，2012年の法改正では刑事罰が科されることとなった。

### ④ 最近の動向

動画配信サイトのように，音楽や映像などの著作物をインターネット上にアップロードする行為は，著作権法上の公衆送信行為に該当し，著作権者の許諾なしに行う場合は公衆送信権の侵害となる。このようなビジネスモデルの登場は，これまでの著作権法秩序に対する大きな変革を試みようとするものであるといえる。

しかし一方で，EUは，2016年4月，一般データ保護規則（GDPR[3]）を定めて，個人情報の保護強化を打ち出すとともに，2018年9月にはEU著作権指令案[4]において，ネット上の報道記事のデジタル利用や著作権侵害コンテンツに対する著作権の保護強化に乗り出している。IT技術の高度化とともに，インターネットと著作権の抵触が問題視されるケースが増加しているが，ほとんどの場合は著作権法を遵守していないビジネスモデルそのものに問題がある場合が多い。

欧州では，著作者の権利は基本的人権として尊重されており[5]，技術の発展によってもたらされる著作物の新たな利用可能性は，著作権の保護において考慮されなければならないとする法思想が定着している。　（三浦正広）

▷2　この改正法は，2010年1月1日に施行されている。しかしその後もインターネット上の著作権侵害が深刻化している状況を受けて，現在は，音楽・映像等の録音・録画に限定されているダウンロード違法化について，その対象範囲の見直しが検討されている。また，海賊版サイトに対するブロッキングも議論されている。⇒[Ⅸ-1]「通信の秘密」

▷3　GDPR: General Data Protection Regulation. 2018年5月25日施行。

▷4　EUデジタル単一マーケットにおける著作権指令案（EU Digital Single Market Directive）

▷5　世界人権宣言27条2項，経済的，社会的及び文化的権利に関する国際規約（A規約）15条1項(c)，EU条約6条1項およびEU基本権憲章17条2項参照。

X 著作権法

#  著作隣接権

## 1 著作隣接権制度の概要

著作物の創作者ではないが，著作物を公衆に伝達する役割を果たしている実演家，レコード製作者，放送事業者および有線放送事業者は，著作者の権利に準じた権利が付与され，著作隣接権者として保護されている。

著作隣接権は，権利の発生については著作権と同様に無方式主義が採用され（著作権法89条5項），実演，レコードへの最初の録音，放送および有線放送がそれぞれ行われた時に権利が発生し，一定期間存続後消滅する（101条）。保護期間は，実演，放送，有線放送については，それらの行為を行った時の翌年から50年間存続し，レコードについては，その音を最初に固定した時に始まり，その発行が行われた日の翌年から50年間存続する[41]（101条1項および2項1-4号）。

## 2 実演家

「実演家」とは，「俳優，舞踊家，演奏家，歌手その他実演を行なう者及び実演を指揮し，又は演出する者」とされ（2条1項4号），著作物の上演，演奏，歌唱，口演，朗詠などの行為が「実演」に当たる。著作物を演じるものでなくても芸能的な性質を有するものが含まれる（同条同項3号）。実務上は，「芸能実演家」「アーティスト」などとも表現されることがある。実演家の権利行使については，いわゆる「ワンチャンス主義」という考え方が採用され，録音物・録画物の円滑な流通を確保するために，実演の放送や公衆への伝達，実演の固定およびその固定物の複製には実演家の許諾を必要とするが，いったん実演家の許諾を得て作成された録音物・録画物の増製については，原則として実演家の権利は及ばない。

実演家は，実演家人格権として氏名表示権（90条の2）と同一性保持権（90条の3）を有する[42]。氏名表示権とは，実演家が，その実演の公衆への提供・提示に際し，その氏名，芸名等を表示するか否かを決定する権利である（90条の2第1項）。また，同一性保持権は，実演家の名誉または声望を害する変更，切除その他の改変がなされた場合に限定されており（90条の3第1項），著作者人格権の同一性保持権とは異なる。実演の性質ならびにその利用の目的および態様に照らし，やむを得ないと認められる改変や公正な慣行に反しないと認められる改変には適用されない（90条の3第2項）。

▷1 1970年の現行著作権法制定当初，実演家等保護条約の最低基準に従い，著作隣接権の保護期間はそれぞれ20年とされていたが，1988年著作権法改正によりそれぞれ30年に延長され，1991年著作権法改正によりそれぞれ50年までとされた。

▷2 1995年に成立したWIPO実演・レコード条約は，加盟国に実演家人格権の保護を要求している。これを受けて，日本は著作権法を改正して，これらの規定を設けた。

実演家は，商業用レコードが放送において使用（二次使用）される場合に，実演家団体はその放送事業者に対して二次使用料の支払いを請求することができる（95条1項）。商業用レコードが放送で使用されると，実演家はその実演の機会を失い，収益の減少を余儀なくされることになり，そのような実演家の経済的利益を保護することを目的とするものである。

### ③ レコード製作者，放送事業者・有線放送事業者

「レコード製作者」とは，「レコードに固定されている音を最初に固定した者」をいい（2条1項6号），実演家による歌唱や演奏をマスターテープに録音するなどして最初にレコード原盤を作成した者をいう。マスターテープを複製して音楽CDを製造するに過ぎない者は，「レコード製作者」にはあたらない。

レコード製作者は，商業用レコードを放送に利用する放送事業者に対して二次使用料請求権を有する（97条1項）。一般に，商業用レコードが放送において使用されると，レコードの売上げ枚数は増加し，レコード製作者により多くの収益をもたらすという認識から，レコード製作者に放送権が認められていない代償として，このような商業用レコードの二次使用料請求権を認めることによって，両者の利益バランスを図ることを目的としている。実演家のそれとは趣旨を異にする。

放送事業者の権利による保護の対象は，著作物の放送という行為自体ではなく，録音・録画の対象となる「放送に係る音又は影像」（98条参照）であると考えてよい。「放送事業者」とは，「放送を業として行なう者」と定義づけられ（2条1項9号），NHKや民間放送などの放送機関がこれに該当する。

かつて有線放送は，難視聴地域対策として放送の同時再送信による利用に限定されていたが，その後，多チャンネル化や自主制作放送の増加など，都市型ケーブルテレビ（CATV）が普及するようになると，有線放送事業者についても放送事業者と同様に著作隣接権制度による保護が必要とされるようになり，1986年著作権法改正により新たに有線放送事業者が加えられることとなった。

### ④ 著作者の権利と実演家の権利の平準化

様々な音楽，映画や動画などの著作物が無秩序に行き交うインターネット時代において，著作者だけでなく，実演家の権利が侵害される機会も著しく増加している。実演家は，法制度上は著作者に準じた権利保護が与えられているにすぎないが，とりわけ欧州では著作者とともに文化芸術の創造者として評価され，その法的地位の保護強化に向けた制度改革が行われている。実演家の権利は，著作者の権利との平準化，著作者と優劣のない権利保護の必要性が主張されている。これは，文化芸術を国家の枠組みを超えるものとしてとらえる欧州諸国において共通した学術思想であるといえよう。　　　　　　　　（三浦正広）

▷3 「商業用レコード」とは，「市販の目的をもって製作されるレコードの複製物」（2条1項7号）をいい，放送において使用されるレコードが「商業用レコード」であり，その商業用レコードを放送において使用することを「二次使用」という。

▷4 実務上は「原盤権」という用語が一般的に用いられているが，この原盤権は，レコード製作者の著作隣接権（複製権，送信可能化権，譲渡権，貸与権）の他，商業用レコードの二次使用料請求権，貸与報酬請求権および私的録音補償金請求権を含む広い概念で用いられ，さらにレコードに固定されている実演家の著作隣接権も含まれていると解される。著作権法上の用語ではなく，その定義は必ずしも明確とはいえない。

# コラム-10

## ウィニー事件

　著作物は，人が最大限の創造力を発揮し，また相当のお金をかけて作り出される。その労力に報いるため，著作権法は，著作者に様々な排他的権利を認めている。他方で，著作物を権利でがんじがらめにしてしまうと，とても利用しにくいものとなる。そこで著作権法は，著作物の「公正な利用」に留意しつつ，著作者等の「権利の保護」を図り，それによって「文化の発展に寄与」することを目的として掲げている。

　インターネット上での著作物配信をめぐっては，著作権法上は「自動公衆送信権」なる権利が問題となる。では，自ら自動公衆送信したわけではなくとも，そのためのソフトウェアを提供した場合，その提供者に著作権侵害の幇助罪は成立するのだろうか。まさにこの点が主たる争点となったのがウィニー（Winny）事件である。

　考え方としては，1つには，ソフトウェアの提供者は自ら違法な行為に手を染めたわけではなく，単にそのための道具を提供したに過ぎない，というものがある。われわれの日常生活にも，使い方次第では凶器に変貌するような道具はたくさんある。しかし，仮に包丁で殺人が行われたり，小型カメラでスカート内が盗撮されたりするようなことがあっても，直ちに包丁やカメラのメーカーや販売店が何らかの責任を問われることはない。道具（技術）自体は全くもって価値中立的なものなのである。同様に考えれば，提供者は当然無罪とされるべきことになろう。

　これに対し，2人が殴り合いのけんかをしている時に，そのうちの1人に「これを使え」と包丁を手渡し，それを使って殺人が行われた場合には殺人の幇助罪が成立する。だとするなら，たとえ道具（技術）それ自体は価値中立的であっても，置かれた状況次第では，有罪となる余地は十分ありうると考えられる。

　本件の事実関係は，上記の2つの例の間に位置づけられる。つまり，当該ソフトウェアを用いて共有されているファイルの中で，著作者の許諾を得ていないと思われるものが高い割合を占めていたが，提供者は，当該ソ

フトウェアを用いて具体的にどこの誰がどのように権利侵害行為を行ったかまでは認識していなかったのである。

　裁判所の判断は分かれた。京都地裁は，幇助行為としての違法性は「その技術の社会における現実の利用状況やそれに対する認識，さらに提供する際の主観的態様如何による」とした。その上で，提供者は「ファイル共有ソフトが著作権を侵害する態様で広く利用されて」いることを認識しつつソフトウェアの配付を行ったことを重視し，幇助犯の成立を認めた。

　他方，控訴審の大阪高裁は，幇助罪は，「著作権侵害行為に使われることを認識しているだけでは足りず，侵害行為をするようネット上で勧めてソフトを提供する場合に成立する」とした上で，本件ではそのような積極的な意図は認められないことから，逆転無罪とした。

　最高裁は，幇助犯の成立について，①現に行われようとしている具体的な著作権侵害を認識，認容しながら，その公開，提供を行い，実際に当該著作権侵害が行われた場合や，②当該ソフトの性質，その客観的利用状況，提供方法などに照らし，同ソフトを入手する者のうち例外的とはいえない範囲の者が同ソフトを著作権侵害に利用する蓋然性が高いと認められる場合（A）で，提供者もそのことを認識，認容しながら同ソフトの公開，提供を行い（B），実際にそれを用いて著作権侵害（正犯行為）が行われたときに限り，当該ソフトの公開，提供行為がそれらの著作権侵害の幇助行為に当たると解すべきだとした。そして①を否定，②（A）を肯定しつつ②（B）を否定し，結論としての無罪判断を支持した（X-5「インターネットと著作権」参照）。

　この事件では，逮捕以降，ソフトウェアに修正等を加えることができなくなったため，このソフトをプラットフォームにしたウィルス感染が社会問題となるなど，皮肉な結果を招いたりした。また，無罪確定の約1年半後，この開発者は病気により42歳でこの世を去った。この事件で日本が失ったものの大きさは計り知れない。

（福島力洋）

## XI 外国のメディア法

# アメリカのメディア法

### 1 修正1条と表現の自由

アメリカ合衆国憲法修正1条は,「連邦議会は,……言論およびプレスの自由を縮減するような……法律を制定してはならない」と規定し, いわゆる表現の自由を保障する。表現のための媒体を問わず, また表現そのものではなくとも, メッセージ伝達を目的とするような行動（象徴的表現）も保障の対象とされる。また, 条文の文言上は「言論およびプレス」となってはいるものの, ドイツで支持されているような, いわゆるプレスの制度的理解（およびそこから導かれるプレスの特権）に対しては, 連邦最高裁は消極的姿勢をとってきている。

### 2 表現の自由に対する制約と違憲審査

違憲審査制度に関しては, 合衆国憲法上, 明文規定こそ存在しないものの, 1803年のマーベリィ対マディソン判決以降, 憲法に反する立法を違憲と判断する権限が裁判所に付与されていることが確立したものとなっており, 表現の自由もその例に漏れるものではない。

一方, アメリカにおける表現の自由は, **思想の自由市場論**や自己統治論等を根拠に, 優越的地位を占め, より手厚い保護が必要だと解されている。すなわち, 表現制約立法に対しては, 裁判所は厳格審査で臨むべきだとされているのである（ただ, 表現行為を全く行えなくなるわけではない。表現内容中立的な立法に対しては, 内容に着目した制約立法よりもやや緩やかな基準が適用される）。さらに, 上述の優越的地位から, 事前抑制の原則的禁止や曖昧・過度に広汎ゆえ無効などといった派生的法理も導き出されている。

### 3 放送・インターネット

アメリカにおける放送は, 1934年通信法により設置された, 独立機関たる連邦通信委員会（**FCC**）により規律される。放送は, 周波数の稀少性や社会的影響力等を根拠に, 比較的広汎な規制も許容されうるものと考えられてきた。現在は廃止されているが, かつてFCCにより放送局に課されていたいわゆる公正原則（公共的に重要な争点を相当の時間放送し, 対立する見解に対し, その表明のための合理的機会を提供すべき義務）についても, 連邦最高裁はレッド・ライオン判決においてその合憲性を支持していた。

▷1 これに対し, わいせつ表現や喧嘩言葉, 名誉毀損的表現など, 限定的範囲ではあるが表現の自由保障の対象外とされるものもある。

▷2 Marbury v. Madison, 1 Cranch (5 U. S.) 137 (1803). この判決によって, 裁判所が議会の制定した法律の合憲性を審査できることが初めて示された。

▷思想の自由市場論
⇨ I-2 「メディア法の歴史(1)」, II-2 「表現の自由の意義」

▷3 アメリカでは表現制約立法が違憲と判断された例は多い。違憲判決自体が数えるほどしか存在しない日本とは対照的である。

▷FCC
⇨ VIII-2 「放送免許制と規制機関」

▷4 日本の放送法4条に類似規定がみられる。

▷5 Red Lion Broadcasting Co. v. FCC, 395 U. S. 367 (1969). 公正原則には, 番組の中で個人攻撃がなされたとき, その人に反論の時間を与えることを放送局に義務づけるルールが含まれていた。この判決は, 視聴者の権利を手がかりに, 公正原則の合憲性を認めた。

XI-1 アメリカのメディア法

XI

これに対し，インターネットは，放送・電波が有しているような媒体としての稀少性や，コンテンツが向こうから意図せず入り込んでくるといった特性を有するものではない。このため，インターネット上の表現規制については厳格審査のアプローチが採用されている。すでに，青少年に対する下品な情報の送信や，青少年に対し品位を欠く情報の送信を禁ずる通信品位法が連邦最高裁による違憲判断を受けている。

▷6 Reno v. ACLU, 521 U. S. 844（1997）.

### ④ 情報公開

アメリカでは，1966年に情報自由法（Freedom of Information Act：FOIA）が制定されている。第二次世界大戦中の政府による秘密主義に対する批判から，国民の「知る権利」運動の展開を経て成立したものであるため，**知る権利**に重きを置いた議論がなされている。それゆえ同法の下では，記録は原則として公開されなければならず，また何人でも公開請求を行うことができるものとされている。非公開とすることができるのは，国家秘密や営業秘密，プライバシー関連情報など，9つの例外事項（限定列挙）とされている。また，国家秘密やプライバシー保護の観点から，開示対象文書の存否を明らかにしないまま請求を拒否することができる，いわゆる「グローマー拒否」も認められる。非公開決定に対しては不服申立てが可能であり，なお非公開とされた場合には裁判所に救済を求めることができる。裁判所は，職権で，非公開審理で対象記録を検討することができ（インカメラ審理），また行政機関に対し，非公開理由を付記した非公開記録のリスト（ボーン・インデックス）を提出させることもある。

▷知る権利
⇨ II-4 「知る権利」，VII-1 「知る権利と情報公開法」

### ⑤ 個人情報保護

アメリカにおける個人情報保護は，いわゆる「セクトラル方式」により，個別分野ごとの立法と事業者の自主規制により図られてきた。同方式は，分野ごとの特性に合わせた対応が可能である反面，制度の全体像がわかりにくい。この点，1995年のEU指令（現在は2016年採択，2018年施行の一般データ保護規則（GDPR）がその後継となっている）が，十分なレベルの個人情報保護措置を講じていない第三国への個人データの移転を禁ずる国内法整備を加盟国に求めていることとの関係が問題とされた。これに対しアメリカ政府は，「セーフ・ハーバー協定」による対応を図った。すなわち，任意の参加事業者に対し，同協定により示される7原則の遵守等を義務づけ，違反行為には民事罰等の制裁が科されることとなったのである。ところが，いわゆる**スノーデン事件**をきっかけとして，2015年，同協定はEU司法裁判所により無効とされた。翌年，新たな枠組みとして「プライバシーシールド」が発効し，セーフ・ハーバー協定を上回る保護強化が図られることとなり，再びEU加盟国からの個人データ移転が可能となった。

（福島力洋）

▷7 欧州では公的部門と民間部門の双方を包括的に規律する「オムニバス方式」が多く，日本は，両者を分離して規律する「セグメント方式」を採用している。

▷8 告知，選択，データ移転，セキュリティ，データの完全性，アクセス，実施の7原則。

▷スノーデン事件
アメリカ国家安全保障局（NSA）が，アメリカ国内のみならず，多数の国の大使館やEU，国連本部等をも対象として膨大な量の電話通話記録等を収集していた旨を，中央情報局（CIA）職員であったエドワード・スノーデン氏が暴露した事件。

209

# XI 外国のメディア法

 # イギリスのメディア法

## ① 名誉毀損訴訟のメッカとして知られてきたロンドン

現代のイギリスのメディア法の特徴として最初に思い浮かぶのは、名誉毀損法関連の問題である。**名誉毀損**に関する法は、イングランドにおいて数百年にわたって無数の判決を通して発達し、さらに必要に応じて議会によって多少修正されてきたものが基礎になっているために、不法行為法の中でも最も専門的かつ複雑な分野の1つになっている。記者が名誉毀損法を知り、正しく理解することは、極めて困難である。また、原告にとっては、訴訟の結果を予測することは、決して容易ではない。それにもかかわらず、1990年代までにロンドンが世界中の名誉毀損訴訟のメッカとして知られるようになった。

イングランド法では、名誉毀損は、表現の発信地ではなく、受信地において生じるので、原告は、イングランドにおいて誰かが名誉毀損的表現にアクセスしたことさえ立証できれば、訴訟を提起することができる。そこで、比較的厳格な名誉毀損法をもつイングランドは、**法廷地漁り**の対象となった。インターネットの事件の場合でも、原告は、例えばアメリカや日本から発信される表現について、アメリカ合衆国憲法修正1条や日本国憲法21条による言論の自由の保障が及ばないイングランドで訴訟を提起することが考えられる。日本においては、懲罰的損害賠償の考え方がなく、また損害を査定し、賠償額を定める陪審制度がないため、名誉毀損関係訴訟で認められる損害賠償がコモンローの諸国に比べて低額である。そのような日本よりも損害賠償が特に高額であるイングランドは、法廷地として魅力的であろう。

イングランドの名誉毀損訴訟における損害賠償は、従来、陪審員が、相場などについての裁判官によるガイダンスを一切受けないで自由に算定するものとされてきた。その結果、1980年代までに損害賠償が「電話番号」のような数字に高額化して、オールディングトン卿が戦争犯罪に関するパンフレットについて提起した訴訟で、150万ポンドという額に達した。しかし、今日、司法改革の結果として、名誉毀損訴訟における補償的損害賠償の上限は、人身被害事件のそれを超えないように、最高22〜25万ポンド程度となっている。

近年の法廷地漁り対策として、アメリカ合衆国議会は、2010年に、アメリカの個人・法人を被告とする外国の名誉毀損訴訟判決の承認および執行を禁止するためにSPEECH法（Securing the Protection of our Enduring and Established

▷**名誉毀損**（defamation/libel）
イングランドでは、原告は、名誉毀損の訴訟で勝訴判決を得るためには、①原告に関する、②名誉毀損的表現が、③被告によって、④1名以上の第三者へ公表されたことを立証しなければならない。コモンロー上、「名誉毀損」の完璧な定義は存在しないが、英連邦の国々の裁判所は、「他人について正当な判断を下す一般の人々の評価を低下させる傾向がある」表現の公表という、1936年のシム対ストレッチ（Sim v. Stretch）事件においてアトキン裁判官が提案した定義を適用することが多い。

▷**法廷地漁り**（forum shopping）
法廷地漁りとは、原告が、最も有利な判決を得るために、被告がほとんど関係のない法域において訴訟を提起することを指す。「名誉毀損訴訟観光」（libel tourism）と呼ばれることもある。例えば、アメリカ等英語圏の国々の報道により名誉を毀損されたアメリカ人俳優トム・クルーズ氏が、合衆国憲法修正1条の制限を避けるためにイングランドやオーストラリアのニュー・サウス・ウェールズ州において訴訟を提起したことがある。

Constitutional Heritage Act）を制定している。また，イギリス議会は，2013年名誉毀損法（Defamation Act 2013）の中に，「イングランド・ウェールズが明らかに最も適当な法廷地でない限り，裁判所が，EU加盟国に住所（domicile）を持たない被告に対して管轄権を認めない」という規定を設けている。

## ② 1998年人権法によるプライバシー権の展開

　イングランドにおいては，包括的プライバシー権は認められていないが，プライバシーは判例法および制定法によって一定の範囲内で保護されている。判例法上は，プライバシーは，**トレスパス**，信頼違反，**ニューサンス**，名誉毀損，契約違反，信託違反などの分野において部分的に保護されている。同様に，制定法上は，個人情報の無断公開，郵便・公衆電気通信システムの故意の傍受，盗聴装置の使用，いやがらせなどによるプライバシー侵害が禁じられている。

　21世紀に入ってから，イングランドの裁判所は，他の事件に比べて，プライバシー権に関する判例法を大胆に拡張しようとする傾向が目立ってきている。裁判官は，**1998年人権法**の様々な規定に照らして，積極的にエクィティ裁判所が数百年にわたり発展させてきた「信頼違反」という不法行為の中に，欧州人権条約8条，10条や独立プレス基準機構（IPSO）の「倫理綱領」のような「関連したプライバシー綱領」により規定されているプライバシー権および表現の自由の概念を編入し，それを「信頼違反・私的情報の濫用」と呼ぶようになった。

## ③ 報道被害に対する裁判外の救済方法

　報道被害に対するメディア・アカウンタビリティ制度の一種として，イギリスの裁判外紛争解決・代替的紛争解決（ADR）が世界的に注目を集め，活字メディアに関する独立プレス基準機構（IPSO），および，電波メディアに関する同様な存在であるOfcom（オフコム，通信放送庁）が，その代表的なモデルとなっている。IPSOは，2012月11月の「プレスの文化，慣行および倫理に関する調査委員会」（レヴェソン調査委員会）の様々な勧告に従い，2014年9月に，従来のプレス苦情処理委員会（PCC）に代わって，新聞・定期刊行物の不当な行為に対する苦情を裁定する任務をもつ新しい自主規制機関として設立された。また，Ofcomは，2003年12月に，従来の独立テレビジョン委員会，放送基準委員会，オフテル（電気通信庁），ラジオ庁，およびラジオ通信庁に代わって設立された。Ofcomは，情報のデジタル化がますます進んでいるメディア融合時代に適したスーパー規制機関として，イギリスのテレビ放送，ラジオ放送，電気通信，および無線通信サービスに対する権限をもっている。法的救済方法がなく，または裁判所で訴訟を遂行する経済力のない被害者にとっては，このようなADRは，唯一の有効な救済方法として非常に重要な意味を有している。

（ジョン・ミドルトン）

▷トレスパス（trespass）
故意かつ直接に他人の身体または動産に侵害を加えたり，土地に侵入したりすることを指す。メディア法の分野における例として，記者やパパラッチが取材のために土地の占有者の同意を得ないで不法に立ち入ることが挙げられることが多い。

▷私的ニューサンス（private nuisance）
土地・不動産を利用・使用する特定の私人の利益を不当に侵害することである。一般的には他人にとって有害，迷惑，不快，不便な行為または状態を指すものの，報道被害関係では，例えば，映画『ノッティングヒルの恋人』で描かれたような自宅前の張り込みがこれにあたることがありうる。

▷1998年人権法
1998年人権法は，世界史上有名な1689年の権利章典以来の国内法における最も重要な人権に関する法律であるとみられている。2000年10月2日に施行された同法の結果，イギリスの訴訟当事者がフランスのストラスブール市にある欧州人権裁判所に訴訟を提起する代わりに，国内裁判所において，言論の自由，プライバシー等，欧州人権条約により規定されている基本的な市民的・政治的権利を国家に対し要求する手段が保障されることになった。

## XI 外国のメディア法

 ドイツのメディア法

### 1 基本法5条と表現の自由

　ドイツ連邦共和国基本法（憲法）5条は，意見表明の自由，情報受領の自由，プレスの自由，放送の自由，映画の自由（1項），芸術の自由（3項）を保障している。基本法5条の保障には次のような特徴がある。①送り手の意見表明の自由とともに，受け手の情報受領の自由（知る権利）が明文化されている。②メディアの自由が，プレス，放送，映画というメディアごとに保障されている。③1項の**基本権**について，一般的法律，青少年保護のための法律，名誉権による制限が明文化されている。④ナチス独裁に対する歴史的反省から，「**闘う民主主義**」が採用され，自由で民主的な基本秩序に敵対するために，基本権，特に意見表明の自由を濫用した者に対して基本権を喪失させる規定がある（18条）。ただし，その運用は極めて謙抑的であり，基本法制定後，連邦憲法裁判所によって基本権喪失が言い渡されたことはない。

　基本法5条による基本権保障は，**連邦憲法裁判所**の判例とそれに導かれた学説の発展を通じて実効性を獲得している。なお，欧州人権条約に加盟しているドイツでは，連邦憲法裁判所によって基本権侵害が認められなかった場合，被害者は，もう一度，欧州人権裁判所で欧州人権侵害を争うことができる。

　基本法5条1項は，個人の「権利」としての保障に加え，情報受領→意見形成→意見表明（メディアの場合，取材→編集→報道）というコミュニケーションの過程全体の保護を「客観法」として国家に義務づける。意見表明と情報受領の自由は，権利としての限界が問題になることが多く，放送の自由は，放送法の合憲性が，客観法としての意見多様性確保の要請の観点から争われる傾向が強い。プレスの自由は両者の中間で，権利としての限界が，特に名誉やプライバシーとの関係で問題になるが，客観法的側面との関係でも，取材源秘匿のためのプレスの証言拒絶権や，**プレスの集中**といった問題がある。

　ドイツに特徴的な表現規制としては，有害表現から青少年を保護するための規制がある。有害図書（書籍，DVD，携帯ゲーム機等）だけでなく，映画，放送，インターネットについても，有害表現規制のための法律が制定されている。また，ヘイトスピーチやいわゆる「**アウシュビッツの嘘**」の規制のように日本には見られないものもある。「闘う民主主義」との関係では，連邦憲法裁判所によって違憲と宣言された政党等の標章を配布する行為が禁止されている。

---

▷**基本権**
ドイツでは，日本の「人権」という言葉とほぼ同じ意味で「基本権」という言葉を用いる。

▷**闘う民主主義**
民主主義に敵対する者が，民主主義を利用して民主政を打ち倒そうとすることを許さないという考え方。日本やアメリカでは，内心にとどまり，具体的な行動に現れない限り，反民主主義的な思想も許される。

▷**連邦憲法裁判所**
憲法問題のみを扱うために設立された裁判所。具体的事件を解決するためだけでなく，具体的事件とは関係なく，連邦議会で成立した法律の合憲性を抽象的に審査する権限もある。

▷1　モナコ公国カロリーヌ王女の私生活を公道等で撮影した写真の雑誌掲載について，この2つの裁判所の結論が異なったため大きな注目を集めたことがある。

▷2　プレスの自由は，プレスの活動全体の制度的独自性を保障すると理解されている。これを，プレスの自由の制度的理解という。

▷3　日本と異なり，報道関係者の証言拒絶権が民事訴訟法と刑事訴訟法に明文化されている。⇒IV-10「取材源の秘匿」

▷**プレスの集中**
1960年代，経営の統廃合に

## ❷ メディア法

　連邦制を採用しているドイツでは、州にメディアに関する立法権限がある。現行の州プレス法は、統一モデル草案にしたがって制定されたため、細部に違いがあっても、各州プレス法の条文構成と内容は基本的には同じである。プレス法は、プレスの自由の保障、参入規制の禁止、**プレスの公的責務**、報道内容の正確さについての注意義務、反論権、出版物差押えの制限などについて定めている。ドイツの反論権は、定期刊行物による事実の指摘に限定して認められている点に特徴がある（フランスの反論権は意見表明も反論の対象としている）。

　放送制度は、各州の放送法に加えて、「放送州際協定」等、連邦を構成するすべての州の間で締結された、いくつかの州際協定に基づいて構築されている。ドイツでは、原則として各州が公共放送協会と民間放送を監督する州メディア委員会を設立している。連邦憲法裁判所は、放送の自由を、自由な意見形成に「奉仕する自由」と理解し、放送制度の構築にあたって、社会における多様な意見が可能な限り放送に反映されるよう配慮することを求めてきた。

　なお、欧州連合（EU）にも経済的側面から放送を規制する権限がある。ドイツは、加盟国における放送法の調和について定めた2007年「**視聴覚メディアサービス指令**」を国内法に置き換える義務があり、それを行っている。

　インターネットの急速な普及に対し、州は1996年にメディアサービス州際協定を、連邦は1997年にいわゆるマルチメディア法を制定し、プロバイダ責任や、青少年保護等について定めた。2007年には、連邦と州の権限配分をより明確にするために「**テレメディア**」という新しい概念が採用された。連邦テレメディア法が制定されるとともに、放送州際協定の正式名称も変更された。

## ❸ 情報公開法・個人情報保護法

　1960年代、コンピュータの発達を背景に、処理の際の濫用から個人データを保護する必要性が強く意識されるに至り、ヘッセン州が世界で初めて個人情報保護法を制定した。1977年には公的部門と民間部門を包括的に規制する連邦データ保護法が制定された。2018年5月、ドイツに直接適用されるEU一般データ保護規則の適用が開始されたことに伴い、連邦データ保護法は全文が改正され、データ保護法のメディア適用除外は州法によって規律された。

　個人情報保護の分野に比べ、情報公開法への関心は低かった。現在、連邦には、1994年の環境情報公開法、2005年の情報公開法、2007年の消費者情報公開法がある。州としては、1992年、ブランデンブルク州が連邦に先駆けて情報公開法を制定した。現在、13州に情報公開法が、すべての州に環境情報公開法がある。公的部門の監督機関は、連邦と各州の「データ保護・情報自由監察官」（情報公開法がない州では「データ保護監察官」）である。　　　　（鈴木秀美）

より日刊新聞の編集単位が減少し、発行部数も大新聞に集中する傾向が強まる中、意見多様性確保のため、1976年、プレス合併規制法が制定された。

▷**アウシュビッツの嘘**
アウシュビッツにおけるナチスによるユダヤ人虐殺を支持、否定、無害化する反ユダヤ主義的表現は、犯罪とされている。

▷**プレスの公的責務**
プレスの公的責務を根拠としてプレス規制が行われるおそれがあるため、公的責務は民主政において世論形成のためにプレスが果たす重要な役割を確認するための言葉であり、法的な意味はないと解釈されている。

▷**視聴覚メディアサービス指令**
広告（量的規制、タバコCM禁止、番組内容・編成のスポンサーからの中立確保）、青少年保護、反論権、欧州制作番組の割合規制等について法律で定めることを加盟国に義務づけた1989年の「国境なきテレビ指令」を改正したもの。2007年改正の際、テレビだけでなく、オンデマンドのサービスも規律の対象とされた（2018年に一部改正）。

▷**テレメディア（Telemedien）**
インターネットを利用して提供されるほぼすべての情報サービス（電話は除く）はテレメディアに含まれるが、ストリーミングで同時に500人以上に提供されるインターネット・ラジオは、「放送」になる。

## XI 外国のメディア法

 **フランスのメディア法**

### 1 「人権の母国」フランス

フランスは，1789年のフランス人権宣言により自然権としての人権という思想を法システムに導入した点で，「人権の母国」と呼ばれる。フランス人権宣言は今日でも法的効力を保っており，憲法規範の一部として，違憲審査機関である憲法院が違憲審査を行う際に参照されている。表現の自由は，**人権宣言11条**に規定されている。1958年制定の現行憲法（第五共和制憲法と呼ばれる）により設置された憲法院は，従来，法律の事前審査のみを行ってきた。したがって，この間に付託がなければ法律が違憲審査を受ける機会がないことになる。

実際，③で述べるような表現内容規制に関しては，政治的には比較的広く受け入れられていることから，憲法院への付託は行われていない。こうした分野では，法律の違憲審査よりも，国内裁判所および欧州人権裁判所による**欧州人権条約**適合性審査が役割を発揮してきた。他方，②で述べるような意見の多元性は，憲法院の判例により原理が発展してきたものである。なお，2008年7月の憲法改正により，制定後の法律に対する違憲審査が認められることになり，フランスの違憲審査制度には大きな変化が生じている。

### 2 メディア法制

フランスのメディア法制は，日本と比較して細部まで法律で枠組みを定めている点が特徴的であり，活字メディアについても現在の日本にはない出版法などが存在する。

もちろん，放送についても詳細な法律があるが，日本と同様の青少年保護や政治的中立性といった要請の他，欧州およびフランス製番組の保護，フランス語の擁護などの多様な要請を盛り込むものとなっている。また，放送に関する独立行政委員会である**視聴覚高等評議会（CSA）**が強力な監督を及ぼしている。なお，フランスの放送制度は，強力な公共放送と複数の民放が並存する二元制で日本と類似するが，公共放送についても広告放送が認められている点が異なっている。

インターネット規制については，全般的にはEUレベルでの規範の影響がとりわけ大きいが，フランス固有の規制として近年大きな政治問題となったのは，2009年5月に成立した違法ダウンロード対策法である。これは，音楽やビデオ

▷**フランス人権宣言11条**
「思想と意見の自由な伝達は，人の最も貴重な権利の1つである。ゆえに，すべての市民は，自由に語り，書き，出版することができる。ただし，法律の定める場合には，この自由の濫用に責任を負わねばならない。」

▷**欧州人権条約**
1950年に欧州評議会（EUとは別の国際組織）の枠内で締結された同条約は，様々な自由権の保障を目的としている（表現の自由は10条）が，最大の特徴は，独自の裁判所（欧州人権裁判所）が設置され，加盟各国による措置で条約上の権利の侵害を受けたという申立てに基づき条約適合性の審査が行われるところにある。また，同条約は国内法上の効力も有し，フランスのように違憲審査を代替する機能を果たしているところもある。

▷**視聴覚高等評議会（Conseil supérieur de l'audiovisuel）**
1989年に設置された放送（有線・無線双方を含む）監督を任務とする独立行政委員会。9名の委員は大統領と上下両議院の議長が3名ずつ任命し，任期は6年である。

▷**思想・意見の多元性の憲法原理**
憲法院は1982年以降の一連

214

の違法ダウンロードを行う利用者に対し，新たに設置されるインターネット上での作品配信および権利保護に関する高等機関（Hadopi）が段階的に警告を発し，改まらない場合には当該利用者のプロバイダー契約を一定期間強制的に停止するというものであり，国内外に波紋を呼んでいる。

メディア法制全体を通した特徴としては，**思想・意見の多元性が憲法原理**とされ，その実現のためにメディアの合併規制や活字メディアへの補助金，放送内容規制などの多様な法令上の措置がとられていることが挙げられる。

## ③ 手厚い人格権保護

表現内容規制との関係では，日本と共通する規制も多いが，特徴としてはまず，人格権保護の手厚さを指摘できる。プライバシー権（フランスでは「私生活尊重請求権」という）については，民法典に明文で規定され，裁判官はプライバシー侵害に対しては事前差止めも含む強力な措置をとることができる。また，関連して，同じく民法典で「無罪推定に対する権利」が保障されており，有罪視報道に対してはプライバシー侵害と同様の保護を受けることができる。さらに，活字メディアとインターネットに関しては，**広範な反論権**が認められている（放送に関しては限定的な反論権のみ）。

他方，多様な国籍・宗教・民族・人種的背景をもつ人々が共存する国情を反映して，これらの人々の間の憎悪をあおるような言論が比較的厳格に規制されている。とりわけ，近年の国際政治情勢を受けてイスラム教への差別が問題となっていることは，2015年の**シャルリ・エブド襲撃事件**でも示された。また，関連して，ドイツと同様，ナチズムを賛美したり，ホロコーストを否定したりする言論が禁止されている。

なお，今述べたような憎悪言論や確立した歴史的事実を否定する言論に対する規制は，近年拡大される傾向にあり，賛否両論を呼んでいる。

## ④ 情報公開・個人情報保護

行政情報公開制度および個人情報保護制度は，ともに1978年に創設された。情報公開制度は日本と概ね類似したものであり，日本の情報公開・個人情報審査会に相当するものとして，「行政文書のアクセスに関する委員会（CADA）」が設置されている（ただし，個人情報保護に関する権限はない）。

より特徴的なのは個人情報保護制度の方である。フランスの個人情報保護法は官民両セクターを適用範囲とする包括的なものであり（オムニバス方式），同法に基づき設置された独立行政委員会である「情報処理と自由に関する全国委員会（CNIL）」が強力な監督を行っている。 （曽我部真裕）

の判決において，放送や活字メディアにおける多元性の要請は，フランス人権宣言11条の表現の自由に含まれる読者・視聴者の権利（日本でいう「知る権利」）から導かれるとしている。さらに，2008年7月の憲法改正により，メディアの多元性（と独立性）の原理が明文で保障された。

▷ **広範な反論権**
⇨ Ⅵ-3「アクセス権と反論文の掲載」

▷ **シャルリ・エブド襲撃事件**
シャルリ・エブドとはフランスの週刊風刺新聞のタイトルであり，同紙はムハンマドの風刺画を含むイスラム過激派を批判する記事を多数掲載したことでイスラム教徒から反発を受けていた。こうした事情を背景に，2015年1月7日，同紙発行会社の本社をイスラム過激派組織に関係する武装した2人の男が襲撃し，編集長，風刺漫画家等12人を殺害したのがこの事件である。この事件を巡っては，表現の自由，政教分離，イスラム教徒差別等々をめぐって様々な論争がフランス内外で沸き起こった。

▷ 1 ⇨ Ⅶ-11「情報公開法と個人情報保護法の関係」

**参考文献**

榎原猛編『世界のマス・メディア法』嵯峨野書院，1996年，第Ⅱ編第5章（大石泰彦執筆）。

大石泰彦『フランスのマス・メディア法』現代人文社，1999年。

ベルナール・ボワエンヌ／松尾博文他訳『現代情報学入門』昭和堂，1983年。

## XI 外国のメディア法

 韓国のメディア法

▷1　1987年6月、軍事独裁政権に対する市民の民主化抗争が結実し、与党が政治民主化や言論の自由保障等を盛り込んだ「6・29民主化宣言」を公表するに至った。同宣言を機に、韓国は本格的な民主化に向かうようになった。

▷2　韓国では言論・出版の自由について、国家権力からの自由権としての性格に加え、自由な世論形成のための客観的価値秩序としての制度的保障という性格を併有すると理解する。

▷3　憲法37条2項は、「国民の全ての自由及び権利は、国家安全保障・秩序維持又は公共の福祉のために必要な場合に限り、法律により制限することができる」とし、一般的法律留保を規定している。ただし、同条項は、そのような場合でも、「自由及び権利の本質的な内容を侵害することはできない」と規定し、基本権制限の限界を示している。

▷国家による自由
国家が積極的に国民の自由や権利を保障すること。表現の自由は本来国家権力の干渉を排除する権利（国家からの自由）であるが、今日言論状況の構造変化に鑑み、消極的な防御権にとどまらず、一定程度国家による自由という社会権的要素が求められると解される。

### 1　憲法上の表現の自由

　表現の自由は、軍事政権期には容易に制限される傾向があったが、民主化に伴って改正された現行憲法（1987年）により、実質的に保障されるようになった。現行憲法の下、表現の自由（21条）は重要な基本権として位置づけられており、同憲法により設置された憲法裁判所も表現の自由の擁護に貢献してきた。

　韓国憲法21条は日本国憲法21条と同様、言論・出版・集会・結社の自由を保障しつつ（1項）、検閲の禁止を明確にしている（2項）。一方で、同条はマス・メディアの自由の制度的保障の観点に立ち、通信・放送の施設基準と新聞の機能を保障するための法定主義を謳っており（3項）、基本権の一般的法律留保とは別に、言論・出版の自由の限界（憲法留保）を定めている（4項）。

### 2　プレス法制

　韓国のメディア法制の体系は、憲法21条3項の考え方に代表されるように、ドイツのそれに近い。そこで、日本と異なり、新聞、雑誌などプレスにも法的規律が正当化されている。現在、プレス法制には、新聞法、地域新聞発展支援特別法、雑誌等定期刊行物法、ニュース通信振興法などがある。

　プレス法制の特徴的内容を簡単に整理してみよう。第一に、プレスの発行の自由と独立を保障する一方、プレスの社会的責任を強調している。前者は憲法21条1項の理念、後者は同3、4項の理念がそれぞれ基盤となっている。第二に、世論の多様性の保障とプレス産業の振興のための公的振興制度を設けている。同制度は、欧州主要国における関連制度のように、プレスの自由の**国家による自由**という視座が根底にある。しかし、制度の運用次第では、プレスの社会的責任規定と同様、国家のプレスへの不当な干渉も懸念される。第三に、インターネット新聞に言論機関としての法的地位を与え、既存の新聞と同等の内容規制などの規律を課しつつ、青少年保護責任者の指定を義務づけている。

### 3　放送法制

　免許事業である放送に関しては、プレス以上の厳格な内容規制と構造規制などが課されている。現在、放送法制には、電波法と放送法をはじめとする既存の法律の他、放送通信委員会法、IPTV事業法に代表される放送・通信融合に

216

対応した法律などがある。

放送法制の特徴的内容を簡単に整理してみよう。第一に，放送・通信融合の進展に伴い，放送の概念を従前の「無線通信の送信」から「電気通信設備の送信」に変更し，放送領域の拡張を図っている。第二に，放送の自由と独立を保障する一方，広範かつ高度の放送の公的責任と公正性・公益性義務を課しつつ，実効性を担保している。第三に，視聴者の権益保護を重視し，公共放送などにおけるパブリック・アクセスを制度化している。第四に，放送・通信の規制監督は，2008年放送通信委員会法により設立された，独立行政委員会である放送通信委員会が一元的に所管する。また，放送・通信の審議機関である放送通信審議委員会が放送通信委員会から独立して放送審議と通信審議のほか，インターネット上のプライバシー侵害や名誉毀損に関する紛争の調停も担う。

## ❹ 報道被害救済法制

報道被害に対する法的救済は，大きく刑事的救済制度と民事的救済制度がある。まず，刑事的救済制度は刑法による名誉毀損罪が代表的で，その成立要件や免責事由は基本的に日本の名誉毀損罪のしくみと変わらない。ただし，人を誹謗する目的によるマス・メディア名誉毀損罪とサイバー名誉毀損罪を別途設け，一般名誉毀損罪より重罰する。

次に，民事的救済制度は2005年に制定された報道被害救済法により一元化された（同法に定めなき事項は，民法の関連規定による）。同法は，全体的に表現の自由よりは人格権の保護に重きを置く一方，**反論権**制度の施行のために導入された（1980年）言論仲裁委員会の機能を強化している。人格権の保護に関わる内容のうち，人格権の概念や人格権に基づく妨害排除・妨害予防請求権を明文化していることは別としても，人格権侵害の免責事由の規定内容は必ずしも合理的ではなく，報道機関の内部に苦情処理人の設置を強制していることは**私的自治の原則**に反する面がある。言論仲裁委員会はその機能が強化され，伝統メディアやインターネット報道による紛争をめぐる裁判外紛争解決機関（ADR）として評価されている。言論仲裁委員会は反論報道のみならず，訂正報道や損害賠償の請求に応じて調停・仲裁により紛争解決を図る。

## ❺ その他の情報法制

その他の情報法制として，①情報公開・個人情報保護法制，②国家機密法制，③青少年保護法制が注目に値する。①は情報公開法が1996年，公的部門と民間部門を一元的に規律する個人情報保護法が2011年に制定されたが，特に前者は知る権利に十分応えていないという批判もある。②は**国家保安法**など，③は青少年保護法に基づく**青少年有害媒体物制度**や**等級分類制度**などが相当の表現規制を強いている。　　　　　　　　　　　　　　　　　　　　　　　（韓　永學）

▷**反論権**
マス・メディアの報道により批判・攻撃を受けた者が当該マス・メディアに対し，反論・反駁の掲載・放送を要求することのできる権利。
⇨ Ⅵ-3 「アクセス権と反論文の掲載」

▷**私的自治の原則**
私法上の法律関係は，公権力が介入・関与せず，個人の自由な意思によって，また自己の責任の下で規律することを原則とする近代私法理念。

▷**国家保安法**
国家の安全を危うくする反国家活動（反国家団体の構成，目的遂行，賛揚・鼓舞など）を規制する法律。

▷**青少年有害媒体物制度**
青少年有害媒体物（青少年保護委員会が青少年に有害と決定・確認して女性家族大臣が告示）に対し，包括的な流通規制を課す制度。

▷**等級分類制度**
青少年有害媒体物と審議・決定しなかった媒体物に対し，青少年有害の程度などを考慮して利用可能年齢を区分する制度（rating system）。

**参考文献**

韓永學『韓国の言論法』日本評論社，2010年。

千命載「韓国の新聞」浜田純一・田島泰彦・桂敬一編『〔新訂〕新聞学』日本評論社，2009年。

姜京根「韓国の言論情報法」李龍澤・姜京根編『現代の韓国法』有信堂，2004年。

XII マス・メディアの現状とジャーナリズム

# 1 日本のマス・メディア

## 1 新聞の現状

　日本における新聞の総発行部数は，戦後しばらく2000万部台だったが，経済成長とともにほぼ右肩上がりで増えた。しかし，**日本新聞協会**によれば，1997年の5377万部をピークとして減少に転じ，2010年には5000万部を割り込んだ。その後も減少傾向に歯止めはかからず，2017年で4212万部となっている。これは朝刊・夕刊をセットにして1部と数えたものであり，朝夕刊を別に数えた場合は5182万部である。他方，世界的にみると，ほとんど例のない戸別配達制度などを背景に，日本の成人1000人あたり部数は391部で，総発行部数1000万部以上の「新聞大国」でもトップクラスの普及率を誇っている。

　日本では様々な種類の新聞が発行されているが，新聞は，広い分野の情報を扱う一般紙と，スポーツを中心に扱うスポーツ紙，経済など特定の情報や業界を扱う専門紙・業界紙に大別することができる。このうち一般紙は，発行エリアによって全国紙と地方紙に分けられる。全国紙は，読売新聞，朝日新聞，毎日新聞，日本経済新聞，産経新聞の5紙である。地方紙には，数県で発行するブロック紙，特定の都道府県を主要発行エリアとする県紙，都道府県より狭いエリアで発行される地域紙がある。また，発行形態による分類として，朝刊紙，夕刊紙，朝夕刊セット紙に分けることもある。

　1990年代半ば以降，地方紙を中心に休・廃刊が相次ぎ，最近は夕刊を廃止する社が増加している。現在，新聞は，インターネットとの競合，若年層の「新聞離れ」，広告収入の減少などによって厳しい経営を迫られる状況にある。新聞各社は，生き残りをかけて合理化・多角化を図っている。まず，コンピュータの導入，別会社化などで制作・印刷部門を中心に従業員を減らしている。また，文化・スポーツ事業はもちろんのこと，インターネットのウェブページへの情報発信などにも力を注いでいる。

　なお，ニュース・メディアとして重要な役割を果たしているものに通信社がある。通信社とは，国内外の取材網で得た情報を，新聞社や放送局など他のメディア，あるいは官公庁，企業などに配信する組織をいう。日本では，共同通信社と時事通信社がある。地方紙の大半は，発行エリアを除く国内外に恒常的な取材網を維持することが経費の面から難しいため，全国ニュースや外電などを通信社の配信記事に依存している。

▷日本新聞協会
新聞倫理綱領を制定し実践する自主組織として，全国の新聞，通信，放送各社が1946年に設立した社団法人。全国紙や地方紙，スポーツ紙など新聞104社，通信4社，放送22社の計130社が加盟している（2018年4月現在）。

▷1 ⇨ XII-12 「オンライン・ジャーナリズム」

218

## ② 放送の現状

日本の放送は，1925年のラジオ放送から始まった。テレビ放送は，1953年からである。新聞や出版より後発だったにもかかわらず，最先端のメディアとして脚光を浴び，デジタル時代を迎えた近時も，放送と通信の融合が議論されるなど，その役割に注目が集まっている。

放送の種類は，媒体や技術方式などによって様々に分けることができる。地上放送には，中波（AM）放送，地上テレビジョン放送の他，短波放送，超短波（FM）放送などがある。衛星放送としては，放送衛星を用いるBS放送，通信衛星を用いるCS放送がある。また，ケーブルテレビもある。

放送を実施する主体（放送事業者）としては，**公共放送**として日本放送協会（NHK）と**民間放送**（民放）がある。NHKは受信料に支えられた全国ネットワークを誇り，民放は東京をキー局とする5大ネットワーク（日本テレビ放送網，TBSテレビ，フジテレビジョン，テレビ朝日，テレビ東京）によって系列化されている。

経営面をみると，民放は，その収入のほとんどを広告で得ているため，景気の影響を受けやすい。**日本民間放送連盟**の2017年度決算概況によると，地上波194社の売上高合計は2兆3335億円で，前年度比1.3％の減収となった。これに対し，NHKの2017年度決算によると，受信契約制度を合憲とした2017年12月の最高裁判決後，契約件数が増えたことなどから，受信料収入は前年度比143億円増の6913億円となり，4年連続で過去最高を更新した。一般企業の売上高にあたる事業収入は，受信料を含めて7202億円となった。

## ③ 出版の現状

出版界は，1960年代以降，急ピッチで成長を続けてきたが，90年代末から長期低落傾向を示している。雑誌の休刊が相次ぎ，出版社の経営破綻も目立ち始めるなど，出版不況は深刻化の様相を呈している。若年層の活字離れ現象，インターネットの進展で多様な情報入手が容易になったことなどが背景にある。出版科学研究所が発表した2017年の紙の出版物の推定販売額（書籍・雑誌合計）は前年比6.9％減の1兆3701億円で，ピークの1996年の2兆6563億円と比べ，ほぼ半減した。とりわけ，雑誌販売額は前年比10.8％減と，過去最大の減少率で，初めて2ケタ減となった。他方，2017年の電子出版市場は2215億円で，前年比16.0％増の高い伸びを示した。電子市場を牽引したのは全体の8割近くを占める漫画（販売額1711億円，17.2％増）である。

紙の出版物が苦境にあえぐ中，デジタル化の進行によって，漫画にとどまらない電子書籍や電子雑誌を開発する新たな取り組みに期待が寄せられている。

（山田隆司）

▷2　放送の種類は多岐にわたっているため，本節では特段のことわりがないかぎり地上放送に限定して説明する。⇨Ⅷ-3「放送制度の概要(1)」，Ⅷ-4「放送制度の概要(2)」

▷**公共放送**
⇨Ⅷ-6「公共放送」
▷**民間放送**
⇨Ⅷ-7「民間放送」
▷**日本民間放送連盟**
一般放送（民放）事業者を会員とする社団法人。民放共通の問題を処理し，放送倫理水準の向上などを目的として，1951年に設立された。2018年4月現在，207社が加盟。

▷3　https://www.nhk.or.jp/pr/keiei/kessan/new.html『朝日新聞』2018年5月9日付，『読売新聞』2018年6月27日付。

▷4　https://www.ajpea.or.jp/information/20180125/index.html『読売新聞』2018年1月25日付，『朝日新聞』2018年1月26日付。

(参考文献)
春原昭彦・武市英雄編『ゼミナール　日本のマス・メディア〔第3版〕』日本評論社，2016年。
清水英夫ほか『新版　マス・コミュニケーション概論』学陽書房，2009年。
藤竹暁編著『図説　日本のマスメディア〔第2版〕』日本放送出版協会，2005年。
後藤将之『マス・メディア論』有斐閣，1999年。

# XII　マス・メディアの現状とジャーナリズム

 記者クラブ

## 1　記者クラブの歴史

　**日本新聞協会**の見解によれば，記者クラブは「公的機関などを継続的に取材するジャーナリストたちによって構成される『取材・報道のための自主的な組織』」である。首相官邸や国会，中央官庁や地方自治体，警察など日常的にニュースが発信される主要な取材先に置かれ，全国に800〜1000あるといわれる。基本的に，新聞協会を構成する新聞社や通信社，放送局の記者が加盟している。

　記者クラブは1890年，帝国議会が開会した際，新聞記者たちが傍聴取材を求めて「議会出入記者団」を結成したことに始まるといわれている。その後，中央官庁など主要な公的機関にも次々とつくられ，1920年代以降，地方に広がっていった。第二次世界大戦時の新聞統制で発表だけを報じることとされ，戦後はGHQ（連合国軍総司令部）の意向を背景に「親睦・社交」を目的にするものと位置づけられた。しかし，新聞協会は1978年，加盟社編集・報道局長で構成する編集委員会の見解で，「記者が，日常の取材活動を通じて相互の啓発と親睦をはかる」ものであると性格づけを一部変え，1997年の見解では「公的機関が保有する情報へのアクセスを容易にする『取材拠点』」と捉え直した。さらに，2002年見解では，①性格をより明確にする，②「記者室」との概念の混同を避ける——を理由に，「取材・報道のための自主的な組織」とした。

## 2　記者クラブの意義と問題点

　メディアの側からは，記者クラブの存在には，的確な報道が迅速になしうるというメリットがある。記者会見の開催を集団で求めることなどにより，情報の開示に消極的な公的機関から，より多くの情報を引き出し，国民の知る権利に奉仕することができる。原則として記者クラブが記者会見を主催することによって，公的機関の恣意的な発表を制限することが可能となる。公的機関の側からすると，能率的に発表できるメリットがある。

　これに対し，デメリットとしては，主に以下のことが指摘されている。

　第一に，閉鎖性・排他性である。これには記者クラブ加入と記者会見参加の2つの側面がある。前者のクラブ加入に関しては，外務省記者クラブ（霞クラブ）が1992年，外国報道機関の加盟を認める規約改正を行い，APとロイターの2通信社が入会した。日本新聞協会は1993年，外国報道機関の記者を原則と

▷日本新聞協会
⇨ⅩⅡ-1「日本のマス・メディア」

▷1　記者クラブに関する日本新聞協会の現在の見解については，日本新聞協会編集委員会『取材と報道〔改訂5版〕』（日本新聞協会，2018年）に詳しい。
▷2　これらのほか，マス・メディアに関係する何らかの問題が生じた場合に，公的機関や政治家に対して記者クラブとして申し入れ書などを提出することがある。最近では，2018年4月，財務事務次官（当時）のセクハラ発言報道に関して財務省が報道各社に調査協力を求めたことに対し，受け入れられないとして同省の記者クラブ「財政研究会」が抗議文を提出した。

して正会員の資格でクラブ加入を認めるべきだとする「見解」を決めた。その後，中央官庁などの記者クラブで門戸開放が相次いだものの，規約によって会員を新聞協会加盟社に限定する記者クラブが残っているとされている。

デメリットとして指摘される第二は，便宜供与である。京都府が府政記者クラブに記者室を無償提供したことなどについて，京都市の住民が府知事を相手取り住民訴訟を提起した**京都府記者クラブ訴訟**で京都地裁は，記者室は広報活動の一環として使用させているから府の公用に供するもので，「行政財産の目的内使用」などとして原告の主張を斥けた。また，京都市長を相手取り記者室の電話代を返還することなどを求めた住民訴訟で京都地裁は，電話などの設備は取材活動に必要な最小限度のもので，電話代負担も少額であることなどを理由に原告の請求を棄却した（**京都市記者クラブ訴訟**）。しかし，その後，記者クラブだけへの便宜供与を廃止する自治体も現れている。

デメリットの指摘の第三は，報道機関が報道を自制し合う「報道協定」である。これには，日常的に事前発表などに伴いクラブの現場判断で結ばれる「黒板協定」といわれるもの，誘拐報道協定など人命保護策として社会的に認知されているもの，行政側の申し出に対し特別に応じるものなどがある。最後の類型として，例えば皇太子妃結婚報道，グリコ・森永事件報道などでの協定が挙げられるが，発表依存体質，行政側の報道統制が強まるとの批判もある。

記者クラブは，その歴史と現状をみると，報道現場で一定の役割を果たしていることは否定できない。しかし，前述したデメリットの他，取材対象との馴れ合いや癒着，報道機関の横並び意識の助長，独自取材の不足によって「発表ジャーナリズム」に陥る危険など，様々な問題点が指摘されている。

## ③ 記者会見の開放

記者クラブのデメリットとして前述した記者会見参加の側面については，最近，注目すべき動きが相次いでいる。外国メディアとの関係では，2002年，欧州連合（EU）駐日欧州委員会代表部が日本政府に対し，公的機関の記者会見で日本国内の記者と平等のアクセスを要求した。これを受け，日本新聞協会は2004年，公的機関などが行う公式の記者会見について，外国メディアの参加を支援するよう求める文書を全国の記者クラブに送付した。また，国内メディアについては2009年の政権交代後，「大臣会見のオープン化」が広がり，雑誌記者らに開放された。翌年3月には首相官邸で開かれる首相の記者会見も，一定の条件付きながら，日本インターネット報道協会の加盟社の記者，フリーランスの記者らに開放された。こうした開放の流れをさらに推し進めるため，新聞記者らでつくる日本新聞労働組合連合は同月，記者会見は記者クラブへの加盟に関係なく，知る権利に奉仕する限り，すべての取材者に開放されるべきであるという「全面開放宣言」を発表した。 （山田隆司）

▷**京都府記者クラブ訴訟**
（京都地判平成4年2月10日判タ781号153頁）

▷**京都市記者クラブ訴訟**
（京都地判平成7年4月5日判タ915号110頁）
京都市が記者らとの会食を伴う懇談会費を負担したことも問題となったが，京都地裁は，懇談会費負担は社会通念上儀礼の範囲を逸脱したものとまでは認められない，などと判断した。
▷ 3 神奈川県鎌倉市は1996年，クラブ加盟社以外の記者も利用できる「広報メディアセンター」を設けた。長野県では2001年，「脱・記者クラブ」を宣言した田中康夫知事（当時）が記者室を撤去し，すべての市民が利用できる「表現センター」を開設した。東京都は2001年，記者室有料化をクラブ加盟各社に通告した（後に撤回）。

(参考文献)

春原昭彦「記者クラブ」稲葉三千男他編『新聞学〔第3版〕』日本評論社，1995年。
森暢平「戦後日本の記者クラブ：その歴史と構造1～8」『朝日総研リポートAIR21』2007年12月号～2008年7月号，朝日新聞社。
西山武典『「ザ・リーク」新聞報道のウラオモテ』講談社，1992年。

# XII　マス・メディアの現状とジャーナリズム

 **3　テレビの視聴率**

## 1　視聴率とは

　視聴率とは,「テレビの番組やCMがどのくらいの世帯や人々に見られているかを示すひとつの指標」である。番組の質的な評価を表すものではなく, 視聴の量を示すものとされる。日本で本格的な視聴率調査が始まったのは1961年からで, 2000年まではビデオリサーチ社とアメリカのニールセン社の2社で行っていたが, それ以降はビデオリサーチ社の1社のみとなっている。

　視聴率のデータは, 主に, テレビの広告効果（媒体力）を測る指標として, 広告主, **広告代理店**, テレビ局が広告取引において広告料金などを決定する際に利用されている。他方, 番組制作・番組編成の現場においては,「番組制作者のひとりよがりや特定の価値観に偏った番組作りを排し, より多くの人々に見られる番組提供を目指すための基準」として用いられ, マーケティングデータとしても活用されている。

　ビデオリサーチ社は, 全国を27地区の調査エリアに分け, エリアごとに視聴率調査を実施している。視聴率調査には, **世帯視聴率**と**個人視聴率**の2種類があり, 従来, 番組の「視聴率」という場合は, 前者の世帯視聴率を指し, **番組平均世帯視聴率**で表されていたが, 近年のテレビ視聴の「個人化」「分散化」に伴い, 後者の個人視聴率が重視される傾向にある。

　同社では, これまで関東・関西などの4地区のみで実施されてきた機械式個人視聴率調査を2020年3月から全地区に拡大し, 世帯視聴率と併せて, 全地区でデータを毎日提供することとなった。さらに調査対象世帯数も拡大した（関東地区：900世帯→2700世帯, 関西地区：600世帯→1200世帯など）。また, 2016年10月に関東地区から始まった**タイムシフト視聴率**調査も同時期から全地区に拡大した。調査対象世帯は無作為抽出によって選ばれ, かつ, 調査の正確さや公正さを期すため, どの世帯が選ばれたかは秘匿されている。

## 2　日本テレビ視聴率不正操作事件に見る視聴率の問題点

　さて, 視聴率の最大の問題点として, テレビ業界をはじめとする関連業界（広告主, 広告代理店）の「視聴率至上主義」の風潮・体質を挙げることができよう。昨今, 社会問題ともなっている「放送による人権侵害, 低俗番組の横行, 青少年に与える番組の悪影響など……の背景には, 視聴率至上主義や視聴率即

---

▷1　ビデオリサーチ経営管理局コーポレートコミュニケーション室編, 後掲, 2018年, PROLOGUE。
▷**広告代理店**
⇨XII-8「広告代理店」
▷2　日本民間放送連盟編, 後掲, 2007年, 357頁。
▷**世帯視聴率, 個人視聴率, 番組平均世帯視聴率**
「世帯視聴率」とは,「テレビ所有世帯のうち, どのくらいの世帯がテレビをつけていたかを示す割合」をいい,「個人視聴率」とは,「世帯内の4歳以上の家族全員の中で, 誰がどれくらいテレビを視聴したかを示す割合」をいう（ビデオリサーチ経営管理局コーポレートコミュニケーション室編, 後掲, 2018年, 4頁）。また,「番組平均世帯視聴率」とは,「毎分視聴率の合計を番組の放送分数で割ったもの」をいう（同上, 22頁）。
▷**タイムシフト視聴率**
番組放送から7日内（168時間内）でのタイムシフト視聴の実態を示す指標。従来のリアルタイム視聴を示す「視聴率」に「タイムシフト視聴率」を加え「重複視聴」を差し引いたものを「総合視聴率」としている（ビデオリサーチ経営管理局コーポレートコミュニケーション室編, 後掲, 2018年, PROLOGUE）。

222

メディア通貨と捉えがちな業界体質の存在があるのではないか[43]」との指摘もある。

視聴率調査をめぐって，このような視聴率至上主義を背景として起こった事件が2003年の「日本テレビ視聴率不正操作事件」であった。これは，日本テレビのプロデューサーが担当番組の視聴率を上げるために，制作費を使って，興信所に調べさせた視聴率調査対象世帯に金品を贈った事件である。

事件の背景として，視聴率によって番組制作能力ひいては人事が評価される風潮・体質が日本テレビを含む業界に存在していたこと，視聴率を上げるために当該プロデューサーが刺激的な映像等を駆使する方法を採っていたことなどが指摘されている[44]。

この事件を受けて，BPO[◆]は，「視聴率問題に関する三委員長の見解と提言[45]」を発表し（2003年），①**視聴質**調査の導入の検討，②新しい評価基準づくりへの広告界の協力，③放送人の倫理研修の必要性，④番組に対する視聴者の積極的な発言，⑤新聞・雑誌が視聴率至上主義の増幅に加担しないこと，の5点を提言した。また，日本民間放送連盟（民放連）も「視聴率等のあり方に関する調査研究会」を発足させ（2003年），翌2004年，同研究会は，①視聴率調査のデジタル化対応の検討，②報奨・顕彰制度の充実，③視聴率調査会社の監査の充実の3点について提言した。

視聴率至上主義に対するかねてからの懸念が視聴率データの不正操作というかたちで現実化し，放送界・広告界あげて，視聴率の問題点への解決策に取り組む契機となった事件であった。

## ③ 今後の課題

視聴率に関する今後の課題として，以下の点が挙げられよう。

第一に，調査データの信頼性のさらなる向上である。調査対象世帯数については意見のわかれるところであるが，ネット時代における測定方法や測定範囲についてはさらなる検討が望まれる。

第二に，テレビ業界をはじめとする関連業界の「視聴率至上主義」の風潮・体質の改善である。視聴質調査の開発やメディア相互批判など，新しい番組評価方法を関連業界が主導して作り出していく必要があろう。

そして，第三に，視聴者の**メディア・リテラシー**[◆]の向上である。番組に対する視聴者の批評眼を養うことがひいては視聴率にも反映され，新たな番組評価への発展につながるであろう。

視聴率の意義をふまえつつも，多様な番組評価方法を構築することによって，視聴率を絶対視するのではなく，建設的に相対化していく試みが求められている。

（後藤　登）

---

▷ 3　BPO「『三委員長の見解と提言』を出すにあたって」BPO，2003年（http://www.bpo.gr.jp/?p=5004）。

▷ 4　日本テレビ「視聴率操作」調査委員会「『視聴率操作』に関する調査報告書」日本テレビ，2003年（http://www.ntv.co.jp/info/pressrelease/20031118.html）。

▷ BPO
⇨ Ⅷ-11 「BPO」

▷ 5　BPO「視聴率問題に関する三委員長の見解と提言」BPO，2003年（http://www.bpo.gr.jp/?p=5004）。

▷視聴質
番組視聴を量的な測定ではなく，質的な測定で評価する方法。ただし，その概念，測定方法ともに多様であるため，一般化していない。

▷メディア・リテラシー
⇨ Ⅵ-6 「メディア・リテラシー」

（参考文献）

日本民間放送連盟編『放送ハンドブック〔改訂版〕』日経BP社，2007年。
ビデオリサーチ経営管理局コーポレートコミュニケーション室編『TV RATING GUIDE BOOK（視聴率ハンドブック）』ビデオリサーチ，2018年（http://www.videor.co.jp/tvrating/pdf/handbook.pdf）。
ビデオリサーチHP（https://www.videor.co.jp/）

# XII マス・メディアの現状とジャーナリズム

 ## 4 出版の流通・販売

###  出版流通

　出版流通は，著作者と出版社の共同作業によって生産された出版物を読者に届ける経路のことである。この出版流通を担う取次業に，出版物を生産する出版業，販売を担う書店などの小売業の三業界が出版産業を構成する。出版産業は，本来，書籍と雑誌を主として生産・販売する製造業であり，その意味からは著作者や製造部門の印刷・製本業を加える見方もできる。

　日本の出版流通と販売の特徴として，次の2つがある。

① 多様な流通経路をもつものの，書店での販売依存度が高く，その中でも取次経路が中心的役割を担っている。

② 書店販売における雑誌の比率が高く，取次は書籍と雑誌の混載流通を行っている。大部数の雑誌流通に他品種少部数の書籍を載せることで，流通コストを吸収することができた[41]。これが近年の雑誌販売不振により，雑誌販売部数はピークの3割まで落ち込み「出版物流の危機」が指摘されている。

　また，次の2つの制度がある。

① 新刊書は「委託制」による販売取引により流通している。

② 「再販制度（再販売価格維持制度）」によって定価販売が一般的である。

　出版物の流通経路は，取次経路（出版社—取次—書店—読者）が主流で，これに出版社と書店の直接取引，出版社から読者への直販などがある。オンライン書店が扱う出版物の多くは，取次経路であるが，出版社との直接取引もある。

　このうち，取次経路のシェアが極めて高く，書籍が約7割，雑誌が約8割と推定される[42]。また，取次経路のうち大手2社（日本出版販売・トーハン）のシェアが高く75％以上で寡占状態にある。また，近年，中堅以下の取次で廃業・破産が相次ぎ，再編による上位集中が進んでいる。このほか雑誌を主に扱うコンビニエンスストア（CVS）やキヨスク，大学教科書の比率が高い大学生協，公共図書館への納入を担う図書館流通センターなどがある[43]。

　取次の機能は，商流，物流，金融，情報流通の4つに分けられる。商流としては仕入れと配本である。取次では出版社担当者が持ち込む新刊書籍を何部仕入れるか検討し，全国の書店における規模，客層，販売実勢のデータを基に配本する。物流としては出版社への集荷作業や出版社による搬入により集められた書籍を書店ごとに仕分けし，配送する業務がある。さらに取次は，書店への

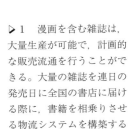

▷1　漫画を含む雑誌は，大量生産が可能で，計画的な販売流通を行うことができる。大量の雑誌を連日の発売日に全国の書店に届ける際に，書籍を相乗りさせる物流システムを構築することで，成長期の出版産業を支えてきた。

▷2　公正取引委員会『再販問題検討のための政府規制等と競争政策に関する研究会資料編』（公正取引委員会事務総局，1998年）による。その他，書籍取引では，出版社から読者への直販は12.8％，出版社と書店の直接取引は5.6％。雑誌ではCVSが15.2％，キヨスクなど，駅構内のスタンド販売が11.8％であり，この数字は現在も大きく変わっていない。

▷3　イギリス，アメリカ，ドイツなど欧米諸国の書籍流通では，日本と異なり出版社と書店の直接取引の比率が極めて高く，7〜8割と推定される。アメリカの雑誌販売は，予約定期購読（subscription）の読者直販が主である。

224

XII-4 出版の流通・販売

請求や代金の回収，さらに出版社への代金の支払いを行っている。その際，書店からの入金如何にかかわらず，出版社への支払いを行う代金立替の金融機能を担う。最後に，情報流通としては，書誌情報データベースの構築や在庫状況，販売情報の提供がある。

　取次経路シェアが高いことのメリットとして，比較的零細企業の多い日本の出版社であっても，全国の書店に安定的に書籍が届けられる点があり，多種多様な雑誌や専門性・嗜好性の高い書籍の企画編集に傾注できるとされている。

　一方，デメリットとしては，取次が書店への新刊配本部数を過去の販売データを基に決めるパターン配本などをとることから，どこの書店でも同じような品揃えとなって個性が乏しくなる要因とされている。その上，小さな書店には売れ筋の新刊書が注文部数通りに入荷しないことや，新規取引を開始した出版社では，取次の仕入れる**正味**が低く設定されるなどの問題が指摘されている。

## ② 出版販売と再販制度

　取引形態の大半が委託制で，一部に買切制がある。委託制は，出版社の委託を受けて書店が書籍を販売することで，売れ残った書籍を定まった期間内であれば出版社に返品できる制度である。多くの出版社は新刊書を委託配本する委託出版社である。書店にとっては，一定期間陳列して売れ残れば返品すればよいわけで仕入れリスクや在庫リスクがない。またパターン配本により希望していない書籍が入荷した場合は直ちに返品することになる。これが書籍において，38％前後の高い返品率の要因ともなっている。一方，買切制は書店が書籍を買い切ることで売れ残っても返品できない制度である。

　日本の書店の特徴は，店舗数が多いこととされている。この場合の書店は，新刊書店のことを指し，オンライン書店や古書店，新古書店（ブックオフなど）は含めないのが通例である。書店は長期にわたり減少傾向で，アルメディア調査によると，2018年の書店数は1万2026店で，1999年からの20年間でおよそ1万店減っている。

　日本の出版物は定価表示であるが，これは独占禁止法が再販を原則違法としていながら，出版物（書籍と雑誌）を適用除外としていることによる。再販とは再販売価格維持のことであり，一般にメーカーが卸売業や小売店に対して販売価格を指示し遵守させることである。

　出版物再販は，公正取引委員会によって2度の見直しが行われている。最初が1978年に当時の公取委委員長が，出版物とレコード盤の適用見直しを発言したことによる。さらに1992年，規制緩和の流れの中で，独禁法適用除外の全面的見直しが行われた。2001年に公取委が見直しの結論を公表し，「当面同制度を存置する」とした。出版社に対しては，再販制の弾力的運用が強く求められ，出版社による自由価格本フェアなどが行われるようになった。　　　（植村八潮）

▷ **正味**
商品の定価を基準とした卸率のこと（例えば，定価1000円の商品の卸値が300円の場合の卸率は30％）。出版社から取次が仕入れる正味と，取次が小売り書店に販売する卸正味がある。一般に前者が70％前後で，これに取次の手数料8％を加えて卸正味が決まる。

▷4　出版産業内では，このようなしくみにより「委託」とされているが，所有権を移転させた売買が行われていることから「返品条件付売買」とみなされる。

▷5　注文買切制の出版社は極めて少なく，岩波書店や未來社がある。

▷6　⇨コラム11「新聞再販制度・軽減税率」

# コラム-11

## 新聞再販制度・軽減税率

### ○新聞再販制度

日本では新聞販売店で新聞，書店で書籍・雑誌が，値引かれることなく販売されている。その根拠として「再販制度」があることは，耳にした人も多いと思う。ではなぜ，メーカーにより小売価格を拘束できる制度を「再販」というのだろうか。

メーカーが卸売業者に商品を販売した後，卸売業者から小売店，小売店から消費者に売るのは，いったん仕入れた商品を再び売るので「再販」と呼ぶ。商品の所有権は卸売業者にあり，小売店への販売価格は自由に決められる。小売店が仕入れた商品を消費者に販売する際も同様である。そこでメーカーなどが小売価格を決めて守らせることは「再販売価格維持」と呼び，自由な価格競争や消費者利益を阻害するおそれがあることから「不公正な取引方法」に該当するとして独占禁止法19条の違反となる。

1953年に独占禁止法が改正された際に，文化の保護の観点から，新聞，書籍・雑誌，レコード盤（のちに音楽用テープ・音楽用CDを追加）の「著作物」が適用除外とされ，定価販売が可能となっている。これを「（著作物）再販制度」という。なお，再販は定価販売を自動的に義務づけたわけではなく，企業間で再販売維持契約を結ぶことで，メーカーが小売に対して定価販売を指示することができる。

1990年代に入って，公正取引委員会（公取委）は，再販制度が公正な競争を阻害しているとして見直しを打ち出したが，2001年に弾力的運用を条件に「当面存置」とした。この結果，学校教育教材用新聞の値引きなどが行われるようになった。新聞は，さらに値引きが「不公正な取引方法」にあたるとした「特殊指定」が公取委の告示によってなされている。これによって新聞発行本社が地域または相手方により多様な定価・価格設定を行うことを禁止している。2005年に「特殊指定」の見直しも行われたが，結局，結論を見合わせるとした。公取委は現在も「新聞特殊指定に問題がある」という見解を変えていない。

## ○軽減税率

出版業界は，2019年10月1日からの消費税率10％への引上げに際し，「最低限度の健康的な生活に食料品が不可欠であるように，出版物は最低限度の文化的生活に必要不可欠です」として，「出版文化に軽減税率を適用」を訴えてきた。その根拠として，「文化政策」「産業の保護」という目的に限って軽減税率を適用している欧州各国の対応をあげている。もちろん，消費税引き上げが出版不況に追い打ちをかけるという懸念もある。

欧州は，軽減税率の導入について先行しており，書籍・雑誌に対する税率は，イギリスが標準税率20％に対してゼロ税率，ドイツが標準税率19％に対して7％，フランスが標準税率20％に対して書籍（電子書籍を含む）5.5％・雑誌2.1％，スウェーデンが標準税率25％に対して6％と軒並み低くなっている。

新聞を，実質的に消費税の据え置きとなる軽減税率8％の対象品目と決定したのは，2016年度与党税制改正大綱である。厳密には「定期購読契約が締結された日々または週2回以上発行される新聞」は8％とし，駅の売店などで買う場合や電子新聞は軽減対象にならない。

一方，書籍・雑誌については，「その日常生活における意義，有害図書排除の仕組みの構築状況等を総合的に勘案しつつ，引き続き検討する」となった。この段階で言論機関である新聞と出版物は分断され，出版界は，明確に「有害図書」を排除しなければ，対象としないと突きつけられたのだ。

出版界はこれを受け入れて倫理基準を制定し，自主的判断を行うとした。いうまでもなく「有害図書」を分ける外形的要素はなく，恣意的な判断によって拡大しかねないし，表現の萎縮につながるおそれもある。

結果的に，2018年12月14日に与党税制改正大綱が発表され，書籍・雑誌には適用しないという従来の方針通りとして決着した。ひとまず終止符が打たれたとはいえ，政府の意向によって，表現内容を分けるとした事実が残ることになった。

（植村八潮）

XII マス・メディアの現状とジャーナリズム

 # メディア・コングロマリット

## ① メディア・コングロマリットの現状と特徴

メディア・コングロマリット（Media Conglomerate）とは，映画会社（映画スタジオなどを含む），放送事業者（衛星放送，CATVなどを含む），新聞や出版などの印刷メディア事業者，音楽ソフト会社に加え，近年では電気通信事業者など，様々なメディア産業を傘下に収める巨大な複合企業体（Conglomerate）のことである。[41]

本来，コングロマリットは，業務内容において直接の関係がない分野を多数傘下に収める企業グループのことである。60年代のアメリカで，コングロマリット化が促進された背景は，時価総額を高めるために，各企業が積極的なM&A（企業買収・合併）を行い，収益拡大を図ったことにある。その際，同業者や取引関係者を買収すると独占禁止法に抵触する恐れがあり，あえて本業と関係の薄い事業の企業を買収した。この点，メディア・コングロマリットの統合分野は，異なる事業であっても，必ずしも無関係とはいえない。

映画，放送，新聞といった異なるメディアの水平統合だけではなく，映画におけるスタジオ制作と配給，さらにはDVD販売というような，コンテンツの生産・流通・消費という一連のサプライチェーンの中で，垂直統合を同時に果たしている。その際，メディアミックスと呼ばれるプロモーションや，1つのコンテンツを世界中に多メディア展開するワンコンテンツ・マルチユースの手法を使って，生産性向上を図っている。この結果，グループ内で売上を確保し高い利益率の確保を図るなど，シナジー（相乗効果）が期待される。[42]

メディア・コングロマリット特有の弊害として，独占禁止法に抵触する可能性だけでなく，メディアの寡占と集中により，「言論の自由」や「表現の多様性」が損なわれることが指摘される。また，経営者は政権と結託する機会が増え，編集権が脅かされることになる。巨大私企業による利益追求は，しばしば「公共の利益」に反することにつながり，現実にも，激しいリストラが行われ収益性の低い部門である出版や新聞を衰退させている。

## ② メディア・コングロマリット誕生の経緯と現在

メディア・コングロマリットは，メディアのデジタル化に伴うマルチメディア化と，情報通信分野における規制緩和の結果として誕生している。もともとアメリカではメディア産業の活性化の目的から，垂直統合は公平な競争を阻害

▷1 アメリカを本拠地とする代表的なメディア・コングロマリットは，コムキャスト（NBCユニバーサル），ウォルト・ディズニー・カンパニー，21世紀フォックス・ニューズ・コープ，バイアコム・CBSコーポレーション，AT&T（ワーナーメディア・ディレクTV）の5つである。合併や買収などにより合従連衡を繰り返して変化をしているが，これが現時点での「ビッグ5」である。さらに，ドイツ系のベルテルスマン，フランス系のヴィヴァンディ，日本系のソニーのエンターテイメント部門もメディア・コングロマリットといえよう。

▷2 このような戦略が見事に相まった例として，映画『タイタニック』（1997年）がある（Croteau, David and William Hoynes, *The Business of MEDIA*, Pine Forge Press, 2001, p. 117）。製作2億ドルという巨費を投じた結果，映画興行収入は20億ドルに達し，さらにレンタルビデオ，楽曲販売，書籍，食品・化粧品などの関連商品など，合計で43億ドルを売り上げている。

228

するという考え方や，同じ地域での新聞と放送の同時保有（クロス・オーナーシップ）の禁止条項があった。[43]

第二次世界大戦後のアメリカでは，大手映画会社に対して，独占禁止法により映画製作プロダクションと映画配給の資本分離が行われた。また，FCC（連邦通信委員会）は，様々な行政介入を行い，1940年には，二大ラジオ局の1つであるNBCを分割して第三の全国ラジオ放送網ABCを誕生させた。戦後，巨大化して言論に対する影響力を強めた三大ネットワークに対しては，番組制作と配信（ネットワーク局）の分離政策をとってきた。

1980年代に入って，衛星放送やCATVなどのニューメディアが実用化されたことで，アメリカやイギリスは，古典的な規制論から積極的な市場開放へと政策を転換しメディアの再編が進んだ。イギリスでは1984年，ブリティッシュ・テレコムが民営化された。またルパート・マードックといったメディア王が登場し，アメリカ進出を手始めに多国籍なメディア帝国を作り上げている。アメリカでもFCCが規制緩和を行い，産業の活性化を図った。1984年，CATV局の設置を自由化し，三大ネットの支配力を低下させ，また**AT&T**を分割し通信業界に競争導入を図った。さらに1987年には，**公正原則**[d]を撤廃している。

企業合併を基本とした巨大化・多国籍化は，1980年代から顕著となり，2000年代に入ってインターネットの急速な普及を受けて，ネットメディアを取り込んだ再編が進んだ。一方，新たな巨大IT企業の登場により，コンテンツのデジタル流通基盤（プラットフォーム）が確立され，垂直統合を基軸とするビジネスモデルが脅かされることになった。アメリカの4大IT企業（ビッグ4）であるグーグル（現アルファベット），アップル，フェースブック，アマゾンは，その頭文字をとってGAFAと呼ばれるようになった。

## 3 マスメディア集中排除原則と日本におけるメディアグループ

マスメディア集中排除原則は，「放送をすることができる機会をできるだけ多くの者に対し確保することにより，放送による表現の自由ができるだけ多くの者によって享有されるようにする」ためのものである（放送法93条）。

一般放送事業者の場合，同じ都道府県にある複数の地上放送局について，同じ者が同時に10％以上の株式（正確には株主議決権）を保有してはならないことになっている。また，別の都道府県にある複数の放送局については，同時に20％以上の株式を保有してはならないとされている。しかし，大手新聞社やテレビキー局が名義貸しにより長年にわたってこの原則が制限する以上の株式を実質保有していた事実が次々明るみになり，規制の形骸化が指摘されている。

2007年には，放送法改正によって放送持株会社が認められ，翌年，フジ・メディア・ホールディングスが成立した。また，2011年には，ラジオ局に限り合併・統合が大幅に緩和されることになった。　　　　（植村八潮）

▷3　日本の「マスメディアの集中排除原則」は，この考え方に基づいている。

▷ AT&T
アメリカ最大の電話会社で通信研究から機器製造や，市内から長距離までの電話通信事業を独占していた。

▷公正原則（Fairness Doctrine）
放送は有限で希少な電波帯域を利用するメディアなため，公共性が重視される。このことから「政治的に中立（不偏不党）で，公正，平等な放送を行う義務がある」と考えられ，政治的見解や対立意見に対して，中立性，時間配分などに対する量的バランス，一定の配慮が求められてきた。また「放送が個人批判をした場合は，反対の意見表明に同じ時間を与える」などの反論権ルールが存在した。⇨Ⅷ-5「放送の自由」

▷4　フジ・メディア・ホールディングスは，産業経済新聞社の39.9％の株を保有している。フジサンケイ・コミュニケーションズ・グループは，産経新聞，フジテレビ，ニッポン放送，文化放送，ポニーキャニオン，扶桑社，ディノスからなる。この他，読売新聞，報知新聞，日本テレビ，中央公論社からなる読売グループ，日本経済新聞本紙のほか，日経産業新聞，日経MJや，TXNネットワーク（テレビ東京系列），日経BP，日経テレコンなどからなる日本経済新聞社グループなどがある。⇨Ⅷ-3「放送制度の概要(1)」

# XII マス・メディアの現状とジャーナリズム

 広告の現状

### 1 広告媒体の種類

　広告主にとって，広告は自らのメッセージをターゲットとする受け手（主に消費者）に伝達するための重要な手段であり，新聞・雑誌・テレビ・ラジオなどのマス・メディアはそのための重要な広告媒体である。また，読者・視聴者などのマス・メディアの受け手にとって，広告は主に自らの消費行動の際の重要な情報源であり，判断基準でもある。そして，企業としてのマス・メディアにとって，広告は収益源として重要な経営的基盤を担っている。

　広告媒体の種類としては，一般に，①マスコミ（新聞，雑誌，テレビ，ラジオ），②インターネット，③プロモーションメディア（屋外，交通，折込，DM，フリーペーパー・フリーマガジン，POP，電話帳，展示・映像他）が挙げられる。

###  マス・メディアと広告の現状

　2017年（1〜12月）の日本の総広告費は6兆3907億円（前年比1.6％増）で，そのうち，いわゆる「マスコミ4媒体広告費」が占める割合は43.7％（同2.3％減）である。その内訳は，新聞広告費8.1％（同5.2％減），雑誌広告費3.2％（同9.0％減），ラジオ広告費2.0％（同0.4％増），テレビメディア広告費30.4％（地上波テレビ28.4％〔同1.1％減〕，衛星メディア関連2.0％〔同1.3％増〕）であった。他方，「インターネット広告費」の占める割合は23.6％（同15.2％増）であり，地上波テレビ広告費に次ぐ第2位となっている（次頁の**図XII-1**参照）。

　また，マスコミ4媒体の収入構成比を見た場合，新聞社は，販売収入57.8％，広告収入20.7％，その他収入21.4％（2017年度）▷1，出版社は，書籍販売収入57.2％，雑誌販売収入25.4％，広告料収入11.6％（2014年）▷2，地上民放は，放送事業収入（タイムCM・スポットCM収入など）89.6％（テレビ84.6％，ラジオ5.0％），その他事業収入10.4％（2015年度）▷3となっている。いずれの媒体も収入構成比に占める広告費（広告収入）の割合は決して小さくなく（特にテレビ），広告費の減少がマスコミ4媒体の経営に与える影響が大きいことがわかる。なお，インターネット広告費の内訳は，広告制作費，モバイル広告費，検索連動広告費，ディスプレイ広告費などである。

▷1　Pressnet「新聞社の総売上高の推移」日本新聞協会（https://www.pressnet.or.jp/data/finance/finance01.php）参照。
▷2　電通メディアイノベーションラボ編『情報メディア白書2018』（ダイヤモンド社）63頁参照。
▷3　日本民間放送連盟「関連資料・データ：民放業界データ」（https://j-ba.or.jp/category/data/jba102153）参照。

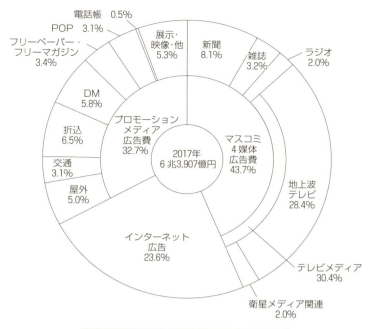

図XII-1　日本の広告費：媒体別構成比（2017年）

出所：電通「2017年　日本の広告費」電通HPから引用。
（http://www.dentsu.co.jp/knowledge/ad_cost/2017/media4.html）

## 3　マス・メディアと広告の課題

　広告収入への依存度の高いマス・メディアにとって，広告との関係には様々な重要な課題が存在する。

　例えば，営業面においては，1997年に発覚した福岡放送と北陸放送の**契約CM未放送事件**（その後，1999年には静岡第一テレビでも発覚）は，放送局に対する広告主の信頼を大きく損なうものとなった。

　編集面においては，「**アドバトリアル**」という記事の体裁をした広告が定着し，記事と広告の境界が曖昧になるという問題点が指摘されており，同種のものは新聞だけではなく，テレビ番組などにも存在する。また，虚偽・誇張・誤解を招くなど，消費者に不利益をもたらす可能性のある広告表現も問題となっている。さらには，テレビの広告効果を測る指標という点から，「視聴率至上主義」の考えが番組制作に様々な弊害を生み出している。他方，番組内容への広告主からの圧力も深刻な問題点として語られてきた。

　広告主とマス・メディア，受け手としての消費者の三者は相互に依存する関係といえる。消費者（受け手）の利益を最優先に据え，内在する緊張関係を信頼関係に変えていくために，マス・メディアはまさに「媒介役」として重要な役割を担っている。

（後藤　登）

▷**契約CM未放送事件**
広告主から受注したテレビスポットCMを契約通りに放送せず，間引きして放送した事件。民放連は，福岡放送，北陸放送の2社を会員活動停止処分，静岡第一テレビを除名処分とし，再発防止に向けた取組みを行った（日本民間放送連盟編，2007年，454-457頁参照）。

▷**アドバトリアル**
「アドバタイジング（広告）」と「エディトリアル（編集）」の合成語。広告と連動した編集記事，広告局作成の記事などがある。この他，広告収入を唯一の財源とするフリーペーパー（マガジン）（無料紙・誌）や，商品宣伝を主な内容とするテレビショッピング番組なども登場・定着し，広告と編集の「融合」はますます進展している（須藤編，1997年，111-144頁参照）。

▷4　そのいくつかの事例として，松田浩・メディア総合研究所『戦後史にみるテレビ放送中止事件』（岩波ブックレットNo.357）岩波書店，1994年を参照。

**参考文献**
須藤春夫編『21世紀のマスコミ03：広告——広告は市民とマスコミの敵か味方か』大月書店，1997年。
日本民間放送連盟編『放送ハンドブック〔改訂版〕』日経BP社，2007年。
電通「2017年日本の広告費」電通HP（http://www.dentsu.co.jp/knowledge/ad_cost/）。

# XII マス・メディアの現状とジャーナリズム

## 広告の考査

### 1 広告の考査とは

広告表現規制は法規制と自主規制に大別されるが，ここでは，自主規制の1つである「広告考査」について取り上げる。

2017年度に日本広告審査機構（JARO）に寄せられた広告・表示に関する苦情等の総受付件数は1万300件（「苦情」7547件，「照会」1712件，「称賛」4件，「JARO関連」50件，「広告以外」987件）であった。「苦情」に関する業種別分類の上位5位は，1位・デジタルコンテンツ等（734件），2位・携帯電話サービス（403件），3位・健康食品（384件），4位・自動車（278件），5位・通信販売業（238件）となっている。また，媒体別分類の上位5位は，1位・テレビ（3886件），2位・インターネット（2451件），3位・ラジオ（404件），4位・折込（196件），5位・チラシ（183件）であった。

一般に，虚偽（うそ），誇張（大げさ），誤解を招く（紛らわしい），人権侵害などの広告は，消費者に不利益をもたらすことが多い。本来，広告内容に関する責任は第一義的には広告主にあるが，広告を掲載・放送するメディアの社会的影響力や責任も決して小さいものではない。そこで，広告媒体である各メディアは，事前に広告内容を審査（考査）し，広告の掲載・放送の可否を独自に判断している。また，業界レベルの自主的な取組みとして，**広告審査協会**とJAROによる広告審査（考査）が行われている。広告審査協会は，媒体各社（新聞・雑誌・テレビ・ラジオ）や広告代理店からの依頼に基づき，事前の実地調査と広告審査を行っている。他方，JAROは，消費者等からの苦情・問い合わせを受けて事後的に審査を行い，広告および広告主の社会的責任の向上を図っている。媒体各社の総収入に占める広告費の割合が決して小さくないこととも考え合わせ，広告考査の目的は，一般に，消費者の保護と媒体価値の維持・向上の2つがあるといわれている。

### 2 事前考査と事後考査

#### ○事前考査

広告考査の担当者は，広告関連法規や公正競争規約等の他に，各メディア業界や媒体各社が定めた広告倫理基準を基に考査を行っている。

例えば，新聞の場合は，日本新聞協会が**新聞広告倫理綱領**（1958年制定，1976

▷1 「2017年度の審査概況 総受付件数が1万件超える」JARO NEWS RELEASE 2018年6月12日 (http://www.jaro.or.jp/kigyou/soudan_kensuu/toukei/20180612ReleaseG.pdf)。

▷広告審査協会
1971年に新聞広告審査協会設立後，2012年に広告審査協会に移行。媒体各社は，原則として，広告内容の表現上の審査を行う。しかし，「広告内容と実際との食い違い等について実地の調査が必要になる場面も少なくない」（日本新聞協会研究所編，1990年，171頁）ため，広告の掲載・放送前に本協会が実地調査を行い，消費者保護の観点から審査をし，その結果を依頼主に報告する。広告審査協会HP参照。

▷2 消費者の他に，官庁，企業，媒体各社，広告業者などからの苦情・問い合わせに対応している。

年改正）を定め，「新聞社は新聞広告の社会的使命を認識して，常に倫理の向上に努め，読者の信頼にこたえなければならない」として，①真実の伝達，②紙面の品位の維持，③関係諸法規の遵守を謳っている。さらに，**新聞広告掲載基準**（1976年制定，1991年一部改正）を定め，各新聞社はこれをモデルに自社の掲載基準（ガイドライン）を定めている。なお，事前考査にあたり，媒体各社は広告審査協会に広告の実地調査を依頼する場合がある。

　また，放送の場合は，民放連が**日本民間放送連盟放送基準**（2015年最終改正）を定め，18章中 6 章（「広告の責任」「広告の取り扱い」「広告の表現」「医療・医薬品・化粧品などの広告」「金融・不動産の広告」「広告の時間基準」）を割いて，広告放送に関する倫理基準を定めている。また，付則として，**児童向けコマーシャルに関する留意事項**（1982年制定，2009年改訂）を特に定める。

　　○事後考査

　事後考査としては，業界レベルで，JARO が消費者等からの苦情・問い合わせに基づき広告審査を行い，問題がある場合には，広告主に対して広告内容の改善を要請している。JARO は，広告における自主規制機関として，1974年，広告主，媒体各社（新聞・出版・放送），広告代理店，広告制作会社などによって設立された。設立の背景には，「悪い広告をなくし，正しいよい広告を育てたい」という広告界の念願があったといわれる。

　苦情の審理は，事務局→業務委員会（業界の専門家で構成）→審査委員会（学識経験者 7 名で構成）の三審制をとっている。審査委員会が広告に問題があるという裁定を下した場合，JARO は，①広告主に対する広告内容の修正の要請，②関係機関への連絡，③媒体各社に対する広告掲載・放送の検討の要請を行うこともある。

## ③ 広告考査の課題

　企業にとって，広告宣伝活動は程度の差はあれ必須であるといってよいだろう。消費者にとっても，自らの消費行動の上で，広告は重要な判断材料ともなる。他方，過当競争や過剰な営利主義を背景に，消費者の信頼を裏切る広告宣伝活動も絶えない。消費者庁の創設（2009年）など，消費者保護重視の社会的・世界的潮流の中，広告主の責任はいうに及ばず，広告を掲載・放送する媒体責任という観点から，マス・メディアに対する行政指導や法規制，裁判 なども増えていくことが考えられ，ひいては，マス・メディアの言論・表現活動（表現の自由）への影響も懸念されよう。例えば，新聞の法的な媒体責任が問われた事例として，日本コーポ事件最高裁判決（最判平成元年 9 月19日）がある。

　自主規制としての広告考査の社会的役割，社会的責任は今後ますます高まるものと思われる。
　　　　　　　　　　　　　　　　　　　　　　　　　　　　（後藤　登）

▷新聞広告倫理綱領，新聞広告掲載基準
原文は日本新聞協会 HP で見ることができる。

▷日本民間放送連盟放送基準，児童向けコマーシャルに関する留意事項
原文は日本民間放送連盟 HP で見ることができる。

▷ 3 　⇨ Ⅲ- 7 「広告表現」

（参考文献）
日本新聞協会研究所編『新・法と新聞』日本新聞協会，1990年。
岡田米蔵・梁瀬和男『広告法規〔新訂第一版〕』商事法務，2006年。
JARO（日本広告審査機構）HP（http://www.jaro.or.jp/）。

# XII　マス・メディアの現状とジャーナリズム

　広告代理店

## １　広告代理店の業務内容

　広告代理店とは，「広告主の依頼を受けて広告主の業務を代行する[1]」会社であり，「広告会社」とも呼ばれる。2016年における日本の総広告費は６兆2880億円であったが，そのうち，主要広告代理店10社の売り上げ[2]（３兆2021億円）が占める割合は50.9％にものぼる。ただし，業界全体でみると中小規模の数多くの広告代理店が存在している。国内広告市場におけるシェア１位は電通で24.4％を占めており，主要メディアにおける電通の売上高シェアは，テレビ37.5％，新聞17.8％，雑誌14.5％，ラジオ13.1％となっている（2017年）[4]。なお，2003年には，博報堂・大広・読売広告社の３社が経営統合を行い，共同持ち株会社である博報堂DYホールディングスが発足し，同社の100％出資子会社として３社のメディア・コンテンツ事業を分割・統合した博報堂DYメディアパートナーズを設立している[5]。

　広告代理店は，歴史的には，新聞，出版媒体の広告スペースを広告主に取り次ぐ営業業務という媒体社サイドの代理店として誕生した。しかし，現在では，広告主サイドの代理店として，広告主からの委託に基づき，市場調査，広告の企画・立案・制作・実施だけでなく，セールスプロモーション（SP：販売促進），**パブリックリレーションズ**（PR），イベントなど，非常に幅広い業務を行い，広告媒体としては，従来のマスコミ４媒体（新聞，出版，テレビ，ラジオ）の他にも，インターネット，携帯電話などのデジタルメディア，博覧会・コンベンション，スポーツイベントなど，その対象も広がっている。例えば，電通は，「コミュニケーション領域を中核にして，広告主やメディア・コンテンツ企業をはじめとする顧客の経営課題・事業課題の解決から，マーケティング・コミュニケーションの実施まで，その全てを事業領域[6]」としている。

## ２　広告代理店とマス・メディアの関係

　マス・メディアにとって広告収入は重要な経営基盤の１つである。2017年の日本の総広告費６兆3907億円のうち，「マスコミ４媒体」の構成比は43.7％であり，各媒体の収入構成比をみても，広告収入の比率はいずれも決して小さくはない。しかも，その広告取引の多くの場合は広告代理店が介在していること[7]から，広告主の委託を受けた広告代理店とマス・メディアの関係も密接なもの

▷１　小宮山恵三郎「広告業界のシステム」山本武利編，1998年，100頁。
▷２　電通，博報堂，アサツーディ・ケイ，大広，JR東日本企画など。
▷３　2015年には9193事業所が存在。電通メディアイノベーションラボ編『情報メディア白書2018』ダイヤモンド社，183頁参照。
▷４　電通HP「IR情報：一目でわかる電通」参照。
▷５　博報堂DYホールディングスHP「企業・グループ情報：経営統合までのあゆみ」参照。

▷**パブリックリレーションズ**
「広報戦略」のこと。「購買見込み客だけでなく流通関係者や，取引関係者，株主，地域住民などと良好な関係を保つための情報活動」であり，「自社や，自社商品・サービスに関する好意的な環境を計画的につくること」をいう。井徳正吾編『広告ハンドブック』日本能率協会マネジメントセンター，2005年，42-43頁参照。

▷６　電通HP「企業情報：事業領域」参照。
▷７　⇒XII-6「広告の現状」

234

にならざるをえない。

また，広告代理店とマス・メディアの関係は広告分野だけではなく，番組制作や取材・報道分野においても密接な関係をもっている。

コンテンツ事業においては，例えば，電通は，ロサンゼルスオリンピックでの協賛スポンサーのセールスの成功を皮切りに，オリンピックやサッカーのワールドカップ大会，世界陸上，世界水泳などの国際的スポーツ大会を手がけ，近年では，東京2020オリンピック・パラリンピック競技大会のマーケティング専任代理店に指名されている[8]。また，博報堂 DY メディアパートナーズはプロ野球のオールスターゲーム，セ・パ交流戦，日本代表「侍ジャパン」等を担当している[9]。いずれも，日本のマス・メディア（特にテレビ放送）にとっては，販売部数や視聴率を上げる重要なコンテンツばかりである。

イベント事業においても，広告代理店は，大阪万国博覧会（1970年），愛・地球博（2005年）などの国際・地方博覧会や，APEC 大阪（1995年），九州・沖縄サミット（2000年），北海道洞爺湖サミット（2008年）などの国家的イベントも手がけている。他方，パブリックリレーションズ事業においては，企業の起こした事故・不祥事などの緊急事態への対応も手がけており，この中には，当然，メディア対応も含まれる。これらはいずれも報道機関としてのマス・メディアにとって「ニュース」の対象となるものばかりである。

このように，多岐にわたる広告代理店の業務内容は，マス・メディアにとって，収入源である広告との関係だけでなく，番組コンテンツや取材・報道対象の分野でも密接な関わりをもっている。マス・メディアに対する広告代理店の影響は決して小さくはないであろう。

## 3 電通における最近の不祥事[10]

2015年に電通の新人女性社員が過労自殺し，この件で電通は労働基準法違反で起訴され，2017年に東京簡易裁判所から罰金50万円の有罪判決が言い渡された。電通は，2016年に「電通労働環境改革本部」を新設し，労働環境の改善や過重労働の撲滅などに取り組んでいる。

また，2016年には，同じく電通において，デジタル広告サービスに関する広告料不正請求事件が発生し，調査の結果，「事実と異なる出稿総量の報告」など４つの態様の不適切業務が明らかとなった。それらの不適切業務は96社との取引で合計１億1482万円にのぼり，そのうち，10社40件で338万円の過大請求があったとされる。その後，電通は業務の改善と再発防止策に取り組んでいる。

広告業界トップの電通のこれらの不祥事は，マスコミ業界における労働環境と急成長するデジタル（インターネット）広告分野に大きな課題を投げかけたといえるだろう。

（後藤　登）

▷8　電通 HP「事業紹介：コンテンツ：スポーツ・ビジネス」参照。

▷9　博報堂 HP「BUSINESS：メディア＆コンテンツ」参照。

▷10　『電通統合レポート2017』（http://www.dentsu.co.jp/csr/pdf/integrated-report2017_all.pdf）参照。

参考文献

山本武利編『現代広告学を学ぶ人のために』世界思想社，1998年。
電通 HP（http://www.dentsu.co.jp/）。
博報堂 HP（http://www.hakuhodo.co.jp/）。
博報堂 DY ホールディングス HP（https://www.hakuhodody-holdings.co.jp/）

## XII　マス・メディアの現状とジャーナリズム

# 9 戦争とジャーナリズム

## 1　ジャーナリズムの発展と戦争

「戦争の最初の犠牲者は真実である」（ハイラム・ジョンソン上院議員）とはよくいわれることである。真実が犠牲になる，ということは，真実を報道しようとするメディアが犠牲になることでもある。実際に，戦争が始まれば，政府は当然のようにメディアに対する様々な規制をかける。あるいは情報操作によってメディアを操り，自国民・他国民に正確な情報が伝わることを妨げ，戦況やその後の外交交渉を自国に有利に導こうとする。ヒトラーはプロパガンダのために，ラジオの普及に力を入れた。発展した民主主義国家であっても，戦時にメディアを規制したり，情報操作したりすることに変わりはない。

しかし，ジャーナリズムの発展が戦争とともにあったことを忘れてはならない。戦時においては情報の価値が高まるからである。日本において，新聞産業発達の契機となったのは，1877年の西南戦争であり，満州事変の際にも大きく部数を伸ばした。1991年の湾岸戦争ではアメリカの CNN が，2003年のイラク戦争ではカタールのアルジャジーラが一躍世界に名を轟かせた。

また，ジャーナリズムはしばしば戦争を煽る側に立つ。日露戦争（1904～1905年）は，日本海海戦でロシアのバルチック艦隊を撃破したことなどにより，日本が一応の勝利を収めたが，戦争を続ける国力がないことを悟っていた日本政府は講和を急いだ。結果は，日本が軍事的に勝利したと信ずる日本国民の期待を裏切る，賠償金放棄など大幅な譲歩をした上でのロシアとの講和だった。これに対して日本の新聞各紙は，一般国民の不満や憤激を背景に講和破棄を叫んだ。講和を支持した『國民新聞』は，国民の激昂にあって焼き打ちされた。2001年 9 月11日の「同時多発テロ事件」以降では，アメリカ国内で愛国的で好戦的な報道が支配的になったことが指摘されている。

## 2　ベトナム戦争とメディア

ジャーナリズムは戦時において，政府の言いなりになったり，あるいは政府の情報操作に乗せられたりする受動的な存在であるだけではない。1960年代中盤からアメリカが本格介入したベトナム戦争では，アメリカのメディアは当初，アメリカ政府の主張通り，ベトナムへの軍事介入は成果を挙げている旨の報道をしていた。しかし，戦況が長引くにつれ，現地に乗り込んだジャーナリスト

▷ 1　満州事変の際には，当時の内閣は事変不拡大を内外に声明し，日本軍の行動を抑えようとしたのだが，新聞は中国側を非難し，関東軍の軍事行動を支持した。こうした報道を通じて，満州事変における軍事行動を全面的に支持する熱狂的な世論がつくりだされた。このように，戦前の日本の新聞は，戦争を「煽る」立場にあった。

▷ 2　とりわけ，1968年 1 月に北ベトナム軍勢力が，当時の南ベトナムで展開したテト攻勢では，サイゴンにあったアメリカ大使館も攻撃対象となり，一時占拠

からの報道がアメリカ国民に知らされるようになった。つまり，アメリカは泥沼の戦争に巻き込まれていることが明らかにされ，アメリカの軍事介入の正当性に疑問が付されるようになってきたのである。[42] やがてアメリカ政府はベトナムからの撤退を決意する。これらのことから，ベトナム戦争は「茶の間で負けた戦争」といわれる。

　もっとも，ベトナム戦争におけるアメリカの敗戦要因としてメディアの影響を過大視してはならず，メディアはアメリカ国民の厭戦気分を主導したというよりも，それに追随しただけとの分析もある。

## ③ 強まるメディア・コントロール

　アメリカは，ベトナム戦争での苦い経験の後，戦時におけるメディア・コントロールについてより慎重になった。ベトナム戦争後もアメリカはグレナダやパナマに軍事介入したが，そこでは，取材陣を管理し，アメリカに不利な情報がメディアを通じて提供されないための工夫がなされた。そうしたアメリカ政府の努力が実を結んだのが1991年の湾岸戦争であった。湾岸戦争では，アメリカが中心となった国連多国籍軍が認める一部の記者のみが「プール取材（代表取材）」として，許された範囲内での取材を許された。アメリカを不利にするかもしれない情報などは厳しく規制されていた。アメリカはピンポイント爆撃により，民間人への犠牲は最小限であることを映像などで示し，テレビゲームのような戦争であるとの意味で「ニンテンドー・ウォー」などとも呼ばれた。しかし，戦後明らかになったことによれば，アメリカの爆撃の大部分はピンポイント爆撃ではなく，民間人への被害も甚大であった。2003年のイラク戦争では，プール取材方式がメディアから不評であったため，「埋め込み取材」方式が採られた。これは，申請のあった記者をアメリカが選別し，アメリカの軍隊に従軍させる，という方式である。[43] この方式は，記者にとっては戦争を直接観察できるというメリットがあるが，記者が軍と一体化することで，アメリカ寄りの報道になりがちであるというデメリットがある。

　今日では，PRのプロである広告会社が，戦争に関わる広報活動を請け負うようになっている。イラクがクウェートに侵攻したことに端を発した湾岸戦争の際には，アメリカの議会で，クウェートから命からがら逃れてきたと称する少女ナイラが，イラク人の非道ぶりを議会で証言した。このナイラ証言は，議会を湾岸戦争へと動かすに大きな影響を与えたといわれるが，後にこのナイラ証言は全くのでっちあげであることがわかった。そして，このナイラの背後には，アメリカの有力広告会社が存在していたことも明らかになっている。

　このように，報道への管理が強化される中だからこそ，危険を冒してでも戦争の現場を報道することの価値が高まっているとも言える。[44] 　　　（伊藤高史）

された。このことはアメリカ国民に大きな衝撃を与えると同時に，南ベトナムの警察庁長官が路上で解放戦線の将校を射殺するシーンが全世界に配信され，アメリカ国内での厭戦気分を高めた。当時のアメリカ大統領ジョンソンは，ベトナム戦争介入の失敗のため2期目の大統領選挙への出馬を断念した。⇨ⅣV-1「国家秘密の保護」

▷3　日本の報道機関も，朝日，読売，毎日，東京（中日）などの各紙に共同通信，テレビではNHK，日本テレビ，TBS，フジテレビが記者を派遣した。⇨Ⅳ-7「指定公共機関」

▷4　戦場で亡くなった日本のジャーナリストも少なくない。ベトナム戦争時の写真でピューリッツァー賞を獲得したカメラマンの沢田教一は1970年，ベトナム戦争やカンボジア内戦を取材したカメラマンの一ノ瀬泰造は1973年，それぞれ内戦下のカンボジアで亡くなっている。2012年には，戦争取材のほかテレビでキャスターとしても活躍した山本美香が，シリア内戦取材中のアレッポで銃撃を受け亡くなった。

**（参考文献）**

松岡完『ベトナム症候群：超大国を苛む「勝利」への強迫観念』中央公論新社，2003年。

高木徹『ドキュメント戦争広告代理店：情報操作とボスニア紛争』講談社，2002年。

木下和寛『メディアは戦争にどうかかわってきたか：日露戦争から対テロ戦争まで』朝日新聞社，2005年

XII　マス・メディアの現状とジャーナリズム

# 10 スポーツ・ジャーナリズム

▷1　2007年8月にテレビ朝日系列は，競泳の世界一決定戦のうたい文句の下，「世界競泳」を中継した。しかし，同大会は日本水泳連盟主催の大会で，国際水泳連盟主催の「世界選手権」は同年すでに終了していた。また，バレーボールの国際大会では，世界選手権とは別に，ワールドカップ，ワールドグランドチャンピオンシップ，ワールドリーグ，ワールドグランプリなどの国際大会がある。

▷2　1984年のロサンゼルスオリンピックから，オリンピックの商業化が本格化した。公式スポンサー，サプライヤー制度が導入された上，テレビ放映権料がオリンピックの主要な収入源となったのである。

▷3　競技を主催する団体などが，メディアの注目を高めるために，特定の選手を「アイドル化」するよう働きかけることもある。2008年の北京オリンピックにも出場して，「オグシオ」の愛称で人気を集めた小椋久美子選手と潮田玲子選手は，日本バドミントン協会が積極的に2人を売り出したという。『産経新聞』（2008年11月18日付朝刊）は次のように報じている。「マイナースポーツからの脱却策として，『卓球の愛

## ① ジャーナリズム論とスポーツ・ジャーナリズム

　スポーツの感動とともに，その背後にある人間ドラマや社会状況を伝えるスポーツ・ジャーナリズムは魅力的な仕事に違いない。しかし，「ジャーナリズム論」の観点からすれば，そこには無視できない問題が存在している。

　社会的に影響をもつメディアであれば，自社の大広告主だからといって特別に応援するようなニュース報道を行えば，社会的な批判の対象となろう。しかしながら，『読売新聞』が読売ジャイアンツを，『中日新聞』が中日ドラゴンズを，そして『毎日新聞』が毎日新聞社主催の「都市対抗野球」を大きなニュースとして扱ったとしても，格別な批判を受けたりはしない。

　スポーツ・ジャーナリズムは娯楽に近く，社会的に大きな批判の対象にならないため，ジャーナリズムの抱える問題が典型的に出ているともいえる。例えば，商業主義の蔓延やステレオタイプなどの問題である。

## ② メディアと一体化するスポーツ・ジャーナリズム

　「客観報道」という理念には様々な批判もあるが，メディアは報道する対象から一定程度距離をとり，事実を客観的に報道するよう努力すべきことが一般に求められているといえるだろう。しかし日本のスポーツ報道となると，こうした原則がどの程度メディア側に意識されているのか疑問である。

　テレビ局は競技やゲームの中継を盛り上げるため，芸能人を現地に応援団として送り込み，パフォーマンスをさせるなどの演出を行う。そして中継の価値を上げるために，放映権をもっている競技についてはニュース番組などでも手厚く紹介する。数ある国際大会の1つにすぎなくとも，あたかも唯一の世界一決定戦であるかのように伝えたり，勝敗が最終的な順位の決定に関係のない試合でも「負けられない試合」などと銘打って視聴者の関心を煽ったりしている。

　こうしたことは，メディアが商業主義に拘束されていること，さらに，メディアは社会を映す鏡であるというよりは，社会的現実をつくりあげる「プレーヤー」であることことを示している。

## ③ メディア・スポーツの発展と商業化に伴う問題

　人々がもっぱらメディアを通じて楽しむスポーツは「メディア・スポーツ」

ともいわれる。メディア・スポーツの隆盛はスポーツの商業化を推し進める。かつてはアマチュア競技者の祭典であったオリンピックもかたちをかえ，プロ選手が参加し，放映権などによって営利をもたらすことが必要とされるスポーツ・イベントになった。

そもそも，メディアの発展とスポーツの発展を分離して考えることはできない。メディアが多様化すれば，メディアはより多くの優良なコンテンツを必要とする。スポーツは多くの人を引きつける優れたコンテンツであり，メディアの多様化はプロ・スポーツの多様化を促す側面もある。スポーツを行う側も，競技者を増やすためにはメディアを積極的に利用することが求められる。

こうしたスポーツ・コンテンツに対する需要の高まりは，放映権料の高騰という問題を生んだ。これは放送局の負担を増加させるだけではない。有料チャンネルが放映権を独占してしまえば，そのチャンネルと契約していない人々はどれほど人気のあるスポーツでも見ることができなくなる。とりわけ，注目度の高いオリンピックやワールドカップ・サッカーなどでこの問題が重要となる。

## ❹ ステレオタイプ

ジャーナリズムの規範にある程度無自覚でいられることが，社会に根強く存在する「ステレオタイプ」を再生産したり，過剰に「愛国主義」を煽ったりする報道を生むこともある。

1936年にドイツ・ベルリンで開催されたオリンピックは，ナチス・ドイツのヒトラー総統による宣伝に使われた。有名な映像監督であるリーフェンシュタールによる映画『オリンピア』が作成されたベルリン・オリンピックは，オリンピックと映像メディアとの関わりの先駆けをなすものであったといわれる。

2016年1月の大相撲初場所で琴奨菊が優勝した際，メディアでは，「2006年初場所以来の日本出身力士の優勝」との表現が繰り返された。2012年5月場所で，モンゴル出身で日本国籍を取得した旭天鵬が優勝しているため，「日本人」ではなく「日本出身」との表現が使用されたのである。グローバル化の進展とともに，「日本人」「日本代表」の内実が揺らいでいるのだが，こうした表現には報道機関の「日本人の純血性」へのこだわりが見える。

また，あるチームや選手の活躍や不調を，安易に「国民性」などに求めたりする報道（日本人はプレッシャーに弱い，など）は，社会に対するステレオタイプを再生産するものである。職場で女性に対して「○○ちゃん」と呼びかけることは，女性を一人前の人格としてみなしていないこととされ批判されるが，女性アスリートに対して平然と「○○ちゃん」と呼びかけていることは，ジェンダー的に問題であるといわねばならない。

(伊藤高史)

ちゃん（福原愛）』のような存在が必要と考えた協会側は，ルックス・実力とも抜群の小椋，潮田に目をつけ，三洋のスタッフとの話し合いで路線を決めた」。

▷ 4 2009年3月に行われた野球の世界大会WBC（ワールド・ベースボール・クラシック）では，日本代表チームが連覇した。決勝戦はTBS系によって中継されたが，TBS系の放送局がない秋田県や福井県では決勝戦などの中継がなかった。また，2009年1月にバーレーンで行われたサッカーのアジアカップ最終予選のバーレーン対日本戦は，放映権が通常の数倍に値上がりしたため日本国内で生中継されなかった（『朝日新聞』2009年1月23日付朝刊）。

▷ 5 2015年のラグビー・ワールドカップでは，日本代表チームが強豪の南アフリカ・チームを破り大きな話題を呼んだが，ラグビーの各国の代表になるには国籍は必要要件となっておらず，「外国人」選手が日本代表として重要な役割を果たした。2018年の全米オープンテニスで優勝した大阪なおみ選手は海外での生活が長く，同大会優勝時には，日本語は流暢とはいえないレベルだった。

（参考文献）

芸術メディア研究会編『メディア・リテラシー：知とコミュニケーションの創発に向けて』静岡学術出版，2008年。

森田浩之『スポーツニュースは恐い：刷り込まれる〈日本人〉』日本放送出版協会，2007年。

XII マス・メディアの現状とジャーナリズム

 グローバル・ジャーナリズム

 グローバル・ジャーナリズム

　グローバル・ジャーナリズムを定義すれば，「一つの国や地域を越えた『グローバルな受け手』を念頭に置いた報道活動」となろう。メディアは「グローバル化」がいわれる以前から，国境を越えた情報提供をしていた。しかし，かつての国際報道と，今日いわれる「グローバル・ジャーナリズム」は次の点で異なる。従来であれば，ジャーナリストやメディアは情報の受け手を「自国民」として想定していた。国際通信社の情報が国境を越えたオーディエンスに届いていたとしても，各国の新聞やテレビなど，「国籍」をもったメディアのフィルターを通して情報の選択と提供は行われていた。これに対して，グローバルに活動するメディアはその受け手を自国民に限っていない。このことは，報道の影響力が国境を越えて広がる可能性が高まることを示唆している。[41]

② CNN，BBCワールド，アルジャジーラ

　グローバルに展開する主要メディアとしてはCNN，BBCワールド，アルジャジーラなどが挙げられよう。
　タイム・ワーナー社が所有するCNNはアメリカ・アトランタに本社を置き，1980年にわずか25人のスタッフで，24時間ニュースを放送する初の放送局として運営し始めた。創業者は1970年にアトランタの小さなテレビ局を買収してターナー・ブロードキャスティング・システム社を創ったテッド・ターナーである。CNNは，1980年代半ばのケーブルテレビの普及と同時に大きく成長し，1985年には国際衛星にのせてCNNインターナショナルが始まった。CNNの名を世界的に高めたのは1991年の湾岸戦争である。CNNのバーナード・ショー，ピーター・アーネットといった記者らは戦争開始後もバグダッドに残り，空爆開始時の映像などを伝えた。戦争の生々しい状況をバグダッドから世界にライブ中継した唯一の放送局として，世界中の視聴者を引き付けた。
　CNNの成功を見て，イギリス放送協会BBCも国際的な放送に乗り出した。BBCは1991年に，BBCワールド・サービス・テレビジョンとして海外にニュースと娯楽番組の放送を始めた。その視聴地域は欧州から，アジア，中東，アフリカなどへと拡大し，1995年には，グローバルにニュースを提供する組織としてBBCワールドが独立している。[42]

▷1　確認しておくべきなのは，グローバル化によって国際報道に携わる記者が増えるとは必ずしもいえないということだ。というのも，グローバル化によって様々なビジネスの競争が激化しコスト意識が高まれば，メディアもビジネスとして，経費のかかる海外特派員を減らそうという動きが顕著になるからである。日本の報道機関の海外特派員数も近年，減少する傾向にある。

▷2　BBCワールドニュースのウェブサイトによると，200以上の国・地域で視聴されている。

240

XII-11 グローバル・ジャーナリズム

　湾岸戦争で一躍有名になったのがCNNなら，2003年のイラク戦争でその名を世界に轟かせたのが，中東のカタールに本拠を置くアルジャジーラである。アルジャジーラは1996年11月，カタール政府から資金を得て放送を開始した。設立後もカタール政府からの資金援助は続き，カタール政府と少数の個人所有者が株主となっている。ただし，カタール政府は1998年に情報省を廃止し，検閲を撤廃している。2003年のイラク戦争では，アメリカのイラク侵攻の合法性を否定する報道を行い，中東だけでなく世界的な注目を集めた。

　上記3局の他にも，フランスやシンガポールなどで，グローバルな視聴者を対象とする国際ニュースチャンネルが開局され，日本でも，2008年に外国人向けテレビ国際放送を行う会社がNHKによって設立されている。

　日本経済新聞社は2013年にアジアのビジネス・パーソン向けの英字媒体『NIKKEI ASIAN Review』をリニューアル創刊し，2014年，シンガポールに日経グループアジア本社を設立するなど，アジアでの展開を急いでいる。さらに，2015年には世界的に有名な経済紙『フィナンシャル・タイムズ』を中核としたイギリスのフィナンシャル・タイムズ・グループを買収し，グローバルなメディア企業に脱皮しようとしている。

## ③ グローバル・ジャーナリズムの課題とCNN効果

　冷戦が終結し，国際情勢が不安定化すると，「CNN効果」の存在が，政策に携わる実務家などの間で認識され始めた。CNN効果とは，グローバル化した報道機関（特にテレビ。CNNに限らない）が国際政治に影響を与える現象を説明するためにつくり出された概念である。CNN効果は，①報道機関が遠く離れた地域に住む人々の惨状などを伝える，②当該地域への一般視聴者の情緒的な関心が高まる，③国民の期待に応えようとする政治指導者が，国家の利益が直接的に脅かされていない地域の紛争に介入していく――といったメカニズムを通してはたらく。冷戦終結後に，武力による「人道的介入」が相次いだ1990年代の状況を説明する際に使われる概念である。このCNN効果を逆に考えれば，国際社会において，テレビによって大きく報道されない問題はあたかも問題そのものが存在しないかのように扱われることになる。つまり，戦争などに関わる国際政治が，ヴァーチャルな（仮想的な）世界で動かされる危険性が増加したことを意味する。

　遠い外国の出来事は，少しくらい不正確であっても，誰からも反論されず，検証もされにくい。また関心をもつ読者も少ない。記者からすると，本国とは遠い外国であればあるほど，比較的取材は易く，取材対象に対しては厳しい記事になる傾向がある。グローバル・ジャーナリズムが注目を集める社会とは，検証困難な国際ニュースの影響を受け易い，不安定さを抱えた社会でもある。

（伊藤高史）

▷3　シンガポールの「チャンネル・ニュース・アジア」，中国の「CCTVインターナショナル（CCTV-9）」，ロシアの「ロシアToday」，フランスの「フランス24」などが，1990年代末から2000年代にかけて放送を開始した。

▷4　「CNN効果」は学問的に十分に論じられた概念とはいえず，その意味は必ずしも確定していない。ただ単に，湾岸戦争におけるCNNの影響の強さを示すような場合もある。

**（参考文献）**

タンゲート，マーク／氷上春奈訳『世界を制した20のメディア：ブランディング・マーケティング戦略』トランスワールドジャパン，2005年。
マイルズ，ヒュー／河野純治訳『アルジャジーラ：報道の戦争』光文社，2005年。

241

XII マス・メディアの現状とジャーナリズム

 # オンライン・ジャーナリズム

## 1 オンライン・ジャーナリズムとマス・メディア

オンライン・ジャーナリズムを定義すれば,「インターネットを通じた報道活動」となろう。この場合,伝達方法が文字によるものか,映像あるいは音声によるものかは問わない。従来,「ジャーナリズム」といえば,情報を伝達する「マス・メディア」としての出版社,新聞社,ラジオ局,テレビ局の存在を前提としていた。そうしたマス・メディアの存在があって初めて人々は,「不特定かつ多数の者」に対する情報発信ができたからである。市民団体の発行するビラにどれほど重要な情報が掲載されていたとしても,その情報はマス・メディアに取り上げられて初めて世間一般に対する影響力をもった。

インターネットの普及は,こうしたジャーナリズムと「マス・メディア」との関係を断ち切り,一個人でも「不特定かつ多数の者」への情報発信を可能にしたのである。従来は,影響力のあるマス・メディアは限られた数の報道機関によって支配されていた。このため,限られた数の報道機関が重要と考えない問題,あるいは,それらの報道機関がタブーとした問題は,広く一般大衆に知らされなかった。こうした状況を打ち破る技術的な基礎が,インターネットによって生み出されたのである。これがオンライン・ジャーナリズムの,旧来のジャーナリズムの世界に対するインパクトであった。インターネットは,これまでの「プロ」のジャーナリストの報道に飽き足らない一般の人々に,報道活動を行う大きなチャンスを与えたのである。

## 2 オンライン・ジャーナリズムの実践

こうした理論的可能性を実現したのが,韓国の「オーマイニュース」である。「オーマイニュース」は2000年2月,「市民みんなが記者」をモットーに,登録した一般市民が「市民記者」として記事を投稿するニュースサイトとしてスタートした。市民記者から寄せられる多様な記事を,常勤の編集者が選択して掲載,価値ある記事には原稿料を支払った。また常勤記者も雇い,同サイトの独自性を生かしたニュースを報道した。保守的な政治姿勢をもつメディアが主流であった韓国で,同サイトは大きな注目を集めた。2002年の大統領選では,盧武鉉候補を支持する報道を行い,盧武鉉大統領誕生の原動力になったともいわれる。盧武鉉大統領は青瓦台記者クラブをオンライン・ジャーナリストにも開

▷1 「報道」は,個人情報保護法によれば,「不特定かつ多数の者に対して客観的事実を事実として知らせること(これに基づいて意見又は見解を述べることを含む。)をいう」と定義されている。⇨ IV-12「メディア適用除外・メディア優遇策」

▷2 ⇨ XII-2「記者クラブ」

放することを決め，2003年2月には，他の国内大手マスコミを差し置いて，「オーマイニュース」と当選後初めての単独インタビューを行った。経営的にも，当初の広告収入だけに依存する脆弱なスタイルを改め，2002年12月から「自発的有料化」と称して賛同してくれる読者から購読料を得るしくみを導入し，2003年には黒字化を達成した。[3]

　このような一般市民によるジャーナリズムは「市民ジャーナリズム」とも言われ，日本でも試みられてきた。しかし，十分な成果をあげてきたとは言い難い。韓国の「オーマイニュース」がソフトバンクと組んで2006年にスタートさせた「日本版」も，2009年には閉鎖に至っている。

　ニュースを提供する経路は，スマートフォンの普及とともに増加している。スマートフォンが普及する以前から存在感の強かったヤフーに加えて，LINEニュース，スマートニュース，グノシーなどのサービスが提供されている。例えばNewsPicksは経済ニュースに特化した情報を流し，それに専門家がコメントを行うといった形で他のニュース・アプリと差別化を図っている。

　しかし，誰でもが容易にニュースを不特定多数の人びとに発信できる時代だからこその問題も出てきた。IT大手のDeNAは2016年，特定のテーマの情報をネット上でまとめて提供するキュレーションサイト「WELQ（ウェルク）」において，医学的に根拠のない誤った内容や，著作権法上問題のある記事が多く含まれていることを理由に，同サイトの全記事を非公開とし，その他のキュレーションサイトも休止させた。DeNAの編集部では1文字1円以下で外部ライターに記事を大量に発注し，検索結果の上位に選ばれるように書き方も細かく指南していた（『日本経済新聞』2016年12月27日朝刊）。

### ❸ 既存のマス・メディアの対応

　既存のマス・メディアも，インターネット時代における生き残りをかけて，自らもオンライン・ジャーナリズムを実践している。日本では，主要新聞社が1995年頃から一斉に自社のウェブサイトを立ち上げ，無料でニュースを提供し始めた。当初はバナー広告を集めて収益をあげる計画であった。しかし，マス・メディアとしての優位性を十分に生かすことができないインターネット上では，十分な利益をあげている報道機関を探すのは難しい。早くからデータベース事業などに取り組んできた日本経済新聞社が2010年に「日経電子版」をスタートさせると，朝日新聞社など多くの新聞社が有料の「電子版」サービスを始めた。日経は着実に有料会員を増やしているようであるが，ほかの社は苦戦しているようである。日本新聞協会が2017年度のデータとして公表したところでは，比較的発行規模の大きい9社のうち，デジタル関連事業売上が総売上に占める比率が10%以上と回答したのは1社だけで，1%以上5%未満と回答したのが4社，ほかはそれ以下だった（『新聞研究』2018年11月号）。　　（伊藤高史）

▷3　この部分の記述は専ら次の著書による。呉連鎬／大畑龍次・大畑正姫訳『オーマイニュースの挑戦：韓国「インターネット新聞」事始め』太田出版，2005年。

　参考文献

小田光康『パブリック・ジャーナリスト宣言。』朝日新聞社，2007年。

藤代裕之『ネットメディア覇権戦争：偽ニュースはなぜ生まれたか』光文社，2017年

# さくいん

**あ行**

アーキテクチャ　183
アイヌ文化振興法　92
IPアドレス　185, 186
曖昧・過度に広汎ゆえ無効　208
アウシュビッツの嘘　212
アカウンタビリティ　15, 118
アクセス権　106, 168
「悪徳の栄え」事件　14, 28
朝日新聞「吉田証言」・「吉田調書」問題　71, 113
上尾市福祉会館事件　17, 43
アドバトリアル　231
アルジャジーラ　236, 240
EU一般データ保護規則（GDPR）　5, 129, 203, 213
EU視聴覚メディアサービス指令　213
EU著作権指令案　203
家永訴訟　38
意見広告　40
違憲な条件の法理　45
意見や論評　86
石井記者事件　12, 72
意思形成過程情報　123
「石に泳ぐ魚」事件　98, 109, 128
萎縮効果　26, 73, 75
泉佐野市民会館事件　17, 43
委託制　224
一元的内在制約説　19
一般放送　152, 154, 155
一本化調整　148
違法なアクセス　190
違法な傍受　190
違法複製物のダウンロード　203
イラク戦争　236
イラスト画　101
インカメラ審理　134, 209
印税契約　199
インターネット　180, 181, 184 -187
インターネット掲示板　184, 186
インターネット上のヘイト書き込み　93
インターネット法　3

インターネット放送　202
宇治橋事件　49
「宴のあと」事件　94, 128
埋め込み取材　237
営業秘密　131
英国放送協会（BBC）　151, 240
衛星放送　154
ADR（司法外救済）　64
NHK　241
NHK記者事件　72
NHK番組改編問題（事件）　56, 70
Nシステム　144
欧州人権条約　214
OECD8原則　5
ONO　111
大原麗子事件　82
オーマイニュース　242
公の施設　43, 47
岡口裁判官ツイッター事件　49
桶川ストーカー殺人事件　97
オプトアウト　131
オプトイン　131
オムニバス方式　209
オンブズ・カンテレ委員会　174
オンブズ6　174
オンライン・ジャーナリズム　242

**か行**

ガーツ対ロバート・ウェルチ事件　88
GAFA　229
開示請求権　118, 120, 122, 135
海賊版サイト　177
外務省沖縄密約事件　13, 54
顔認証システム　141
鹿児島県制圧死事件　75
合衆国憲法修正1条　5
関西テレビの番組捏造事件　167, 175
間接的・付随的規制　23, 49
『官板バタビア新聞』　6
基幹放送　152, 155
記事審査部　111

記者クラブ　69, 78, 220
記者接見不許可事件　51
記者の接見（面会）制限　50
技術的保護手段　202
基礎的電気通信役務　178, 179
君が代　52
「逆転」事件　96
教科書（教科用図書）検定　38
行政機関　118
行政機関個人情報保護法　132
行政機関非識別加工情報　132
行政執行情報　123
行政指導　166
行政手続法　134
行政不服審査会　134
行政文書　124
　　──へのアクセスに関する委員会（CADA）　137
共同規制　183
京都市記者クラブ訴訟　221
京都市中京区長前科照会事件　128
京都府学連事件　100, 128
京都府記者クラブ訴訟　221
禁書目録　4
区域外再放送　165
グーグル　192
グーテンベルク，J.　4
苦情処理　110
グノシー　243
グローマー拒否　209
経営委員会　161
軽減税率　77, 227
経済的，社会的及び文化的権利に関する国際規約（A規約）　203
芸術性　28
契約CM未放送事件　231
系列ネットワーク　164
ケーブルテレビ　154
月刊ペン事件　82
結社の自由　16
検閲　4, 26, 108
　　──の禁止　7, 178

さくいん

見解規制　42
原稿買取契約　199
検索エンジン　192, 193
現実的悪意　81, 82, 88, 103, 187
限定解釈　49
権利管理情報の改変　202
権利章典　4
言論仲裁委員会　217
公安情報　122
公安条例　16
公共の福祉　18, 24
公共放送　153, 160-163, 219
皇居前広場事件　43
合憲限定解釈　37
広告　40
広告会社　→広告代理店
広告考査　232
広告審査協会　232
広告代理店　234
広告媒体　230
広告費　230
公衆送信権　200
公職選挙法　62
公人　82, 88
公正原則（フェアネス・ドクトリン）　150, 208, 229
公正な競争　41
公正な利用　206
公正な論評　86, 91, 103
公判前整理手続き　60
公文書管理　124
公務員の個人情報　121
合理的関連性の基準　21, 49
顧客吸引力　101
国政調査権　15
国民投票運動のための広告放送　63
国民投票法　63
国民保護法　66
国立国会図書館事件　47
個人視聴率　222
個人情報　120, 130, 133
個人情報データベース等　130
個人情報取扱事業者　130
個人情報ファイル　133, 138
個人情報保護委員会　131, 137, 138
個人情報保護法　3, 76, 130, 166
個人データ　130, 138

個人的メモ　124
個人の私生活上の自由　128
個人番号（マイナンバー）　138
国家公務員法　133
国家総動員法　6
国家通信放送委員会（NCC）　151
国家による自由　216
国家秘密　54, 122
国家保安法　217
国旗・国歌法　52
子どもポルノ禁止法　30
戸別訪問　18
コンテンツ規制　156

さ行

災害対策基本法　67
災害放送　67
サイバー犯罪条約　190
再発防止計画の提出　167, 172
裁判員裁判　59, 60
再販制度　224, 225
裁判の公開　58
裁判報道　61
裁量的開示　120
堺通り魔殺人報道事件　99
差止請求権　195
猿払事件　11, 48
サンケイ新聞事件　89, 105, 106
30年原則　125
讒謗律　80
CNN　236, 240, 241
GPS捜査　145
自衛隊法　133
ジェンダー　239
時間の経過　96
自己実現　10
自己情報コントロール権　128, 137, 143
自己統治　10, 21, 208
事実の摘示　86
事前差止め　27, 47,, 95
事前抑制　208
　　――の禁止　21, 26
思想の自由市場　11, 92, 181, 208
思想・良心の自由　53, 104
視聴覚高等評議会（CSA）　151, 214
視聴質　223

視聴率　222
視聴率至上主義　222
実演家人格権　204
私的自治の原則　217
私的使用のための複製　201, 202
自動公衆送信権　182, 202, 206
児童ポルノ　30, 177
島田記者事件　72
市民的及び政治的権利に関する国際規約　5
事務事業情報　123
諮問機関　134
ジャーナリスト教育　114
ジャーナリズム教育　114
謝罪広告事件　105
社団法人日本放送協会　148
シャルリ・エブド襲撃事件　93, 215
受委託放送制度　149
集会の自由　8, 16, 181
週刊文春事件　83, 95, 109
従軍取材　67
修正・増減権　199
集団的過熱取材　7, 68, 78, 96
周波数稀少説　158
住民基本台帳法　132, 133
州メディア委員会　151
縮刷版　197
取材源秘匿（権）　12, 56, 72, 147
取材の自由　9, 12, 14, 54, 66, 147
取材物提出拒否権　74
受信料　160, 162, 219
出版許可法　4
出版許諾契約　199
出版契約　198
出版権　198
出版権消滅請求権　199
出版権設定契約　199
出版法　5, 6
出版流通　224
守秘義務　61
障害者差別解消法　92
商業主義　238
消去権　129
肖像権　100, 197
象徴的言論　9, 23
象徴的表現　208
少年法61条　98

245

情報監視審査会 147
情報公開・個人情報保護審査会
　　125, 132, 134, 135
情報公開条例 117
情報公開訴訟 135
情報公開法 3, 15, 124, 196
情報自由法 209
情報処理と自由に関する全国委員
　　会（CNIL） 137
情報摂取の自由 9
情報通信法（構想） 7, 156, 179
情報法 2
職務著作 196
「諸君！」事件 87
書籍商組合 4
知る権利 5, 12, 14, 44, 66, 116,
　　127, 209
人権委員会 65
人権啓発法 92
人権侵害 64
人権法（1998年） 211
人権擁護推進審議会 64
人権擁護法案 64, 68, 92
「新・ゴーマニズム宣言」事件
　　86
真実性の抗弁 88
真実性の証明 81, 84
真実相当性（「相当の理由」論）
　　89, 84, 86, 185
人種差別撤廃条約 92
信書検閲（事件） 51
審尋 27
新聞閲読制限 50
新聞広告掲載基準 233
新聞広告倫理綱領 232
新聞再販 77
新聞紙条例 6
新聞紙法 6
診療報酬明細書（レセプト）の不
　　開示 136
推知報道 46
ステレオタイプ 239
ストリートビュー 193
スノーデン事件 209
スパイ行為 66
スマートニュース 243
「生活ほっとモーニング」事件
　　105, 107, 169
税関検査（事件） 27, 36

政教分離 44
政見放送 44, 107
星室裁判所 4
政治的言論 11
青少年インターネット環境整備法
　　183, 188
青少年保護育成条例 32, 34
青少年有害社会環境対策基本法案
　　34
青少年有害社会環境対策協会 35
青少年有害社会環境対策センター
　　35
青少年有害媒体物制度 217
成長発達権 99
西南戦争 236
政府言論 44
セーフ・ハーバー協定 209
世界人権宣言 5, 203
積滞 178
セクトラル方式 209
セグメント方式 209
世帯視聴率 222
選挙運動 62
選挙の公正 62
選挙報道制限 62
煽動的ライベル罪 4
送信防止措置 186, 187
総務省 112, 150
損害賠償 102
損害賠償額算定 102
損害賠償請求権 195
存否応答拒否 120

## た行

対抗言論 92, 185
第三種郵便物 77
タイムシフト視聴率 222
闘う民主主義 92, 212
立て看板 24
男女雇用機会均等法 92
地上放送 152
知的財産権 194
地方公務員法 133
チャイルド・ポルノ 30
チャタレイ事件 28
中間書庫 125
直接的規制 23
著作権契約 198
著作権の制限 195
著作権の保護期間 195

著作者契約法 198
著作者の権利 195
著作人格権 195
著作物 194, 206
著作隣接権 200
通信の秘密 9, 176, 179, 186,
　　187
通信品位法 209
椿発言事件 159
出会い系サイト規制法 188
TBS 事件 75
DeNA 243
通信省 178
訂正・取消放送 105, 107, 167
データ保護監察官 137
データ保護指令 129
適性評価制度 147
敵対的聴衆の理論 43
撤回権 199
寺西判事補事件 49
テレメディア 213
電気通信役務利用放送法 156
電気通信事業法 178
電子出版権 199
電子出版市場 219
天皇コラージュ事件 47
電波監理委員会 7, 148, 150
電波監理審議会 150
電波三法 7, 148
電話傍受捜査事件 176
ドイツ連邦共和国基本法（憲法）
　　5条1項 5
等級分類制度 217
統計調査における秘密保護 133
同時配信 161
東電 OL 事件 97
瀆神法 4
特定個人情報 138
特定秘密 146
特定秘密保護法 13, 55, 66, 76,
　　146
匿名加工情報 131
独立行政委員会 150
独立行政法人個人情報保護法
　　132
独立プレス基準機構（IPSO）
　　111, 211
図書館の自由 46
特高警察 6

Dos ないし DDos 攻撃　*191*
TRIPS 協定　*194*

**な行**

内部的自由　*57, 71, 174, 175*
ナイラ証言　*237*
長良川リンチ殺人報道事件　*98*
二元体制　*153, 160*
二重の基準論　*10, 20, 62*
日米安保協定に伴う秘密保護法制
　*133*
日露戦争　*236*
日刊新聞紙の発行を目的とする株
　式会社の株式の譲渡の制限等
　に関する法律　*77*
日本経済新聞社　*241*
日本広告審査機構（JARO）　*232*
日本新聞規則ニ関スル覚書　*6*
日本新聞協会　*69, 98, 218, 220*
　──の編集権声明　*70*
日本テレビ事件　*75*
日本テレビ視聴率不正操作事件
　*223*
日本電信電話公社（電電公社）
　*178*
日本民間放送連盟　*69, 219*
日本民間放送連盟放送基準　*233*
日本ラジオ規則ニ関スル覚書　*6*
NewsPicks　*243*
ニューヨーク・タイムズ対サリバ
　ン事件　*88*
「人間動物園」事件　*80*
認定個人情報保護団体　*131*
認定放送持株会社　*165*

**は行**

ハードコア・ポルノ　*29*
ハード・ソフト分離　*149, 157*
配信記事　*91*
配信サービスの抗弁　*85*
博多駅事件　*12, 14, 55, 73, 74*
パソコン通信　*181, 184*
「発掘！あるある大事典Ⅱ」事件
　*159, 170, 172*
発信者情報の開示　*185-187*
パブリシティ権　*101*
パブリック・フォーラム論　*17,
　42*
パブリックリレーションズ　*234*
パリ原則　*64*
「バンキシャ！」捏造報道　*170*

番組基準　*170*
番組編集準則　*63, 153, 158, 160*
番組編集の自由　*56*
版権　*198*
犯罪捜査のための通信傍受に関す
　る法律　*76, 176*
犯罪被害者保護（法）　*97, 126*
犯罪報道　*91, 96*
ハンセン病問題解決促進法　*92*
反論権　*105, 106, 168, 215, 217*
BPO（放送倫理・番組向上機構）
　*57, 111, 170, 172, 174, 223*
比較衡量　*19, 20*
非識別加工情報　*132*
被収容者　*50*
ビッグデータ　*131*
ひとりにしておいてもらう権利
　*128*
日の丸　*52*
100万円訴訟　*102*
表現内容規制　*22*
表現内容中立規制　*22*
表現の自由　*4, 5, 8, 10, 24, 28,
　116, 196*
　──の優越的地位　*10, 21, 208*
ビラ・チラシ　*24*
ピンク・レディー事件　*101*
ファイスナー・メモ　*148*
ファクト・チェック　*78*
フィルタリング　*188*
風俗営業法　*183*
プール取材　*237*
フェイクニュース　*78, 103*
不開示情報　*119, 120*
不敬罪規定　*6*
不健全図書　*31*
不正競争防止法　*131*
船橋市西図書館事件　*43, 46*
部分開示　*120*
部分規制論　*159*
不法行為　*80, 195, 197*
プライバシー（権）　*94, 128, 211*
プライバシー外延情報　*129*
プライバシー固有情報　*129*
プライバシーシールド　*209*
部落差別解消推進法　*92*
フランス人権宣言　*214*
武力攻撃事態法　*66*
プレスオンブズマン　*110*

プレスの公的責務　*213*
プレスの自由　*212*
プレスの集中　*212*
プレスの制度的理解　*208*
プレス評議会　*110*
プレス法　*2*
ブログジャーナリズム　*115*
ブロッキング　*177*
プロバイダ　*181, 184, 186, 187*
プロバイダ責任制限法　*184, 186*
文書閲覧請求制度　*134*
ヘイトスピーチ　*92, 182*
ヘイトスピーチ解消法　*93*
別件傍受　*177*
ベトナム戦争　*180, 236*
ベルヌ条約　*194*
編集権　*7, 70*
編集権に関する審議会（朝日新聞
　社）　*71*
編集権の確保に関する声明　*7*
編集著作物　*196*
ペンタゴン・ペーパーズ事件　*54*
放映権　*238*
防災放送　*67*
法人情報　*121*
放送　*152, 200*
放送基準　*170*
放送規制　*158*
放送事業者　*200, 205*
放送受信規約　*162*
放送通信委員会（KCC）　*151,
　217*
放送通信審議委員会（KCSC）
　*151, 211*
放送通信庁（Ofcom）　*150*
放送と人権等権利に関する委員会
　（放送人権委員会）　*172*
放送と青少年に関する委員会（青
　少年委員会）　*172*
放送の自由　*158, 212*
放送番組審議機関　*170, 171*
放送法　*7, 52, 156, 157, 158, 160,
　162, 164, 166, 168, 170, 173*
放送免許　*150*
放送倫理検証委員会　*167, 172*
法廷地漁り　*210*
法廷内カメラ取材　*58*
法廷メモ（事件）　*13, 14, 59*
報道協定　*221*

*247*

報道の自由　5, 12, 15, 147
報道の正確さ　166
報道評議会　→プレス評議会
ボーン・インデックス　135, 209
保護期間　195
北海タイムス事件　12, 58
北方ジャーナル事件　89, 108
保有個人情報　133
保有個人データ　130
堀越事件　48
本人開示　129, 136
本人情報へのアクセス　136
本人訴訟　90

## ま行

マイナンバー　→個人番号
毎日放送喫茶店廃業報道事件　171
マスメディア集中排除原則　157, 164, 229
マルチメディア法　5
満州事変　236
民間放送　164, 219
無方式主義　195, 204
明確性の理論　21
名誉回復処分　80
名誉毀損　80, 91, 102, 181, 184, 186, 187, 210
メープルソープ事件　37

メディア・アカウンタビリティ制度　211
メディア規制三法　7
メディアスクラム　→集団過熱取材
メディア適用除外　76, 166
メディア不信　69
メディア法　2
メディア優遇策　77
メディア・リテラシー　112, 114
目的・手段審査　19
モデル小説　94

## や行

ヤフー　243
有害図書（規制）　32-34, 93, 227
有害表現規制　→有害図書（規制）
夕刊和歌山時事事件　81
有事法制　66
郵政省　112
有線放送事業者　205
ユニバーサルサービス　179
要請放送制度　161
横浜教科書検定事件　39
「四畳半襖の下張」事件　28
よど号ハイジャック記事抹消事件　9, 14, 50

予備傍受　177
より制限的でない他の選びうる手段の基準　51

## ら行

LINEニュース　243
リーフェンシュタール, L.　239
リベラル・デモクラシー　53
リベンジポルノ　187
歴史公文書　124
レコード製作者　205
レッド・ライオン判決　208
連邦憲法裁判所　212
連邦通信委員会（FCC）　150
ロス疑惑事件　90
ロス疑惑配信サービス事件　85
ロス疑惑北海道新聞事件　84
ロス疑惑夕刊フジ事件　86

## わ行

わいせつ表現　28
和歌山カレー毒物混入事件　58, 68
忘れられる権利　129
早稲田大学江沢民講演会名簿提出事件　129
湾岸戦争　236
ワンチャンス主義　204

**執筆者紹介**（氏名／よみがな／現職／主著／メディア法を学ぶ読者へのメッセージ）　＊執筆担当は本文末に明記

**鈴木秀美**（すずき　ひでみ）　編者
慶應義塾大学メディア・コミュニケーション研究所教授
『放送の自由〔増補第2版〕』信山社
憲法で保障されているからといって，表現の自由が十分に大切にされているとは限りません。本書が表現の自由の大切さを考えるための手がかりになれば嬉しいです。

**山田健太**（やまだ　けんた）　編者
専修大学文学部ジャーナリズム学科教授
『法とジャーナリズム　第3版』学陽書房
当たり前に思っている「表現の自由」をみなさんと一緒に問い直してみたい。なぜ，表現の自由なのか，なぜ大切なのか。

**伊藤高史**（いとう　たかし）
同志社大学社会学部メディア学科教授
『ジャーナリズムの政治社会学：報道が社会を動かすメカニズム』世界思想社
法は社会の基本です。法的観点からメディアを理解してください。

**井上禎男**（いのうえ　よしお）
琉球大学大学院法務研究科（法科大学院）教授
「放送事業と行政：法治主義の一断面」日本公法学会『公法研究』80号
ネットの利便性・即時性に溺れることなく，自らのメディアリテラシーを涵養し，情報の真偽を見極める視点，批判的・懐疑的に情報（源）に向き合う姿勢をもちましょう。

**上村　都**（うえむら　みやこ）
新潟大学法学部教授
「前科とプライヴァシー」樋口陽一他編『日独憲法学の創造力　上巻』信山社
私は，メディア法に興味をもってこの業界に入りました。本書を通じて，メディア法のおもしろさをみなさんにお伝えできれば幸いです。

**植村八潮**（うえむら　やしお）
専修大学文学部ジャーナリズム学科教授
『電子出版の構図：実体のない書物の行方』印刷学会出版部
プレスは「圧搾」機による「印刷」，大学印刷局による「出版」，輪転機によるマスコミの誕生を経て「報道」概念をもちました。デジタルによる，さらなるメディアの変化に着目しましょう。

**小倉一志**（おぐら　かずし）
小樽商科大学商学部企業法学科教授
『サイバースペースと表現の自由』尚学社
どんな人でも最初は「初学者」です（もちろん私もそうでした）。"Haste not, Rest not." という言葉のように，「急がず，弛まず」勉強していただけたらと思います。

**川岸令和**（かわぎし　のりかず）
早稲田大学政治経済学術院教授
『立憲主義の政治経済学』（編著）東洋経済新報社
自由で豊かな情報の流通が確保されていない社会を想像してみましょう。メディアの重要さがわかるはずです。批判的にかつ温かくメディアを見る眼を養ってください。

**後藤　登**（ごとう　のぼる）
大阪学院大学経営学部教授
『マスコミ判例六法』（共編著）現代人文社
本書を通して，メディア法やメディア倫理，ジャーナリズムの原理原則的な考え方の基礎を学び，ますます複雑化するメディア社会を読み解く視点を培ってください。

**實原隆志**（じつはら　たかし）
福岡大学法学部教授
「行政・警察機関が情報を収集する場合の法律的根拠」ドイツ憲法判例研究会編『憲法の規範力とメディア法』信山社
情報が社会を変えたということが，これまで何度かありました。情報がもつそのような重要性を，また危険性についても考える機会を提供できればと思います。

## 執筆者紹介 (氏名／よみがな／現職／主著／メディア法を学ぶ読者へのメッセージ)　＊執筆担当は本文末に明記

**杉原周治**（すぎはら しゅうじ）
愛知県立大学外国語学部准教授
「民間のローカル放送番組に対する財政援助と放送の自由」総務省情報通信政策研究所編『海外情報通信判例研究会　報告書（第一集）』
メディア法はグローバルでインターナショナルです。ゼミの報告や卒論で，ぜひ一度メディア法に挑戦してみてください。

**宍戸常寿**（ししど じょうじ）
東京大学大学院法学政治学研究科教授
『新・判例ハンドブック情報法』（編著）日本評論社
いま，メディア法のあり方が問われています。どのような役割をメディアが果たすべきか，法はそれにどう関わるか，本書を通じて考えてみてください。

**曽我部真裕**（そがべ まさひろ）
京都大学大学院法学研究科教授
『反論権と表現の自由』有斐閣
憲法的理念と，日々の娯楽の双方に関わるメディアの法を学ぶには，理念と現実の複眼的考察が必要です。本書が各自の考えを深める一助となれば幸いです。

**中村英樹**（なかむら ひでき）
北九州市立大学法学部教授
「基幹放送としてのコミュニティ放送の『公共性』」『北九州市立大学法政論集』42巻2・3・4合併号
みなさん，テレビは好きですか？私は大好きです。好きだからこそ，いろいろなことが気になります。みなさんも本書で，メディアの気になることを見つけてください。

**西土彰一郎**（にしど しょういちろう）
成城大学法学部教授
『放送の自由の基層』信山社
毎日，日刊紙を読み，社会問題に対する意識を高めることが，「メディア法」を学ぶ上で不可欠かと思います。

**羽渕雅裕**（はぶち まさひろ）
帝塚山大学法学部教授
『親密な人間関係と憲法』帝塚山大学出版会
本書を読んだ後，報道の内容やあり方，情報公開や個人情報保護など，本書で扱った事柄についてこれまでと少しでも違った見方ができるようになっていれば幸いです。

**韓　永學**（ハン ヨンハク）
北海学園大学法学部教授
『報道被害と反論権』明石書店
国内だけでなく，海外の主要国のメディア事情やメディア法も学習し，正しい知識と多角的な視点を養いましょう。

**福島力洋**（ふくしま りきひろ）
関西大学総合情報学部准教授
「表現の自由とインターネット」渡辺武達・松井茂記編『メディアの法理と社会的責任』ミネルヴァ書房
普段メディアに触れる中で生じてくる「あれ？」を大切にしながら学習を進めてください。必ずやメディア法のおもしろさに気づいてもらえると思います。

**前田正義**（まえだ まさよし）
海上保安大学校教授
「いわゆる取材源秘匿権と萎縮的効果」『阪大法学』53巻6号
市民は，メディアの影響を受けつつそれに影響を与えています。市民があるべきメディア像を映すための媒体に，メディア法を説く本書がなるなら，幸いに思います。

**松井修視**（まつい しゅうじ）
関西大学名誉教授，長崎県立大学名誉教授
『レクチャー情報法』法律文化社
表現の自由とは何か，表現の自由はこれまでどのような歴史をたどってきたか，表現の自由は人間にとってなぜ大切か，これらの問いは今なお私の大きな課題です。

**執筆者紹介**（氏名／よみがな／現職／主著／メディア法を学ぶ読者へのメッセージ） ＊執筆担当は本文末に明記

**丸山敦裕**（まるやま　あつひろ）
関西学院大学大学院司法研究科教授
「NHK 国際放送の概要とその諸課題」ドイツ憲法判例研究会編『憲法の規範力とメディア法』信山社
コインの表と裏。表の面積が拡がれば裏の面積も拡がります。メディア規制でも同様です。規制によって何が得られ，何が失われるのか。幅広い視野で考えましょう。

**三浦正広**（みうら　まさひろ）
国士舘大学法学部教授
「著作権契約における著作者人格権：著作者契約法によるアプローチ」『国士舘法学』51号
著作権法は知的財産法として分類されていますが，メディア法としての性格を有しています。肖像権やパブリシティ権との関連において理解することが大切です。

**ジョン・ミドルトン**（John Middleton）
一橋大学大学院法学研究科教授
『報道被害者の法的・倫理的救済論：誤報・虚報へのイギリス・オーストラリアの対応を中心として』有斐閣
各国のメディアの報道は，その国民の興味や関心を反映しています。そのため，各国のメディアに関する法と倫理も，その社会の価値観と密接に関連して論じられます。

**毛利　透**（もうり　とおる）
京都大学大学院法学研究科教授
『表現の自由』岩波書店
表現媒体の多様化が進む中，メディア法の全貌をつかむのはますます難しくなっています。そんな中，本書は大変貴重な企画だと思いますので，ぜひ活用してください。

**森脇敦史**（もりわき　あつし）
福岡県立大学人間社会学部教授
「発言する政府，設計する政府」渡辺武達・松井茂記編『メディアの法理と社会的責任』ミネルヴァ書房
事件や裁判で問題となるのは多くの場合「表現されたこと」ですが，「表現されなかったこと」も実は重要です。多様なメディアに継続的に接してみてください。

**山田隆司**（やまだ　りゅうじ）
創価大学法学部教授
『公人とマス・メディア：憲法的名誉毀損法を考える』信山社
メディアの実情を知ることなく，メディア法を学んでも効果的ではありません。新聞などに接しつつ，メディアをめぐる法的問題に関心を深めていくことが大事です。

やわらかアカデミズム・〈わかる〉シリーズ

よくわかるメディア法［第2版］

| 2011年 7 月 1 日　初　版第 1 刷発行 | 〈検印省略〉 |
|---|---|
| 2016年 4 月30日　初　版第 3 刷発行 | |
| 2019年 5 月30日　第 2 版第 1 刷発行 | |
| 2020年 6 月 5 日　第 2 版第 2 刷発行 | |

定価はカバーに
表示しています

| 編著者 | 鈴　木　秀　美 |
|---|---|
| | 山　田　健　太 |
| 発 行 者 | 杉　田　啓　三 |
| 印 刷 者 | 江　戸　孝　典 |

発行所　株式会社　ミネルヴァ書房

607-8494 京都市山科区日ノ岡堤谷町 1
電話代表 (075) 581 - 5191
振替口座 01020 - 0 - 8076

ⓒ鈴木，山田ほか，2019　　　　　共同印刷工業・新生製本

ISBN978-4-623-08563-7

Printed in Japan

## やわらかアカデミズム・〈わかる〉シリーズ

| | | | |
|---|---|---|---|
| よくわかる憲法 | 工藤達朗編 | 本 体 | 2500円 |
| よくわかる刑法 | 井田良ほか著 | 本 体 | 2500円 |
| よくわかる刑事訴訟法 | 椎橋隆幸編 | 本 体 | 2600円 |
| よくわかる民事訴訟法 | 小島武司編著 | 本 体 | 2500円 |
| よくわかる家族法 | 本澤巳代子ほか著 | 本 体 | 2500円 |
| よくわかる労働法 | 小畑史子著 | 本 体 | 2500円 |
| よくわかる会社法 | 永井和之編 | 本 体 | 2500円 |
| よくわかる地方自治法 | 橋本基弘ほか著 | 本 体 | 2500円 |
| よくわかる国際法 | 大森正仁編著 | 本 体 | 2800円 |
| よくわかる刑事政策 | 藤本哲也著 | 本 体 | 2500円 |
| よくわかる法哲学・法思想 | 深田三徳・濱真一郎編 | 本 体 | 2600円 |
| よくわかる行政学 | 村上　弘・佐藤　満編 | 本 体 | 2800円 |
| よくわかる政治過程論 | 松田憲忠・岡田　浩編著 | 本 体 | 2500円 |
| よくわかる社会政策 | 石畑良太郎・牧野富夫・伍賀一道編 | 本 体 | 2600円 |
| よくわかる現代の労務管理 | 伊藤健市著 | 本 体 | 2600円 |
| よくわかる企業論 | 佐久間信夫編 | 本 体 | 2600円 |
| よくわかる組織論 | 田尾雅夫編 | 本 体 | 2800円 |
| よくわかる司法福祉 | 村尾泰弘・廣井亮一編 | 本 体 | 2500円 |
| よくわかる社会保障 | 坂口正之・岡田忠克編 | 本 体 | 2500円 |
| よくわかる社会福祉 | 山縣文治・岡田忠克編 | 本 体 | 2500円 |
| よくわかる障害者福祉 | 小澤　温編 | 本 体 | 2200円 |

ミネルヴァ書房

https://www.minervashobo.co.jp/